中国传媒大学青年学者译丛
媒介与传播系列　段　鹏　主编
　　　　　　　　罗　青　副主编

媒介效果

[美]W. 詹姆斯·波特
（W. James Potter）　著

段　鹏　韩　霄　译

Media
Effects

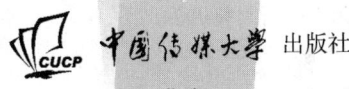

中国传媒大学出版社
·北京·

图书在版编目(CIP)数据

媒介效果 / (美) W. 詹姆斯·波特 (W. James Potter) 著；段鹏，韩霄译. -- 北京：中国传媒大学出版社，2021.2

(中国传媒大学青年学者译丛 / 段鹏主编. 媒介与传播系列)
书名原文：Media Effects
ISBN 978-7-5657-2792-4

Ⅰ. ①媒… Ⅱ. ①W… ②段… ③韩… Ⅲ. ①传播媒介—研究 Ⅳ. ①G206.2

中国版本图书馆 CIP 数据核字 (2020) 第 201284 号

Media Effects© W.James Potter 2012
本书中文简体中文字版专有翻译出版权由 SAGE Publications, Ltd. 公司授予中国传媒大学出版社。
未经许可，不得以任何手段和形式复制或抄袭本书内容。
著作权合同登记号 图字:01-2020-3197

媒介效果

MEIJIE XIAOGUO

主　　编	段　鹏
著　　者	[美] W. 詹姆斯·波特 (W. James Potter)
译　　者	段　鹏　韩　霄
责任编辑	蒋　霞
特约编辑	于水莲
责任印制	李志鹏
封面设计	运平设计

出版发行	**中国传媒大学**出版社
社　　址	北京市朝阳区定福庄东街 1 号　邮　编　100024
电　　话	86-10-65450528　65450532　传　真　65779405
网　　址	http://cucp.cuc.edu.cn
经　　销	全国新华书店
印　　刷	北京玺诚印务有限公司
开　　本	787mm×1092mm　1/16
印　　张	23
字　　数	445 千字
版　　次	2021 年 2 月第 1 版
印　　次	2021 年 2 月第 1 次印刷
书　　号	ISBN 978-7-5657-2792-4/G·2792　定　价　96.00 元

本社法律顾问：北京李伟斌律师事务所　郭建平
版权所有　翻印必究　印装错误　负责调换

中国传媒大学青年学者译丛

总 序

从广播电视到互联网、移动互联网，传媒让这个世界变得绚丽多姿、神奇诡秘。传媒正在急速地改变这个世界，通过新闻传播，人类分享现实中的信息资讯，通过艺术，人类分享脑海中的想象力。基于传播科技百年激荡的新闻传播和艺术学，推动着历史发展，也影响着历史发展。

中国传媒大学是中国传媒人才的摇篮，建校六十多年来，为信息传播领域输送了大批高层次人才。从培养高层次、复合型创新人才的社会责任出发，中国的传媒事业亟须高校培养出一批谙熟新闻传播规律和艺术传播规律并具有创新意识和创作才能的新闻人才和艺术人才。

在全国众多高校中，中国传媒大学以在信息传播领域"小综合"的学科特色而闻名，2017年入选首批"世界一流学科建设高校"，新闻传播学、戏剧与影视学入选教育部"双一流"建设学科名单。同年12月，在教育部学位与研究生教育发展中心公布的全国第四轮学科评估结果中，新闻传播学、戏剧与影视学这两个一级学科均拿到了A+名次。从"双一流"学科建设的教育使命出发，中国的传媒事业亟须高校在媒体融合发展的顶层设计下，推进理论体系、教学理念、教学内容、方法手段、体制机制等全方位的创新研究，成为国家传媒事业发展强有力的理论支持和智力支持力量。

因此，在整个世界传统媒体与新兴媒体融合发展的时代大背景下，我校文科科研处于2015年着手组织翻译出版一套"中国传媒大学青年学者译丛"，借此整理西学前沿著作，以期对当代中国新闻传播和艺术学在理论建设和成果创新方面提供借鉴，帮助广大传媒学者和媒体一线从业者寻找解决问题的途径。

此套丛书的译介工作由中国传媒大学与新闻传播领域的国际权威出版机构SAGE国际出版集团合作，遴选了两批共计18册由SAGE出版并经过教学与实践严格检验的优秀书目，力求全面、系统地反映出当下新闻传播和艺术学在理论研究、方法研究以及实务研究等方面所进行的最新探索。译丛是我校与SAGE国际出版集团继合作出版《全球媒体与中国》（*Global Media and China*）英文期刊之后，又一个重要的合作项目，前后筹备四载有余，最终完稿、付梓，倾注了新闻传播学和艺术学领域的知名教授和青年学者的大量心血，力争为每一本书做出"信、达、雅"的翻译。

自"五四"以来，译丛便是中国知识分子和青年学生获取西方最先进理论知识的重要桥梁之一。中国传媒大学在20世纪80年代就已开始译介、学习和研究国外新闻传播学、艺术学的方法和成果，建立与世界新闻传播学、艺术学界对话的共同经验范围。毋庸置疑，我们的工作是卓有成效的。

正如习近平总书记在哲学社会科学工作座谈会上所强调的，"不忘本来，吸收外来，面向未来"。借船出海、借梯登高，主动接轨，优势互补，共同发展，为尽快赶上国际先进水平，尽早实现"双一流"学科建设争创世界一流的伟大目标，我们应该虚心学习和推介国外前沿的新闻传播理论与优秀的实务指导教材，以培养出更多国际化的新闻传播人才和艺术人才。译丛带来的新鲜理论和鲜活实务，也有助于我校在"双一流"学科建设中，进一步优化学科结构，凝练学科发展方向，突出学科建设重点，增强学校在国际上的竞争力。

但值得注意的是，我们应当以批判的态度保持与西方新闻传播和艺术学对话的姿态，在借鉴西方优秀教材和经典专著时不妨思考，有哪些是缘木求鱼，有哪些是举一反三，想想本土社会中产生的经验与问题在哪里。我们应该明确，我们的目标是制定具有中国特色的新闻传播和艺术学学科标准，积极建设和探索新闻传播学、艺术学本土化发展的道路。

所以，在译丛工作完成之后，我们还要推进"西方理论—中国问题"向"中国实践—中国理论"的转型，立足本土，跨越东西，高效地将科研成果结合当代中国传媒行业发展诉求，转化为服务社会发展的实在生产力，最终实现"中国特色，世界一流"。

最后，希望本译丛还可以成为一个促进思想交流、激发智慧灵感的载体，增进东西方在新闻传播和艺术学领域的深度学术交流，接收来自全世界新闻传播和艺术学领域多元化的声音，促进新闻传播和艺术学研究在媒体融合时代更大的繁荣，让新闻传播和艺术学成为改变世界的最大正能量。

丛书主编

前　言

媒介效果是一个热门话题。人们喜欢思考某些特定的媒介信息是如何给社会带来负面效应的，如暴力、性描写、污言秽语、消极刻板印象、浅薄的新闻、操纵性的广告、对不健康行为的描写等，例子还有很多。幸运的是，在已有的大量研究文献中，学者们已经揭示出媒介事实上的确在人们身上产生了各种各样的影响。他们发现，这些影响有的相对较弱，有的相对较强；有的极偶尔才产生，有的则在人们的日常生活中不断发挥作用；特别是遇到特定媒介信息时，有些影响会直接产生，而有些则通过机构和社会间接作用于人们身上。

这样的研究文献具有相当大的实用性，它可以影响我们对于媒介效果的思考，也就是说，我们可以让它来指导我们的讨论，使我们不要进行错误的批判。但是，几乎没有人真正了解这一领域的关键发现，因此，很多关于媒介效果的讨论都是基于毫无事实依据的臆想，而非扎实的知识。

为什么很少有人了解媒介效果的本质？答案是这一研究领域太过宏大及复杂，想要阅尽所有文献且不迷失于庞杂的细节当中，实在是一个非常具有挑战性的任务。每当我在这一国度中游历，也就是在有关媒介效果的文献中徜徉的时候，我经常迷失方向。我很好奇有没有一项特殊的研究或者甚至是一条研究线索可以完全涵盖这一领域。这就相当于一些人随机展示给我他们在异国度假的照片，而我要思考这些地点之间有怎样的联系。我常常陷入沮丧，因为我无法吸取不同研究的意义，并以此来帮助我总览全局。我认为如果我能拥有一张地图，那么在这次旅程中我将会更有收获，也更有效率。

我们到哪里找这样一张纵观媒介效果全局的地图呢？我已经为此寻找了几十年，并确信没有这样的地图。当然，确实存在一些描述了街坊邻里的地图，换言之，确实有些学者就一些特定的副主题写了很多书和综述文章。简单举几个例子，如曝光于暴力、性描写、电视新闻以及刻板印象等的效果。还有一些学者就媒介效果的概念写了各种主题的书，但是这些书总是让我思考这样的问题："有没有其他我们应该考虑但并没有被包括在这位作者议程中的话题？"以及"那些作者忽视了什么？"。长话短说，我想看到有关媒介效果的大合集。

你是不是和我有一样的感觉，即使只是阅读这一宏大领域中很小一部分的研究成果，也会觉得不明方向。正如我一般，你也想要一张地图来告知你媒介效果这一领域的全景画面。这样的地图可以提供一个清楚的结构框架来帮助你有效率地行进在这片领域，并且帮助你分门别类地整理你学习到的知识。

本书为你提供了这样一张总览媒介效果的全景地图。我用了二十多年的时间来描绘这样一张地图。在此期间，我记笔记、拟写提纲、绘制图表，以此来帮助我和我的学生们更好地理解媒介效果现象中的各种概念。最终我将所有的思考合并为两种媒介效果模板：一种是媒介对个体的影响，另一种是媒介对宏观单位的影响，如公众、机构和社会。这些构建了媒介效果这一领域的地图，同时也反映了本书的结构。

我希望的是，你，这本书的读者，能够同这些年我和我的学生一样，从我的整体方法和组织工具中得到帮助。当然，我也意识到严谨仔细的读者毋庸置疑会提出我的组织结构方法在有些地方作用有限。不同的概念有着不同的定义方式，不同的学者根据这些概念撰写出了相当大量的文献。我不能说本书是对这些文献的完美整合，但是，我仍然认为本书完整地展现了全景画面。为了形象地表述我的这一观点，我采用地理上的类比来说明。为了绘制出一张精准的美国地图，我们需要从视觉上展现50个州以及它们相互间的位置关系。然而，在这样的一张地图上，能展示出多少细节是受到限制的，它不能在展示出家住得梅因的玛莎阿姨家的后院的同时，还能让看地图的人依然可以关注美国全貌。本书正是希望将重心放在全貌上，也因此会牺牲一些细节。在大量的研究文献中，并不是每一项研究都会被提及，我在描述一项研究时，重点关注的是研究成果，有必要的话会忽略很多细节，即使这些细节可以帮助你理解研究成果是怎样产生的。如果你想要看到更多的细节信息，可以查找列举的参考文献。通过学校的图书馆搜索学术期刊，你可以很容易地找到这些研究成果。

为了将重心放在媒介效果的全局，本书将历史、方法和理论都视为背景知识。尽管这些要素都很重要，但它们并不是本书所要强调的内容。我认为大多数读者观察某个现象的时间并没有长到可以关注思想并研究其是如何发展变化的程度。同样，我也不认为读者都是研究方法的专家，因此我也不要求你根据研究者对其研究方法的描述来鉴别什么样的研究结果才是正确有效的。很多读者可能会认为理论太过抽象，所以我试着更多关注理论预测的实际效用而非理论家所使用的专业术语。通过强调效果，而不是历史、方法或理论，本书将关注什么是效果，它们如何表现，以及导致这些效果产生作用的因素。这些要素会使本书的内容同你的经验更相关，也因此更能引起你的兴趣。

全书概览

本书共分为四个部分。

第一部分介绍贯穿本书的一些基本概念，包括五章。

第一章提出了为什么研究媒介效果是一项非常重要的议题。这一论断建立在三个观点之上：第一，在我们的文化中每年有大量的信息被创造，其中很大一部分是通过媒介传播的；第二，每个人每天的日常生活都不断地被媒介内容影响；第三，学者为我们提供了大量有关媒介效果的知识，因此我们很有必要了解。

第二章介绍了贯穿全书的五个主要概念。它们分别是大众传媒、效果、媒介影响、受众和算法。书中定义了每个概念，并加以分析，让你明白为什么每个概念会被如此定义。

第三章提出了整理大量媒介效果的方案。这一方案被称为"媒介效果模板"，其中一种模板整理了所有对个体的效果，第二种则整理了对更大社会结构的效果，如公众、机构和社会。

第四章阐明了媒介如何发挥影响。

第五章解释了理论的作用以及理论如何帮助——或有时无法帮助——我们理解媒介效果的本质。

第二部分关注媒介对个体的效果。这一部分包括六章，每章解释了一种效果：生理、认知、信仰、态度、情感和行为。

第三部分将重心转至作用于宏观层面的媒介效果。第十二章检验了媒介对公众的效果。第十三章呈现了媒介对不同机构的效果。第十四章阐述了媒介对社会及媒介自身的效果。

第四部分重新关注媒介效果的全景图像。至此我已经讨论过媒介对于个体和宏观层面的效果，在第十五章我将重点关注一些涉及全局的事项。

教学帮助

第二部分和第三部分展示了大量的媒介效果,每章都提供了一些辅助学习的工具,帮助你更好地理解内容并将理解内化为你的思考。首先,每章最后都有小结,一一列举了媒介效果,并至少通过引用一项研究成果来说明每一种效果。其次,每章的结尾都设置了一系列问题,帮助你复习本章的重要内容,同时指导你思考并分析自己的经验,寻找日常生活中你受到这些媒介效果影响的证据。第二部分,也就是阐述个体层面效果的部分,通过一些事例展示了某些效果。

辅助材料

在有密码保护的导师网页www.sagepub.com/potterme上有幻灯片展示、课堂作业和网页视频资源,这些可用于教学。

在可获取的学生学习网页www.sagepub.com/potterme上有世哲(SAGE)期刊的文章以及网页视频资源,这些可用于扩展学习。

致 谢

迄今为止，我教授媒介效果这门课已经将近30年了，我也从各个学校的学生身上学到了很多，这些学生来自西密歇根大学、佛罗里达州立大学、印第安纳大学、加州大学洛杉矶分校、斯坦福大学以及加州大学圣芭芭拉分校。我感谢这成千上万名学生的每个问题、每个困惑的表情以及得到启发后每个满足的微笑。

感谢每位世哲的审稿人对我手稿的批评，这使我能够做出很多修改并最终写出如今你们看到的这本书。这些审稿人包括William Beauchamp（南卫理公会大学）、Joseph R. Blaney（伊利诺伊州立大学）、Brad J. Bushman（美国密歇根大学、荷兰阿姆斯特丹自由大学）、Sahara Byrne（康奈尔大学）、Margaret U. D'Silva（路易斯维尔大学）、Dolores Flamiano（詹姆斯麦迪逊大学）、Tom German（穆斯静冈学院）、Jim Grubbs（伊利诺伊大学春田分校）、Charles H. Ingold（北科罗拉多大学）、Christopher O. Keller（卡梅隆大学）、Kenneth A. Lachlan（波士顿学院）、Michaela D. E. Meyer（克里斯托弗纽波特大学）、David Tewksbury（伊利诺伊大学厄巴纳-香槟分校）以及Shuhua Zhou（阿拉巴马大学）。我也从这些研究媒介效果的学者和老师那里学到了很多。我希望这本书对他们许多有助益的洞见做出公正评价。

我还要感谢世哲众多支持和帮助过我的工作人员。首先感谢Todd Armstrong，他鼓励我着手写这本书，并同我签署了出版合同，然后是Matt Byrnie，他接管了Todd的工作，并监管了整个修改和写作过程。此外，我还要感谢他们的助理Deya Saoud和Nathan Davidson。最后，非常感谢世哲编辑部门的专业人员（尤其是Astrid Virding），感谢Pam Suwinsky，他将审稿工作完成得极为优秀，同样感谢市场部门。

世哲要感谢路易斯维尔大学的Margaret D'Silva教授,她制作了本书附带的幻灯片演示部分,同样感谢加州大学圣芭芭拉校区的Chan Thai制作了课堂作业、网页视频资源以及世哲期刊文章部分。

如果你喜欢这本书,这要归功于上面我提到的人。如果你发现了错误、不足或是误释,全都是我的责任,是我没有领会我有幸经历的高水准的帮助。

目 录

中国传媒大学青年学者译丛总序　/ 1
前　言　/ 1
致　谢　/ 1

第一部分　整理关于媒介效果的思考　/ 1

第一章　为什么学习媒介效果？/ 3
媒介信息饱和　/ 4
处理即挑战　/ 7
媒介影响普遍且持续　/ 9
媒介效果知识库　/ 10
小结　/ 11

第二章　定义关键概念　/ 13
受众群体的本质　/ 14
媒介曝光　/ 15
信息处理任务　/ 20
算法　/ 23
小结　/ 26

第三章　什么是媒介效果？　/ 29
定义媒介效果　/ 30

整理个体层面媒介效果　/ 37

整理宏观层面媒介效果　/ 42

小结　/ 44

第四章　媒介影响　/ 47
影响模式　/ 48

影响因素　/ 52

媒介影响举例　/ 56

小结　/ 58

第五章　媒介理论　/ 61
认识理论　/ 62

最流行的媒介效果理论有哪些？　/ 63

简述最有名的媒介效果理论　/ 67

媒介效果理论宏观图　/ 75

小结　/ 77

第二部分　大众传媒对个体效果的种类　/ 79

第六章　生理效果　/ 81
生理效果的本质　/ 83

触发生理效果　/ 85

改变生理效果　/ 90

加强生理效果　/ 94

小结　/ 96

第七章　认知效果　/ 99

认知效果的本质　/ 100

习得　/ 103

触发　/ 111

改变　/ 118

加强　/ 123

小结　/ 127

第八章　信仰效果　/ 129

信仰的本质　/ 130

习得信仰　/ 132

触发信仰　/ 133

改变信仰　/ 136

加强信仰　/ 146

媒介影响信仰的过程　/ 147

小结　/ 152

第九章　态度效果　/ 155

态度的本质　/ 156

习得态度　/ 159

触发态度　/ 163

改变态度　/ 168

加强态度　/ 171

小结　/ 174

第十章　情感效果　/ 177

情感的本质　/ 178

习得情感　/ 181

触发情感 /182

改变情感 /189

加强情感 /193

小结 /194

第十一章 行为效果 /197

行为的本质 /198

触发行为 /200

改变行为 /206

加强行为 /209

小结 /214

第三部分 宏观层面媒介效果种类 /215

第十二章 对公众的宏观层面效果 /217

对公众知识的效果 /218

对公众信仰的效果 /222

对公众态度和观点的效果 /225

对公众情感的效果 /225

对公众行为的效果 /226

小结 /229

第十三章 对机构的宏观层面效果 /231

对政治体制的效果 /233

对经济体制的效果 /240

对家庭的效果 /242

对宗教的效果 /244

小结 /250

第十四章　对社会、文化和大众传媒的宏观层面效果　/ 253
对社会的效果　/ 254
对文化的效果　/ 258
对大众传媒自身的效果　/ 260
小结　/ 267

第四部分　宏观图像　/ 269

第十五章　注意事项　/ 271
方法论注意事项　/ 272
媒介效果和大众传媒效果　/ 277
转化的注意事项　/ 281
小结　/ 282

第十六章　出发点　/ 285
回顾关键概念　/ 286
延伸你的理解　/ 290
管理发生在我们身上的效果　/ 291
小结　/ 294

参考文献　/ 297
索　引　/ 335

第一部分

整理关于媒介效果的思考

◆◆◆

  本书的前五章是介绍性的内容。第一章说明的是为什么研究媒介如何以各种方式持续不断地对我们产生影响很重要。我们生活在信息饱和的文化之中,很多信息都是被直接或间接通过媒介传递给我们的。对于我们大多数人来说,媒介会对我们的生活产生显著的影响。因此,在当今信息饱和的文化中,理解这种影响的本质对一个真正受教育的人有着至关重要的作用。

  第二章介绍和定义贯穿全书的一些关键术语。这些关键术语包括"受众""曝光""信息处理任务"以及"算法"。另外一个关键术语就是"媒介效果",这一概念非常重要,因此会有单独的一章来介绍,这一章是第三章。

  第四章介绍媒介影响,包括区分基线和波动以及区分表现和连带效应。区分这些概念对于理解媒介如何对我们每个人产生持续的影响至关重要。

  第一部分的最后一章是第五章,我列举了试图解释媒介效果的一些知名理论。尽管这些理论在辨识媒介效果和预测其发生场景方面有着重要的贡献,但是我们对于媒介效果的认识却大多来自一些研究发现,这些研究并不依赖于这些理论,或任一理论。因此,如果想要了解整体的媒介效果的概念,很重要的一点是,我们不能仅限于对媒介理论的学习。

  每一章的开头都列举了一个提纲,帮助学习这一章的关键概念。每一章的结束部分都有两套问题。复习题测试你是否理解本章的内容。思考题则促使你将本章的概念同自身经验结合起来,将学到的知识内化为日常生活中可以使用的信息。这些都是帮助你关注每一章全景画面的工具。

第一章

为什么学习媒介效果？

- ☞ 媒介信息饱和
  - ◆ 高度曝光
  - ◆ 信息加速生产
  - ◆ 难以跟进
- ☞ 处理即挑战
- ☞ 媒介影响普遍且持续
- ☞ 媒介效果知识库
- ☞ 小结

你也许认为本章标题提出的问题太过显而易见，想要找到答案这个想法本身就非常愚蠢。上百部电影、上千首歌曲、上万个电视节目以及上亿个互联网网站必定是有些效果的，这难道不是再明显不过的吗？同样地，如果广告商不认为他们的信息会产生效果，为什么要每年花费千万美金制作和散播他们的广告？在我们的日常生活中，我们时常可以看到其他人被媒介影响。媒介效果当然存在！

没错，媒介效果是存在的。但是你在日常生活中观察到的、你所认为的媒介效果的例子可能根本不是媒介的作用。同样地，还有很多的影响是媒介必须负责的，无论是负全部责任还是部分责任，这些影响我们可能从来没有注意到或从来没有思考过。这些影响很多不只发生在别人身上，每天也都在你身上上演。

这本书的目的正是带你脱离这种理所应当的想法，这些想法可能就建立在有关媒介效果的错误观念之上。这本书是要让你看到"媒介效果"这一概念更加完整的全景图像，而这样的图像建立在大量的科学研究文献的基础上。当你看到这个全景图像时，你会意识到有关媒介效果的话题远比你之前所设想的内容更多也更加有趣。同时，当你理解媒介效果的研究范围以及它们都是如何产生的之后，你会觉得更有能力去控制日常生活中那些由媒介产生的影响。

本章重点关注媒介效果的全景画面，强调三个趋势：媒介信息饱和、越来越多的信息处理挑战以及媒介效果相关知识的增加。综观来说，这三个方面是学习媒介效果的关键。

媒介信息饱和

我们的文化中弥漫着信息。这些信息大多都是通过成千上万的媒介传递给我们的。正如表1.1所示，仅美国一年就出版17.5万本书。全世界范围内，每年广播站播送6,550万小时的原创节目，而电视台还要多出4,800万小时。

通过个人电脑，我们在连接上互联网之后获得的信息量可谓前所未有。截至2011年初，互联网已经有136亿多有索引的网页，也就是说，这些网页都可以通过搜索引擎被搜索（WorldWideWebSize.com, 2011）。如果从现在开始浏览这136亿个网页，每秒打开一个新的网页，每天不休息连觉也不睡，你也需要42年才能看完10%。当然，在这42年期间，网站的数量可能增加了上千倍，因为每年信息的增多不只是数量的增长，增长速率也逐年加快。

表 1.1　媒介载体数量

媒介	美国	世界
书籍（每年品种）	175,000	968,735
广播站	13,261	47,776
电视广播电台	1,884	33,071
报纸	2,386	22,643
大众市场期刊	20,000	80,000
学术期刊	10,500	40,000
时事通讯	10,000	40,000
办公室网页存档	3×10^9	7.5×10^9

来源：Adapted from Potter (2011).

高度曝光

我们喜爱媒介，从我们每天在它们身上花费的时间就不难发现这一点。最近对媒介使用的一个综合性研究发现，截至2010年底，普通美国人在媒介上平均每天花费11个小时，而这个数字还在持续增长（Phillips, 2010）。在这11个小时中，电视和视频（不包括在线视频）占40%左右，互联网和手机则占了31%。媒介使用的增多主要由年轻人驱动，他们正在从传统媒介（如报纸、杂志和印刷的纸质书籍）转为使用电子形式的媒介。凯泽家庭基金会（Kaiser Family Foundation）在2005年的一份报告中称你们这代人（8~18岁）为"M代人"，因为你们对媒介的使用相当多。这份报告指出儿童和青少年每天花费49分钟玩视频游戏，62分钟玩电脑。另外，你们这代人大多频繁地使用多种媒介同时处理多项任务，因为你们常常将自己同时暴露在几种媒介之下（Kaiser Family Foundation, 2005）。而且大学生的电脑使用率尤其高。当前美国有1,740万名大学生，超过一半的人都会在入学报到时自带笔记本电脑。普通大学生每天花费3.5个小时用电脑收发邮件、即时通信和网上冲浪。你们每天可能还会在其他媒介上再花费7.5个小时，如书本、杂志、录音带、广播、电影和电视（Siebert, 2006）。

显然，媒介是每个人生活中相当重要的一部分，尤其是对你们这代人而言。媒介组织也意识到了这一点，因此每年都会通过更加广泛的渠道提供越来越多的信息。

信息加速生产

如今，不只是获取信息越来越容易，信息生产也在持续不断地增长。你出生后产生的信息数量超过你出生前所有有历史记录的信息量。据估计，这个星球上的科学家80%~90%仍然活跃，他们正在以指数增长的速度生产科学信息。现今有超过10万种科学学术期刊，科学家们每年发表的学术文章超过600万篇（Shermer, 2002），这些数字仍在增长。同样，在过去的40年，美国人中自认为是艺术家的人数也从70万左右增加至220万，音乐家人数从10万增加至20多万，作家的人数增加了5倍，超过19万人（U.S. Census Bureau, 2011a）。人数快速增多的艺术家、音乐家和作家，每天也在通过媒介发出更多的信息。

每年会产生多少信息呢？2002年，加州大学伯克利分校的研究者实施了一项大型计划，结论是：据估计，仅在2002年这一年，全世界范围内就有5艾（百亿亿）字节的信息产生（Lyman & Varian, 2003）。这就是说，2002年产生的信息总量是美国国会图书馆馆藏总量的50万倍。如果这个数字还不够令人恐惧，莱曼和瓦里安（Lyman & Varian）预测每年信息增长的速度是30%。不过，莱曼和瓦里安错了，他们大大低估了信息产生的数量。Infoniac.com（2008, March 13）估算仅2007年这一年就产生了281艾字节的信息。信息量如此快速增长的最大驱动力是社交网络以及数字电视和相机的普及，爱好者不仅仅在众目睽睽之下使用。

难以跟进

如今我们的文化已经充满了太多信息，很难跟进所有信息的更新。为了说明这一点，让我们来集中关注一种媒介：图书。直到大约两百多年前，大多数人还不能阅读，即使有识字的人，书也非常少。在14世纪早期，巴黎大学图书馆仅有1,338本书，但它已经是欧洲最大的图书馆了。那时只有社会精英才能去读那些书。现在，图书馆越来越多，图书超过800万本，每年有上百万人向图书馆借书。随着识字率越来越高，从网络上买书越来越便利，每个城市都有免费的公共图书馆，获得书籍变得越来越容易。

然而，时间却是个大问题。如果你仅仅想要阅读当年出版的新书，那么你需要每三分钟读完一本书，一天24个小时，连续一整年不休息。这就意味着一个小时读完20本，一天读完480本。但是，这也只跟得上仅在美国出版的新书的进度！你根本不会有时间再去阅读世界其他地方6,600万本书籍。别忘了，这还只是图书这一种媒介！

我们所处的环境已经跟人类曾经历过的环境完全不同，而且在以不断加快的速度发生变化。这是因为信息生产的不断加速，分享信息的媒介渠道不断增多，媒介载体不断地穿梭于各种媒介渠道中。信息持续不断地被传送至每个人、每个地方。我们都沉浸在信息中，每年媒介都会更加具有侵略性，吸引我们的注意力。想要跟进所有信息的更新几乎是徒劳的。现在对我们而言最重要的挑战是，在各类媒介持续不断地就各种话题提供给我们上千条信息时，我们要学会选择。

处理即挑战

来源：Noel Hendrickson/Digital Vision/Thinkstock。

我们应该如何面对挑战，在势不可挡、不断增加的信息大潮中做出选择？答案是，让大脑开启"自动驾驶"模式，自动筛选信息。我知道这听起来可能很奇怪，但请思考一下。我们不可能考虑每一条接收到的信息，然后有意识地决定要不要关注。于是我们的大脑就生成了这样的程序，帮助我们快速有效地过滤，这样我们就不用费很多脑筋、甚至不用费脑筋。

为了了解这一自发的过程，我们可以思考一下我们是如何在超市买食物的。假设我们手里拿着上面写着要买的12样东西的清单走进超市。我们快速地浏览完每个货架，15分钟后买好了需要的12样东西走出超市。在这个过程中，我们做了多少个决定呢？我们肯定首先认为是12个决定，因为我们需要一一决定要买的物品。但是其他我们决定不买的东西呢？现在的超市货架上平均大约有4万件商品，所以其实我们在超市的时候用了很短的时间就做了大概4万个决定：12个买的决定，39,988个不买的决定。也就是说，我们每秒做了45个决定，这真的是非常非常快速的思考！当然，我们并没有将每一件商品同其他商品进行比较，而是依赖头脑里的自动程序，它使我们选择特定的产品和品牌，忽略其他的产品和品牌。正是这样的自动程序使我们可以如此快速和有效地工作。

我们的文化就是一个充斥着大量媒介信息的大型超市。无论我们是否意识到，那些信息都无处不在，只不过其数量远远超过任何超市的商品数量。为了每日高效地在信息饱和的文化中游刃有余，我们需要依靠信息的自动处理。心理学家称其为自动性。自动性是指我们的头脑自动运转而不需要有意识地努力的状态。因此人类的大脑能够以相当高的效率处理一些日常事务。一旦你学会做一件事情，如穿鞋子、刷牙、开车去学校或用吉他弹唱一首歌，你就不需要像初学时那般费力，而是可以很轻松地一遍又一遍地重复这些动作。当我们学习去做一些事情时，我们就像编写计算机编码一样将指令写进头脑。一旦这个编码写好，它就可以自动载入，自动运行，指导我们用很少的精力来完成之前学习过的任务。

在日常生活中，媒介为我们提供了数以千计的选择。有了自动处理，我们无须花费过多精力便可以过滤大量的媒介信息。每隔一段时间，信息或环境中的某些事便会促使我们有意识地关注某些媒介信息。为了说明这一点，让我们来想象一下，你正在开车，车载广播播放着歌曲，同时你还在和朋友说话。此时，你的注意力是在同朋友的对话而不是广播里的音乐上。然后广播开始播放你最喜欢的歌曲，你的注意力便从对话转移到歌曲上。或许你的朋友也注意到广播里正在播放她最喜欢的歌曲，她开始跟着音乐哼唱，对话因此中断。在这两种情况下，你都暴露在汽车广播所传递的媒介信息流中，一开始你没有有意识地注意它们，但是接下来发生的事情使你有意识地注意到广播中的音乐。

自动处理信息的巨大优势在于它能帮助我们毫不费力地做很多决定。但是，它也存在一些严重的不足。当我们的头脑处于自动状态时，我们可能会错过很多有用或是有趣的信息。当我们遇到有效信息时，我们可能没有预设所需的诱因以摆脱信息的自动处理。还是以上面的超市购物为例，假设你现在想仔细挑选。如果不是过度强调效率（尽可能快地浏览购物清单），你本应该考虑更多的商品，仔细阅读标签查看成分，并进行比较。并不是所有的低脂商品脂肪含量都是一样的，并不是所有添加维生素的商品都添加同一种维生素或是添加相同比例的量。或许你非常注重价格，如果不是太看重效率，你本应该比较更多的同类商品，比较它们的单位价格，这样才能买到性价比最高的东西。如果过分强调效率，我们就不会有丰富经验的机会，也就不会有机会做出让我们更健康、更富有、更幸福的选择。

媒介影响普遍且持续

由于我们大多数时间都在自动处理的状态下处理媒介信息，我们无法察觉媒介对我们产生的持续不断的影响。我们日复一日地遵循习惯做事，因为这样就不用每天每件事都反复思考，这当然很轻松。但是这产生了一个很重要的问题：究竟是谁编码了我们大脑中这样的程序来操控我们自动管理日常事务？

答案是：是我们自己，但同时还有其他因素的参与。这些其他因素来自父母、朋友、社会，包括社会道德、教育体系和各种组织机构（如宗教、政治、刑事司法体系、政府部门等），还有媒介。这些因素持续不断地影响着我们的思考、感受和行为。这些影响有的是显而易见的，然而大多数是悄无声息的，在不知不觉中塑造了我们的大脑编码。如果我们不是有意识地关注这些影响，它们会潜移默化地塑造我们的想法，而我们根本不会察觉到。媒介的影响尤其如此，因为确实存在太多的信息，而且我们将自己高度暴露在这些信息之中。随着时间的推移，这种曝光会逐渐变成习惯，我们不再有意识地思考。我们中的很多人，一上车就打开广播，一回到家就打开电视，一起床就打开电脑。一旦我们打开了这些渠道——广播、电视和电脑——说故事的人就会把各种信息输入我们的潜意识。广告商持续不断地塑造我们对自己的看法，让我们对自己产生不安，我们就会寻找能使自己看起来、摸起来、闻起来更好的商品。广告商一手打造了我们的购物习惯。你有没有意识到美国人比其他国家的人花费更多的时间逛街？美国人大约一周购物一次，比去教堂还频繁，如今美国的购物中心比教堂还多。在一项对青少年女性的调查中，93%的人提到购物是她们最喜欢做的事（Schwartz, 2004）。广告通过编码我们自动处理日常事务的程序来发挥作用，这就导致了我们即使对其他事情更感兴趣也会去买买买。

媒介持续不断地编码、再编码我们的思想。它们在增加信息，改变我们现有的信息结构、刺激反应，增强某种形式的思考和行动。因此可以说，无论我们是否意识到，媒介都在对我们发挥着影响。

另外，媒介的影响是持续的。即使我们不再暴露在媒介信息中，媒介对我们的影响也不会停止。只要媒介通过编码我们的思想对我们产生了影响，就会塑造我们的思想和行为，无论何时，无论我们有意识还是无意识，这种程序都会自动运行。因此当你走进超市买食物时，你可能不会看报纸和杂志的优惠券，也不会看电视屏幕或听广播或iPod，但是你要买什么东西已经由你大脑中自动运行的"购物编码"决定了，这些购物编码是广告商年复一年地通过各种媒介传递给你的信息，你的一生都会重复发生这样的情况。

媒介效果知识库

学者们已经进行了大量的研究来检验媒介效果。据估计，已发行的传播学期刊大约已有6,200本（Potter & Riddle, 2006）。还有在传播学领域以外的学术期刊上发表的关于媒介效果的研究文章，如社会科学（心理学、社会学、人类学、政治学、经济学等）、人文学（电影研究、英语、比较文学），以及应用学（教育、商务、法律、健康）。另外还有很多关于这一热门话题的书籍和政府报告。如果我们把这些研究渠道都包括在内，那么关于这一话题已公开发表的研究可能已超过一万个，同时还有无法统计的未公开发表的研究，包括会议演讲和工作文件。

这些严谨的研究为媒介效果贡献了大量的成果。这一领域的文献太多以至于无法将其厘清，因此很多学者关注一小部分更为显而易见的效果，如不稳定人群的暴力行为，或是性描写对易受影响的青少年的效果。尽管这两种效果很重要，但是将我们对媒介效果的检验仅限于少数几个效果的研究却是非常严重的错误。我们应该学会鉴别当今人口中出现的更大范围的效果。很多效果在某个特定时间都是不易察觉的，但这并不意味着它们就不重要。相反，很多日常生活中对我们影响显著的效果都是偷偷潜入"雷达之下"的，如果没有人指出，我们根本不会发现这些效果怎样改变了我们的习惯和思考方式。

本书的目的是告诉我们既不要忽视非常普通的日常的媒介效果，也不要忽视非常鲜明的戏剧化的效果。本书会提供一份媒介效果的完整地图，同时也帮助你辨别发生在你身上和别人身上的效果。

在接下来的四章，我会展示给你们一些工具：基本术语、定义、思考媒介效果的方法，来帮助你们在阅读所有细节的同时，不忘记全景图像，即媒介效果的地图。这些工具将在阅读第六章到第十四章的整个过程中为你们导航。

在本书的最后，你会发自内心地赞同"知识就是力量"这句名言，因为你将拥有很多人没有的新知识，也就是你能够精准地看到媒介对你、你的朋友以及社会的影响的宏观画面。如果能够运用这些知识，你就可以强有力地控制你生活中的这些影响，也可以对别人产生影响。

小结

至此你应该在头脑中形成了三个概念：第一，你应该意识到每年都有大量的信息产生，新信息的出现速度仍在不断加快。在信息饱和的文化中，我们无法避免地被曝光在大量的媒介信息中。第二，无论我们是否察觉，这种持续不断的信息流都在影响着我们。第三，确实存在媒介效果知识库，清晰地展示在全人类范围内大范围的媒介效果持续不断地发生在每个人身上。

---- 复习题 ----

1. 为什么说关注媒介效果的全景画面是非常重要的？
2. 列举一些媒介信息饱和的特点。
3. 处理信息流最大的挑战是什么？
4. 什么是自动性？

5. 媒介影响怎样普遍和持续?

6. 为什么媒介效果的研究文献很难整理?

思考题

1. 思考你自己在媒介信息中曝光的情况。
- 你最喜欢的媒介是什么? 为什么最喜欢这些?
- 你最喜欢什么类型的信息(新闻、动作/冒险电影、情景喜剧、游戏、吸血鬼故事、爱情小说、竞赛真人秀、体育或其他)? 为什么?
- 你一周平均花费多少时间在媒介上?

2. 思考你无意识过滤媒介信息的自动处理程序。
- 这些程序能发挥作用吗?
- 可以对这些程序做出什么改变吗?

3. 在阅读后面的章节之前,思考媒介曾在你的生活中产生的效果。
- 拿出一张纸,在中间画一条竖线。竖线左边列举"消极效果",右边列举"积极效果"。看看你在两边各能列举出多少效果。
- 写完之后将这张纸保存好。读完第六到第十二章后再拿出来。

第二章

定义关键概念

- ☞ 受众群体的本质
  - ◆ 人脑即机器
  - ◆ 解释性生物
- ☞ 媒介曝光
  - ◆ 曝光和关注
  - ◆ 曝光状态
- ☞ 信息处理任务
  - ◆ 过滤
  - ◆ 意义搭配
  - ◆ 意义构建
- ☞ 算法
  - ◆ 算法的起源
  - ◆ 算法的用途
- ☞ 小结

本章是全书其余各章的基础。首先,我们将解释媒介受众群体的本质,接下来我们会定义以下关键概念:媒介曝光、信息处理任务和算法。想要精准地定义这些术语有一定难度,因此很多人都避免下定义,而假设其他人都知道这些概念的内涵。这是不对的。这些术语看起来并不陌生,但它们在学者们看来,尤其是在人们的日常交流中,却可能有着各种各样的含义。因此,在本书中清晰地定义这些关键的基础术语是非常有必要的。一旦你理解了这些关键术语的定义,便会更容易理解本书的其他部分。

受众群体的本质

检验媒介效果最基础的起点是思考人类的本质以及人类如何处理从媒介消息中获取的意义。研究媒介效果的学者们提到媒介消息时,都会长时间陷入有关人类本质的辩论。一方认为,人就像机器,能够自动处理外部信息,将学习到的意义存储在大脑里。遇到媒介信息时,人的大脑会自动解码信息符号,这使得每个人都能理解到相同的含义。另一方则认为,人是解释性的生物,可以自由地从任意信息中构建任何种类的意义。下面我们详细地看一看辩论双方的观点。

人脑即机器

关于人脑的一种观点认为,人脑像机器一样运作,可以非常有效地处理我们每天在生活中遇到的各种杂乱无章的刺激,并理解这些刺激传达的意义。人脑可以快速地处理大量的外部刺激,自动得出与其他人共享的通用意义。如果人类不统一意义,交流便是不可能的。当我们同别人对话时,我们必须假定这些人同我们赋予词语一样的意义。我们都需要学习这些通用意义,因此当我们还在蹒跚学步时,父母就教我们说话,他们这是帮助我们记忆这些发音的词汇所包含的特定通用意义。在学校,当我们学习阅读时,我们必须记忆单词表里生词的含义。我们认识的单词越多,就能越好地处理那些意义,从而能更好地阅读。因此人类的大脑必须习得很多文字、图像、声音、气味和感觉的通用意义。

当人脑受到刺激时,它获取那些学习到的意义的速度是非常快的。举例来说,平均每个人每分钟可以阅读300个字。这就意味着当我们的眼睛浏览一页纸或一个屏幕时，我们可以辨识出300个字，并且可以在一分钟内获取每个字的意义。这是非常快的！

每天我们会遇到各种媒介所传递的图像、文字和声音。如果大脑不能快速处理这些信息，我们便会在一天的一开始就被刚接收的信息麻痹。为了避免迷失在信息中，我们"启动"了大脑的一些编码，让它们自动运行。这让我们可以在每天遇到的成千上万的信息中游刃有余。因此，编码使我们的大脑成为非常强有力的信息处理器。

解释性生物

另一种观点认为，人类是解释性的生物，可以持续不断地为自己创造意义。我们有着充分的自由来为自己思考，这就为各种不同的观点、经历和生活方式提供了广阔的空间。我们可以随时打破习惯和常规，以完全不同的方式来做一件事情。我们可以听某人对我们说的话，但是不接受他/她传达的意义，因为我们可以从不同的角度理解。我们和四个朋友一同看电影，但看后发现五个人对电影有着五种完全不同的解读。

作为人，我们有权拒绝通用意义，去探索完全不同的意义。人们总是创造新的故事，总是幻想着从不存在的事物，为了达到目的而编造事实和谎言。

关于人类到底是机器还是解释性、创造性生物的讨论，引发了大量研究文献的出现，这些文献由行为社会科学家（研究人类共性）和人文学者（关注人类特性）所撰写。这一点非常关键，因为媒介效果研究者发现，有时人们表现得像机器（即某些特定因素以同样的方式影响所有人），其他时候又表现得与他人不同（即每个人对同样的媒介信息做出不同的阐释）。在接下来的章节中，你将看到这两种情况。

媒介曝光

现在我们讨论一下"媒介曝光"这一话题。"媒介曝光"是什么意思呢？在这一节，你将看到"曝光"这一概念包含了很多之前你可能从未想过的东西。也就是说，"曝光"和"关注"并不是同一概念。遇到媒介信息时，我们有着一系列的曝光状态。在某些状态下，我们看似根本没有注意这些媒介信息，但这些信息仍然进入了我们的大脑并在之后以各种方式对我们产生影响。

曝光和关注

在我们的日常用语中,"曝光"经常被看作"关注"的同义词,但是学习媒介效果时,我们需要精确地将它们区分开来。为此,我们需要了解三种曝光:物理曝光、感知曝光和心理曝光。只有这三种曝光条件都满足时才会出现关注。

物理曝光 物理曝光需要对某一消息有一定程度的接触(时间和空间必须同时得到保证),即媒介信息和人必须同时处于同样的物理空间。因此时间和空间被视为物理曝光的必要条件。如果桌子上放着一本正面朝上的杂志,哈里在房间里走动。从物理上讲,杂志封面上的信息对哈里曝光,但杂志里面的内容没有,除非哈里拿起这本杂志翻阅。同样,如果哈里走进房间时桌子上没有杂志,杂志就不会对哈里产生物理曝光。同样,如果午餐时间某个房间正在播放广播节目,下午1点广播关闭,那么广播节目对1点以后来到这个房间的人就没有产生物理曝光。

感知曝光 感知曝光指人类的感觉频宽或通过视觉、听觉接收适当知觉输入的能力。人类感觉器官的能力是有限的。比如,人类对声音频率的敏感度范围是16~20,000Hz,但是人类听得最清楚的声音频率范围是1,000~4,000Hz(Metallinos, 1996; Plack, 2005)。狗哨声的频率高于20,000Hz,超出了人类对声音敏感度的频率范围,因此人类听不到。任何超出人类感觉器官接收能力的视觉或听觉信号都是未曝光的。

然而,感知标准还有一个特征,我们必须考虑知觉输入和大脑处理过程之间的联系。有例子可以说明,知觉输入到达大脑时是一种形式,但是之后大脑会将原始的刺激转换为另一种形式。比如,当我们在电影院看电影时,我们实际曝光在单独的静态图像前,这些单独的静态图像以每秒24张的速度投影。但是人类是不可能一秒钟接收24张单独图像的,因此我们不会看到24张单独的静态图像,而是"看到"动作。同样,在电影投影中,每秒投影的24张单独画面中间会有一个短暂的时刻屏幕是空白的,但是眼—脑连接的速度没有快到可以处理这些空白,因此我们不会把这些空白"看"成空白,相反,我们看到的是流畅的动作。如果将画面投影速度降低到每秒10张以下,我们便可以看到颤动,即我们开始看到那些空白,因为静止画面替换的速度足够慢,以至于以眼—脑连接的速度可以处理它们。

看电视也是同理,看上去电视屏幕呈现的是动态画面,但其实呈现的是成千上万被称作"像素"的发光点,每个像素都在循环重复同样的动作:发三种颜色之一的光，逐渐消失，再发光，再消失，不断重复，每秒数十次。我们看不到每个独立的像素，但我们能接收到三种以上的颜色。由于我们的大脑将这三种颜色以各种组合方式混合，因此我们可以看到色谱上的所有颜色。同样，像素发光和消失的速度非常快，我们看不到，但我们的大脑接收了屏幕上的整体图像。

人类感知边界以外的刺激被称为"阈下意识"。阈下意识信息不会留下任何心理轨迹，因为它们不能被物理接收，也就是说，人类缺乏感知器官来接收这种刺激和/或缺少大脑的硬连接来对它们有所察觉。

大众传媒中有一个普遍的误解，即认为大众传媒使人们面临"阈下意识传播"的风险，这主要是因为混淆了"阈下意识"和"潜意识"。阈下意识和潜意识需要明确予以区分，因为它们是两种完全不同的事物，它们对于曝光也有着截然不同的含义。阈下意识超越人类的感知或接收能力，因此常被认为是未曝光。然而，媒介刺激一旦超越阈下意识界限，能够被人类感知和接收，就是曝光。但这并不是说，所有的曝光都是有意识的，这就引出了第三种曝光——心理曝光。

心理曝光 为了产生心理曝光，大脑必须有特定的追踪痕迹的因素。这种因素可以是图像、声音、表情、图案等。它可以持续很短的时间（在短期记忆中，存在几秒就被清除），也可以持续一生（一旦进入长期记忆）。它可以有意识地进入大脑（常被称作"中央路线"），这时人们会充分意识到，它也可以无意识地进入大脑（常被称作"外围路线"），这时人们没有意识到（Petty & Cacioppo, 1986）。因此可能有各种各样的因素能够满足心理曝光的条件。

关注 为了产生关注，必须首先清除以上三种曝光，即物理曝光、感知曝光和心理曝光。但是，仅仅清除它们并不能保证关注的产生，还需要一些其他的条件。这就是对媒介信息有意识的察觉。正如你现在看到的，为了使我们能够关注一个媒介信息，必须有很多条件。因此尽管每天可能出现很多关注的机会，但是关注却很少产生。《关注心理学》(*The Psychology of Attention*, 1998) 一书的作者哈罗德·帕施勒（Harold Pashler）提出，在某一特定时刻，意识只包括对人的感觉系统产生影响的一小部分刺激。另外，当我们关注一件事情时，我们的注意力也会被转移到另一件事情上。帕施勒认为，有时"注意力在没有任何自愿选择的情况下被指引或捕获，甚至是在违背强烈意愿的情况下"(p. 3)。因此当我们关注我们和室友的对话时，我们的注意力可能会被电脑屏幕上弹出来的某个图像捕获，继而从室友身上转移到电脑屏幕上。

曝光状态

在经历媒介信息曝光时我们可能会表现出很大的差异，这取决于我们接收信息时的心理状态。可能出现四种曝光状态：关注状态、自动状态、运输状态和自省状态。它们之间存在质的差异，也就是说，对于特定媒介信息的不同感受取决于接收该信息时所处的状态。让我们来详细看一看这四种状态。

关注状态 当你处于关注状态时，你会充分意识到你正曝光在媒介信息中，当你曝光其中时，你会关注该信息。你经常会做出一些努力来发现这些信息，比如在频道导览中寻找电视节目或在互联网上搜索网页。但这并不意味着此时你的注意力高度集中，尽管这是有可能的。关注状态最关键的特点是，你在曝光过程中会有意识地关注信息。

在关注状态下，你付出多少注意力取决于你在这次曝光中投入多少精力。至少，你必须意识到信息的存在并有意识地追踪它，但是注意力集中的程度有很大的变数，你可能特别偏好这个信息，也可能泛泛处理，这取决于处理因素的数量和分析的深度。

自动状态 当你处于曝光的自动状态时，你所处的物理状态并没有使你意识到那些信息。假设你在读这本书，注意力集中于每句话的意思，但是同时广播里播放着歌曲，隔壁房间的电视也开着，你的电脑屏幕一直弹出广告画面。筛除所有和你阅读无关的声音和图像时，你的大脑处于自动过滤状态，但是实际上你的大脑监测了那些声音和图像，才能把它们筛除。在这个自动监测的过程中，某些特定的声音和图像被储存在你的潜意识里，因此即使你没有注意它们，你仍然持续不断地曝光于那些信息当中。这个筛选过程一直毫不费力地自动进行，直到某些信息中的特定因素中断了你的自动过滤程序并捕获了你的注意力，比如广播里突然传出你最喜欢的歌曲，此时你的注意力会从书本转移，你会跟着哼唱起来。

在自动状态下，信息的元素在物理上被接收，但处理却是无意识的全自动过程。这一曝光状态在人类感知界值之上，但是在意识知觉界值之下。一个人一直处于感知流中，直到某个干扰中断了曝光或"碰撞"了这个人的感知过程，使其变成另一种曝光状态，或者直到媒介信息超越个人的物理或感知能力，不再被曝光。

在自动状态下，在外部观察者看来人们可能状态积极，但其实他们并没有关注他们正在做的事情。处于自动状态下的人可以飞快地翻阅一本杂志或快速地调换电视频道。尽管我们可以追踪动作的轨迹，但这并不能说明人们的头脑参与其中并做出决定。相反，这些决定都是自动出现的。

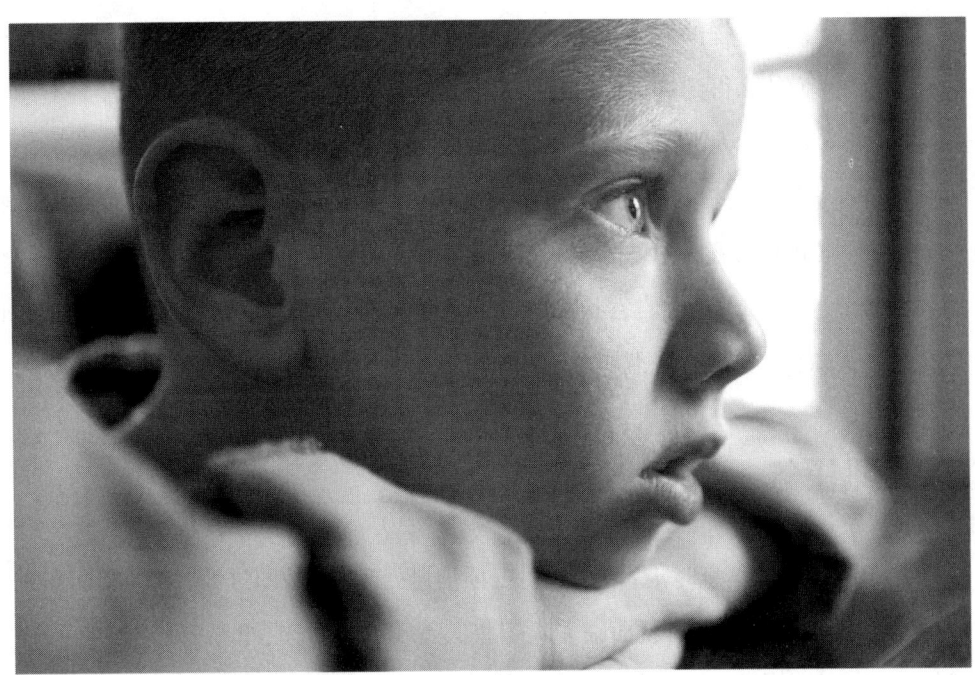

来源：Thinkstock Images/Comstock/Thinkstock。

大多数媒介的曝光，尤其是广播和电视，都是自动状态。当信息出现时，人们对曝光没有意识知觉，如果事后追问，他们也回忆不起来当时的细节。

运输状态 当你处于运输状态时，你被媒介信息带走了，也就是说，你过于沉浸在媒介信息中，以至于忘了时间和地点。比如，在电影院看电影时，人们太过投入到情节中，甚至深陷其中。他们经历了和角色一样强烈的情绪起伏。他们高度关注电影以至于与现实世界失联。他们感受不到自己在电影院里。他们忘记了真实的时间，反而经历了叙事时间，也就是说，他们对时间流逝的感受同电影里的角色一样。

运输状态不是简单的高端关注状态，它与关注状态有着质的不同。尽管在运输状态下，注意力水平是很高的，但是这种注意是狭窄的，即人们只有隧道视野，只能关注到消除阻碍后的信息。人们被带走从而"进入"信息中。在这个意义上，这同自动状态刚好相反，自动状态下人们清醒地处在现实中，但感知层面对媒介信息没有意识；而在运输状态下，人们进入媒介信息，忘却了现实。

自省状态 当你处于自省状态时，你对信息高度谨慎，对你自己处理信息也高度注意。这就像当你遇到信息时，你坐在自己的肩膀上，监测自己的行为一样。这是最高度的知觉，也就是说，在处理媒介信息时，人们对媒介信息、自己所处的真实世界和自己在社会中所处的地位都有充分的认识。在自省曝光状态下，观察者对感知有着最高度的控制，人们不断问自己这样的问题：为什么我要将自己曝光在这个信息中？我从这次曝光中得到了什么？为什么得到这些？我为什么会这样认为？不仅有这样的分析，还有事后分析，这就意味着一个人不仅分析媒介信息，还会分析自己对媒介信息做出的分析。

尽管自省状态和运输状态看上去很接近，因为它们都有着受众群体高度投入的特点，但这两种曝光状态还是很不一样的。在运输状态下，人们在感情上高度投入，以至于迷失在情节环境中。相反，自省状态的特点则是人们在分析曝光信息的过程中，对自己有高度的认知和高度的自我意识。

信息处理任务

当我们遇到媒介信息时，我们会执行三项信息处理任务，即过滤、意义搭配和意义构建。首先，我们遇到信息时就面临着决定将其滤出（忽视）或滤入（处理）的任务。如果我们决定滤入该信息，接下来我们必须使其具有意义，也就是说，要识别信息中的符号，并和我们对这些符号的已知定义搭配起来。最后我们就可以构建我们自己对于该信息的意义了。

有时我们在执行这三项任务时，充分意识到我们掌控着自己的决定。然而，大多数情况下，我们都是无意识地执行这些任务，也就是说，我们的大脑在自动编码做出过滤和意义搭配决定时处于自动模式，意义构建过程会因此缩短。让我们来详细看一看这三项信息处理任务。

三项信息处理任务小结

过滤信息
任务：决定哪些信息滤出（忽视），哪些信息滤入（关注）
目标：仅关注有用的信息，忽略其他信息
重点关注：环境中的信息

意义搭配
任务：运用基本能力识别指示物，赋予其已掌握的定义
目标：有效获取先前学习到的意义
重点关注：信息中的指示物

意义构建
任务：运用技巧，超越意义搭配阶段，构建属于自己的意义，以此使信息个性化并从中获取更多信息
目标：将多角度阐释信息意义作为辨识意义多样选择的手段，然后选择其一或将几种选择的意义进行整合
重点关注：自身的知识结构

过滤

每一天，我们都会被持续不断地淹没在信息里。为了避免不堪重负，我们自动对洪水般的信息进行过滤，忽略大部分而只关注一小部分通过过滤筛选出的信息。上一章提到，在过滤的整个过程中，我们的大脑一直处于自动状态。在自动过滤过程中，我们的注意力由大脑的编码控制，它告诉我们的知觉不要关注所有信息（滤出过程），直到某一特定信息中的元素发送触发代码到我们的大脑，我们才开始关注这一信息。

一旦成功滤入一条信息（开始关注），我们就需要确定它的意义。这个确定意义的过程分为两个阶段，而不是只有一个。首先，我们要进行意义搭配。很多时候，信息处理过程会在这一阶段终止，但是有时我们会进入下一个意义构建阶段。

意义搭配

在进行意义搭配时，我们假定意义存在于权威人士之外，如老师、专家、字典、课本等。我们的任务是找到这些意义并记住它们。父母和教育机构负有最主要的责任，要将权威信息代代相传。媒介同样是信息的主要来源，对很多人来说，媒介已成为一种权威来源，因此人们接受了来自媒介的意义并简单记住了它们。

意义搭配是识别信息中的元素（指示物），然后获取我们记忆中这些元素的意义的过程。相对来说，这是个自动过程。识别媒介信息中的符号并记忆它们的一般意义可能需要我们付出大量的努力，但是一旦习得，这个过程便会变为例行公事。你可以回想你是怎么学习阅读的。首先你必须学会识别单词，然后记住每个单词的意义。你第一次看到"Dick threw the ball to Jane"（迪克向简扔了一个球）这个句子时，需要将句子分割成单词，回想每个单词的意思，再将这些单词的意思组合起来。这个过程费时费力，但经过练习，你就可以更快、更容易地完成。小学阶段学习阅读基本上是学习识别越来越多的指示物并记住它们意义的过程。媒介信息中的指示物有些是文字，有些是数字，有些是图像，有些是声音。

这种学习可以开发人的能力。能力是指能否正确地做某事。比如，当你见到"2+2"时，你是否能够识别出"2"这个指示物表示的是特定的数量。你是否能够识别出"+"是表示合并的指示物。你是否能够完成这一数学运算，算出答案为4。用这些指示物进行计算并不需要——或不允许——个人解释和创造性意义构建。能力是指我们能够识别标准指示物，并回忆它们所指的意义。如果我们没有一套统一的指示物和对于这些指示物共同的意义,我们便不可能交流。基础教育是为了开发下一代辨别指示物并记忆其指定意义的基本能力。

意义构建

一旦习得一些基础能力,意义搭配便能自动完成,这时意义构建则更具挑战性。意义构建的过程中,我们必须对信息做些什么来构建我们自己的意义。这就要求我们具备分析的技巧和有意识地筛选评估信息的能力。而当信息被录入时,我们必须运用技巧,如归纳、演绎,将新的信息和我们已有的知识结构组合起来,从而构建我们自己的意义。

任何媒介信息都可以构建很多意义,另外,还有很多方法来构建意义。因此我们无法学习到一整套构建意义的规则,相反,我们需要自身信息目标的指引,以及创造性地运用成熟的技巧来铺设通往目标的道路。因此,意义构建很少自动发生。相反,当构建自己的意义时,我们需要有意识地做出决定。每个意义构建任务都是困难的,因此我们不能在脑中编码,自动按照同样的程序处理我们遇到的各种各样的意义构建任务。

意义搭配取决于能力,但意义构建依赖技巧。这是意义搭配任务和意义构建任务最根本的区别。能力是可以分类的,也就是说,你可以有,也可以没有。但技巧不能分类,我们只能说,对某个技巧而言,我们掌握它的程度不一样。有的人只掌握一点,有的人掌握得很好。同样,技巧就像肌肉,不练习,技巧会变弱,经过实践和练习,技巧会变强。

为了说明能力和技巧的区别,回到小学阶段学习阅读这个例子。学生学习文字形式的指示物,这是能力。也就是说,学生或知道如何辨认一个单词,或不知道。同样,在小学阶段,学生学习如何拼写单词,如何将单词组合成句子,这也是能力,他们能够做到或者做不到。念完小学后,我们假定他们已经具备了基本的阅读能力,但是他们仍在继续学习阅读。到了更高年级,阅读被认为是一种技巧。学生关注的是如何从段落和故事中获取更多的意义。比如,小学老师要求学生大声朗读,是为了检查他们认读单词的能力。但是高中老师要求学生大声朗读,则是为了检查学生阅读表达的技巧。通过阅读表达,学生可以展示自己如何构建意义。同样,高年级学生会被要求写读后感,表达故事对于他们的意义。因此,关注点从意义搭配的能力转换为意义构建的技巧。

意义搭配和意义构建两个过程并不是各自独立,而是相互交错的。为了构建意义,我们必须首先识别指示物，理解含有指示物的信息。因此，意义搭配过程更为基础，因为接下来意义搭配过程的产物会被导入意义构建过程。

算法

解释人们如何遇到媒介信息，并从那些信息中处理信息的关键概念就是算法。算法是人们有意识和无意识地用来使媒介信息产生意义的一系列精神编码。在有意识的情况下，算法在思考过程中作为指导，告诉人们从何处开始思考，它展现了整个思考过程中的每个步骤，并在每个决策点列出所有选项，它提供了通往目标的道路方向，也表明了道路在何处结束，即我们已做出决定。比如，你的大脑里有个关于获取YouTube视频片段的算法。你的算法告诉你如何打开互联网设备，如何打开YouTube网站，如何获取你可能喜欢的视频片段的列表。你的算法包含你过去浏览记录的图像，提示今天你可能感兴趣的列表。你的算法告诉你如何播放视频片段、调节音量、调整视频尺寸以及如何快进或回放。这个算法建立在你以往持续不断地曝光于YouTube视频片段之上。如果你有很多YouTube的访问记录，你的算法可能会非常详尽且运行高速。

人们构建这些算法来使他们的世界有意义，然后在面临提高意义构建效率的挑战时继续运用它们。算法是存在于人们记忆中的构造。这些算法由认知、情感、美学和道德信息构成，是事实、图像、文字、声音、感觉和判断的联合。算法是有机的，并且一直处于变化状态。人们习得新经验时，会对现有算法进行调整，使其更有用、更高效。

当一个人运用一个特殊的算法时，他会对这个算法更加熟悉。使用得越频繁，用起来就越容易，也就是说，使用这个算法会越来越不费力。人类喜欢效率，因此付出更少脑力劳动的路径肯定更加吸引人。最终使用算法成为日常程序，即在某个特定情况下，算法自动载入大脑并运行，直到结束都不需要人的脑力劳动，因为所有的决定在重复下都已经成为习惯。因此当一个算法长时间被多次以同样方式重复使用后，它就成为认知心理学家所说的"慢性获取"（Bargh, 1984）。

算法的起源

人类不是生来就有这些算法的，相反，人类必须习得，或是在生活经历中建立它们。算法可以从其他人或大众传媒习得，在这个过程中其他人完成了构建过程并将其传递给另一个个体，或由其自身构建。

习得 习得可以是一个有意识或无意识的过程。有意识习得指一个人有意图地去学习某事物，大多情况下，信息的发出者也有意图教授。人们读书、报纸、杂志或者看晚间新闻、纪录片，都是抱着学习某个特定的事实的目的，或更广泛地来说，是为了获得与他们感兴趣的话题相关的一般信息。

习得也可以无意识地发生。这一过程常被称为"非故意学习""偶发学习"或"隐式学习"。当人们暴露在娱乐性质的信息中时，他们没有试图了解特定事实或学习社会经验，而只是想休闲一下，或逃离每天的日常生活。然而，他们可以无意识地了解事实和获得社会经验，对于他们的主要目的来说，这就是偶发性质的学习。

构建 当一个人构建一个新的算法时，这个过程是在有意识的情况下进行的，需要付出大量的精力，这经常是一个定向目标，但其实并不需要这样。这个构建过程通常需要技巧，人们使用这些技巧来将媒介信息转变为更适合其现有算法的形式。

构建过程对每个个体而言重要性不同。当一个构建过程非常重要时，人们会运用理性策略。在理性策略指导下，构建过程有着清晰的目标，需要花费大量的脑力，如果构建出现错误，这个结果会是强烈的、消极的。然而，很多构建过程都没有那么重要，因此这个过程通常取决于人们模糊不清的或是情感上的感觉，他们并没有很清楚地预定目标，比如减少不确定性和不协调性。这一过程需要投入的精力也很少，因此很容易有效率地完成，也就是说，可以以最小的资源消耗获得结果。在这种情况下，人们不可能采用理性策略，而是更可能会使用快捷策略，以便尽快完成任务，或是运用非理性策略，来构建一个自己"觉得"正确但没有逻辑的算法。

一旦一个算法被存储在记忆中，人们就不再记得它是如何被构建的了，也就是说，人们不再清楚究竟是用了理性策略、快捷策略，还是非理性策略构建了这一算法。算法是可以用来解决未来遇到问题的工具。一个算法被使用的次数越多，就越会成为习惯，也就意味着未来更可能被继续使用。一个算法在自动状态或运输状态下被使用得越多，就越不容易被检查或改变。实际上，它会在反复使用中得到加强。在关注状态下，算法的运行体现在将一个人从一个决策点带至下一个决策点。在每个决策点，算法会展示所有的选择，但是将选择权留给有意识做决策的人。在自省状态下，人们把算法看成解剖台上的标本。人们不是在做决策过程中运用算法，相反，他们更像是分析编码的程序员。他们不是在使用算法，而是在检验它。

算法是个人构建的，但是受到媒介和经验的调节，因此算法中的编码以有意识的方式和无意识的方式被创造和改变。当人们处于关注——尤其是自省——曝光状态时，他们会充分意识到他们的目标、信息中的元素和信息处理过程。在这种情况下，他们对编码的增加和改变有着高度的控制力。当人们处于自动——常是运输——曝光状态时，他们意识不到媒介的调节影响，因此对编码的增加和改变无法控制。

算法的用途

在媒介曝光条件下，个体获取算法并以此指导决策，无论这一决策是有意识还是无意识的。有时人们会有意识地获取合适的算法来帮助他们处理未展开的故事，比如当新角色出现时，人们可以通过阅读关于外貌的一些细节，运用算法来填补这个角色可能有的个性。算法也可以提供其他方面的信息，如场景、设置、主题和时间的推移等。然而，在其他时候，算法会自动载入，"后台运行"，此时人们可以投入精力去执行其他任务。因此算法可以自动激活，自动运行，不需要脑力劳动，人们可以非常有效率地在大量的曝光决策中游刃有余。

媒介效果术语表

算法　算法是一种模板（或精神编码结果），人们用它来：（1）在曝光中指导认知；（2）在曝光中解释信息的意义。算法是个体的构建，同时也是经验在头脑分类和构建意义过程中过滤出的产物。算法也可以由大众传媒编程。（在这一研究领域，学者们使用不同的术语来表示这种精神指导，如架构、精神模板、认知地图等。每个术语都有特定的意义，对于那些意义学者们常常有不同的解释。因此，我采用"算法"这一术语作为涵盖那些所有意义的伞。）

- 过滤任务由个体和大众传媒编码的算法控制。
- 意义搭配任务中使用的算法大多由权威提供其定义，而后被个人内化，因此其使用是自动的。这些算法需要人们具备基本能力以正常运行。
- 意义构建任务中使用的算法大多是建议性的指导，因为意义构建经常针对特定问题。它们需要运用一些高阶的技巧以正常运行。

曝光状态　曝光状态是指遇到媒介信息时，一个人经历的不同方式。共有四种曝光状态：关注、自动、运输和自省。这四种状态有着量上的不同，彼此之间有着阈限的分界（知觉界限）。

- 在关注状态下，受众群体有意识地处理信息元素。他们积极地与信息中心的元素互动，对处理过程有一定的控制力，控制力可以是局部的，也可以是非常广泛的，这取决于处理元素的数量和分析的深度。
- 在自动状态下，受众群体对曝光没有意识。信息能够得到处理，但不是在有意识的情况下，或是在受众群体控制下进行。
- 在运输状态下，受众群体感受到隧道视野，有着高水平的注意力，高度关注媒介信息，此时信息与受众之间的阻碍消失。所有关注点以外的刺激全部被忽视。

- 在自省状态下，受众群体不仅有意识地关注信息中的元素，而且关注他们如何处理这些元素。

信息处理任务 大众传媒信息的受众持续不断地参与连续三个信息处理任务，它们分别是过滤、意义搭配和意义构建。

媒介曝光 媒介曝光发生在一个人满足物理曝光、认知曝光和心理曝光条件时。媒介曝光不一定需要受众群体的关注，也就是说，一个人可以在未关注状态下曝光。

小结

本章奠定了四个关键概念的基础：受众的本质、媒介曝光、信息处理任务和算法。本章说明了每个概念的定义，这些定义会贯穿全书。

对于受众的本质，研究者将人类看作类似于机器的信息处理器，或是自我意义创造性的构建者。在媒介效果下，我们有时对某个特定的媒介信息做出同样的回应，有时则表现出与其他受众群体完全不同的回应。

媒介曝光不等同于对信息的关注，它更为复杂。媒介曝光要求信息的存在，信息在人的认知能力范围内，同时有某些心理活动轨迹可追寻。当曝光发生时，我们会经历四种不同的曝光状态：关注、自动、运输和自省。

有三种信息处理任务，分别是过滤、意义搭配和意义构建。每个任务都取决于算法。算法自动运行，指导我们在日常生活中对媒介信息做出决策。

复习题

1. 说明关于人脑运作方式的两种对立观点。
2. 曝光和关注的区别是什么？
3. 阈下意识和潜意识的区别是什么？
4. 四种曝光状态分别是什么？它们之间的区别是什么？
5. 三种信息处理任务分别是什么？它们之间的区别是什么？
6. 能力和技巧的区别是什么？

7. 算法是什么？对于媒介效果而言，算法如何重要？
8. 定义大众传媒。

思考题

1. 思考你的媒介曝光习惯。
- 你能回忆起你是如何养成那些习惯的吗？也就是说，最初那些类型的信息中是什么吸引了你？
- 你的媒介曝光习惯有没有随着时间发生变化？如果有，为什么？
2. 你能想到最近以运输状态经历过的媒介信息吗？
3. 你能想到最近以自省状态经历过的媒介信息吗？
4. 思考你最喜欢的媒介信息。
- 在投入到意义搭配中时，你曝光到何种程度？
- 在你构建自己特殊的意义时，你曝光到何种程度？

第三章

什么是媒介效果？

- ☞ **定义媒介效果**
  - ◆ 媒介效果定义中的关键因素
  - ◆ 定义
  - ◆ 整理媒介效果的需要
- ☞ **整理个体层面媒介效果**
  - ◆ 个体层面效果种类
  - ◆ 媒介影响功能
  - ◆ 个体层面的媒介效果模板
- ☞ **整理宏观层面媒介效果**
- ☞ **小结**

本章重点关注媒介效果的概念。本章一开始将分析思考媒介效果时必须考虑的关键要素，然后运用这些要素来构建一个广义定义。接下来，本章会呈现两种媒介效果模板（Media Effects Templates, METs），以整合多种媒介效果。这些模板作为媒介效果的地图，将用于架构起其他所有章节。

定义媒介效果

从广义的角度看待媒介效果是非常重要的，这样既方便读者了解媒介产生的不可思议的广泛影响，也可帮助他们理解媒介学者总结出的广泛的研究成果。然而，当人们在日常生活中思考媒介效果时，常常只想到发生在别人身上的消极事情，因为他们看到过太多"不好的"事情。比如，人们认为，媒介暴力会导致攻击性行为；有性描写的媒介故事会导致性犯罪；脏话会导致语言暴力。这些观点不断地出现在民意调查中，也受到媒介效果研究者的关注。这种类型的公众舆论和研究非常普遍，以至于很多人都认为媒介效果大部分是消极的，而且在媒介信息曝光后就会立刻产生。这种想法是思考媒介效果一个很好的出发点，但是接下来我们需要看到更广泛的层面。首先，让我们来看看将媒介效果完整地概念化时需要处理的关键问题。

媒介效果定义中的关键问题

当我们审视所有学者描写媒介效果的方式时，我们可以看到他们会考虑八个问题。这些问题是时机（立即或长期）、持续（暂时或永久）、价向（消极或积极）、变化（不同或相同）、意图（或没有意图）、效果水平（微观或宏观）、直接（或间接）以及表现（可观察或隐藏）。当你了解这些问题之后，你就会明白为什么有这么多被认为是媒介效果的事物了。

时机 在日常生活中，大多数人认为，媒介效果发生在媒介曝光过程中或在曝光后立即发生。比如，父母如果注意到孩子们在观看周六早晨的动画片后扭打在一起，可能会联想到电视节目和孩子们攻击性行为之间的联系。当然，媒介可以立即产生效果，但是也会在人们身上产生长期影响，只是我们要经过很长时间才能看到。

持续 有的效果持续时间很短，然后就消失了，但有的效果是永久的。比如，辛迪可能在iPod上听到一首新歌的几句歌词，然后一辈子都记得，但也可能一个小时之后就全忘了。

价向　在日常生活中，人们常常认为媒介效果是消极的，比如暴露在暴力信息下容易产生反社会行为。但是媒介也会产生积极效果。我们可以通过阅读报纸、杂志、书籍和上网来学习各种有益身心的事物。我们可以利用各种媒介上的音乐和故事来影响心情，激发愉悦的感受。我们可以通过媒介同他人互动，让我们感受到无论现实还是虚拟，我们都能成为我们感兴趣的社团的一员。

也有些时候，基于环境背景，某个特定的效果可以是消极的也可以是积极的。以脱敏效果为例，作为一个效果，它可以是积极的，也可以是消极的。脱敏可以是积极的，比如治疗师帮助她的病人克服坐飞机时的非理性恐惧，让病人观看其他人享受乘坐飞机的电视节目。但是脱敏也可以是消极的，比如人们在年复一年地观看他人遭受暴力迫害后，会失去对他人的同情。

变化　当我们想到变化时，我们常常认为变化指行为或态度的改变。如果没有改变，人们就认为没有实际效果发生。但是有些效果——或许是大多数重要以及强有力的媒介效果——是以没有产生变化的状态表现出来的。比如，大多数广告的目的是加强消费者现有的购物习惯。广告商不希望忠实于他们品牌的消费者购买其他品牌的商品，他们希望加强消费者现有的购买行为。如果我们忽视了加强效果——行为没有发生改变的状态，那么我们必然会缩小媒介效果的范围。

意图　当媒介产业因消极效果受到批评时，为自己辩护的策略之一就是指出它们并没有想到要制造消极效果。比如，当好莱坞电影表现过多暴力而遭受批评时，这些电影的制片人会说，他们仅仅想要娱乐大众，并没有让他们采取暴力行为。然而，确实有很多这样的效果发生，尽管这些媒介信息的生产者以及这些信息的消费者并没有期望它们发生。

水平　大多数媒介效果的研究将个体看作效果的目标对象。学者们撰写了大量的研究文献，记录了很多媒介对个体产生的效果。但是媒介也会对更宏观层面的实体产生影响，如公众、社会和机构等。

检验个体层面效果的研究同检验宏观层面效果的研究本质上是不同的。这些不同并不只是体现在测量效果的方法上，也体现在问题和结论的类型上。典型的例子是个体层面的研究利用实验或问卷的方式，因为这类研究关注的是个体对不同媒介信息的回应。相反，宏观层面的研究集合了来自各个机构的聚合数据，如法院（定罪率和监禁率）、教育（毕业率、学区标准化学业成绩测试的平均分数等）、宗教（信徒人数、参加各种活动的人数等）、政治（投票率、有关不同问题的民意调查、候选人的支持率等）。

直接和间接　有时媒介对个体产生直接效果，而有时效果则是间接的，如通过机构产生的效果。比如，当一个人看到一则政治宣传广告并决定将票投给某个候选人时，这个效果就是直接效果。当媒介持续不断地提高政治宣传广告的价格，候选人必须花费更多的时间筹集资金，于是欠下了向他们提供资金的组织大量人情，这将影响他们所支持的政策，从而影响政府机构提供的服务，进而影响我们个体，这就是间接效果。即使是从没有看到过政治宣传广告的人，也会被间接影响。

表现　有些效果我们很容易观察到，如某人曝光在特定媒介信息后很快改变自己的行为这种情况。比如，希瑟可能看电视时看到了某比萨特价的广告。她抓起电话，拨打了屏幕上的电话，点了一个比萨。有些效果我们很难发现，但这并不意味着这些效果不存在或没有产生影响。

定义

现在你已经看到了有关媒介效果的一些基本问题，你可以开始了解构建本书的定义了。这个定义就是，媒介影响效果是作为媒介影响的结果而发生的事件，可以是部分的，也可以是整体的。它们可以在媒介信息曝光过程中立即发生，也可以在任何特定曝光后很长时间才发生。它们可以持续几秒或一辈子。它们可以是积极的或是消极的。它们可以以变化的状态清晰地显示出来，也可以加强现有的模式，这样效果就是以不发生变化的状态产生的。它们可以在媒介有意图或无意图时产生。它们可以影响个人，也可以影响所有人。它们可以影响机构和社会。它们可以直接对目标（个人、公众、机构或社会）产生影响，也可以间接影响。它们可以很容易被观察到，也可以隐藏起来不容易被发现。

这个媒介效果的定义，当然是非常广义的。这样的定义有非常多的含义。这是定义的关键。请记住媒介信息是持续和普遍的，因此我们一直都暴露在媒介信息中，无论是直接曝光还是间接通过别人谈论媒介曝光。所以，我们需要承认媒介不断地对我们产生影响。然而，这并不意味着媒介不断地对我们产生后果，因为我们可以拒绝媒介的影响并且创造我们自己的效果。但是为了拒绝媒介影响，我们必须知道我们拒绝的是什么，也就是说，如果我们不阻止的话，媒介将会产生什么影响。因此，了解所有的媒介效果以及媒介影响如何造成那些效果很有必要。

整理媒介效果的需要

这个定义涉及的范围非常广泛，涵盖所有的媒介效果。表3.1展示了部分媒介效果。在媒介效果如此多的情况下，以某种方式来对它们进行整理，以便管理和理解它们是非常重要的。表3.1按照字母顺序列出了一些媒介效果。但是这种整理方法并没有什么助益，除非你知道一种效果，只想看看它是否出现在这里，这时这种按字母顺序排列的方法对你才有用处。这样的整理不能使我们看到是什么样的结构使得这些效果相互联系。

表3.1　部分媒介效果

Advertising	广告
Affluent society	富裕社会
Agenda building	议程建设
Agenda setting	议程设置
Aggression	侵略
Associative network building	关联网络建设
Attitude construct creation	态度构建创造
Audience as commodification	受众商品化
Audience construction by media	媒介受众建设
Audience flow	受众流
Audience polarization	受众极化
Automatic activation	自动激活
Availability-valence altering	有效价向改变
Buffering	缓冲
Capacity limits	容量限制
Catharsis	导泻
Channel repertoire reinforcement	频道曲目加强
Character affiliation	性格归属
Civic engagement	公民参与
Coalition building	联盟建设
Cognitive dissonance	认知失调
Cognitive response	认知反应

Conservative/moralist decision making	保守/道德决策
Consumer culture creation and reinforcement	消费文化创造和加强
Cue activation	提示激活
Cultivation	涵化
Cultural imperialism	文化帝国主义
Culture of narcissism	自恋文化
Decision making	决策
Diffusion of innovations	创新扩散
Direct effects	直接效果
Disinhibition	抑制解除
Disposition altering	处置改变
Distribution of knowledge	知识分配
Double action gatekeeping	双重行动把关
Double jeopardy	双重危险
Drench	浸水
Elaboration likelihood	拟合可能性
Elite pluralism	精英多元化
Empathy activation	同情激活
Encoding-decoding	编码—解码
Excitation transfer	激发转移
Exemplification	示例
Expectancy value	期望值
Fraction of selection	选择分数
Framing	框架
Gatekeeping	把关
Global village	地球村
Gratification seeking	满足追求
Gravitation	重力
Hegemony	霸权
Heuristic processing	启发式处理
Hidden persuaders	隐藏的说服者
Homogenization	单一化
Imitation	模仿
Indirect effects	间接效果

续表

Information flow	信息流
Information seeking	信息寻求
Integrated response	综合反应
Interpretation by social class	社会阶层解读
Interpretive resistance	解释阻力
Knowledge gap	知识鸿沟
Least objectionable programming	最有异议编程
Levels of processing	处理水平
Limited capacity information processing	有限容量信息处理
Marketplace alteration	市场变动
Mass audience	大众受众
Media access	媒介渠道
Media as culture industries	媒介作为文化产业
Media culture	媒介文化
Media enjoyment	媒介享受
Media enjoyment as attitude	媒介享受作为态度
Media entertainment	媒介娱乐
Media flow	媒介流
Media system dependency	媒介系统依赖
Medium as message	媒介即信息
Message construction	信息构建
Mood management	心情管理
Motivated attention and motivated processing	积极的关注和积极的处理
Neo-associationistic thinking	新联想主义思想
Neo-mass audience	新大众受众
Network political priming	网络政治铺垫
News content	新闻内容
News diffusion	新闻传播
News factory	新闻工厂
News frame creation	新闻框架创建
News selection	新闻选择
Newsworker socialization	新闻工作者社会化
One-dimensional man	一维人
Parasocial interaction	社交互动

续表

Perception of hostile media	对敌对媒体的认知
Persuasion	劝说
Play	娱乐
Pluralistic ignorance	多数无知
Political socialization	政治社会化
Political signification	政治意义
Polysemic interpretations	多义解释
Power elite	权力精英
Priming	铺垫
Principled reasoning	原则推理
Profit-driven logic of safety	利润驱动的安全逻辑
Program choice	节目选择
Proteus effect	普罗透斯效应
Pseudo-events blur reality	伪事件模糊现实
Psychodynamics	心理动力学
Psychological conditioning	心理调理
Rally effect	集合效应
Reasoned action	合理动作
Reception	接受
Resource dependency	资源依赖
Revealed preferences	显示偏好
Ritual reinforcement	仪式加强
Selective exposure	选择性曝光
Selective gatekeeping	选择性把关
Selective perception	选择性感知
Semiotic interpretations	符号解释
Social cognitions	社会认知
Social construction of meaning	社会意义构建
Social construction of media technologies	媒介技术的社会构建
Social identity	社会认同
Social learning	社会学习
Social norms	社会规范
Sociology of news	新闻社会学
Spiral of silence	沉默的螺旋

续表

Synapse priming	突触铺垫
Technological determinism	技术决定论
Television trivialisation of public life	公共生活的电视日常化
Third-person effect	第三人称效应
Transactional effects	交易效果
Transmission of information	传输信息
Transportation of audiences	受众运输
Two-step flow	两级传播
Uses and dependency	使用和依赖
Uses and gratifications	使用和满足
Videomalaise	影像恐慌

另一种整理方式是按主题领域分类，如暴力、新闻、信仰、性、新科技、社会团体（黑人、拉丁美洲人、同性恋、阿拉伯人、老年人等）、体育、宗教、职业和是否侵犯隐私。这些主题尽管很有趣并且与媒介效果相关，但并不能构成有条理性的集合。也就是说，有些效果涉及几个领域的主题，有的可能不属于任何一个领域，如果以这种方法分类，很多媒介效果可能会被排除在外。因此按照主题领域对媒介效果进行整合，会不全面。

接下来，我将介绍一种足以包含所有媒介效果的方法，这种方法可以表现出不同效果之间是如何联系的。这种整理方法首先区分了个体层面的影响和宏观层面的影响。这种个体/集群的区分主要是考虑更关注个人的影响还是更关注群体的影响。个体层面的影响可以通过观察某段时间一个人的变化（或没有变化）来进行研究。每个人都是一个单位。研究者可以询问每个人问题或观察每个人的行为。这些研究结果报告了媒介如何影响个人，无论是即刻还是之后才产生影响。相反，集群效果是研究媒介对大范围群体的影响，关注的是集体而非个人。典型的集群单位有公众、社会和机构，如刑事司法体系，经济、政治体系等。

整理个体层面媒介效果

我们应该如何整理研究者发现的所有媒介效果？在个体层面的媒介效果上，有两种维度是非常有用的:一种是效果的种类,如媒介效果是否影响个人的行为、态度、感情等;另一种是媒介如何对个体产生影响。当我们将两种维度合并时,我们就构建了一个具有足够分类的模型来帮助我们整理这些效果。

个体层面效果种类

个体层面的效果共有六种。这六种效果影响人的不同层面,或者影响个体不同的经验特点。这六种效果分别是认知、信仰、态度、情感、心理和行为。所有个体层面的媒介效果都是研究媒介如何产生其中的一种或几种影响的。

认知媒介效果发生在媒介曝光影响个人心理过程或心理过程结果的情况下。认知效果是最容易被记录的,它是对媒介信息中实时性信息的习得,尤其是从书籍、报纸、电视新闻故事和信息型网站获得的信息。人类的大脑可以通过记忆吸收这些信息。然而,大脑除了记忆还可以做很多事情,它可以将信息转化为知识。这个信息转化过程可以是对媒介信息的推断。大脑还可以以不同的方式组合媒介信息来创造新的意义。它可以概括媒介信息来产生关于生活的真理。所有这些精神活动都是媒介对于个体的认知效果。

信仰被定义为关于某物或某事件拥有特定属性可能性的认知(Fishbein & Ajzen, 1975)。简单来说,信仰是相信某事是真实的或是正确的。媒介通过向我们展示更多我们不能直接看到的世界,不断地塑造我们的信仰。我们没有人见过乔治·华盛顿,但是我们都相信他存在过,相信他是美国的创建者之一,因为我们在历史书里和网站上读到过他的故事,也看到过有关他的电影。我们每个人都相信很多事物的存在,尽管我们从未在现实生活中看到过,这些信仰大多来自媒介信息。

态度是对于某事的判断。比如,人们看到电影里的一个角色,会评判这个角色的吸引力、英雄身份、受喜爱程度等。而当媒介展示关于现实世界中的人、事件、问题和产品时,这些故事常会激发我们对于有争议的事件、政治候选人、广告产品等做出自己的评判。

情感指人们经历的感受,包括感情和心情。媒介可以激发情感,尤其是恐惧、欲望、气愤和欢笑。媒介也会给人们提供很多机会来管理情绪,比如当我们因为现实生活中的各种问题而感到压抑时,我们可以通过听音乐放松下来,通过看电视暂时忘记烦恼,或通过玩网络游戏暂时将现实搁置一边。

心理效果是人体自动的反应。机体反应可以是纯自动的（如瞳孔扩张、血压升降、皮电反应），也可以是准自动的（如心率、性反应）。比如，当人们观看动作/冒险电影时，心率和血压会快速增长，肌肉紧张，手心出汗。他们所经历着的或打或逃的反应被硬连线到大脑。威胁激发了关注，机体准备好了去同敌人战斗或逃跑。这种或打或逃的效果使人类通过竞争存活了数千年。

行为被定义为个体明显的动作（Albarracin, Zanna, Johnson, & Kumkale, 2005）。对此，媒介效果研究者进行了很多研究，他们观察人们的媒介曝光行为，看他们使用什么样的媒介以及如何使用那些媒介。研究者还将人们暴露在特定的媒介信息中，观察人们的行为，如攻击性举动、使用广告产品和辩论政治议题等。

媒介影响功能

当六种效果中的任何一种发生在个体身上时，我们需要确定效果的发生是否是媒介的影响。如果我们确定效果是出于媒介的影响，那么这就是一种媒介效果。但这并不意味着媒介是产生效果的唯一原因，相反，在产生这些效果方面，媒介发挥了一些作用。

媒介如何产生影响？有四种可能的方式，这四种方式涵盖了六种效果。从某种意义上说，它们是功能，这个功能是指不同的行为影响和塑造了六种不同效果的特点。

这四种媒介影响功能是习得、触发、改变和加强。前两种功能影响直接效果，会在曝光过程中出现或曝光之后立刻出现。第三种功能改变，可以在曝光过程中立刻出现成为即刻效果，也可以在曝光很长时间之后才显现。第四种功能是长期效果，需要很久才会发生。让我们来看一看这几种功能的细节，然后用它们来构建组成个体层面媒介效果的地图。

习得 每条媒介信息都由元素构成，在这些信息的曝光过程中，个体获得和保留了部分元素。信息元素包括事实、图像、声音、时事评论员对某事件的态度、对某事件结果的描述等。在媒介曝光中，一个人可能会关注信息中的某些特定元素，并记住这些元素。这是即刻效果，因为元素在信息曝光过程中直接进入记忆。这种记忆可能持续几秒或几年，但是在记忆中持续多久并不决定效果是否为即刻效果，而是效果发生的时刻决定这一点。

习得功能应用于除心理效果以外的所有效果，这是因为媒介信息没有在个体身上创造心理元素的力量。个体习得信息后会将其储存在记忆结构中。人们也可以通过运用记忆技巧习得信仰、态度、情感信息和行为结果。有了这些效果，媒介就在人脑中创造了一些曝光前没有的东西。我们有理由说所有这些效果都是认知性的，因为它们都需要使用记忆的认知技巧以及在个体记忆中保留信息。这个观点是正确的。但是，尽管不同种类效果的过程和使用技巧相同，保留信息的本质却非常不同。因此功能可能相同，但效果本身是不同的，需要不同类型的认知、态度和信仰。

触发 在媒介曝光过程中，媒介可以激活个体已有的东西。触发效果在六种效果中都适用。媒介信息可以激发人们回想先前习得的信息，唤起已有的态度或信仰、情感、心理反应或先前习得的行为后果。

媒介还可以触发人们进行需要很多步骤才能完成的任务。比如，当人们看到关于一个先前没听说过的政治候选人的新闻时，他们对于这位候选人没有先入为主的看法。在这则新闻的曝光过程中，人们可以从新闻中提取信息，将其和其他候选人进行比较，产生新的态度。这和简单的习得是不同的，因为人们不是简单地记忆媒介所展示的其他人的态度，而是经历了构建过程，创建了自己的态度。在这种情况下，新的媒介信息中的元素触发了人们构建新态度的过程。

媒介还可以触发重建过程。媒介信息可能会展示与某人现有知识结构不相符的信息，因此人们必须设法将新信息融入其现有的知识结构中。比如，马克对于某早餐麦片品牌持赞许态度，但是在后来曝光的媒介信息中，他得知这种早餐麦片含有受到污染的成分，这个新信息很可能触发他重新做出评判。

改变 在曝光过程中，媒介可以改变个体当前表现的特征。改变效果在所有效果中都可以发挥作用。媒介信息可以通过增加新信息改变一个人的知识结构。如果媒介说明某人现有的信仰是错误的，那么信仰也可以被改变。媒介可以改变一个人构建态度时使用的标准。不断暴露在恐怖或暴力故事刺激元素中的个体可能会逐渐减弱其或打或逃的反应。但通过转换内容，媒介可以改变一个人的心情。个体不断玩一些互动性的游戏，可以提高其手眼协调能力，减少对刺激的反应时间。

改变可能立即发生（也就是在曝光过程中或曝光后立即产生），也可能很久之后才出现。改变可以是暂时的（几秒后消失），也可以持续很长时间。大多数长期媒介效果的研究都建立在这样的假设之上，即长期媒介影响是一个逐渐的塑造过程。这是改变我们的知识结构水滴石穿的过程。格林伯格（Greenberg, 1988）提醒我们还存在"渗透"影响,他认为不是所有的媒介信息的影响都一样,不是所有媒介故事的特点都会对我们的信仰和态度产生同样的效果。有些描绘非常突出,是因为它们"离经叛道、极为强烈,因此是更重要的观察经验"(p.98)。

加强 经过反复的曝光,媒介渐渐增强了人们某些现有认知的分量,使其更加固定、更加不易改变。加强功能同样适用于六种效果。当新闻媒介在新闻中持续不断地反复报道同类人和事件时,个体关于这些人和事件的知识结构就会越来越固定,越来越不可能改变。当媒介呈现同样的信仰和态度时,个体对于这些信仰和态度所感受到的舒适度会越来越强,基本不会改变。当媒介每周或每天呈现同样类型的信息时,个体的行为模式会越来越固定,很难改变。

个体层面的媒介效果模板

个体层面的媒介效果模板(Media Effects Template, MET)如表3.2所示。注意该表有24个表示不同个体层面媒介效果的单元格。这24个单元格是将六种媒介效果和四种媒介影响交叉组合而得到的,是建立媒介影响效果的基础建筑积木。建筑积木的意思是组成所有媒介效果的必要元素。模板提供了有效的框架来帮助我们思考个体层面效果的必要构成元素,提供给我们以统一的方式定义这些效果的通用话语,帮助我们厘清定义。

个体层面的媒介效果模板的布局使四种功能看上去彼此不同,六种效果也彼此不同。虽然有重要的区别,但也存在相互重叠的部分。比如,在功能方面,长久来看改变功能看上去很像加强功能。同样,六种效果也是相互联系的,有些学者以同样的定义来解释不同的效果类型,也有些效果类型被用来解释或组成其他类型。也就是说,有些效果类型受到其他效果类型的强烈影响,甚至依赖于其他类型:

- 认知影响信仰的形成(Tversky & Kahneman, 1973; Wyer & Albarracin, 2005),影响(Isen, 2000)及态度的形成和改变(Chaiken, Liberman, & Eagly, 1989; Petty & Cacioppo, 1986; Wegener & Carlston, 2005)。
- 信仰影响态度(Fishbein & Ajzen, 1975; Kruglanski & Stroebe, 2005),态度影响信仰(Marsh & Wallace, 2005; McGuire, 1990)。
- 行为影响态度(Festinger, 1957; Olson & Stone, 2005),态度影响行为(Ajzen &

Fishbein, 1977, 2005),有意识地(Allport, 1935; Dulany, 1968)或无意识地(Bargh, 1997)。

- 情感影响态度(Clore & Schnall, 2005; Zajonc, 1980)和行为(Johnson-Laird & Oatley, 2000)。

这些相互重叠的部分导致模糊不清,甚至混乱。因此在这本书中,我想要清晰地给你们介绍严谨、广义的媒介影响效果,我可能有些简单化,也就是说,我会锐化一些行与列之间的不同点。

表3.2 媒介效果模板:个体层面效果

效果种类	媒介影响功能			
	习得	触发	改变	加强
认知	记忆信息元素	唤醒信息	改变记忆结构	加强技巧 构建模式 加强联系
信仰	接受信仰	唤醒信仰	改变信仰	加强概括性 构建信仰
态度	接受态度	唤醒态度	改变态度	加强评判 构建新态度 加强态度
情感	学习情感信息	唤醒情感	改变情感敏感性	加强情感联系
心理	改变心情	加强情绪	自动回应	加强反应
行为	学习行为	唤醒行为	行为改变 行为模仿	加强喜欢 异常行为表现

整理宏观层面媒介效果

在这之前,本章重点关注的是媒介对个体产生的效果。我们首先处理这一话题,因为相比研究集群如公众、机构和媒介本身的文献,研究媒介效果如何影响个体的文献要多很多(Shoemaker & Reese, 1996)。然而,理解媒介如何对集群产生效果也很重要。

乍一看,集群像是个体效果的简单相加。毕竟,公众舆论(集群效果的一种)确实是个人态度的相加,不是吗?从数学意义上来说,这是正确的。通过全国范围的调查得出公众舆论,调查针对上千名个体,询问他们的态度和信仰,如是否支持总统的工作方式。

如果调查中有600人表示支持总统治理国家的方式,而其余400人表示反对,那么民意调查结果就是60%的支持率。但是从概念上讲,民意并不仅仅是个人态度相加的总和。请试问自己,你是否对任何一个人的意见感兴趣?你大概不会。为什么你要在意那个人的想法?现在请思考一个你关注的社会问题,比如改变可以饮酒、驾驶、投票或兵役的年龄。你会不会对美国其他民众如何看待这个问题感兴趣?你很可能会,因为这个信息可能为你自己的观点提供背景。集群意见可能对你更有启发性。比如,如果你知道内布拉斯加州有个人支持强制性兵役,无论男女,18~22岁必须服兵役,这可能不太会困扰你。但是假如你听说公众舆论强烈支持强制性兵役,每个公民都要参加,无论男女,18~22岁都必须服兵役呢?你可能会对这个信息非常关注。同样,其他集群如机构和社会,似乎是离开个体而独立存在的实体。长久以来社会学家认为研究集群是非常重要的(Mills, 1959)。

将个体层面的媒介效果模板进行一些修改,我们就可以得到宏观层面的媒介效果模板(见表3.3)。宏观层面媒介效果的模板由五种效果(认知、信仰、态度、情感和行为)和三种宏观单位(公众、机构和媒介自身)构成。

表3.3 媒介效果模板:宏观层面效果

效果种类	媒介影响		
	对公众	对机构	对媒介自身
认知	公共知识	机构知识	媒介知识
信仰	公众信仰	机构信仰/规范	媒介信仰/规范
态度	公众舆论	机构态度	媒介态度
情感	公众心情	机构心情	媒介心情
行为	公共行为	机构实践	媒介实践

请注意最左侧的媒介效果种类同表3.2中的一致,除了心理效果,因为心理效果可以很好地适用于个体,但不适用于公众和其他宏观层面的单位。在表3.3里,习得、触发、改变和加强功能不再作为表头出现。这些功能在对个体层面媒介效果的文献进行分类时非常重要,但由于宏观层面媒介效果的研究文献相对较少,用功能分类用处不大。表3.3列出了三种主要的宏观单位,这三种单位在媒介效果文献中都得到了检验,它们是公众、机构和媒介自身。

| 44 | 媒介效果

> **媒介效果术语表**
>
> **媒介效果** 媒介影响的过程和产物,直接对对象(个体或宏观单位,如社会和机构)或间接通过其他单位对对象产生作用。这些效果可以是有意图的,也可以是无目的的,无论是对于媒介信息的发送者还是目标接收者。它们可以在自然观察下表现,也可以隐藏。它们是不变且持续的。它们不只由媒介影响塑造,也受到其他一系列与媒介影响相关因素的影响。
>
> - 个体层面效果:对个人的效果。
> - 宏观层面效果:对集群的效果,如公众、机构、社会或媒介产业自身。
>
> **媒介效果种类** 媒介效果有六种类型:认知、信仰、态度、情感、心理和行为。
>
> - 认知效果:媒介曝光对个体的精神过程或精神过程产物施加影响,常包括习得、处理和储存信息的过程。
> - 信仰效果:媒介曝光对个体认知产生影响。个人认知是指对具有特定属性的某事物或事件可能性的认知。
> - 态度效果:媒介曝光对个体评价判断产生影响,常提供给人们某些要素来评判或塑造评判标准。
> - 情感效果:媒介曝光对个体感觉如感情和心情的影响。
> - 心理效果:媒介曝光对个体机体自动应对刺激的影响。
> - 行为效果:媒介曝光对个体做事的影响。
>
> **媒介影响功能** 媒介影响个体的普遍方式。它有四种功能:习得、触发、改变和加强。
>
> - 习得:媒介影响个人去获得先前曝光时没有获得的东西。
> - 触发:媒介通过激活个人已有的认知来对其产生影响。
> - 改变:媒介影响个人去改变已有的认知。
> - 加强:媒介通过使个人已有的认知随着时间的推移越来越难改变来对其产生影响。
>
> **媒介效果模板** 二维模型,用来分类媒介效果文献。个体层面的媒介效果模板由六种效果和四种媒介影响功能构成,宏观层面的媒介效果模板由五种效果和三种宏观单位构成。

小结

本章提出了媒介效果的广义定义,包括即时和长期的改变及加强效果。媒介效果还包括对个体和集群如公众、机构和媒介自身积极和消极的效果。

为了整合这一定义所包括的媒介效果,本章通过两种媒介效果模板——个体层面的和宏观层面的媒介效果模板展示了组织方法。每种都是二维模型,对媒介效果的概念和研究进行了分类。

个体层面的媒介效果模板包括媒介效果种类(认知、信仰、态度、情感、心理和行为)和媒介影响功能(习得、触发、改变和加强)。宏观层面的媒介效果模板是个体层面媒介效果模板的变体,能够更好地整合有关集群媒介效果相对较少的文献。

复习题

1. 为什么对媒介效果下一个广义的定义非常重要?
2. 定义媒介效果时必须考虑的八个关键要素是什么?
3. 媒介效果的定义是什么?
4. 个体层面媒介效果的六个种类是什么?
5. 四种媒介影响功能是什么?
6. 个体层面的媒介效果模板与宏观层面的媒介效果模板有什么不同?

思考题

1. 你了解了媒介对个体产生效果的六个种类,哪种媒介效果你经历的最多?
2. 对于个体层面的六种媒介效果,你能否举出每种媒介效果在实际生活中的例子?
3. 对你而言,哪些机构最重要?
- 媒介是如何影响这些机构的?
- 这些机构中哪个受媒介影响最大?

第四章

媒介影响

- ☞ 影响模式
  - ◆ 基线和波动
  - ◆ 表现和过程效果
  - ◆ 塑造模式
- ☞ 影响因素
  - ◆ 因素族群
  - ◆ 最具影响力因素
- ☞ 媒介影响举例
- ☞ 小结

有关媒介效果你已经有了较多的认识，是时候关注媒介影响了。在这一章，我们首先介绍媒介影响的四种基本模式，然后介绍媒介信息中产生媒介影响的因素，最后举出详尽的案例，来展示不同因素如何共同作用产生媒介影响模式。

影响模式

在最基础的层面，媒介会产生四种模式的影响：长期改变、长期不改变（加强）、即时转变和短期波动改变（见图4.1）。所有的媒介效果都遵循这四种模式的其中之一。这些术语看上去可能有点复杂，但是你一旦理解了，就会发现它们非常简单，并且是媒介影响效果仅有的模式。为了理解这四种模式，我们首先要区分清楚两组概念：基线和波动、表现和过程。

基线和波动

在长期改变的效果中，媒介信息逐渐改变一个人的基线（见图4.1a）。为了理解这一模式，我们首先来看看图中的两条坐标轴线。横轴表示时间。纵轴表示效果影响的程度，这个效果可以是认知、信仰、态度、情感、心理和行为效果中的任何一种。图4.1a中的斜线表示一个人对于某一效果的基线。注意在这个例子中，这条线自左向右逐渐上升，意即随着时间的推移，这个人经历了程度稍微更高的影响效果——无论是什么样的效果。我们把这个例子再具体化一些，假如这是一个涵化效果的图示。涵化效果是随着时间的推移，一个人对真实世界的认知逐渐提升的过程，这种认知可能认为世界充斥着卑鄙和暴力。涵化理论认为，常看电视的人随着时间的推移将逐渐认为真实世界就像电视里的世界。因为电视里的世界充斥着暴力，常看电视的人就会相信真实世界也充斥着暴力。这种涵化效果可以通过图4.1a中逐渐上升的斜线生动地表现出来。这条线表明，随着时间的推移，涵化的程度不断增强，也就是说，他们越来越可能认为真实世界同电视里的世界一样。

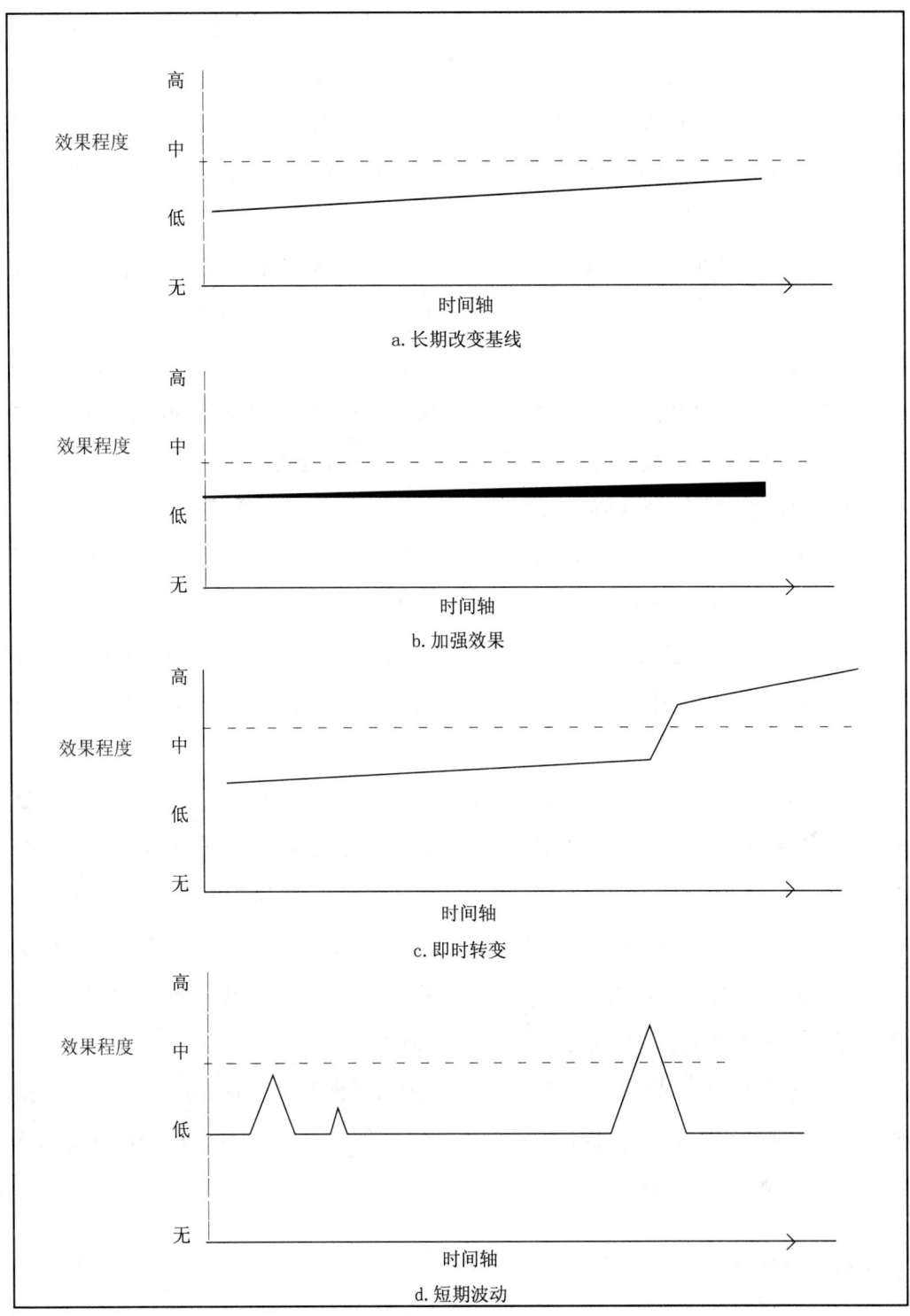

图 4.1 媒介影响模式

接下来我们来看看另一种效果：加强效果。假设随着时间的推移，一个人对某位政治候选人的态度越来越鲜明，也就是说，在越来越多的竞选宣传广告、新闻报道和专家权威谈论这位候选人的媒介信息曝光之下，这个人的态度被加强了。图4.1b展示了这一效果，图中的基线随着时间推移保持平稳，但是，我们看到基线变粗，这就说明效果变得更有分量、更不容易被改变。

在即时转变效果中，媒介影响在曝光过程中或曝光之后很短的时间内改变一个人的某些方面，这种改变会持续很长时间（见图4.1c）。这种转变可以是相对细微的，也可以是很大的、具有戏剧性的。戏剧性的即时转变并长时间持续的效果，可以是这样的：一个年轻人看了一部电影，主角非常有魅力，从事特殊职业，假设是心脏外科医生，然后这个年轻人决定她也要成为心脏外科医生，一直不断地谈论她的职业理想，并且改变她的学习计划，为考上医科大学而努力。

短期波动改变类型的效果中，媒介在曝光过程中或曝光之后很短的时间内激发了远离基线的波动。这种改变持续时间很短，会很快重新回到基线水平（见图4.1d）。在大多数对于公众信息/态度的研究中，这很普遍。研究者发现，某些媒介材料曝光会导致知识的涨势、态度的转变或行为意图的改变，但这种转变在曝光后几天再次测量时便观察不到了。

基线能够在任一时间很好地估测一个人受影响的程度。基线之间是不同的，主要表现在坡度和弹性方面。坡度指角度（上坡表示一个效果整体水平上升，下坡表示一个效果整体水平下降）和斜率（锐角表示影响水平相对大幅度的变化，平缓的斜坡反映基线的持续水平）。弹性反映基线的稳固性。随着时间的推移，如果一直受到同一种媒介信息的加强作用，基线将会变得高度稳固，越来越不容易出现波动，即使出现波动尖峰，但随着时间的推移，这些波动尖峰也会越来越小。

波动有三个特点：持续、量级和方向。持续指波动回到基线前经历的时间。量级指波动尖峰脱离基线有多远。方向指波动尖峰是向上移动（表示影响水平上升）还是向下移动（表示影响水平下降）。

表现和过程效果

请注意图4.1中四个曲线图里的虚线。这些虚线表示表现基准。在图4.1a中，基线在表现基准之下。这表明效果的影响程度没有达到自发可观察量的水平。可观察量指人们有一些可以清楚表明媒介影响导致了变化的表现。在图4.1c和4.1d中，基线都突破了表现基准，在这样的模式下，我们可以很容易地观察到清楚反映媒介影响效果的方面。

我们如果将媒介效果局限于在突破表现基准的波动上，便会错过很多媒介持续产生影响的效果。我们也应该检验表现基准之下的效果。回到图4.1a，我们注意到基线倾斜上升，这表明一个逐渐的长期变化。这条线并没有突破表现基准，因此不会被观察到，但是这个上升的直线说明了媒介影响的存在。比如，一个年轻女孩曝光在有关某个特定话题的很多纸质媒介信息中，随着时间的推移，这些曝光会逐渐提高她的阅读技巧，她对该话题的兴趣以及相应的知识储备也会随之增加。她的基线不断上升并接近表现基准。然后有一天她选了一篇这个话题的文章向她的朋友们讲述她从中学到了什么（这个行为本身已经突破表现基准，因为这是自发的，而且在她向朋友们讲述时可以观察到她的知识、态度和感情）。然而，如果说这次表现完全是因为一次文章的曝光，这个结论准确吗？当然不准确。我们必须考虑长期的媒介影响，因为这使她不断练习阅读技巧，增强她对于这个话题的兴趣。表现基准的量级是基线最初水平和波动本身量级的结合。

相反，一个年轻男孩没有经历过这种模式的阅读技巧训练或对于这个话题兴趣增长的过程，他的基线可能会远远低于表现基准。如果阅读同一篇文章，他可能不会表现出和上面例子中的女孩相同的指标，但是他仍然受到这篇文章曝光的影响（水平发生变化），尽管他没有表现出这种效果。

塑造模式

是什么推动了基线上下移动？又是什么激发了波动？答案是影响因素塑造了这些模式。因素不止一个，每个效果都不可能只是某一种因素作用的结果，而是由多种因素持续不断地相互作用造成的。

而且，产生媒介效果的因素并不只是媒介因素。当然，媒介信息中的一些特征是这些媒介效果的重要影响因素，但是其他因素——受众群体和曝光环境也同样重要。这些因素共同发挥作用。

对于突然出现的波动效果，我们很容易将这些效果归因于表现前曝光的特定媒介信息。尽管这次曝光很可能对这次波动有很大影响，但是很多情况下引起波动的原因不止一个。比如，汉娜在下班开车回家的路上听广播时听到了一家快餐店的广告。她决定去那里买晚饭。这则广告似乎是激发波动效果的原因，也就是激发了她开车去广告里的快餐店买广告所宣传的食物的行为。然而，也可能是相关的其他因素对激发波动有重大影响，比如她的饥饿感，她太累了不想自己做饭，她过去在这家快餐店吃饭的经历，她想要速食且便宜的晚饭，听到广告时她与快餐店的距离等。尽管媒介信息中的因素都颇具影响力，但它们不是单独发挥作用的。

因为媒介影响是普遍且持续的，有的影响因素比较直接，而有的则比较间接。当我们同其他人或机构互动，他们同时又将受到的媒介影响传递给我们时，我们就受到了间接影响。一旦媒介因素对我们的算法产生影响，无论什么时候我们获取这个算法，这个影响都将一直持续下去。比如，当媒介因素塑造了我们的信仰，之后我们回忆起这些信仰时就会又受到影响。当媒介因素影响了我们的标准，在之后我们使用这些标准做出评判的过程中又会对我们产生影响。当媒介因素加强了我们的行为，每次我们展现我们的习惯时就都会受到影响。当媒介塑造了我们的思考方式，之后我们每次的思考都会被再次影响。

影响因素

现在你已经了解了媒介影响的模式，或许你会问这样的问题：是什么样的因素带来了那样的影响？接下来，你可能会看到这样的因素有上百种。现在，我简单介绍一下影响因素，我将其分为三大族群，然后着重解释最重要的四个因素。

因素族群

研究者们已经辨别出对不同媒介效果产生不同程度影响的上百种因素。为了更好地理解第六至第十一章的各种因素，这里我将着重分析三个基本的因素族群：媒介信息因素、受众因素和曝光环境因素。

媒介信息因素　研究者们检验了媒介信息的很多因素，以确定哪些因素与哪些效果相关。这些因素包括相对普遍的特征，如介质（纸质与广播）和类别（新闻与喜剧）。当研究者们使用普遍特征如类别时，他们假设这一类别中的所有信息是相似的，且每个类别的信息同其他类别是不同的。比如，研究者们可能通过询问人们看了多少电视新闻和喜剧来检验新闻信息比喜剧节目呈现更多时事的假设，然后测验受众群体对于时事的了解来检验这一假设。

有的研究者不能认同同一类别中信息相似的假设，因此他们检验了更多信息的特征。有些特征同描述的种类有关，如暴力、性行为、刻板印象等。其他特征同描述的背景更相关，如导致行为的动机、行为的结果、幽默的使用等。

因此在媒介信息中，很多因素主要是在普遍性方面相同。有些研究者更喜欢检验广泛类别的信息之间的差异，而另一些研究者则偏爱分析媒介信息的细节，也因此更关注信息中的某些特殊性。

受众因素 研究者们也检验了与受众相关的因素。可以根据人口统计、特质和状态将受众这一族群分为三组。人口统计因素是关于人的相对持久的表面特征，如性别、年龄、种族等。人口统计对受众进行广义的划分。总的来说，研究者们假设一个分类（如学前儿童）中的所有人都是一样的。分类是指你要么是分组中的一员，要么不是（比如你要么是女性要么不是）。人口统计因素是非常有用的变量，因为它们容易测量和检验，但是有些研究者发现它们过于浅显。比如，一名男性表现出某种效果，但这并不能说明所有男性都会表现出同样的效果。虽然生理上的性别对医生来说是很重要的特征，但是媒介研究者对性别的社会化更感兴趣，这是一个持续的变量，它提出生理上的女性并不一定全部同社会化的女性角色一致，相比于生理性别的不同，这种角色社会化的不同与媒介曝光偏好和媒介效果有着更为紧密的联系。

研究者们同样喜欢测量受众的特质和状态，这两者都是心理特征，研究者们将它们同媒介效果相关联。特质是个体相当稳定的心理特征，比如IQ、外向性、强迫性和进取心等。特质是相对的而不是绝对的。比如，我们不能说有的人有IQ而有的人没有，而说人的IQ是一个范围值。

状态是个体经历的暂时情况，包括对食物、性、信息、娱乐等的需求。一旦这些需求获得满足，人们就不再处于这一状态，而很可能进入另一种状态。情感也是状态。一个人可能在观看恐怖电影时感到恐惧，或是在考试前感到焦虑。状态可以是绝对的（你或者感到恐惧或者感觉不到），也可以是相对的（恐惧的程度可以不同）。

曝光环境因素 这些经常被认为是社会因素，显示人们是否独自或同他人一起曝光在媒介中，是否同他人讨论自己的媒介经历。有些研究者重点研究物理环境的影响因素，如家里有多少台电视，电视如何摆放，看电视时人们坐得离电视多远，以及曝光过程中会发生多少分散注意力的事情。

最具影响力因素

考虑到目前已经发现的媒介对个体产生效果的上百种因素，有没有一种方法可以将所有的因素归纳为几个最具影响力的因素呢？在这里，我希望你们注意媒介信息的四种因素，它们被认为是产生媒介效果的最具影响力的因素。这四种因素是媒介信息的唤醒本质、行为结果、重复和视角。如果你记住这四种因素，在接下来的章节中你会更好地关注媒介影响的全景图像。

唤醒本质　有关媒介效果的文献中发现的最具影响力的因素或许是受众群体的觉醒程度。媒介信息的设计者清楚地了解他们必须在信息中建立一些元素以成功地引起受众的注意力。如果一个媒介信息不够振奋人心，它就几乎不可能吸引受众。媒介信息必须首先从物理上唤醒我们才能触发定向反射，这是获得我们注意的必要前提。其次，媒介信息必须从认知角度唤醒我们的兴趣，一般通过悬念或引发好奇使我们关注信息从而看到接下来即将发生什么。

存在两种唤醒体系。一种产生于大脑边缘系统，是一个自动的过程，出于本能，人们都会应对威胁并做好战斗或逃跑的准备。另一种唤醒体系是皮层反应，激发注意、警戒和警觉，因此同习得、处理和检索这些信息处理任务关系更为紧密。在皮层唤醒体系中，媒介信息开发定向反射，也就是说，通过感知元素如声音以及不寻常的噪音还有快节奏的动作、彩色脉冲等来捕捉注意力。媒介信息可以通过定向反应来捕捉我们的注意力，这是一种短期注意。异常的、意外的、强烈的或复杂的刺激可以激发定向反应。定向反应会使心率变慢。长期的注意力转变被称为紧张注意。紧张注意会加快心率，是集中、警觉和思考的标志（Lang，1994b）。

媒介是激发唤醒作用的专家。媒介信息的生产者知道如何通过动作、声音和图像来激发我们的生理反应。成功的媒介信息生产者也是将我们的兴趣引导至故事里的专家，他们通过一步一步的动作，让我们觉得必须跟着他们继续下去。这就是悬念。齐尔曼（Zillmann，1991a）将悬念定义为"从禁忌到愉悦这种享乐特性不确定的经历"（p.281）。受众享受这种悬念，产生对角色的同理心，然后这种同理心消散。受众产生的同理心越多，就越能得到解脱，因此就能从悬疑故事中得到更多的乐趣。在图书出版领域，这种现象被称作"翻页机"，意思是读者在读完整个故事之前都不能把书放下。在电影制作领域，制片人必须老早抓住观众的注意力，并使之保持将近两个小时——这是一项巨大的挑战。电视节目对于说故事的人是最大的挑战，因为这些故事每十分钟就会被广告打断，电视制片人必须让故事非常具有吸引力，观众才不会在广告时段换频道。

行为结果 媒介通过讲故事的方式向我们传递了什么是可以接受的行为、什么是不可以接受的行为的信号。这些都是通过讲故事的人如何对待发出和接受行为的角色传达给我们的。对于行为的施动者，我们可以看到他们是受到了奖赏还是惩罚，还有施动者对于自己行为的感受，也就是他们是开心和骄傲，还是伤心和悔恨。

对于行为的接受者，我们需要观察他们是否被伤害。如果我们预期角色会被某些特定的行为伤害，但是没有表现出受到伤害，我们可能就会调整对于伤害的预期。随着时间的推移，我们会对他人在现实世界中的遭遇麻木不仁，因为我们并没有预期他们会受到很多伤害。

重复 重复是一个强有力的影响因素，有以下两个原因：第一，信息的大量重复是某些特定事物不变的提醒。重复定义了现状。人们很容易跟随主流思想和行为。当媒介不断反复表现相同的信息时，其是在克服反对、加强顺从。

第二个原因是，重复就像节拍器，将我们在日常事务中催眠。我们陷入了被媒介不断强化的固定程序中，这些习惯性模式的运作不需要思考，因此更难以改变。我们无意识地顺从习惯的时间越长，这个习惯就越固定，越难以察觉，更别说改变了。重复加强了我们现有的思想和行为。

视角 媒介讲故事时，必须从某个特定的视角开展。无论这个故事是为了娱乐而编造的，或是为了给商品做广告的简介，抑或是为了传递信息的新闻报道，都有特定的视角。讲故事的视角将受众带入故事，让他们通过其中一个角色的眼睛看到整个故事。受众会对这个角色产生认同感，常能体会到这个角色的感受。

虚构的故事经常以第一人称的视角讲述。在音乐中这是很典型的。歌手讲述一个发生在他/她身上的故事以及他/她的感受，听众应该会对歌手产生共情。在电影或电视这类视觉媒体中，镜头就是观众的眼睛。当镜头随着动作移动时，观众会看到一些特定的事物，其他的则被忽视。因此有一个选择的过程，制片人会将观众置于某种情形之中，通常将其认同为主角的某个特殊角色。我们作为观众群体就会关注发生在这个主角身上的事情。当这个角色开心时，我们会感到愉悦；当这个角色有危险时，我们会感觉受到威胁；当这个角色受到不公平的对待时，我们会感到气愤。这就是个"好"角色，因为当这个角色犯错时，我们会为其行为辩护。也就是说，当这个角色犯错时，我们不会恨他/她，相反，我们仍然喜欢这个角色,但是会为他/她感到难过,并且支持他/她改正错误。

广告是从目标受众的视角传递信息的。这些信息的设计者说,他们知道你的需求并且正好生产了满足你需求的产品。典型的电视广告里会出现一个有需求或有问题的人,因此视角是你的视角,你就是目标受众。随着故事的逐渐展开,这个需求或问题得到了解决。

新闻信息也有特殊的讲述视角。为了追求客观性,记者会努力以中立的立场呈现事实。当他们发现争议时,记者会试着呈现争议双方的观点。然而,记者不可能呈现一个事件的全部相关事实,也不会呈现一个复杂问题的所有相关观点。他们必须有所选择,他们选择的观点相对其他观点而言就占据了优势。同样,记者不会报道所有的故事,他们会判断什么样的事件和人物值得报道。这个选择过程本身就是一个社会视角。因此在某个特定故事中,当记者试图避免偏重某一方而仅仅从一个现场目击者的视角表现事件时,其本身就产生了选择和写故事的视角。

媒介影响举例

为了说明这些模式,让我们来看看抑制解除效果,这个效果是降低一个人有攻击性表现的抑制作用。假设利奥是一个12岁的男孩,生活在一个具有高度攻击性的环境里,对其他人几乎没有什么同情心。而朱莉是一个35岁的母亲,接受的是以成功为导向的教育,对别人有高度的同情心。利奥的抑制解除效果基线可能比朱莉的要高。假设利奥持续不断地暴露在充斥着暴力的媒介信息(电影、电视节目和视频游戏)中,这些媒介信息有着很高的唤醒水平。同时,这些暴力故事经常通过英雄视角讲述,英雄可能同坏人一样暴力。但是英雄获得了奖赏,而坏人受到了惩罚。一再观看这类故事,英雄视角下暴力行为的积极结果就会成为媒介信息的唤醒本质,利奥的基线可能会不断升高,接近表现基准,也就是可能将会表现出抑制解除效果。相反,朱莉尽可能避免接触暴力信息,因此她的基线可能很低,距离表现基准很远。随着时间的推移,利奥的基线可能继续呈上升趋势,而朱莉的基线可能比较平稳,甚至会有所下降。

再假设利奥和朱莉都看了电影《肮脏的哈里》(*Dirty Harry*),电影里一位凶悍的警官使用了很多暴力手段,但是他同时又是迷人、幽默、成功的。这个电影从哈里的视角讲述,他重复地展现了攻击性行为,并从中得到了奖励。利奥的抑制解除效果可能会出现剧烈的波动和增长，也就是说，在这部电影的曝光中，利奥可能会表现出攻击性行为。相反，朱莉被电影中的哈里吓坏了，她认为哈里的举动应该遭到谴责。朱莉的抑制解除效果可能会出现剧烈的波动和降低。尽管利奥和朱莉都接触了同样的媒介信息，但是他们的经历却是完全不同的，而两个人面对曝光的情况能够通过基线反映出来。

接下来，朱莉看了很多犯罪剧，但这些电视剧是从不同的视角拍摄的，剧中的暴力行为也有着不同的结果。她看了很多像《法律与秩序》（*Law & Order*）这样的电视剧，剧中的暴力行为并没有被歌颂或美化。相反，这些故事都是以执法官员的视角讲述的，他们经常避免自己做出攻击性行为，一旦被发现有这样的行为，他们便会受到惩罚。尽管朱莉一直在看犯罪剧，但故事的视角和结局可能会将其抑制解除基线压到更低，更加远离表现基准。如果之后她再看到暴力的描写，看到犯罪者被歌颂、暴力行为被美化，她的反应可能不会有很大波动，因为她的基线被大大加强了。加强模式就是基线位置得到固定，即基线保持在现有的水平，弹性被减弱，更不容易出现波动。如果基线的弹性范围很窄，那么长期稳定因素（特质和典型故事公式）就会起到决定性作用；但是如果弹性范围很宽，那么即时因素（描写中的性情和异质）就会起到决定性作用。加强模式缩小了弹性的范围，因此使波动幅度更小，也更少见。

从这个例子可以看出，两个人虽然同时曝光在相同的媒介信息中，却有两种完全不同的反应。这可以用作用在两者身上不同因素的影响历史来解释。我们不仅要看到媒介效果的广义层面，还要看到影响因素，包括受众群体的特征和媒介信息本身的特征。

媒介影响术语表

媒介影响 媒介通过持续的方式和一系列因素的影响，塑造作用于基线和波动的微观和宏观效果的多种方式。

- **基线模式效果**：任何时刻估计个人受效果影响程度的标志。它是通过三种因素持续的长期互动形成的：个人的心理特质、社会经验和媒介曝光模式。
- **加强模式效果**：通过重复同种类媒介信息曝光，个人的基线位置越来越固定，越来越难改变，失去弹性，因此波动幅度更小也更少见。
- **波动模式效果**：一个人在曝光前和曝光后效果水平的变化。变化越大说明媒介曝光对效果水平的影响越大。波动变化可以呈上升趋势，也可以呈下降趋势。无论哪种情况，波动变化一般都是暂时的，可以通过个人对信息的特殊解释而被追踪。

表现效果 自发的可观察量。效果发生的证明容易观察并同媒介曝光相联系。

过程效果 个人基线弹性的变化水平。这些发生在表现基准之下，不能直接被观察。

小结

本章重点介绍媒介如何产生影响，通过区分基线和波动以及表现和过程效果增强对这一内容的理解。波动是媒介曝光过程中或之后发生的变化，而基线需要长时间的构建。基线可以表现变化，变化可以是基线的降低（如不断看恐怖电影后，情感反应强度不断降低），基线的增长（如通过持续不断地奖励一个人在某些特定节目下的曝光而增强他观看这个节目的习惯），或是基线的加强（如持续的特定种类的媒介信息流越来越加强某人对政治事件的态度，这种态度之后便越来越不容易改变）。

媒介影响是不变且持续的。有时我们可以通过表现效果观察到这些影响的痕迹。而有时候我们很难或几乎不可能发觉这些影响，但是这并不意味着媒介没有产生影响，只是媒介影响的塑造过程无法被观察到而已。

媒介会直接或间接对人产生影响。媒介可以通过一系列因素产生影响。有些因素以讲故事的形式体现，而其他则从人与其所处的环境关系中得到体现。

在接下来的十章，我将列举不同种类的媒介对个体和宏观单位的效果，因此记住以上这些概念非常有必要。请思考你遇到这些效果的情况，然后看看能否回答章后的思考题。

复习题

1. 基线和波动的区别是什么？
2. 表现和过程效果的区别是什么？
3. 研究者认为典型的媒介效果因素有哪三个族群？
4. 四种最具影响力的因素是什么？

思考题

1. 有没有任何一个效果突然作为波动出现在你的常规行为中并令你感到吃惊？
   - 你会把这个效果归因于媒介曝光吗？
   - 其他有关你自己或你所处环境的因素也可能影响你产生这样的效果吗？

2. 思考一下本章提到的抑制解除效果。
- 你在哪方面更像利奥而有相似的抑制解除基线?
- 你在哪方面更像朱莉而有相似的基线?
- 你的生活中表现出了什么效果,没有表现出什么效果? 在没有表现的效果中, 你觉得基线会在哪里? 你的基线接近表现基准吗? 你生活中的什么因素压制了某些效果的表现? 又是什么因素将你的基线提高到表现基准?

第五章

媒介理论

- ☞ 认识理论
- ☞ 最流行的媒介效果理论有哪些?
- ☞ 简述最有名的媒介效果理论
  - ◆ 1.涵化理论
  - ◆ 2.第三人称理论
  - ◆ 3.议程设置理论
  - ◆ 4.使用和满足理论
  - ◆ 5.铺垫理论
  - ◆ 6.认知能力理论
  - ◆ 7.框架理论
  - ◆ 8.女性主义理论
  - ◆ 9.社会学习理论
  - ◆ 10.拟合可能性理论
  - ◆ 11.图示理论
  - ◆ 12.创新扩散理论
- ☞ 媒介效果理论宏观图
- ☞ 小结

学者们提出了很多媒介效果理论以辨识各种媒介效果并解释这些效果发生的过程。任何一本有关媒介效果的书都必须强调其中的学术性研究，这些研究被浓缩为理论。因此本章一开始简要介绍理论的重要性，然后提出这样一个问题：最流行的媒介效果理论有哪些？本章简述了最有名的12个媒介效果理论，最后提出在检验我们有关媒介效果的所有知识时超越理论的重要性。

认识理论

理论是学者们的必要工具。当学者们构建关于某个他们感兴趣的现象的知识时，理论通过突出关键概念和提供经过深思熟虑后所做的定义来帮助他们组织关于某个现象的思考。理论可以预测在某些特定情况下什么样的效果会发生，可以通过展示导致效果的因素和因素间的相互作用来解释效果，也可以通过指出缺点并提出其他解释、预测、定义和结构来进行学术实践中的批评。

如果没有理论，学术会发展得很慢而且很随意、没有方向。学者们对于概念观点不一致就会耗费很多时间"重新发明轮子"，也就是说，他们会浪费很多资源构建概念，而不知道已经有人定义过这个概念。学者们极少预见到自己的研究，因此根据直觉选择可能或不可能预测效果的因素。学者们对于"怎么样"或"为什么"的问题几乎没有解释，即使有，也是肤浅的。他们的实践没有得到批评，因此没能发现并改正错误，从而更好地利用资源。理论对于学者们是很必要的，他们能够借助理论来有成效地深化对于他们感兴趣的现象的认识。当某个学术领域诞生了一些很好的理论，会大大促进效率的提高，因为所有的学者都可以共享，了解什么样的概念是最重要的，如何定义那些概念、那些概念如何预测其他概念，以及那些概念如何在高效体系中共同作用来解释领域中的现象。

对于媒介效果的种种现象，这些年学者们提出了很多理论。表5.1列举了部分较为流行的媒介效果理论。尽管其中一些被贴上了模板的标签，一些被称为假说，一些被定义为效果，但它们都被认为是理论，因为每一个都提供了对媒介效果现象某方面的组织、预测、解释或批评。请注意这个表同第三章中的表3.1非常相似。对此你不应该感到惊讶,因为表5.1中的理论也是效果理论,它们关注的是对表3.1中出现的媒介效果进行有条理的思考、做出预测和解释。然而,这两个表并不完全相同,因为有些效果产生了不止一个理论。同时,还有一些效果在探索性研究中被发现,但学者们还未能将其概念化,不能整理、预测或批评这些效果。

大量的理论证明了研究领域的活力,也就是说,媒介效果领域的话题吸引了大量的研究学者,这些学者给出了很多媒介影响个人和社会的解释。但是,大量的理论也证明了学者们没能在最好、最具解释力的小部分媒介效果理论上达成一致。在这些大量的理论中,我们很难看到媒介效果的宏观图像。我们需要过滤所有理论,其中有一些只能解释一两个研究,只能处理整个媒介效果现象中的一小部分内容。本章为了强调理论的宏观图像,仅突出了媒介效果学者们重点关注的一些理论。这些理论催生了很多研究活动,同时在预测和解释方面也有强有力的实证支持。首先,我会对这些流行理论进行辨别。其次,我会对每种理论进行简述。接下来,我会使用媒介效果模板对这些理论进行划分,展示这些理论的关注点以及媒介效果现象中被忽视的部分。

最流行的媒介效果理论有哪些?

表5.2列出的理论是我和卡琳·里德尔(Karyn Riddle)在一项研究里总结出来的(Potter & Riddle, 2007)。我们通过分析主要学术期刊中的大量媒介效果文献发现了这些理论。我们计算了每个理论在不同文章中出现的频率,但并没有发现支配性的理论。在336篇理论驱动的文章中,有27篇提及涵化理论,占总数的8%。表5.2列举了被提及最多的12个理论。这12个理论在所有理论驱动的文章中占了将近一半。而表中的其他理论仅仅被提到过一次或两次,因此我们有理由得出结论,这些理论在研究领域没有很大的影响力。因此被提及最多的这12个理论可以说是最有名的,也是在研究领域中最显著的理论。接下来,我将简要介绍这些理论。

表5.1 解释媒介效果现象某些方面的理论

ABX平衡模型(Newcomb, 1953)
广告和社会变革(Berman, 1981)
情感侵略模式(Anderson, Collins, Schmitt, & Jacobvitz, 1996)

续表

富裕社会（Galbraith, 1976）
议程建设（Lang & Lang, 1981, 1991）
议程设置（McCombs & Shaw, 1972, 1993）
关联网络模式（John Anderson, 1983）
态度构建方法（Fazio, 1990）
受众商品化（Jhally & Livant, 1986）
受众流（Eastman, 1993）
受众极化（Webster & Phalen, 1997）
自动激活模型（Fazio, 1990）
可用性启发式（Tversky & Kahneman, 1973）
有效价向模型（Kisielius & Sternthal, 1984）
缓冲假设（Davis & Kraus, 1989）
容量模型（Fisch, 2000）
导泻（Feshbach, 1961）
频道曲目（Ferguson & Perse, 1993）
渠道出版理论（Coser, Kadushin, & Powell, 1982）
性格归属理论（Raney, 2004）
公民参与（Putnam, 2000）
议程建设联盟模式（Protess et al., 1991）
认知失调（Festinger, 1957）
认知灵活性理论（Lowrey & Kim, 2009）
认知反应理论（Greenwald, 1968）
沟通/说服矩阵模型（McGuire, 1985）
消费文化理论（Ewen, 1976）
提示理论（Berkowitz, 1965）
涵化（Gerbner, 1969; Gerbner & Gross, 1976）
文化帝国主义（Boyd-Barrett, 1977; Schiller, 1969）
自恋文化（Lasch, 1978）
决策模型（Ryan & Peterson, 1982）
创新扩散（Rogers, 1995; Rogers & Shoemaker, 1971）
直接效果模型（Lasswell, 1927）
抑制效果（Bandura, 1994）
处置理论（Zillmann & Cantor, 1976）
知识分配（McQuail & Windahl, 1993）
双重行动把关模式（Bass, 1969）
浸水假说（Greenberg, 1988）
拟合可能性模型（Petty & Cacioppo, 1981）
精英多元论（Berelson, Lazarsfeld, & McPhee, 1954; Key, 1961）
同情理论（Zillmann, 1996）
编码—解码模型（Hall, 1980）
信息交换模型（Sigal, 1973）
交换理论（Solomon, 1989）
激发转移理论（Zillmann, 1983）
示例理论（Zillmann, 1999; Zillmann & Brosius, 2000）
期望值模型（Palmgreen & Rayburn, 1982）
选择分数（Schramm, 1954）
框架分析（Erving Goffman, 1974, 1979）
框架（Cappella & Jamieson, 1997; Scheufele, 1999）
媒介自由市场模式（DeFleur, 1970）
把关（White, 1950）
类型理论（Kaminsky, 1974）
全球村（McLuhan, 1964; McLuhan & Fiore, 1967）

续表

满足追求和受众活动模式（Rubin & Perse, 1987）
霸权理论（Gramsci, 1971）
启发式处理模式的培养效果（Shrum, 2002）
隐藏的说服者（Packard, 1957）
单一化假说（Bagdikian, 1997）
敌对媒体感知（Hwang, Pan, & Sun, 2008）
模仿（Miller & Dollard, 1941）
间接效果模型（Cartwright, 1949; Hyman & Sheatsley, 1947）
信息流理论（Davis, 1990; Greenberg & Parker, 1965）
广告信息模型（Cited in Jeffres, 1994, pp.279–281）
信息寻求（Donohew & Tipton, 1973）
媒介享受的综合模式（Vorderer, Klimmt, & Ritterfeld, 2004）
综合反应模型（Smith & Swinyard, 1982, 1988）
社会阶层解读（Morley, 1980）
解释阻力理论（Carragee, 1990）
知识鸿沟理论（Tichenor, Donohue, & Olien, 1970）
双重危险法（McPhee, 1963）
最有异议编程（Klein, 1971）
处理理论水平（Craik & Lockhart, 1972）
中介信息处理的有限容量模型（Lang, 2000）
广告的市场力量模型（Cited in Jeffres, 1994, pp.279–281）
市场模型（Webster & Phalen, 1994）
马克思主义理论（McQuail, 1987）
大众受众（Blumer, 1946）
媒介渠道（Westley & MacLean, 1957）
媒介作为文化产业（Jhally, 1987; Hay, 1989）
媒介文化（Altheide & Snow, 1979, 1991）
媒介享受作为态度（Nabi & Krcmar, 2004）
媒介娱乐理论（Mendelsohn, 1966）
媒介流理论（Csikszentmihalyi, 1988; Sherry, 2004）
媒介公共关系（McQuail & Windahl, 1981）
媒介系统依赖（DeFleur & Ball-Rokeach, 1975）
媒介即信息（McLuhan, 1962, 1964）
媒介理论（Meyrowitz, 1994）
信息构建（Shoemaker & Reese, 1991）
心情管理（Zillmann, 1988; Zillmann & Bryant, 1994）
积极的关注和积极的处理（Nabi, 1999）
新联想主义模式（Berkowitz, 1984）
新大众受众（Webster & Phalen, 1997）
政治铺垫的网络模式（Price & Tewksbury, 1997）
新闻内容理论（Shoemaker & Reese, 1996）
新闻传播（Greenberg, 1964）
新闻工厂（Bantz, McCorkle, & Baade, 1980）
新闻框架理论（Tuchman, 1978）
一维人（Marcuse, 1964）
社交互动（Horton & Wohl, 1956; Rosengren & Windahl, 1989; Rubin, Perse, & Powell, 1990）
娱乐理论（Stephenson, 1967）
多数无知（Allport, 1924）
政治社会化理论（Graber, 1980）
政治意义（Hall, 1982）
多义理论（Fiske, 1986）
权力精英理论（Mills, 1957）

续表

铺垫理论（Berkowitz, 1965; Roskos-Ewoldsen, Roskos-Ewoldsen, & Carpentier, 2002）
原则推理理论（McLeod, Sotirovic, Voakes, Guo, & Huang, 1998）
利润驱动的安全逻辑理论（Gitlin, 1985）
节目选择理论（Steiner, 1952）
普洛透斯效应（Peña, Hancock, & Merola, 2009）
伪事件模糊现实（Boorstin, 1961）
心理动力学模型（DeFleur, 1970）
心理调理（Klapper, 1960; Skinner, 1974）
集合效应（Coser, 1956）
合理行动理论（Fishbein & Ajzen, 1975）
接受范式（Katz, 1987）
强化螺旋模型（Zhao, 2009）
资源依赖理论（Turow, 1984）
显示偏好（Mansfield, 1970）
大众传播的社会学模型（Riley & Riley, 1959）
仪式传播模式（Turner, 1977）
选择性曝光（Freedman & Sears, 1966; Lazarsfeld, Berelson, & Gaudet, 1944）
自我感知理论（Bem, 1972）
符号理论（Baudrillard, 1983）
大众传播的社会认知理论（Bandura, 2001）
社会意义构建（Berger & Luckmann, 1966; Lippmann, 1922; Mead, 1934）
社会认同（Meyrowitz, 1985）
社会学习理论（Bandura, 1977）
社会规范享乐理论（Denham, 2004）
对计算机技术模式的社会回应（Nowak, Hamilton, & Hammond, 2009）
新闻理论社会学（Schudson, 2003）
沉默的螺旋（Noelles-Neumann, 1974, 1991）
明星理论（Croteau & Hoynes, 2001）
蓄电池模型（Fiske & Taylor, 1991）
存储箱模型（Fiske & Taylor, 1991）
悬念理论（Knoblochs-Westerwick, Hastall, & Rossmann, 2009）
突触铺垫模型（Fiske & Taylor, 1991）
技术决定论（Fischer, 1992）
技术驱动（Neuman, 1991）
公共生活的电视日常化（Postman, 1985）
第三人称理论（Perloff, 2002）
交易模型（Graber, 1988; McLeod & Becker, 1974）
传输模型（Shannon & Weaver, 1949）
交通模型（Carey, 1975）
运输理论（Green & Brock, 2000）
两级传播（Katz & Lazarsfeld, 1955）
使用和依赖模型（Rubin & Windahl, 1986）
使用和满足（Katz, Blumler, & Gurevitch, 1974; Lasswell, 1948; Rosengren, 1974; Rosengren, Wenner, & Palmgreen, 1985; Wright, 1960）
影像恐慌（Robinson, 1976）

表5.2　12个最有名的理论

理论	n	%
涵化理论	27	8.0
第三人称理论	25	7.4
议程设置理论	24	7.1
使用和满足理论	19	5.7
铺垫理论	16	4.8
认知能力理论	14	4.2
框架理论	12	3.6
女性主义理论	11	3.3
社会学习理论	7	2.1
拟合可能性理论	7	2.1
图式理论	6	1.8
创新扩散理论	4	1.2

注：百分比基于336篇提到该理论的文章。

简述最有名的媒介效果理论

本部分简要介绍12个最有名的媒介效果理论。如果你对这些理论感兴趣，想了解更多，请阅读参考文献。

1. 涵化理论

涵化理论由乔治·格伯纳（George Gerbner）于1969年创建。先前有人认为他的媒介效果研究只关注短期实验室效果，而忽视了个人日常生活中逐渐发生的长期效果，涵化理论正是他对这种批评的回应。他提出，电视，也就是他所说的当时最主要的讲故事者，持续不断地向人们展示一贯的主题，而人们长期曝光在这样的故事里，会逐渐认为电视故事的主题和模式也会出现在现实世界中。

格伯纳（1969）指出媒介涵化了"关于存在要素的集体意识"（p.138），并解释道：

> 我使用[涵化]这个术语来表示在这个讨论中我首先考虑的不是信息、教育、说服等，或是任何种类的直接交际"效果"。我关注的是集体环境，在这个环境中，也是出

于对环境的回应,个体和群体会对信息做出不同的选择和解释。(p.139)

涵化的关键是关注公众信息,有意识地关注公众确立的某项知识(不仅很多人知道,而且众所周知很多人都知道),这样的共识可以使集体思想和行动成为可能。这样的知识让个体意识到集体的力量(或劣势),从而感受到社会认同感或疏离感。(pp.139-140)

媒介有能力通过提供某些信息构建公众,这些信息塑造了"快速、持续、普遍的集体思想和行动,穿越了时间、空间和文化界限"(p.140)。创建涵化理论时,格伯纳不是关注特定的信息而是关注广义的模式。他也不去探究作为接收者的个体的解释,而是关注他们共同的信仰。

2. 第三人称理论

第三人称效果(TPE)最初由社会学家菲利普斯·戴维森(W. Phillips Davison)于1983年提出。他检验了公众民意调查的结果模式,得出具有代表性的结论:人们认为媒介对他人(第三人称)产生了很大的影响效果,而对自己(第一人称)并没有这种效果。他发现了具有一致性的模式:人们会高估媒介信息对他人产生的效果,却低估媒介信息对自己产生的效果。

这种效果被解释为"自私自利的"认知,因为人们认为媒介能够产生强有力的影响,但是只对其他人,而不是对自己。这就使得人们抱怨媒介并呼吁对有害内容的管制,以求控制他人的媒介曝光。而这又给了人们充分的借口,只要他们告诉自己媒介不会对自己产生影响,他们就不用对自身媒介曝光后可能出现的消极结果负责。这个效果在研究文献中被广泛引用(Tal-Or, Tsfati, & Gunther, 2009),并得到强有力的实证支持(Paul, Salwen, & Dupagne, 2000)。

3. 议程设置理论

议程设置理论重点解释媒介中的新闻内容如何塑造公众对于社会中重要内容的认识。对于议程设置理论,最早的清晰的实证支持来自麦库姆斯和肖(McCombs & Shaw, 1972)对于1968年总统竞选的分析。他们发现,当媒介更突出地展示某些特殊事项时,这些事项就成了竞选的关注点。后来议程设置理论有了更多的发现:媒介告诉我们要思考什么,这被称作二级议程设置。二级议程设置研究发现,媒介信息不仅强调事项，还会展示有关那些事项的信息性元素，这些元素告诉我们关于这个事项我们需要思考什么。

与议程设置理论紧密相关的是沉默螺旋理论，这个理论同样关注媒介如何影响公众信仰。然而，沉默螺旋理论进一步解释了公众信仰如何影响公众话语。内勒-诺伊曼（Noelle-Neumann, 1974）在研究西欧的新闻报道模式后提出了这一理论。关于这个理论，她解释道，当媒介避免涉及某个事项时，人们不会表达对于该事项的观点，即使那些观点对他们非常重要。他们会保持沉默。他们认为自己属于少数人群，表达受到限制，担心会因此被排斥。沉默引发了更多的沉默，而认为这个事项并不重要的观点会逐渐得到加强。

4. 使用和满足理论

使用和满足理论是一个非常广义的理论，它基于对媒介受众的两种假设。其中一种假设是，个体对选择媒介和信息能够积极做出抉择。另一种假设是，个体充分意识到自己对信息和娱乐的动机，在积极寻求媒介信息来满足自身需求时，利用动机作为指导。

使用和满足理论的阐释体系提出了如下五个观点：

第一，交际行为是目标驱动的，是有目的、有动机的。

第二，人们发起选择和使用交际工具。

第三，众多社会和心理因素指导、过滤或调解交际行为。

第四，媒介在满足需求和愿望时与其他的交际形式竞争。

第五，在影响过程中人比媒介更具影响力（Rubin, 2002）。

由于使用和满足理论视受众为积极的群体，媒介效果并不被认为是非常强的，也就是说，人们可以在很大程度上控制效果的发生。罗森格伦（Rosengren, 1974）提出，使用和满足理论的关键是受众群体中个体的不同介入了媒介和任意效果。这意味着媒介效果不仅由媒介内容阐释，也被受众的特征，如动机和内容的参与程度所影响。

这些观点可以追溯到威尔伯·施拉姆（Wilbur Schramm, 1954），他提出人们通过对回报的期望和需要付出的努力的对比来选择媒介曝光。这个观点后来被帕尔姆格林和雷伯恩（Palmgreen & Rayburn, 1985）进一步阐释。他们提出，人们会比较满足感寻求（gratifications sought, GS）和满足感获得（gratifications obtained, GO）。因为媒介曝光在一个人的一生中重复发生,每个人都在过去的媒介曝光中有过很多的满足感获得经历,也由此形成了现在每个决策的期望。

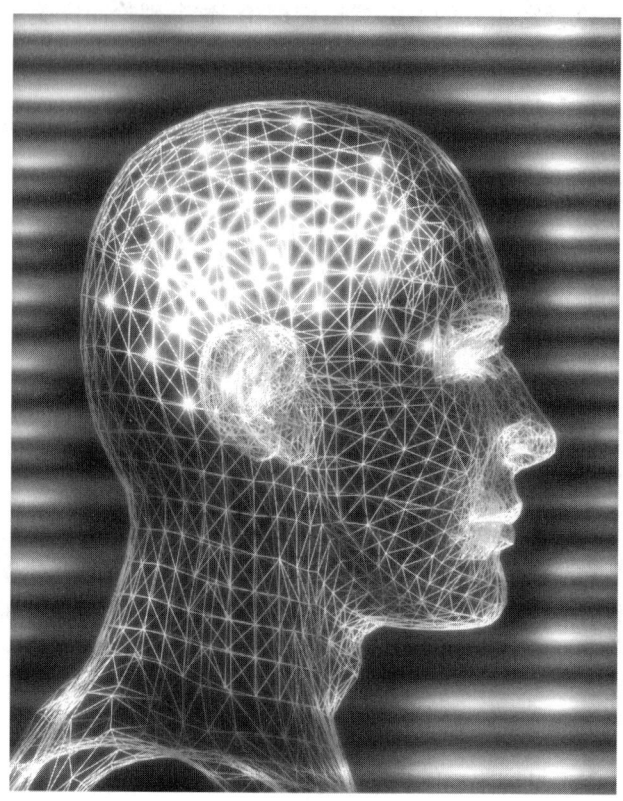

来源:Chad Baker/Photodisc/Thinkstock。

5. 铺垫理论

铺垫理论关注一组信息或刺激如何影响个人记忆中后来的解释行为。这个理论将人脑概念化,认为人脑是有组织的联合网络,网络中的每个节点都是一比特的信息。当人们思考某一特定信息时,这一节点被激活,思维从这个节点出发,通过联合网络到达最近的下一个节点。因此当一个节点被激活时,联合网络中最近的节点就会被启动,也就是说,接下来这样的节点最可能被激活(Jo & Berkowitz, 1994)。铺垫节点是非常重要的,因为它设定了我们对思维路径的期待。罗斯科斯-埃沃尔森和卡彭铁尔(Roskos-Ewoldsen & Carpentier, 2002)提出,"在媒介领域,铺垫指媒介内容对人们接下来与内容相关的行为或判断的影响效果"(p.97)。

铺垫理论最初被称作"提示理论",伦纳德·伯科威茨(Leonard Berkowitz, 1965)

早期的测试表明，媒介表述包含特殊的符号，当人们在现实生活中看到这些符号时，这些符号就会提示人们记起媒介表述。伯科威茨在暴力媒介内容领域进行了实证性研究，研究这些内容如何影响受众的行为。他发现，当暴力表述包含"武器"这个词时，"武器"这个词就会对现实生活中的人们产生强有力的提示。因此当人们在现实生活中看到某种武器时，这个武器会激发有关媒介表述的记忆，这些记忆很可能会导致攻击性行为。

铺垫理论在媒介暴力话题下经历了大量的测试。受暴力信息误导的人会认为，暴力是报复他人攻击行为的很好的方式。而后在现实生活中，当这些人是暴力行为的受害者时，他们就会回忆起使用暴力是报复的很好的方式，并且很可能会采取复仇性行为。

6. 认知能力理论

兰（Lang, 2000）创建了认知能力理论，并建立了认知阐释体系，解释人们如何筛选信息和处理信息。她提出，这个过程由三项任务构成，分别是编码信息、存储和检索。这个过程开始于个人的感觉器官受到刺激，之后信息自动进入大脑，信息会在感觉存储区域停留几秒钟，在这里大部分信息会被抹去，只有一小部分进入短期记忆。然后个人选择特定的部分信息，用以构建刺激个人感觉器官的外部事件的"精神表现"。这个选择由个人的目标、现有的知识和环境指导。因此被编码的并不是外部事件完全相同的复制品，而是由小的刺激组成的，是外部事件高度特异性的表现。这些表现接下来会被存储在联合网络里，在这个网络里想法相互连接，使得后面的检索成为可能。人们以平行方式经历这一过程，即一定时间内不止一条信息被处理。因为处理的资源是有限的，人们在任何时候都会将这些资源分配到各项任务中。被赋予最多资源的那些信息处理任务被处理后会留下更多细节，也因此更可能被记忆。

7. 框架理论

框架理论认为，从根本上来说，意义是存在于信息中的，尤其是新闻信息。新闻故事的框架由记者构建，记者选择了某些特定的信息而忽视了其他信息，他们构建自己的故事来引导人们对某些特定事实的注意。框架是表现故事的方式，也就是讲故事的视角。框架是新闻角度或故事背景（Tuchman, 1978）。

新闻故事的框架告诉受众群体事件的主题或意义,因此限制和塑造了受众对事件意义的理解。框架提供了故事背景,因为它定义了问题,诊断了原因,做出了道德判断并建议了补救办法。

框架理论同议程设置和铺垫理论相关。框架理论解释了议程如何通过媒介设计故事而被设置。一旦一个人曝光在媒介信息中,信息的框架就决定了哪些节点将被启动。

来源:Digital Vision/Photodisc/Thinkstock。

8. 女性主义理论

女性主义理论认为,媒介中渗透着性别歧视的意识形态。这一意识形态表现了一个男性统治的世界,在这个世界中,男性占主导地位的社会秩序被认为是自然和理所应当的。在这个意识形态里,女性更为柔弱,不如男性有能力,因此女性通过与男性的关系来获得自己的身份。在女性主义理论中,媒介不断表现男权统治这一主题信息,这促进了受众中错误信仰体系的发展(Rakow, 1992)。

根据范佐农(van Zoonen, 1994)的观点,女性主义理论的关键是提供这些问题的答案,如关于性别的话语是如何被编码进媒介文本的?受众如何使用和解读性别化的媒介文本?在个体认同层面,受众接受如何促成了性别的构建?有些女性主义学者认为女性可以利用媒介来控制局面，女性主义者可以借此组建团体，创建属于自己的意义来反抗男权统治的主题（Radway，1984）。

9. 社会学习理论

社会学习理论的产生可以追溯至米勒和多拉德（Miller & Dollard, 1941）。他们发现，人们通过观察他人的行动学习行为，并不需要自己做出这些行为才能学习这些行为。班杜拉（Bandura, 1977）接受了这一观点并做了进一步阐释，提出了认同、替代加强和自我效能等概念。班杜拉认为，这种观察型学习随着观察者对表现行为的人（榜样）的认同程度而不断加强，当那些行为被嘉奖或至少没有被惩罚时也会加强。他还提出，榜样不需要是现实中的人，可以是媒介表现出的虚构故事中的角色。班杜拉（1986）通过增加认知成分进一步解释这一理论。他认为不仅是环境特征引发了社会学习，个人的特征也会引发社会学习，也就是说，人们会思考自己的经历并将其转换为认知模型。这个转换过程由四种过程指导：关注、保留、生产和推动。

10. 拟合可能性理论

拟合可能性模型（elaboration likelihood model, ELM）由佩蒂和卡乔波（Petty & Cacioppo, 1981）提出，观点形成假设人们关注观点并且有逻辑性地权衡这些观点的利弊来形成自己的想法，佩蒂和卡乔波超越了这种观点的局限，推动了学术思考。尽管拟合可能性模型被认为是说服理论的典型，而不是学习理论的一种，但从根本上来说，这一理论关注的是人们如何遭遇并处理信息。拟合可能性模型承认，有些时候人们会认真关注信息，这被称作"信息处理的中央路径"，但有时候人们是在没有意识到的状态下接触到信息和观点的，或是在信息处理过程中并不具有逻辑性，这被称作"外部路径"。中央路径包含了付出努力的认知活动，人们利用先前的经验和知识来认真检查所有相关信息，以确定倡导立场的中心优点（Petty, Priester, & Brinol, 2002, p. 165）。使用这条路径时，人们积极地思考观点的重要性、信息的卓越性和信息观点的接受结果。而外部路径不需要那么多的努力来处理说服性信息，人们对信息中的简单提示做出反应，是认知"吝啬鬼"，也就是说，人们付出非常少的脑力劳动。正因为如此，人们可能会选择较为边缘的理由而忽视更为重要的理由。具体选择哪一条路径，取决于人们在处理信息时想要付出多少努力。影响一个人愿意付出多少努力思考的关键因素是他对于普遍思考动机的认知特点以及对于信息特征的反应，如感受到的个人信息相关性、信息来源的可靠性、信息来源是否被污名化、关键论点作为问题还是断言被提出、消息来源的数量和对受到争议的观点的期待。

11. 图式理论

图式理论吸引了广大学者的注意。乔治·赫伯特·米德（George Herbert Mead, 1934）常被认为是这一理论的创建者。在他的著作《精神、自我和社会》（*Mind, Self, and Society*）中，他提出符号调整和构建了我们所有的经验。成组的符号，即"图式"，是帮助我们使所有曝光的感觉刺激获得意义的模板。

认知心理学家以此为基础，将模式概念化，称其为存在于人脑中的联合网络。图式是"表现关于某一概念或刺激种类知识的认知结构，包括其属性和各属性间的关系"（Fiske & Taylor, 1991, p. 98）。想法作为节点被组织在联合网络中。当我们激活一个想法时，其他最接近被激活想法的想法也被激活。因此思维从一个想法到另一个想法的过程是根据它们在联合网络中如何连接而进行的。

这些图式有助于个体组织对人物和事件的记忆。它们由语言的和非语言的信息、图像、词汇、声音和经验序列组成（Graesser & Nakamura, 1982）。有些图式是事件的序列，而后被称为"脚本"。它们体现了文化的特殊性，因此包含文化中嵌入的偏见和信仰。

个体利用图式帮助自己理解事件。因此图式是对于人和事件期望的模板，在人的一生中不断发展和修正。当我们见到一个陌生人时，我们会阅读有关那个人最突出的提示（如体型、明显的个性等），然后将这些提示与我们对人的图式相搭配。当我们找到最适合搭配这些提示的图式时，我们会利用这个图式来设定我们对这个陌生人的期待。

12. 创新扩散理论

1962年，埃弗里特·罗杰斯（Everett Rogers）做出了一项重要评论，并综述了信息如何在社会中传播的文献。他提出信息扩散理论，以拉扎斯菲尔德（Lazarsfeld）的观点为基础，并将其延伸至政治信息领域之外。他特别关注有关创新的信息，尤其是农业和健康方面的信息是如何扩散的。罗杰斯认为，有关创新的信息是按照循序渐进的方式扩散至社会不同人群的。第一组接收和利用信息的人被他称作"早期接收者"。这些早期接收者是喜欢尝试新事物的人，他们将信息传递至意见领袖（拉扎斯菲尔德提出），意见领袖接下来会检验观点或创新。如果意见领袖喜欢这一创新，便会将其传递至人际网络中的其他人（观点追随者）。最终信息被传递至"滞后者"或后期接收者。

媒介效果理论宏观图

有名的媒介理论是学习媒介效果一个很好的出发点。然而，很快你就会发现，它们并不能解释所有现象。

表5.3对个体层面媒介效果模板做了小小的修改，它由六种媒介效果和四种媒介功能构成，最后一列是宏观层面媒介效果模板的内容。修改后的表格有30个单元格。

这个表格里，我填入了前面介绍的最有名的12个理论。请注意这个表格并没有填满。这说明，尽管这12个理论因为最常被检验而最有名，但也只能覆盖大约1/3的媒介效果现象。

我们当然应该记得媒介效果理论的数量远远不止表5.3中这12个，在这里我不是想让你认为空白的单元格里没有理论性的活动出现，而是想说明最著名的媒介效果理论集中在那些单元格里。学习这12个媒介效果理论确实是个很好的出发点，但结果往往是你只是部分地理解了媒介效果的整体现象。为了更全面地了解媒介效果现象，我们本应该学习几百种理论，但是这太低效了。

表5.3　在媒介效果模板中填写理论

效果种类	媒介影响功能				
	习得	激发	改变	加强	公众
行为					使用和满足
心理	认知能力	铺垫	图式	图式	
认知	认知能力	社会学习	拟合可能性	框架	
信仰	第三人称	议程设置	涵化	螺旋式沉默	女性主义
态度	拟合可能性				
情感					使用和满足

注：百分比基于336篇提到该理论的文章。

仅学习理论不能够很好地了解媒介效果的宏观图像的第二个原因是，我们发现有关媒介效果的大量文献都不是由理论产生的。为了说明这一点，让我们回到本章前面的内容分析研究（Potter & Riddle, 2007）。它对主要学术期刊中发表的媒介效果文献进行了内容分析。我们发现在336篇理论驱动的文章中，有144个理论被提及，涉及提及最多的12个理论的文章有168篇，大约占这些理论驱动文章的50%。然而，我没有提到的是我们分析的整体样本是962个媒介效果研究。因此所有媒介效果文献中只有大约35%的文章（962篇中的336篇）提到了理论，其他65%的媒介效果文献都不是由理论产生的。

其他有关媒介文献的研究也有类似的发现，即低比例的理论驱动模式研究大量存在，理论驱动文章的比例低至8.1%（Potter, Cooper, & Dupagne, 1993），高至27.6%（Riffe & Freitag, 1997）和30.5%（Kamhawi & Weaver, 2003）。在一篇分析1965—1989年发表的有关大众传播的八份期刊的文章中，波特等人（Potter et al., 2003）发现1,326篇文章中只有8.1%有理论指导，并且提供了对理论的验证；19.5%验证了假说，但是这些假说不是衍生自理论。卡姆哈维和韦弗（Kamhawi & Weaver, 2003）的研究显示，1980—1999年发表的十份传播学期刊中，只有30.5%的文章特别提及了理论，由此他们指出：

> 理论的发展可能是评估领域中学科状态的主要考虑因素。当我们的领域在规模和复杂性方面发展起来时，理论集成的压力便增加了。似乎领域中的学者们应该发展并验证更多的理论来解释大众传播的过程和效果。但是，我们的研究样本并不能明显地体现这一点。（p.20）

尽管理论对媒介效果学术领域的发展非常重要，但我们并不能得出我们对于媒介效果的理解主要是由理论驱动这样的结论。实际上，理论的发展是零散的、单薄的。这清晰地说明了理论表现了学者们有限的概念化成果，指导了长期的纲领性研究，这很像其他学术领域的做法，尤其是自然科学领域，但我们的研究并不能通过一系列的理论来有效地进行划分。回到波特和里德尔（2006）的分析中，似乎没有什么理论指导的纲领性研究的例子，在336篇确实提到理论的文章中，有144个理论被提及，只有12个理论在五个以上的研究中被提及。其他132个理论分散在其余168篇理论驱动的文章中。这凸显了相对单薄的理论发展模式。卡姆哈维和韦弗（2003）也发现了这一点，他们发现仅三个理论（信息处理、使用和满足，以及社会现实的媒介构建）在他们分析的10%的文章中被提及。

不到1/3的媒介效果文献有理论指导。因此，为了理解更多的媒介效果及其运作规律，我们必须超越理论驱动的这部分文献，而这就是接下来九章的主要目的。

小结

理论对于任何学术领域的发展都非常重要。在媒介效果学术领域，很多理论都得到了展开。然而，这些理论只有很少一部分出现在研究中。最有名的12个理论只产生了很少的媒介效果研究文献（约17%）。

当我们试着构建对媒介效果的理解时，学习理论是个很好的出发点。最有名的媒介效果理论为我们指明了最流行的一些效果。但是，还有很多关于媒介效果的智慧没有通过理论传达，也就是说，1万个研究中的大多数文献都不是理论驱动的。

在这本书的第二部分，我将带你浏览整个文献研究。当然，我们不可能看遍这1万个研究，这里面有太多的细节！仅仅列举这些研究的出处就需要650页纸。我不是让你关注所有的细节，而是让你关注宏观图像，这样你会对有关媒介效果的整体现象有所理解。

复习题

1. 理论的目的是什么？
2. 列举最流行的12个媒介效果理论。每一个理论的关键点是什么？
3. 为什么将我们对媒介效果的了解仅限于媒介理论是不够的？

思考题

1. 表5.3在媒介效果模板中展示了最有名的媒介效果理论，你能不能想到有些地方有不止一个效果而有的连一个效果都没有的原因？
2. 在媒介效果模板中选择一个没有理论可填写的空白区域。你能不能构建一个理论填上？

第二部分

大众传媒对个体效果的种类

❖ ❖ ❖

这一部分有六章，重点介绍媒介对个体影响效果的范围，以提供全方面的媒介对个体效果的结构性概览。因此每一章都会介绍一种类型的媒介效果：生理、认知、信仰、态度、情感和行为，每一章都按照媒介影响功能进行组织，这些功能是习得、触发、改变和加强。

每一章关注的效果类型不同。第六章重点关注生理效果，即身体的变化，如心率、血压和其他反应。第七章阐释认知效果，也就是思考的过程。第八章处理信仰效果，信仰是我们对自己和世界的看法。第九章说明态度效果，即我们做出的价值判断。第十章重点关注情感效果，主要是感情和心情。第十一章介绍行为效果，即我们回应媒介影响时的行为。

每一章都由五个部分组成：内容概览、总体介绍、有关效果的说明、研究成果的展示以及复习题和思考题。内容概览会列出本章的主要话题。总体介绍按照内容概览，依次介绍本章重点关注的效果是什么、怎么样。"是什么"指效果本身，"怎么样"指媒介如何发挥影响以产生这样的效果。每一章的总体介绍会先检验每种效果的本质特征，然后展示媒介影响产生的主要效果。

每一章都会设计一些小故事来展示这些效果在日常生活中的表现，以便读者更容易理解。这些例子是总体介绍的有力补充。如果你觉得理解了总体介绍，那么可以不看这些例子。但是如果你觉得总体介绍太抽象不好理解，那么可以阅读这些例子来帮助自己理解。

每一章都会有图表作为总体介绍的补充。大多数图表都会展示这一章的效果种类。有些图表还会展示与特殊效果相关的因素。对于某一效果和某一因素，我会至少提供一条引文（有时很多）来使你了解更多。有些图表中的引文在总体介绍时会提及，有些不会。之所以列出这些引文，是为了让你了解哪些主题最受研究关注。由于媒介效果领域的文献非常多，我并没有引用每一个实证研究，而主要关注最近发表的研究和一些经典的研究。阅读本章后，再读几篇被引用的文献来了解更多研究学者将特定效果概念化、收集效果发生的证据和解释媒介在其中的影响效果，是很有帮助的。

每一章的最后都会有复习题和思考题。读完一章之后，看看自己是否能够快速地回答复习题中的问题。然后看看思考题，这些问题能帮助你扩充对于某些媒介效果的认知。

每一章这样安排是为了使你能够关注每一章的全景图像。在对媒介效果将近一个世纪的研究之后，实在有太多关于效果和影响因素的实证研究成果，非常容易使你迷失在成千上万的细节中。我督促你一直关注全景图像，在这片迷人的森林中探索时，不要让眼前的大树障蔽了你的视野。

第六章

生理效果

- ☞ 生理效果的本质
  - ◆ 自动和准自动
  - ◆ 四种生理过程
- ☞ 触发生理效果
  - ◆ 定向反射
  - ◆ 唤醒
- ☞ 改变生理效果
  - ◆ 习惯
- ◆ 脑部处理
- ◆ 脑电波
- ☞ 加强生理效果
  - ◆ 定向反射
  - ◆ 被动
  - ◆ 唤醒
  - ◆ 麻醉
- ☞ 小结

关于个体层面效果，前两章阐明了哲学家们探索了几个世纪的问题，即大脑和精神的区别。有些学者认为大脑和精神是一样的，而有些学者，也就是那些"二元论者"，认为两者是有区别的。简单来说，这种区别是研究人类思维的两种方法之争，即生理方法和认知方法。本书将以媒介影响为背景介绍这两种方法。本章我们解释生理方法，下一章介绍认知方法。

采用生理方法研究的学者将人类的大脑看作人体的物理器官。他们认为，随着胎儿大脑的发育，大脑会被编程去执行确保生存的某些功能。婴儿出生后，大脑会通过在脑组织中发生的化学和电学反应的持续进展来控制人的生长和学习（例如，见Campbell, 1973）。

相比之下，专注于认知方法的学者认为，人类思维是由大脑中的精神所控制的，而不是物理大脑。通过认知方法，学者们认为，思维不仅仅是化学或电学的反应，人类思维的复杂性不能仅靠脑化学来解释。我们可以用计算机来做个比喻。当你将其从包装箱中取出并插上电源时，计算机已经被编程你可以进行一些基本操作。此外，还有大量的软件编程在后台运行，以确保计算机能够执行其基本功能。这个预编程软件以及硬件的架构被设计为允许计算机执行所有基本的通用功能。然而，计算机也允许我们对其进行编程，也就是说，我们可以改变计算机的界面，将我们喜爱的网站加入书签，创建自己的文件夹来保存文件，更改文字处理程序的默认设置，进行各种更改来自定义我们的计算机。

如果将人比喻成计算机，那么人是硬件（身体部位）和软件（在出生前就已编程好，作用于所有基本的系统，保持其高效运行，并保护这些系统免受威胁）的配置组合。因此我们的大脑是靠"硬连线"来执行某些功能的，但是还有大量的软件使我们有能力为自己思考。这些基本的硬件和软件是我们建立产生需求、想法并作出行为的平台。了解基本的硬件和软件需要运用生理方法，而了解我们创建的特殊编程以及在我们生活中各种影响所做的所有编程则需要运用认知方法。

这两种方法都为人们对媒介信息影响的认识提供了宝贵的见解，所以在研究媒介效果时，我们必须了解这两种方法。从生理角度研究媒介效果，使我们深入了解所有人为何相同，也就是媒介如何影响我们的基本人类编程。从认知角度研究媒介效果（第七章将更全面地讨论），使我们深入了解人类群体中存在的许多差异。

生理效果的本质

专注于生理方法的学者将大脑视为一种已被编程为执行特定功能的复杂计算机。所有的动物大脑都对预编程的神经系统进行硬连线，这些神经系统自动执行核心的基本例程。这些基本的例程是激励有机体进食、饮水、保护自身免受伤害、繁殖和照顾后代的驱动力。出生时，我们就能够自发地做某些事情，比如呼吸，以及通过我们的五个感官来获取信息。我们可以感受到威胁。我们有一个硬连线的对饥渴的驱动力，使我们寻求食物来保障自己的生存。我们不必考虑这些事情。无论我们是否有意识地思考，大脑都会告诉身体该做什么。对于某些刺激，人体会以某些规定的方式做出反应。我们不必学习这些反应，它们会被编入我们的系统。这些是生存和做人的根本。

在媒介效果方面，人脑有两部分特别重要。一部分是脑干，这是边缘系统。这部分大脑控制着物种的生存和繁殖；这是对所有生物体都至关重要的功能，这部分是所有动物共有的。边缘系统是大脑最古老的部分，也就是说，它可以追溯到早期的物种，从脊椎动物到早在5亿年前就出现的早期鱼类（Campbell, 1973）。这种古老的脑组织仍然是我们从低等生物那里遗传来的一部分，并没有改变太多。大脑的另一部分——大脑皮质——更年轻，出现在大约1亿年前最早的哺乳动物中。大脑中的这个"年轻"部分与学习和记忆有关，比自动预编程过程更重要。

请注意，当我们考虑人类大脑如何进化时，我们谈论的是数百万年时间。相比之下，媒介是非常非常新的事物。大众市场报纸、杂志和书籍已经存在了约150年，电影和广播已经存在了大约一个世纪，其他媒介存在的时间不到一个世纪。因此，人类大脑还没来得及在生理上适应这些新媒介的新型刺激。媒介——特别是电影、电视和电脑——提供了许多图像，这些图像被我们大脑的基本硬连线解释为真实世界的刺激，这是在任何媒介出现之前，甚至是在文明到来之前就设计好的。

自动和准自动

许多生理过程是纯自动的，也就是说，它们是硬连线到我们大脑的，它们自动运行，不需要我们思考。例如，无论我们是否思考这些功能，我们的心都会跳，肺都会呼吸。当我们在阳光灿烂的日子走到外面时，我们的瞳孔会收缩以防止过多的阳光照射视网膜。当我们突然听到巨大的碎裂声时，我们的身体会迅速对潜在危险的威胁做出反应,会立即分泌荷尔蒙到血液中,使心脏跳动更快,从而给我们更多的能量逃跑或反击。我们不需要思考如何应对威胁,这种斗/逃反应是自动触发的。如果没有自动触发,我们可能还没来得及逃跑或反击,就已经陷入危险。这种自动反应被编程到所有人类以及其他动物中,这对于物种的存活是必需的。

有些反应我们称之为"准自动"。准自动反应是由我们大脑中的硬连线程序自动触发的,但一旦发生反应,我们就可以意识到它,并可以采取措施加强或减弱它。例如,瞳孔扩张、脑电波、汗腺分泌和定向反射一般被认为不受媒介受众的控制,因此被认为是纯自动的(Lang, 1995)。但斗/逃反射被认为是准自动的。大脑感知到威胁时,会通过使心脏跳动更快,使呼吸变得更快、更浅,来触发对威胁的反应。但我们可以快速评估威胁的程度,如果是虚惊一场,我们便可以自觉地让自己深呼吸,使自己冷静下来。另一个例子是性唤醒。当我们看到一个性感的人并视其为可能的性伴侣时,我们自动进入性唤醒状态。这时我们可以考虑一下情境,加强或减少这种反应。如果是在度蜜月我们看到伴侣,那么我们可以有意识地调动想象和感觉来增强性吸引力。但如果性吸引力是由伴侣以外的人散发的,那么我们可以通过转移注意力来减弱其对自己的吸引力。

有时人们会认为生理反应是准自动的,实际上不是。例如,在电影里我们看到犯罪分子试图骗过测谎仪。测谎仪是监测皮肤对电流反应的装置。大脑在产生压力时会自动发送信号给皮肤。这些皮电脉冲是潜意识和非自愿的(Hopkins & Fletcher, 1994)。然而,有些人认为他们可以感觉到细微的皮电刺激,并在接受测谎仪测试时对其进行修改。

在准自动反应中,从本质上说,我们尝试将大脑边缘部分的反应控制活动从初始触发反射转移到大脑的皮质部分,在那里我们可以意识到反射,从而有意识地改变这种反应。因此,我们试图从纯粹的生理反应转变为认知控制的反应。

四种生理过程

在许多生理过程中,当我们考虑媒介影响效果时,有四种对我们尤其重要,即感知过程、自动生存机制、性机制和神经生理过程。让我们详细看看这四种过程。

感知过程被硬连线接入大脑。这些过程通过选择某些类型的刺激来帮助人们适应环境。有些刺激是威胁的信号,有些是快乐的信号。这些过程是自动的,也就是说,它们被编程以提醒我们关于环境的重要信息。然后，这些信号可以触发其他自动过程，或者引发我们对如何响应的重视。

第二种生理过程是自动生存机制。人体感受到威胁时会自动进入斗/逃状态。为了准备斗/逃，身体会产生荷尔蒙，如肾上腺素，导致心跳加速，呼吸加快，肌肉紧张，手心出汗。这就为逃跑或面对威胁者做好了准备。没有这个准备，人类将无法应对危险，生存将受到严重威胁。

第三种生理过程是性机制。人类需要繁殖才能延续。因此人类的大脑被硬连线，以监测环境中有吸引力的性伴侣，并从性释放中获得快乐。媒介持续的信息流经常呈现出高度吸引人的性对象的视觉图像，这些图像使人产生注意和对快乐的期望。

最后一种是神经生理过程。人脑是化学和电学的复杂过程。媒介可以通过重复其信息以及信息的形式（大小、颜色、响度和内容）来影响这些过程。

现在让我们来看看媒介如何影响这些感知过程、自动生存机制、性机制和神经生理过程。本章的其余内容即展示媒介如何触发、改变和加强这些过程。

触发生理效果

有关媒介对生理影响的大部分研究都检验了触发功能。在这个功能中，有两个主题占主导地位。首先，对环境的监测通常会导致引发定向反射。其次，存在引起注意、集中和信息处理所需的唤醒。这种唤醒对于斗/逃反射和性吸引力也是非常重要的。

定向反射

人体通过五种感观——视觉、听觉、触觉、味觉和嗅觉来自动监测环境，以获得有意义的信息（Bryant & Miron, 2002）。我们的大脑无须有意识地思考便会自动监控所有这些传入的信息。我们处于这种自动持续的监控状态，直到大脑感受到不寻常的刺激，并引发我们的定向反射。这种定向反射使我们注意到刺激（Anderson & Burns, 1991）。例如，当你行驶在高速公路上时，你会自动且无意识地监控周围的风景和声音，你的注意力也可能在汽车音响播放的歌曲上。然后突然有一辆汽车嗖的超车到你前方，你的注意力会立即被汽车触发。

> **定向反射**
>
> 雅各布戴着iPod走在校园里。他正在听一首歌，歌词讲述的是一个男孩抱怨见不到女孩。当雅各布集中注意力在这首歌上时，他也在无意识地监控校园的所有景物和声音，同学们在人行道上骑自行车、滑板和步行，都赶着去上课。虽然所有这些对雅各布安全构成潜在威胁，但他的注意力并不集中在这上面；实际上，他的大脑正在无意识地处理所有的刺激。
>
> 突然，雅各布注意到埃米莉出现在他前方大约50英尺的人行道上。埃米莉是隔壁班的女孩。雅各布渴望见到埃米莉，但是他太害羞了不敢接近她。他在大型演讲课上习惯坐在她后面的几排，以便可以看到她，并看她认真地做笔记。他意识到自己真的很喜欢她，希望能和她搭上话。他一直看着她到了教学楼。当她即将进入大门时，她撞上了从楼里冲出来的一个人，她怀里的书都掉在了地上。雅各布认为这是帮助她的机会，于是急忙向她走去。但当他离埃米莉不到10英尺时，另一个人已经在帮她了。雅各布看着他弯下身来拾起书，向埃米莉介绍自己。雅各布悲伤地看着那个人和埃米莉一起走进了教学楼。
>
> 当埃米莉在他的眼前消失时，雅各布的注意力回到了这首歌上。他发现自己跟着哼了起来，这是一首男孩无法见到女孩的歌。
>
> **分析**
>
> 在这个事例中，雅各布一直处于刺激丰富的环境里，有很多活动同时发生。不过，他只是在有意识地关注这首歌。然后，当他看到埃米莉，他先后体验了两个定向反射。首先，他的注意力是由埃米莉触发的，他继续关注埃米莉，而不再注意这首歌。但是，当埃米莉消失在教学楼里时，雅各布经历了第二个定向反射，他的注意力被触发，回到iPod一直在播放的歌曲上。

这种定向反射是硬连线到我们大脑的，"并确保我们的安全，因为它确定我们会对面临的任何重大变化及时有效地做出反应"（Singer, 1980, p.37）。伴随定向反射的是肌肉活动减少，心率降低，呼吸暂停，随后是更短、更快速地呼吸（Ravaja, 2004a）。

在当今世界，媒介信息是我们环境不可或缺的一部分。我们监控媒介信息，在媒介和现实世界不断的经验中，我们经常处于自动状态，而不会有意识地区分刺激的来源。因此，媒介信息的某些内容会对我们产生影响，就像它们在现实世界中发生一样。请记住，大脑边缘部分的硬连线已经存续了成千上万代，而媒介对威胁的描述只有不到六代人知道。因此，当我们自动监测环境时，大脑没有足够的时间适应这些变化，从而区分现实世界和媒介世界的威胁。而当我们有意识地监测环境时，我们很容易做出这样的区分，因为我们处于关注状态。现实世界和媒介世界的区别是显而易见的。请记住，大多数时候，我们并不是有意识地监测环境，而是自动监测，并且这是在一些非常非常古老的编程代码的指导下进行的，但是这些代码不能辨别真实世界与媒介世界的威胁。

虽然电影和电视剧制作人不是生理学家，也会使用"定向反射"这一专业术语，但是他们知道我们将面对屏幕上的威胁。直观地，这些制作人知道威胁会引起我们的注意，所以他们使用大声的噪音、奇怪的声响、突然的特写、迅速的切换和快速的动作，使我们意识到我们的个人空间被入侵，安全被侵犯，从而触发了我们的注意（Reeves et al., 1985）。

定向反射不仅会被威胁触发，也会被环境中突然出现的不寻常的事情触发。例如，在网页的广告实验中，迪亚尔和孙达尔（Diar & Sundar, 2004）通过使用心电图（ECG）测量心跳发现，弹出式广告会触发定向反射。当我们上网时，我们就在监控屏幕上某些类型的图像和信息。我们没想到会弹出广告；它们突然出现并入侵我们的视觉空间，从而引发了定向反射，将我们的注意力转移到它们上面，不再想广告弹出之前正在想的事情。

这些感知技巧尤其在儿童节目中被普遍应用。事实上，很多儿童节目（如《芝麻街》）都是为了使用这种定向反射而开发的（Liebert & Sprafkin, 1988）。当媒介信息的制作者不断引入意想不到的噪音、图像、人物、情节时，它们会反复触发定向反射，从而在信息持续播放期间不断地将注意力从一件事情转移到另一件事情。这对于以儿童为对象的编程尤为重要，因为制作者认为儿童注意力集中时间很短，因此需要进行不断的触发来吸引他们的注意力。

唤醒

定向反射不是孤立的离散效应。相反，当定向反射被触发时，通常会产生其他影响，特别是唤醒。媒介研究人员特别关注的是这种定向反射之后的四种唤醒。它们是广义脑唤醒、斗/逃反射、性唤醒和激发转移。

广义脑唤醒 定向反射激励我们的大脑，刺激大脑活动。这个活动通常被认为是造成关注状态的原因。这种关注状态需要有意识的学习，如信息编码和记忆调用。那么，我们如何知道大脑什么时候被唤醒呢？直到最近，研究人员还没有直接观察到大脑的唤醒活动，所以他们依赖间接指标，如心率和血压（Detenber, Simons, & Bennett, 1998; Detenber, Simons, & Reiss, 2000; Lang, Schwartz, Chung, & Lee, 2004; Lang, Zhou, Schwartz, Bolls, & Potter, 2000; Potter, 2000; Schneider, Lang, Shin, & Bradley, 2004; Suckfill, 2000）以及皮肤电传导（Detenber et al., 2000; Sundar & Wagner, 2002）。但是现在有了核磁共振机器，我们可以扫描大脑，并寻找更多的直接证据来显示大脑的唤醒。

大脑的唤醒使大脑准备好执行其他功能。这种生理唤醒可以用于保持对诸如视频屏幕等特定对象的关注。如果物体被视为威胁，唤醒将触发一次斗/逃反射。如果对象被认为具有性吸引力，唤醒会触发性反射。有时，这种唤醒会使大脑激发我们承担更困难的认知任务。因此,唤醒本身是一种生理效应,但它可以引发各种情感、行为和认知效果。

快节奏的媒介故事会增加皮肤电传导——对交感神经系统激活的测量(Detenber et al., 2000)。此外,精彩的内容(与平静的内容相比)会增加心率(Lang, Bolls, Potter, & Kawahara, 1999)。走动的新闻播报员与呼吸窦性心律失常(RSA)的降低相关,后者是注意力的指标,改善了积极信息的记忆表现(Ravaja, 2004b)。

媒介信息可以通过触发物理反应如皮电活动(EDA)来触发心理状态。做面部肌电图(EMG)和注意接触呼吸窦性心律也可以触发情绪,这是副交感神经系统的功能(Lombard, Reich, Grabe, Bracken, & Ditton, 2000; Ravaja, 2004a)。

电视广告在作为了解哪些技术产生生理反应的研究对象时尤其受欢迎。研究人员发现,看电视广告可能会减少心率变化和定向反射(Lang, 1990, 1994a)、皮电反应(Hopkins & Fletcher, 1994)、面部肌电图(Bolls, Lang, & Potter, 2001; Hazlett & Hazlett, 1999)以及脑α波的变化(Reeves et al., 1985; Simons, Detenber, Cuthbert, Schwartz, & Reiss, 2003; Smith & Gevins, 2004)。另外,兰等人(2005)发现,电视观众在更换频道后经历了生理唤醒,也就是说,更换电视频道的简单动作可能会触发唤醒的生理效应。

当大脑被唤醒时,这种唤醒可以传递到我们身体的其他部位。有时这种唤醒可能会引发情绪。唤醒可以是愉快的(如爱、期待、快乐等),有时则是不愉快的(如愤怒、仇恨、沮丧等)。有时这种唤醒可能会导致诸如争斗或性行为等行为。

斗/逃反射 唤醒的另一种形式是斗/逃反射。当我们看到敌人或面临其他威胁时,我们需要准备好面对或远离威胁。我们需要尽可能迅速地做好这一准备,所以这种反射是硬连线到大脑的。如果这种反射不是自动的,我们的生存机会就会大大减少。

唤醒和斗/逃

自从雅各布看到埃米莉掉书后,已经过去了一周,他不得不忍受看着帮她捡书的人上课坐在她旁边的折磨。他发现那个人叫迈克尔。雅各布讨厌迈克尔,认为迈克尔是他追求埃米莉的竞争对手。

今天雅各布去上课的时候,发现埃米莉在他前面,并且一个人朝教学楼走去。雅各布赶紧追上去,这样他就可以为她开门,然后介绍自己。突然他觉得有个人撞到了他,把他撞倒了。他的心脏开始狂跳,肌肉紧张,身体的自动反应让他准备应对这个威胁。他转过身去看撞倒他的人,原来是迈克尔,不由得热血沸腾,大叫:"嘿,伙计,好好看路!学着好好走路!"雅各布觉得他现在有着强烈的冲动向前将迈克尔击倒在地,不过他注意到迈克尔比他高一英尺,重约50磅,而且这50磅都是强有力的肌肉。于是雅各布说道:"以后不要再这样了。"然后尽可能快速地走了。

> **分析**
> 当雅各布被撞时，他的大脑立即触发了一次斗/逃反应。它将荷尔蒙释放到血液中，使心跳更快，并以更快的速度将氧气传送到肌肉。起初，雅各布想和迈克尔打架，但随后他转身逃走，因为他很快意识到，避免冲突是更好的选择。

很多时候，当我们看电影或电视节目时，我们发现自己对角色有着强烈的认同感，我们开始体验角色的经历。这些角色通常会突然面临生存的威胁。制作人会将角色的目光固定在发出威胁的人或物上，用肌肉紧张，呼吸急促来表现人物准备应对威胁。看到这一情景的观众也会间接地体验威胁。我们也能感到恐惧。当我们在电影院里观看屏幕上的巨大影像并听到大声的音乐时，我们往往将注意力从现实世界转移到电影人物的世界；当这种情况发生时，我们可以感受到个人的威胁，这种唤醒可以相当强大。屏幕上的虚构威胁不仅引起了我们的注意，也触发了我们的斗/逃反射。

性唤醒 媒介信息中呈现的色情内容能够引起人体不同形式的性唤醒，如阴茎勃起（Eccles, Marshall, & Barbaree, 1988; Malamuth & Check, 1980; Schaefer & Colgan, 1977），阴道变化（Sintchak & Geer, 1975）和热成像（Abramson, Perry, Seeley, Seeley, & Rothblatt, 1981）。观看杂志和网站上色情图像的人性唤醒程度可能会非常高。读者明知道不可能与这些图像发生性关系，但是它们仍然可以实现性唤醒。

激发转移 一旦身体经历了任何形式的生理唤醒，这种唤醒能量就通常被用于执行与最初触发唤醒的媒介信息无关的任务。这种效应被齐尔曼（1980）称为"激发转移"。在一些实验中，齐尔曼发现，某些媒介内容（如悬疑、暴力和性图像）会在实验参与者中触发生理唤醒。媒介曝光结束后，齐尔曼给这些参与者分配一些不相干的任务，但他们仍然处在媒介曝光余留的唤醒状态中。也就是说，唤醒经过一段时间才会消失。然而这种不断消散的唤醒仍然强大，足以激起那些参与者表现出更高的关注度或更强烈的情感反应，即使他们已经不再在经历这种唤醒。

通常，媒介信息会触发唤醒，然后这种唤醒会转移到现实世界中。例如，齐尔曼（1980）观察到，将受青睐的角色置于危险之中这样的媒介描述将会产生悬念，会触发唤醒缺口，这时血液中肾上腺素激增，强化了注意力。这种唤醒是生理的，也就是说，它是由斗/逃或性吸引机制触发的，然后这种唤醒将引发情感（更多内容见第十章）。

改变生理效果

媒介可以通过长期的反复曝光更改大脑的天然硬连线编码。媒介研究者将注意力集中在两个改变效果上：习惯和改变脑电波。

习惯

当媒介反复出现相同的刺激模式时，那些刺激就会失去效用，无法引发相同程度的反射。这就是习惯效果。例如，第一次在电视节目中看到暴力行为的人可能会出现自然的定向反射，然后是斗/逃反射。他将非常关注威胁线索，心跳加速，血压上升。但是，如果这些人不断地曝光在电视节目的暴力下，这些媒介信息就不会那么明显地触发身体变化。

习惯效果

泰勒和戴维正在看《电锯夏令营第八部》，泰勒按了DVD的暂停按钮，问："伙计，你觉得怎么样？"

"很差劲。"

"嗯，确实差劲。我们快看到一半了……到现在被锯死的连十个人都没有！"

"弱。"

"你知道我最喜欢哪部吗？《电锯夏令营第三部》。"

"是的！就是电锯狂开始使用链锯的那部？"

"不，那是第二部。第三部他开始用锄草机。"

"是的，真是太棒了。那年他真的修理了那些书呆子。然后，第四部他用像割草机和大型农场收割机这样的机器。不过我不喜欢那个。"

"你记不记得我们三年级第一次看这部剧的时候有多害怕？"

"当然记得。我做了几个星期的噩梦。"

"我也是，但你知道吗，我找到了这张DVD，几个星期前又看了一次，根本不觉得有什么恐怖，根本没有吓到我。"

"确实不会再吓到了。事实上我觉得它非常无聊，而且我还是大晚上一个人看的。我真的无法相信几年前跟你一起第一次看的时候我会那么害怕。"

"那会儿我们只有八岁。我们是傻子，吓我们还不容易。"

"我觉得不是。那凶手只杀了三个人，每一个都可以从一英里远的地方看见。"

"你最喜欢哪一部？"

泰勒想了想说："我不得不说我最喜欢的是有人吃人的第六部。特别是他抠出受害者的眼球，并把它们串在一起当项链。"

"是。然后他像吃煮鸡蛋一样吃了它们。我简直要骂脏话。"

"这样你就不行了？这根本不算什么。你记不记得他让一些孩子吃生西兰花和菜花，然后杀死他们，让另一些孩子吃他们的肠子？我这才骂出口。我讨厌蔬菜！"

分析

恐怖电影是个很好的话题，我们可以研究随着时间的推移习惯的改变。每一年的恐怖电影都需要有更多的悬念、愤怒和疯狂的行为，以不断吸引和娱乐观众，特别是他们目标人群中的青少年。恐怖片的制作人不能每年表现同样的暴力和同等的粗暴程度，并且还预期会触发观众同样的反应，因为观众已经习惯了这些刺激。在这个例子中，泰勒和戴维小时候第一次看《电锯夏令营》时非常害怕。但是当他们看到越来越多的血腥场面后，便习惯了，所以需要更多的残暴才能继续引起这样的恐惧，也需要更令人作呕的东西才能让他们觉得恶心。

习惯不一定是负面影响。在我们的日常生活中，它可以是正面影响。当我们很年轻时，通过定向反射，各种各样的刺激强烈地刺激我们。但是，随着我们获得更多的经验，我们知道某些刺激是一再发生的，因此不再给予过多关注。我们习惯于这些常见的刺激，并避免被它们刺激。如果我们对这些常见的日常刺激不习惯，每次都会"吓一大跳"，就不能正常生活。这是大脑的自然保护功能，防止外部环境过度刺激。通过对特别刺激反复曝光，大脑会逐渐适应，之后为了引起同样的反应，就需要程度越来越强或是不同的刺激。辛格（Singer，1980）提醒我们，定向反射需要习惯过程。"正如我们以快速的方式做出回应，一旦这种情况可以被同化为预先建立的模式，我们也会很快习惯。这确保了我们随时准备应对一些新的刺激，如果刺激发生的话。"（p. 37）

但是，习惯也可能是负面影响。有人通过媒介信息寻求强烈的唤醒体验，以体验唤醒缺口；然而，随着反复曝光，信息会逐渐失去唤醒缺口的作用，所以这些人只能寻求更强大的信息形式来实现同样的唤醒缺口。

脑部处理

如前所述，大脑中的某些部分是硬连线的。这意味着，在我们出生时，它已经被编程为执行许多保持自己活跃、供给和安全的基本习惯。这些预编程的神经系统无须我们任何有意识的努力或意识就可以运作。但人类——相比其他任何有机体——也有不受约束的脑组织区域，可用于按照特定环境的要求塑造自己（Healy，1990）。我们通过这个开放的线路进行有意识的思考，做出决定，记录信息，存储信息，然后检索信息。这是由我们的经验塑造的。希利（Healy）认为，我们的文化和媒介正在改变这种开放线路的编程方式。"在当代生活的节奏中，许多孩子不断受到外界的刺激，几乎没有时间静坐、思考、反思和谈话。"（p. 55）大脑使用自然过程对刺激进行分类并使其产生意义；然而，一些媒介学者指出，媒介改变了一些自然过程。希利认为，婴儿大脑需要学会将感觉刺激的混乱顺序排列好。为了做到这一点，他们需要时间和思考。随着他们越做越好，他们可以应对更多的挑战。但如果他们被刺激所压倒，他们就不能很好地进行排序，而只能进入"神经自我保护"的感知防御模式（p. 229）。

媒介改变大脑功能的另一个例子是平衡右脑和左脑的活动。右脑是整体的、全局的、同时的；左脑是线性的、分析的、顺序的。媒介学者发现，看电视主要是刺激右脑，而阅读则刺激整个大脑。通过脑电图（EEG）设备监测大脑活动的研究表明，图像的感知似乎激活了右脑更多的活动，而在页面上阅读单词的行为更能激活左脑的线性功能（Mulholland, 1973）。当人们观看电视里的图像并仔细分析时，他们的左脑会随着右脑的活动而活跃起来。然而，电视图像播放得速度太快，观众难以进行分析，此时他们必须接受流动的图像并与之同步，因此看电视主要是刺激右脑活动。而且与阅读不同，人们会想象环境和人物，这也会激活左脑活动。因此，阅读更有可能刺激大脑的左右两侧，而看电视主要是刺激右脑。观看大量的电视节目而不阅读的人通过不断刺激一侧大脑、忽视另一侧大脑的方式改变了自己的大脑（Healy, 1990）。

我们生活在一种刺激性非常高的文化中，主要是因为媒介无处不在，并且在不断地抢占我们有限的注意力。这种高度的刺激对大脑的成长有积极的影响。这里的"成长"，并不单单指提供更多的信息来填补我们的大脑，而是增加大脑的容积。我们从老鼠大脑的研究中得知，当老鼠生活在刺激丰富的环境中时，大脑会越来越大、越来越重；大脑的枝状突起也会有所增加，这意味着神经细胞可以更好地相互交流；还会有更多的支持细胞——突触。因此，脑和神经系统被其环境所改变（Diamond, 1988）。当然，这些是老鼠的大脑，而不是人类的。与以人为研究对象不同，研究人员可以高度监控老鼠的活动，也可以将其解剖，然而，有证据表明，人类具有相同的模式（Denenberg, 1987）。

所有这些来自媒介信息的刺激也有消极的一面。大脑被刺激太多可能会导致注意力缺陷障碍（ADD）或其他学习障碍。一些教育工作者声称，根据目前对学习障碍的界定，有80%的儿童有学习障碍，相比20世纪80年代，人数翻了一番以上（Wang, 1988）。同样，到20世纪80年代末，有400多万儿童被诊断为患有多动症，这是另一种学习障碍（Healy, 1990）。

电视可能会改变大脑的运作方式，从而导致一些儿童出现学习障碍。辛格（1980）指出，"电视机，特别是商业电视巧妙地使用不断变化的短序列，通过不断的感官轰击来引起我们的注意，最大限度地提高定向响应"（p. 50）。儿童节目制作人特别喜欢用感性手段来吸引孩子的注意力。这种吸引孩子注意力的方式会导致儿童集中注意力的时间缩短。当人们将注意力放在更有趣或更新奇的事物上时，他们很难专注于一件事情。孩子们最终会屈服于吸引他们注意力的喧闹并随波逐流。他们会越来越被动,认为试图分析任何一件事情都是没有用的,因为总有另一件事情会发生并替代第一件事。

情绪需求没有得到满足的人不是好的学习者,因为活动集中在大脑的情绪部分,这是边缘系统或更原始的大脑,而不是人类学习活动集中的大脑皮层。因此,大脑的情绪部分专注于恐惧和焦虑,它无法激活适当的皮层以获得关注、记忆、动机和学习。压力过大也可以改变微调的化学平衡,使信息能够通过所有这些系统。

当珍妮特·希利(Janet Healy)为了写《濒危心灵:为什么孩子不思考——我们可以做什么》(*Endangered Minds: Why Children Don't Think—and What We Can Do About It*)这本书而做研究时,她说,尽管"科学家们非常清楚,大量的任何类型的经验对儿童正在发育的大脑具有塑造力"(p. 197),但对看电视如何影响大脑发育的研究却很少。"对于电视如何影响学习的基本神经丛,研究者还没有做出持续的努力。"(p. 198)她指出,《芝麻街》等儿童教育电视节目非常擅长获取并保持孩子们的注意力,以及取悦他们,但是这些节目加强了被动学习,也就是说,降低了孩子们的警觉,这种警觉是学习和克服解决问题障碍的持续动力。

脑电波

人类的大脑会产生波,特别是α波和β波。α波是非常低水平的有意识的大脑活动,是放松和和平的指示,而β波是注意状态和较高程度的大脑活动的指示。希利(1990)指出,当人们安静地坐着不做任何事情时,脑波会以一种常规的重复模式同步;这是大脑α波的放松状态。当人们"有一个问题需要解决时,大脑的节奏就会'不同步',因为节奏被强行思考打乱了"(p. 175)。

人们可以用媒介来改变脑电波。希利(1990)认为,人们在环境中不断受到过度刺激,所以寻求实现α状态。耳机中节奏规律的音乐可以产生α波。节奏稳定的音乐可以像节拍器一样使人平静下来,进入高α波的冥想状态。α波与某一节奏同步。然而,很多音乐的节奏是没有规律的,不管音量如何都可能会产生刺激。希利总结说,"大脑需要时间和安静的空间来发展自我管理的能力",以"获得足够的内部控制来享受精神生活"(p. 176)。

曝光在电视下也可能会改变脑电波。在日常生活中,我们必须集中精力学习功课,解决财务、关系、时间安排等问题。这种精力的集中,特别是在解决问题时,与不同步的大脑节奏相关，也与大脑的β波相关。当人们面临意想不到的刺激时，β波会增加，这与更高的集中度有关。β波增加时，会阻碍α波从而减少α波。相比之下，在看电视期间，α波的规律节奏会有所增加。因此，当一个人看电视时，其大脑活动会被改变，也就是说，精力的集中与α波呈反向变化（Anderson & Burns, 1991）。观看电视会改变大脑的功能，随着曝光的增加，大脑的功能会从涉及更高的精力集中和分析功能的β波转变为涉及低关注力的愉悦状态的α波。

加强生理效果

通过提供生理奖励，媒介加强了我们的曝光，并逐渐使我们形成习惯。媒介认识到我们大脑中可以进行硬连线，当这些硬连线的过程被刺激时，它们会为我们提供快乐的体验。人类寻求快乐，所以随着时间的推移，我们回到了我们期望能为我们提供快乐的某些媒介体验。在这里，我提出四种效果：定向反射、被动、唤醒和麻醉。

定向反射

对环境的监测给我们带来了快乐。坎贝尔（Campbell, 1973）解释说，一个人的感觉器官会吸收激活大脑深处愉悦区域的信息。他说，人类是寻求快乐的动物，所以会寻找经验和信息，以刺激感官的方式来触发愉悦的感觉。即使定向反射表明是危险的威胁，我们也会感到高兴；这种快乐不是由威胁本身引起的，而是我们能够及时认识到威胁并对此做出反应的满足感。

如果不是这种持续的监控体验，这个功能最终会失去效用。如果监测环境是一种惩罚，或者需要花费大量的精力，我们会逐渐减少监测行为，直到完全停止监测。这将使我们处于一种非常脆弱的状态，因为我们环境中的敌人在我们意识到威胁之前可能会利用我们。很快我们将会无法生存。因此，硬连线的愉悦反应确保我们得到对环境持续监测的回报。这种愉悦的感觉使我们想要继续监测环境，从而使我们适应继续监测的状态。

当我们接收到来自媒介的信息时，也会发生这种情况。我们不断寻求媒介信息，继续获得这种轻微的快乐，而且希望信息能够带来更大的快乐。这是媒介使我们适应重复曝光的方式。辛格（1980）指出，"我们不断地回到这个设置，并处理每个新出现的信息序列……这个设置训练我们去观察它"（pp. 50–51）。

被动

被动可以由媒介，特别是电视引起。在看电视期间，人们会有更高水平的被动α波。α波与大脑前额叶皮层的空闲相关（Walker, 1980）。然而，有证据表明阅读会产生快速的β波活动，因为阅读需要更多的精力来做更多的解释和推测。与看电视相反，阅读可能会使人陷入自我反省的状态，在这一状态下，人们考虑自己正在使用的解释策略，并尝试对其进行调整，使这些策略更好地发挥作用（Healy, 1990）。

关于触发上文提到，儿童节目制作人特别喜欢用感性技巧来吸引孩子的注意力。这种持续操纵儿童注意力的行为可能会缩短其注意时长。孩子们学会不在任何一件事情上集中精力，因为它很快会被取代。这导致了被动学习，人们很容易放弃学习任务。研究人员发现，过度观看电视降低了"警惕性"，而这是保持积极关注的能力。

唤醒

媒介可以唤醒人们，这种感觉是令人愉快的。故事和生理唤醒之间的联系是有条件的（Zillmann, 1980, 1983）。人们会培养媒介曝光习惯，以体验特定的生理反应。当媒介每次曝光都以令人愉快的方式为受众提供一定的反射反应时，人们会依赖这些媒介信息，因为他们想要继续体验这些愉快的反应。

麻醉

这是一个长期的影响，它建立了对某些媒介形象曝光的依赖，特别是对暴力和性行为的描绘。观众通过每次曝光感觉唤醒缺口而开启这个效果的路径，也就是说，观众体验到了心跳加速和血压升高，感觉愉快。但是随着时间的推移，观众需要更强烈和连续出现更多的描述才能体会到这样的唤醒缺口。因此，观众有了寻找这类信息更强大的动力，但与此同时这些信息展现出实现所期望的唤醒缺口的力量越来越小。最终，这些人进入这样一个阶段，他们的生活被寻找更强烈的描述所主导，而这些信息像麻醉剂一样驱动曝光。

小结

人们的大脑是硬连线的，能够自动监测环境，然后快速应对威胁或者获得愉悦。媒介当然不能影响这种人们出生前就有的编程，但是可以触发这些硬连线的反应，并逐渐改变并加强编程，这是通过不断重复某些信息的某些奖励并对其他信息不断抑制奖励（或施行惩罚）来实现的。

本章重点介绍作为物理器官的大脑，特别是人脑的预编程边缘部分。在第七章，我们会把焦点从物理领域的物理大脑及其生理的大部分自动过程转移到具有认知领域的意识和注意力的人类大脑。

复习题

1. 什么是"生理"效果？
2. 研究媒介效果的生理方法和认知方法有什么不同？
3. 什么是定向反射？可以举几个例子吗？
4. 在触发唤醒中，斗/逃反射和激发转移有什么不同？
5. 比较被动效果和麻醉效果。

思考题

1. 你主要用右脑还是左脑？你能否想到媒介信息曝光是如何改变你左右脑平衡的？

2. 请思考你最喜欢的媒介信息类型（例如喜剧、动作/冒险、浪漫、比赛等），以及这些年来你从这些信息类型中获得的所有曝光。
   - 这些类型的信息会引起什么样的生理反应？
   - 你能否想到在多年的曝光中，你对这些类型媒介信息的生理反应发生了什么样的变化？
   - 你认为这些变化是积极的还是消极的？

3. 从表6.1中选出你认为你可能经历过的一种生理效果。找到这一研究文献，这个研究已经检验了这一效果，阅读该文献，特别是摘要和讨论部分。作者是否使你更多地了解这种效果以及媒介在实现这一效果方面的作用？

表6.1　生理效果补充阅读

触发
触发定向反射，可通过：
- 生产技术，如大声的噪音、突然的运动等（Reeves et al., 1985）
- 儿童节目制作技巧（Liebert & Sprafkin, 1988）
- 网站上的广告（Diar & Sundar, 2004）

唤醒
- 触发大脑中的广义唤醒，可通过：
  快节奏的媒介故事（Detenber et al., 1998; Lang et al., 1999; Lombard et al., 2000; Ravaja, 2004b）
  广告（Bolls et al., 2001; Hazlett & Hazlett, 1999; Hopkins & Fletcher, 1994; Lang, 1990, 1994a; Reeves et al., 1985; Simons et al., 2003; Smith & Gevins, 2004）
  新闻（Grabe & Kamhawi, 2006; Rvaja, 2004a）
  扮演自己选择的角色玩视频游戏（Lim & Reeves, 2009）
- 斗/逃反射（Reeves et al., 1985）
- 性唤醒（Harris & Scott, 2002; Malamuth & Check, 1980）
- 激发转移（Zillmann, 1980）

改变
- 习惯（Singer, 1980）
- 改变脑部处理（Healy, 1990; Krugman, 1986; Mulholland, 1973; Singer, 1980）
- 改变脑电波（Anderson & Burns, 1991; Healy, 1990）

加强
- 定向反射（Campbell, 1973）
- 被动（Healy, 1990; Walker, 1980）
- 唤醒（Zillmann, 1980, 1983）
- 麻醉（Horvath, 2004）

第七章
认知效果

- ☞ 认知效果的本质
  - ◆ 信息的种类
  - ◆ 过程的类型
- ☞ 习得
  - ◆ 习得信息
  - ◆ 影响信息习得的因素
- ☞ 触发
  - ◆ 触发关注
  - ◆ 触发记忆
  - ◆ 触发认知过程
- ☞ 改变
  - ◆ 改变现有的知识结构
  - ◆ 改变认知处理
  - ◆ 改变认知驱动
  - ◆ 解释改变
- ☞ 加强
  - ◆ 加强对媒介的吸引力
  - ◆ 加强现有的知识结构
  - ◆ 加强现有的心理活动
  - ◆ 加强过程
- ☞ 小结

在第六章，我们将大脑作为身体的一个生理器官来讨论，它通过硬连线来自动执行某些任务。相比之下，精神是非物质实体，我们可以将自己的想法编程，并在经历各种经验时构建自己的意义。第六章着重论述了大脑以及感知和生存的自动过程，本章重点介绍精神以及学习和思考的过程。

认知效果的本质

认知效果基本上集中于人类思维如何接到、过滤、处理媒介信息以及如何存储信息供以后使用。在研究认知效果之前，我们需要了解信息的种类和过程的类型。

信息的种类

媒介提供各种信息。图7.1从认知的角度将主要信息进行了分类。最核心的部分是"教育"，是指信息发送者有意教学、受众有意学习的情况。这类信息包括新闻、公共事务、非虚构类书籍等。这一部分主要由事实信息组成。如果我们发现一些对自己有用的信息，我们会记住它，并将其添加到我们现有的知识结构中。

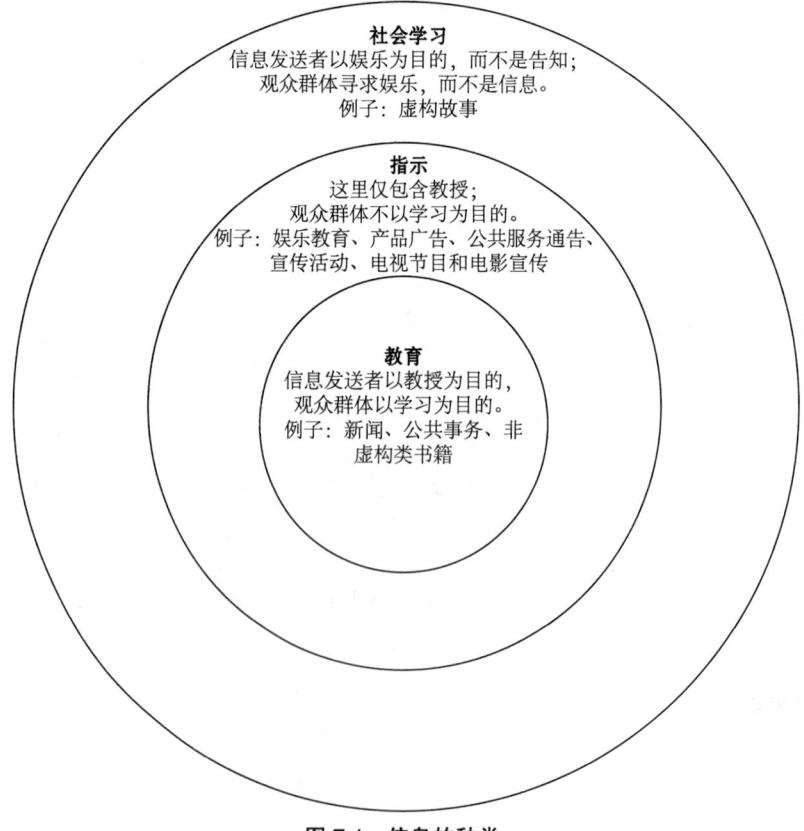

图 7.1 信息的种类

最核心部分的外层是"指示",表示对这些信息发送者意图的关注,也就是说,信息设计者有明确的意图传达一些具体的信息,但受众群体不会寻求这些信息来学习。指示信息包括产品广告、公共服务通告(PSA)、宣传活动以及电视节目和电影宣传,还包括所谓的"娱乐教育"(E-E),这是虚构的节目,制作人编写场景来警示观众冒险行为的后果,如酒后驾驶、嗑药、未采取防护措施的性行为等(Comstock, Chaffee, Katzman, McCombs, & Roberts, 1978; Rice & Atkin, 1989)。

最外面的部分是"社会学习",包括纯粹为娱乐而设计的信息。这里的信息发送者并不想教导,受众群体也不是有意学习;然而,教导和学习确实发生了。在这个部分发生的大部分事情都可被称为"社会学习",也就是说,在某些情况下,我们通过观察其他人(或角色)做什么来学习。在看电影和电视节目以及听歌曲时,我们通常不是以想要学习如何交朋友、如何打动恋人或如何以机智的方式进行交流为动机的。这些媒介信息的制作人员不打算教你这些;他们的动机是向你提供娱乐。但是,在某些情况下,你会获得关于人际关系、如何穿衣服、如何行动以及说什么(不说什么)的各种经验。

来源:Digital Vision/Digital Vision/ Thinkstock。

过程的类型

从媒介吸收信息最简单的办法就是记忆。这不必中规中矩,不是需要花费大量精力的考试。当你曝光在一个又一个信息中时,某些事实和图像经常会印在你的记忆里。当你浏览书籍、杂志或报纸时,这种信息习得效果以相对自动的方式实现。

虽然我们可以通过记忆从媒介获取信息，但要从媒介获得大量信息则需要比简单记忆更进一步的技能；它需要归纳，其中涉及推理，然后将这些模式推广到超出观察范畴的更广泛的对象。

为了说明归纳的两个步骤（推断、概括），我们假设你去学生健康中心，并首次与拉文德医生会面。拉文德医生是一位年轻的女性，这是你第一次遇到女医生。不过，你已经观看了许多关于年轻女医生的电视节目和电影，因此你有一个用来建立预期的知识结构。拉文德医生符合一些预期，但不符合其他预期，所以她不符合你对女医生推测的模式（仅从媒介曝光）。你必须改变推断模式，以适用刚收到的关于女医生的新信息。你觉得这个新模式对于女医生来说更为准确，并且将其推广至所有的女医生。在此之后，当你又看到媒介有关女医生的描述时，你将继续修改知识结构，以容纳新信息。最终，你认为的模式变得稳定（即对女医生的进一步描绘符合现在你精心架构的知识结构中的推断模式），对媒介有关女医生描述的进一步曝光加强了你的推断模式。媒介提供了关于女医生的信息；媒介触发了使用归纳来推断更准确和更精细的模式；媒介逐渐改变了现有的知识结构；当信息继续符合模式时，媒介就加强了现有的模式。

归纳过程的使用在图7.1外面两层的信息中尤其普遍。当我们看到虚构的节目时，我们经常不太在意特定的情况下角色做了什么。我们从许多虚构的故事中获得的是社会教训。人类是"讲故事的动物，数千年来，我们的神话和宗教使我们延承了有意义的模式的故事——诸神和上帝、超自然和神秘的力量、人与其他人类及其创造者之间的关系，以及我们在宇宙中的地位"（Shermer, 2002, p. XXII）。虽然我们可能被媒介的虚构故事所吸引从而达到娱乐的目的，但是我们也重视对文化的监督和对社会秩序的加强。而且因为虚构的故事强调表现而不是讲述，我们必须使用归纳来推断出整个故事的行动顺序及其后果所表明的社会教训。"人类是寻求模式的动物。我们在一个复杂、古怪和偶然的世界中寻找意义。"（Shermer, 2002, p. XXII）

为了更好地进行归纳，我们经常需要花费相当多的精力来推断模式，然后以合理的方式概括。在可以做出推断之前，我们需要收集信息，以谨慎、合乎逻辑的方式进行归纳。此外，当我们最终推断出一个模式，并将其应用于更广泛的对象之前，我们需要对其进行测试。然而，有时候人们以非常"快速又粗略"的方式进行归纳，也就是说，他们几乎没做出多少努力就推断出一种模式并将其概括。他们可能只接收到关于一个主题的两三个媒介信息，就立即推论出一个模式，将其概括为该主题的全部。这些归纳通常是有缺陷的。

习得

人们从媒介那里习得大量信息，这是显而易见的，而大张旗鼓地宣扬可能显得愚蠢。但是，我们必须强调这一点。如果我们忽视这种信息习得效果，我们将大大低估媒介提供的大量积极效果，而仅仅关注少数负面效果。

习得信息

研究记录了人们从媒介习得的关于现实世界和媒介世界的大量信息。研究人员长期以来记录了人们获取有关时事、政治信息和广告品牌特征的信息。从媒介曝光中了解到的不同类型信息的说明，请见表7.1。

表7.1 有关习得信息的延伸阅读

习得有关现实世界的具体事实

当前的事件（Brosius, Donsbach, & Birk, 1996; Chang, 1998; Eveland, Marton, & Seo, 2004; Fox, Lang, Chung, Lee, Schwartz, & Potter 2004; Grabe & Kamhawi, 2006; Greenberg & Brand, 1993; Lang, Newhagen, & Reeves, 1996; Lang et al., 2005; Lucas & Schmitz, 1988; Maurer & Reinemann, 2006; Moy, Torres, Tanaka, & McCluskey, 2005; Newhagen, 1998; Price & Czilli, 1996; Ravaja, 2004b; van der Molen & Klijn, 2004）

政治候选人和竞选活动（Baek & Wojcieszak, 2009; Bennett, 1989; Benoit & Hansen, 2004; Brewer & Cao, 2006; Garramone & Atkin, 1986; Graber, 1988; Kim, Scheufele, & Sanahan, 2005; Kim & Vishak, 2008; Shen, 2004; Valentino, Hutchings, & Williams, 2004）

关于广告品牌和产品的信息（Austin, Pinkleton, & Funabiki, 2007; Baker, Honea, & Russell, 2004; Cline & Kellaris, 2007; Diar & Sundar, 2004; Hitchon & Thorson, 1995; Lowrey, 2006; Moorman, Neijens, & Smit, 2007; Sundar, Narayan, Obregon, & Uppal, 1999）

健康与营养（Juanillo & Scherer, 1991; Morgan, Movius, & Cody, 2009; Niederdeppe, Davis, Farrelly, & Yarsevich, 2007; Sandman, 1994; Singer & Endreny, 1994）

科学（Pifer, 1991; Ressmeyer & Wallen, 1991）

习得有关媒介世界的具体信息

关于虚构叙事和人物的信息（Bandura, 2002）

关于电视制作的信息（Tidhar & Lemish, 2003）

从媒介习得信息通常是积极的,但也可能是消极的——所习得的信息是有缺陷的。有许多人们从媒介中习得错误信息的例子(Maurer & Reinemann, 2006; Segovia & Bailenson, 2009)。例如,毛雷尔和莱曼(Maurer & Reinemann)在观看总统候选人电视辩论后,测试了德国选民对经济形势的了解。研究人员在观众中发现了实质性的学习效果,也就是说,这些观众由于观看辩论而习得了大量新的信息。然而,研究人员发现,观众从辩论中习得的大部分信息是错误的。观众被候选人对事实有选择的陈述误导,所以当观众习得信息时,这些信息是错误的,并没有改善他们的知识结构。这项研究论文的作者指出,竞选候选人对教育选民不感兴趣,他们感兴趣的是获得选票,所以他们只提供能使自己赢得竞选的信息。选择性地提供信息是对选民的误导,这其中往往包括错误的事实。所以为了更好地通过辩论了解信息的选民并没有达到目的。虽然他们可能会习得有关重要主题的其他信息,但其中大部分信息可能是错误的。

有人担心人们会将喜剧节目作为政治信息的来源。拜克和沃伊切泽克(Baek & Wojcieszak, 2009)发现,深夜喜剧的曝光增加了政治知识,但主要是一些简单的概念,而且主要针对漫不经心的公民。此外,鲍姆加特纳和莫里斯(Baumgartner & Morris, 2008)进行了一项研究,以检查《科尔伯特报告》(*The Colbert Report*)的作用,该报告旨在讽刺保守的政治家和评论者;然而,研究发现,当年轻人曝光于《科尔伯特报告》的幽默时,他们并没有被引导,没有对极右派进行更多的批判。实际情况是,他们对布什总统、国会共和党人以及共和党政策的兴趣增加了。具有讽刺意味的是,科尔伯特在嘲弄那些保守的评论员时,却可能是在帮助那些评论员传播他们的信息。研究发现,当以幽默的方式呈现政治信息时,受众群体的批判性观察水平会降低,所呈现的信息更有可能以表面价值被接受(Young, 2008)。

习得信息

"珍妮弗,你多重?"
"凯尔,我不会告诉你我多重,你不是我的男朋友!"
"我是男人,我是你的朋友。所以你多重?"
"你知道我的意思。这是私人问题,你为什么要知道呢?"
"我在某个地方看到,现在女大学生的平均体重是95磅。"
"什么!你在哪里看到的?"
凯尔挠了挠他的胡子,说:"我不确定。我记得是一本杂志,也许是个网站,也可能是电视节目。"
"我想知道你在哪里看到的。这个数字不对。"

"是的，我也觉得奇怪，所以我才问你。"
"因为我看上去是平均水平？"
"是的，你看起来差不多是。不太瘦也不太胖。"
"谢谢。"
"那你多重？"
"不是95磅！"

分析
通常我们从媒介信息中习得事实时忘记了信息来源。如果信息不准确，我们就不能核查。然而事实仍然存在于知识结构中，当我们后来从知识结构中获取事实时，我们会假设它是准确的。除非有人质疑信息的准确性，否则我们会继续将错误的信息保留在知识结构中。即使有人对我们提出质疑，我们也经常认为我们掌握的信息是正确的，因为我们不会把不准确的信息放入我们的记忆中！

来源：Stephen Colbert in Iraq/The US Army/Wikimedie.org。

影响信息习得的因素

人们在什么条件下最好从媒介习得信息？对于这一问题人们进行了大量研究，结果可以分为四类：媒介因素、信息因素、受众因素和环境因素。

媒介因素 我们有悠久的研究历史，研究人们是从印刷媒介还是电视新闻中学习更多。罗伯茨和麦科比（Roberts & Maccoby, 1985）在回顾这些文献时，得出了一个模棱两可的结论：总体而言，在提供学习信息方面，没有一种媒介优于其他媒介。也就是说，所有媒介都可以是好老师，也可以是坏老师。媒介本身不仅仅是了解事实的预测因素，而且还是关于信息的呈现方式以及学习者的因素。最近，较为流行的是比较计算机媒介（Rice,

1994)。更具体地说,即是将超媒介(评议见Eveland & Dunwoody, 2001)与其他媒介进行比较,并确定哪个是最好的老师。过去几十年来,关于这一话题的研究支持了这一并不明确的结论,也就是说,在学习效果方面,没有一种媒介优于其他媒介。

来源:Hemera Technologies/Ablestock.com/Thinkstock。

对特定种类的信息和学习的研究更为清楚。每个媒介都有自己的特殊功能,使其在执行某些任务时成为比其他媒介更好的老师。如果主题复杂,印刷媒介通常比电子媒介效果更好,因为印刷品可以更详细地呈现每个故事,读者可以按照自己的节奏阅读,而且可以反复阅读某个部分直到理解为止(Robinson & Davis, 1990)。印刷媒介(包括在电脑屏幕上呈现的文字)允许人们在信息中漫游,这导致人们可能会偶然地陷入新的信息之中(Eveland & Dunwoody, 2002)。收音机比其他电子媒介更能激发人们的想象力。电视通过其视觉呈现,相比印刷可以提供更好的形象演示。而计算机相比其他媒介可以使人们更好地互动。例如,布拉肯和隆巴德(Bracken & Lombard, 2004)发现,当孩子们与电脑进行互动时,他们能从电脑中学到更多东西,也就是说,他们把电脑当作社会角色,并且好像在与电脑进行对话。

想要成功地习得信息,仅选择合适的教学媒介是不够的。如何使用媒介更重要。也就是说,信息必须设计得很好。为此,范德莫伦和克利金(van der Molen & Klijn, 2004)进行了实验,发现电视或印刷的回忆优势取决于电视节目中口头信息和视觉信息之间的重叠程度。因此,如果教学信息被设计为以听觉和视觉的方式同时呈现,而不仅仅是以一种方式,即听觉或视觉,人们将更有可能学习它。电视可以是比印刷品更好的老师,但是信息必须以音、视频模式呈现,这样才能体现这种优越性。

信息因素 有很多因素可以增加人们学习信息的可能性。为了有效地学习,信息应该简短。当信息的复杂性增加(Bradley & Shapiro, 2004)、呈现非典型元素(Shapiro & Fox, 2002),以及认知超载未达到时(Fox, Park, & Lang, 2007),学习就会减少。此外,劳里(Lowrey, 2006)发现,从电视广告习得信息与叙述的复杂程度和受众对广告产品的接受程度有关。当接受程度低时,叙事需要简化以促使学习的产生。

情绪呼吁增强了对信息的学习(Hitchon & Thorson, 1995),引起愤怒的新闻图像可能会比引起恐惧或厌恶的图像更好地被记忆(Newhagen, 1998)。一般来说,新闻故事中的消极视频(死亡、致残和伤害的图像)增强了注意力,增加了处理信息所需的容量,也增加了检索故事的能力,有助于识别消极视频中呈现的信息,并且抑制了观看负面视频之前信息的认知(Lang, Newhagen, & Reeves, 1996)。唤醒元素增加了学习(Bolls, Lang, & Potter, 2001; Zhou, 2005)。当信息被唤醒,且是积极信息时,媒介信息的内存最高。因此,人们分配给兼具唤醒和积极属性的信息最强的认知能力(Lang, Dhillon, & Dong, 1995)。

信息的风格也很重要。例如,屏幕上的动作通常是好的,除非它分散了学习的注意力(Diar & Sundar, 2004)。速度快和唤醒程度高的内容增加了对处理信息资源的分配,但两者的结合使处理系统过载,导致认知减少,仅有对特殊信息内容的线索性回忆(Lang et al., 1999)。冗余是好的,也就是说,信息中的语言和视觉信息之间的重叠越多,对学习越好(Fox, 2004)。当广告非常幽默并且幽默与广告所提供的信息相关时,人们会更好地记住广告中的信息(Cline & Kellaris, 2007)。

只要有有趣的视觉和声音元素,而且这些元素都直接适用且支持主要事实,信息就是成功的。信息的视觉强度增加了学习(Bolls & Lang, 2003; Zhou, 2004)。使用图形可以增强学习,特别是信息复杂时更是如此(Fox et al., 2004)。例如,拉瓦哈(Ravaja, 2004a)发现,面部表情与提高积极信息的记忆表现有关。在小屏幕上一个人说话的面部特写增加了注意力和知识习得。电视新闻的图片需要匹配故事中的信息,观众才能够有效地学习(Brosius, Donsbach, & Birk, 1996)。

信息的结构也很重要,如在物理上如何布局(Eveland, Cortese, Park, & Dunwoody, 2004; Grabe, Zhou, Lang, & Bolls, 2000)和在概念上如何架构(Shah, Kwak, Schmierbach, & Zubric, 2004; Shen, 2004; Valentino, Buhr, & Beckmann, 2001)。结构中的信息差距为连续性和闭合性制造了动力(Levin & Simons, 2000; Metzger, 2000)。品牌名称在电视广告的开头被记忆得更好,而不是结尾处(Baker,

Honea, & Russell, 2004)。

媒介信息的类型也与学习的差异有关。布鲁尔和曹（Brewer & Cao, 2006）研究了软新闻节目中候选人的曝光与观众关于2004年民主主义运动的知识之间的关系。在深夜或政治喜剧节目中观看候选人与知识有正相关关系。霍兰德（Hollander, 2005）发现了学习政治信息与喜剧和深夜节目差异有关的相似效果。然而，观众从娱乐信息习得事实信息的效果不如新闻信息，特别是在保留问题和程序知识方面（Kim & Vishak, 2008）。

特别是对年轻的美国人而言，在线新闻可以引导学习，但使用文本超链接可能会给经验不足的网络用户带来学习上的障碍（Eveland et al., 2004）。新闻节选，特别是具有参考价值的节选，增强了观众对电视新闻故事的回忆和理解（Chang, 1998）。

受众因素 有些人比其他人更有信心从媒介习得信息。也就是说，他们的基线更接近表现水平。是什么提高了一个人的基线，以便他或她能够从媒介曝光习得更多的信息？从表7.2中，我们可以看到有三个重要因素：对某一话题的现有认知、认知风格和技能/能力。

表7.2 有关习得信息效果的延伸阅读

媒介因素

一般来说，没有一种媒介能比其他媒介更好地传达信息（Eveland & Dunwoody, 2001; Rice, 1994; Roberts & Maccoby, 1985; van der Molen & Klijn, 2004）
· 印刷媒介有时是有优势的（Robinson & Davis, 1990; Sundar, Narayan, Obregon, & Uppal, 1998）

信息因素

信息量（Lang, 1995）

信息类型
· 信息复杂性（Armstrong, 2002; Bradley & Shapiro, 2004; Lang, 1995; Lowrey, 2006; Yaros, 2006）
· 认知过载（Fox et al., 2007）
· 非典型信息（Shapiro & Fox, 2002）
· 情感呼吁（Hitchon & Thorson, 1995; Newhagen, 1998）
· 负面视频（Lang et al., 1996）
· 唤醒元素（Bolls et al., 2001; Zhou, 2005; Lang et al., 1995）

信息风格
· 冗余（Fox, 2004; Fox et al., 2004; Lang, 1995; van der Molen & Van der Voort, 2000; van der Molen & Klijn, 2004; Zhou, 2004, 2005）
· 制作技术（Bolls & Lang, 2003; Diar & Sundar, 2004; Lang et al., 1999; Lang et al., 2005; Niederdeppe et al., 2007; Zhou, 2004）
· 幽默（Cline & Kellaris, 2007）
· 图形（Fox et al., 2004）

续表

- 图片（Brosius et al., 1996）
- 面部表情（Ravaja, 2004b）

信息结构
- 信息布局（Eveland et al., 2004; Grabe et al., 2000）
- 信息框架（Shah et al., 2004; Shen, 2004; Valentino et al., 2001）
- 信息差距（Levin & Simons, 2000; Metzger, 2000）
- 信息位置（Baker et al., 2004）

信息流派
- 在线新闻（Eveland et al., 2004）
- 娱乐信息（Kim & Vishak, 2008）
- 喜剧节目（Brewer & Cao, 2006; Hollander, 2005）
- 新闻广告（Chang, 1998）

受众因素

先前的认知（Bird, 1999; Huang, 2000; Price & Czilli, 1996; Shen, 2004; Valentino et al., 2004）
- 信息曝光的原因（Eveland, 2001, 2002）
- 选择性曝光（Zillmann et al., 2004）
- 高度感兴趣的话题（Carpentier, 2009; Graber, 1988）
- 更关注的信息（Morgan, Palmgreen, Stephenson, Hoyle, & Lorch, 2003）
- 保留信息的强烈动机（David, 2009; Huang, 2000）
- 更多的信息认知阐述（Eveland, 2001; Eveland & Dunwoody, 2002）
- 驳斥信息的能力（Bird, 1999）

技能/能力（Fisch, 2000; Kim et al., 2005）
- 能够处理快节奏的信息（Lang et al., 2004）
- 认知风格（Mendelson & Thorson, 2004）
- 算术能力（Zillmann, Callison, & Gibson, 2009）
- 信息参与（Hitchon & Thorson, 1995; Newhagen, 1998; Moorman et al., 2007）
- 性别（Grabe & Kamhawi, 2006）
- 种族（Fujioka, 2005）

环境因素

注意力分散（Pool, Koolstra, & Van der Voort, 2003）

现有认知 受众因素的关键是现有知识结构的集合。而一个人的知识结构决定了其感兴趣的话题、更多的学习动机，以及消耗认知能量以学习更多的意愿。当人们对一个特定话题感兴趣时，他们会寻求关于这个话题的更多信息（Morgan et al., 2003; Zillmann, Chen, Knobloch, & Callison, 2004），更有感情地融入这些信息（Hitchon & Thorson, 1995; Moorman et al., 2007），更有可能花费更多的精力处理这些信息（Eveland, 2001; Eveland & Dunwoody, 2002），因此更有可能保留这些信息（Eveland, 2001, 2002; Graber, 1988; Huang, 2000）。一个人更倾向于学习关于熟悉话题的新信息，而不是花费精力来处理不符合现有知识结构的信息，或者还没有建立知识结构的信息(Shen, 2004)。

从故事中获取信息需要我们理解叙述。为了理解叙述,我们使用故事模式来告诉自己故事是如何架构的,因此知道从故事中能了解什么(Kintsch, 1977)。

技能/能力 有些人比其他人具有更强的处理信息的能力。这个技能与发育水平有关,所以幼儿的能力要比儿童差,儿童比青少年差(Fisch, 2000)。然而,年纪轻的人中也有比年长的人发展得更好的技能。例如,兰等人(2004)发现青少年比大学生更善于处理快节奏的信息。老年观众对电视新闻故事能够做出更有控制性的处理,而大学生则以更自动的方式处理(Fox et al, 2004)。

能力也与智力、技能以及关注模式有关(Kim et al., 2005)。语言表达能力强的人从新闻故事中学到的东西比语言表达能力弱的人多(Mendelson & Thorson, 2004)。语言表达能力强的人与更多的词汇导向有关,表现出高度熟练的词汇运用能力,喜欢阅读,享受文字游戏。回忆纸媒新闻报道中的数字对于具有较高算术运算能力的人来说更容易(Zillmann, Callison, & Gibson, 2009)。认知风格与学习信息相关(Mendelson & Thorson, 2004)。

情绪参与是学习的重要因素(Newhagen, 1998)。例如,研究人员发现,当人们对广告产品有更高的情感承诺(Hitchon & Thorson, 1995)、观众对出现广告的节目行动有更高的参与度时(Moorman et al., 2007),人们更容易从电视广告中学到东西。

有一段时间,我们知道当学习者被唤醒时学习效果是最好的,太多或太少的刺激都不好,中等程度是最好的(Berlyne, 1960)。这种认知唤醒导致了对信息更高程度的关注,产生了更多的精神能量、更高程度的理解和记忆编码,以便稍后可以回顾。

习得信息元素的效果可以发生在较高的曝光状态下,如关注状态,这其中较大比例的信息可能会被编入长期记忆。在自省曝光状态下,受众群体非常积极地追求特定信息,所以他或她很可能将找到的有用信息列入清单,并迅速清除其余信息。

最后,人口特征也很重要,不是因为这些人口特征本身重要,而是因为这些人口特征与其他更积极的因素相互作用。例如,从性别来看,男性从电视新闻故事中学习的方式与女性不同。格拉贝和卡姆哈维(Grabe & Kamhawi, 2006)在一项研究中发现,男性观众对新闻更有可能产生消极偏见,所以他们喜欢消极的故事,从中学到更多的信息。相比之下,女性观众不太喜欢消极的新闻故事,所以她们倾向于避开这些故事;她们认为积极的故事更吸引人。因此女性能从积极的故事中学到更多,而男性能从消极的故事中学到更多。至于种族,藤冈(Fujioka, 2005)比较了墨西哥裔美国人和白人参与者在实验中的学习情况。他发现,相比白人,墨西哥裔美国人参与者对墨西哥裔美国人的新闻报道更为赞同,他们认为这样的新闻更具有唤醒性,能够使他们回忆起更多信息,对新闻内容有着更积极的评价。这些研究结果与自我模式和社会认同理论一致,表明人们处理和评估自我参照信息的方式不同于处理非自我参照信息的方式。

环境因素 确定学习量的关键环境因素是干扰。有时媒介曝光可能会干扰学习。做功课时播放肥皂剧会对学习造成干扰。然而,作为背景播放的音乐并不干扰学习(Pool et al., 2003)。

触发

媒介信息可以触发关注、回忆,以及各种认知活动(见表7.3)。

表7.3 有关触发认知效果的延伸阅读

触发关注

对故事(Cohen, 2002;Knobloch et al., 2005;Valkenburg & Janssen, 1999;Valkenburg & Vroone, 2004)

对新闻和信息内容(Bergen et al., 2005;Ravaja, 2004a;Dutta-Bergman, 2004;Eveland et al., 2004;Fox et al., 2007;Fujioka, 2005;Tewksbury, 2005;van der Molen & Klijn, 2004;Zhou, 2005;Zillmann et al., 2004)

对视频游戏(Eastin, 2006;Schneider et al., 2004)

对广告(Escalas, 2004;Neely & Schumann, 2004)

对PSA(Lang et al., 2004)

触发回忆

记忆关联网络的激活(Shrum, 2002)

触发心理活动

认知资源的需求(Wise, Bolls, Myers, & Sternadori, 2009)

认知参与(Hall, 2009;Wise, Bolls, & Schaefer, 2008)

认知脱离(Potter, 2009)

思想过程(Shermer, 2002;Zhou, 2005)

白日梦(Valkenburg & Van der Voort, 1995)

意义阐释（Anderson, 1983; Berkowitz, 1984; Givens & Monahan, 2005; Gorham, 2006; Krcmar, 1998; Potter & Tomasello, 2003; Roskos-Ewoldsen, Roskos-Ewoldsen, & Carpentier, 2002; Zillmann, 2002）
铺垫性思想（Paul & Linz, 2008）
敌意（Eastin, Appiah, & Cicchirillo, 2009）
流态（Weber, Tamborini, Westcott-Baker, & Kantor, 2009）
运输状况（Green et al., 2008）

触发关注

如果媒介没有触发关注，就没有存在的理由。因此媒介成功地触发了我们对各种信息的关注，这并不是什么怪事。一个成功的媒介信息制作者需要具备引起受众关注的能力。

然而，在日常生活中，我们通常会滤除几乎所有会引起我们关注的信息；它们实在太多了，我们不可能全都关注，只能关注一小部分。所以问题就出现了：为什么某些信息比其他信息更能触发关注？学者们进行了大量的研究，他们的研究结果分为两大类：信息因素和受众因素（见表7.4）。

表7.4　有关触发关注的延伸阅读

信息因素
元素数量（Bergen et al., 2005）
步测（Smith & Gevins, 2004）
角色类型（Gorham, 2006; Neely & Schumann, 2004）
编程元素的类型 ·电视节目促销（Eastman & Newton, 1998） ·电视收视率和咨询（Krcmar & Cantor, 1997）
受众因素
记忆中存储的思想（Roskos-Ewoldsen et al., 2002）
信息搜索策略（Dutta-Bergman, 2004）
曝光状态（Escalas, 2004）
家庭沟通模式（Krcmar, 1998）

续表

渠道忠诚度和流派忠诚度（Cohen，2002）

白日梦风格（Valkenburg & Van der Voort，1995）

人口因素
· 性别（Eastin，2006；Knobloch et al.，2005）
· 年龄（Valkenburg & Janssen，1999；Valkenburg & Vroone，2004）

对于信息因素，生产者需要构建许多元素以使其变得有趣。快速的步调和频繁的场景变化在一定程度上可以很有吸引力，因为它们使受众参与进信息中，并且需要频繁地重新定向视觉注意力。此外，语义内容的操纵，例如幽默或异常元素，可以引发认知参与（Smith & Gevins，2004）。但是，如果信息包含太多的元素或场景变化，可能看起来太复杂，从而使受众感到不愉快。在一项检验人们如何关注美国有线电视新闻网头条新闻所有信息的研究中，伯根、格兰姆斯和波特（Bergen，Grimes，& Potter，2005）发现，当信息中的视觉效果很复杂时，受众通常会将注意力转移到更简单的听觉线索上。

电视屏幕上的角色类型对触发以及内容类型有影响（Eastman & Newton，1998；Krcmar & Cantor，1997）。例如，使用动画角色的广告会触发儿童对广告的关注；它们也增加了角色和产品的认知度（Neely & Schumann，2004）。

电视节目使用节目宣传和收视率作为触发关注的一种方式。伊斯门和牛顿（Eastman & Newton，1998）发现，电视节目宣传越显著，就越能吸引观众。显著性是根据结构的最大突出性（放置在小尺寸的广告框内、在Pod中的良好定位、频率）和内容元素来定义的。克莱默和坎托（Krcmar & Cantor，1997）认为，电视曝光选择受到儿童和家长的电视咨询和收视率的影响。父母通常会避免选择收视率较高的节目，而且他们对这些节目的评价更为负面；不过年龄较大的儿童对收视率较高的节目则有更积极的评价。

某些受众因素也与更多的触发相关联。当特殊的想法已经存在于人们的脑海中，媒介信息呼吁这些特殊的想法时，更有可能引起这些人的注意（Roskos-Ewoldsen et al.，2002）。与此相关的是人们理解信息的策略（Dutta-Bergman，2004），甚至是他/她的白日梦风格。例如，瓦尔肯堡和范德沃特（Valkenburg & Van der Voort，1995）发现，观看非暴力儿童节目激发了积极的白日梦风格，而观看暴力戏剧节目激发了攻击性的英勇白日梦风格。

曝光状态也很重要。广告可以触发对假想情景的心理刺激，特别是当人们处于运输状态时（Escalas, 2004）。此外，家庭沟通模式（Krcmar, 1998）、渠道忠诚度和流派忠诚度（Cohen, 2002）也预测了对信息关注的触发。

人口特征，特别是年龄和性别，也被认为与媒介成功触发关注有关。说到年龄，儿童的注意力是被电视触发的，这时的电视具有可理解的情节和大量的动作（Valkenburg & Janssen, 1999; Valkenburg & Vroone, 2004）。

有关婴幼儿对电视内容偏好的研究很少。关于这个话题，一项研究（Valkenburg & Vroone, 2004）调查了幼儿对电视的注意力是否由节目的听觉、视觉和内容以及难度决定。研究人员给56个6~58个月大的孩子看录制的节目，如新闻、《芝麻街》《天线宝宝》和《狮子王Ⅱ》。研究发现，幼儿最注重电视内容，这是唯一与现有的知识和能力相匹配的。在婴儿中，显著的听觉和视觉特征（如掌声、视觉刺激）特别能引起他们的注意。这些特征也吸引了更多年龄较大孩子们的注意，但是年龄较大的孩子主要以不显著性（如温和的人物动作）和内容特征（如字母和数字、有意义的对话等）来分配注意力。从显著性到不显著性以及对内容特征的注意转变从1.5~2.5岁开始。

有关性别问题，对中国、德国和美国儿童进行的跨文化研究发现，男孩喜欢攻击性的故事，而女孩则喜欢平静、成长性的故事。两者都喜欢以自己的性别为主角的故事（Knobloch et al., 2005）。此外，伊斯汀（Eastin, 2006）发现，在玩暴力视频游戏时，当自我与游戏角色之间存在性别匹配时，女性在游戏中能体验到更多的存在感，有更积极的想法（Eastin, 2006）。

触发回忆

媒介触发心理联系。许多学者将人类精神概念化，认为其由关联网络组成（Schrum, 2002）。当我们看到一个熟悉的公众人物形象时，它激活了一个特定的信息节点网络，从存储在我们头脑里的图像辐射出来。我们被触发去思考以前在哪里看到过这一公众人物，她叫什么名字，她因什么而出名等。我们有动力访问我们存储在大脑中的信息，将我们遇到的符号和我们学到的意义相联系。通过意义匹配，我们在习得功能中学习建立联系，然后在媒介触发此类需求时使用这些学习到的联系。

触发认知活动

媒介触发各种认知活动。媒介信息从根本上触发了对认知处理的需要，也就是说，人们可以快速评估故事结构，并将其用于确定处理故事所需要的努力程度。怀斯等人（Wise et al., 2009）发现，由倒置的金字塔结构构成的新闻故事（将最重要的信息放置在第一位，重要性次之的信息放在第二位，依次类推），相比由叙述构成的故事，触发了更多的对认知资源的处理。资源需求导致认知参与（Hall, 2009; Wise, Bolls, & Schaefer, 2008），以及随后的思考（Shermer, 2002; Zhou, 2005）或认知脱离（Potter, 2009），如白日梦（Valkenburg & Van der Voort, 1995）。

可以说，所有这些心理活动中最主要的是触发意义的构建。例如，有相当多的研究证明，对暴力的观察触发了对暴力意义的解释（Anderson, 1983; Berkowitz, 1984; Gorham, 2006; Krcmar, 1998; Potter & Tomasello, 2003; Roskos-Ewoldsen et al., 2002）。此外，非裔美国人出现在电视上可以引起观众对非裔美国人现实生活的关注（Givens & Monahan, 2005）。此外，戈勒姆（Gorham）发现，当电视新闻提到少数种族是犯罪嫌疑人时，观众在谈论犯罪嫌疑人（即谈论他们的种族）时就更有可能使用抽象语言。

媒介触发了将信息转化为知识所需的解释性认知。也就是说，有关一个话题一个人获知了另一个事实，并被激发将所有事实建构成一个他更容易记住的模式。这种组织功能对人类思维至关重要。如果我给你十个随机数字，这是比较难记住的。但是如果我告诉你这十个数字是一个电话号码，你会更容易记住，因为数字可以被组织成更少的单位（即三位数的区号、三位交换数和最后四位数）。当我们识别模式时，我们更容易浏览单个元素并记住它们。事实是元素，知识结构是模式。当媒介为我们提供很多元素时，它们激励我们寻找模式，从而创建知识结构；它们触发了使用分组、归纳和演绎的技能。

媒介触发了我们阐释自己意义的过程。当我们遇到新的媒介信息时，我们会检查一下新的信息是否适合现有的知识结构。有时这些新信息可以被整合到一个现有的知识结构中，但有时不能。如果不合适，我们必须调整现有的知识结构来适应新的信息。因此，随着媒介不断提供新的信息，它们会不断触发我们用新的信息修改我们的知识结构。

媒介经常触发曝光状态，特别是传输状态。格林等人（Green et al., 2008）进行了两项调查,研究运输状态是否受到呈现故事的媒介的影响,特别是当第二次经历叙述(如观看以前读过的故事的电影)时。第一项研究发现,在观看电影之前阅读过小说的人比没读过小说的人更容易被运输到电影。在第二项研究中,参与者分别两次来到实验室阅读一段文章和观看一段影片。阅读后观看提供了最大程度的运输状态。此外,高需求认知的个体在阅读时状态更好,而低需求认知的个体在观看故事时状态更好。

与运输状态有关的是流动状态,其类似于运输状态,但增加了其他目标。当人们处于运输状态时,他们通常是被动的,因为信息将其传送到了不同的世界,人们失去了时间和地点的轨道。然而,在流动中,人们正在努力实现目标,例如在视频游戏中达到一个新的等级。在这种流动状态下,玩家失去了真实时间和地点的轨道(Tamborini et al., 2004; Weber et al., 2009)。

有相当多的研究展示了意义构建过程(见表7.5)。意义构建的因素可以分为信息因素和受众因素。对于信息因素,冗余是重要的。也就是说,当信息历时并在多个媒介中保持一致时,人们更容易处理这些信息,因为处理是自动完成的,需要很少的认知资源(Gerbner et al., 1978; Hawkins & Pingree, 1982; Liebert et al., 1973; Nisbet et al., 2002; Potter, 1994; Tan, 1982; Zillmann & Weaver, 1997)。当信息符合受众所熟悉的故事公式时,受众更容易对它们加以处理。那些比别人更多曝光于某种形式信息的人受到这种构建模式信息的影响也更多(Fan et al., 2001; Segrin & Nabi, 2002; Sotirovic, 2001)。

故事中视觉元素的冗余对于触发认知活动也很重要。例如,周(Zhou, 2005)研究了视觉和视听冗余对观众对于电视新闻故事的认知评估的影响。他分析了思想的四个维度:显著性、极性、原创性和情感性。结果表明,冗余对四个维度都有主要影响,而有唤醒性的视觉效果则影响两个维度。

示例也是媒介信息的重要特征。齐尔曼(2002)解释说,人们常能记起一些事情。对于这些事件的记忆可以与他人分享,使其成为经历这一事件的人群的成员。通过这种方式人们不必记住所有事件,而只需要记住几个例子。示例对推断模式有强大的影响,因为它们比抽象主义更容易被记住和理解。什么样的例子最有可能被记住和使用?齐尔曼说,更重要的(相对于那些较不相关的)、更具体的(相对于比较抽象的)和那些引起情绪的事件最有可能被回忆起来。他解释说,"关于新闻报道的影响的研究中,示例的阵列被基础信息补充或与之并列,显示出接受者在示例集合的基础上形成对所提出问题的评估,而不是抽象的定量信息"(p. 31)。

受众因素在解释媒介触发意义构建方面也很重要。这里的关键因素是指人们现有的模式(Potter et al., 2002; Potter & Tomasello, 2003)和信仰(Scott, 2003),以及他们的个性特征(Kirsh & Olczak, 2000; Perloff, 2002; Salwen & Dupagne, 2001; Valentino et al., 2004)。

表7.5 有关触发意义构建的延伸阅读

信息因素

信息冗余
- 横跨信息(Gerbner et al., 1978; Hawkins & Pingree, 1982; Liebert, Neale, & Davison, 1973; Nisbet, Gross, Jackson-Beeck, Jeffries-Fox, & Signorelli, 2002; Potter, 1994; Tan, 1982; Zillmann & Weaver, 1997)
- 熟悉的描述(Fan, Wyatt, & Keltner, 2001; Segrin & Nabi, 2002; Sotirovic, 2001)
- 信息元素(Zhou, 2005)

曝光于特定内容(Kirsh & Olczak, 2000; Rossler & Brosius, 2001)

信息中的示例(Zillmann, 2002)

受众因素

现有的图式(Potter et al., 2002; Potter & Tomasello, 2003)

现有的信仰(Scott, 2003)

记忆中存储的思想(Roskos-Ewoldsen et al., 2002)

人格特征
- 智力水平(Perloff, 2002)
- 自我认知(Salwen & Dupagne, 2001)
- 同时敌对(Kirsh & Olczak, 2000)
- 社会认知度(Valentino et al., 2004)

加工策略(Greene, Krcmar, Rubin, Walters, & Hale, 2002; Shrum, 2002)

问题自我参与度(Perloff, 2002)

典型的暴露模式(Chory-Assad & Tamborini, 2003; Davis & Mares, 1998; Ex, Janssens, & Korzilius, 2002; Romer, Jamieson, & Aday, 2003)

人口特征
- 性别(Kwak, Zinkhan, & Dominick, 2002)
- 年龄和发育水平(Collins, 1973; Collins, Berndt, & Hess, 1974)
- 种族和文化(Appiah, 2002; Oliver, 1999; Oliver & Fonash, 2002)
- 教育水平(Peiser & Peter, 2000, 2001; Scharrer, 2002)

改变

在认知改变功能方面,研究人员主要集中在三个方面:改变现有的知识结构、改变信息的处理方式、改变认知驱动。本部分将展示这三个方面的发现,然后解释改变功能。

改变现有的知识结构

媒介可以改变一个人现有的知识结构(见表7.6)。有些知识结构包含事实信息,如时事、政治环境和广告产品。有些知识结构主要由社会信息组成,比如关于暴力和性行为的规范。例如,媒介中暴力信息的持续曝光已经剥夺了人们对侵略性行为的压制,因此当人们有机会自我表现时,更有可能做出攻击性行为,因为他们的抑制力已经不够强大来阻止自己。此外,互联网上持续的色情曝光也改变了人们对性问题的规范(Peter & Valkenburg, 2008b)以及对性别角色的期望(Harris et al., 2004)。

表7.6　有关改变认知效果的延伸阅读

改变知识结构

事实知识
- 时事(Vincent & Basil, 1997)
- 政治(Cho & McLeod, 2007)
- 环境问题(Ostman & Parker, 1987)
- 广告产品(Shapiro & Krishnan, 2001; Yang, Roskos-Ewoldsen, Dinu, & Arpan, 2006)

社会知识(Bandura, 2002)
- 暴力减少抑制导致攻击性行为(Andison, 1977; Baker & Ball, 1969; Bandura, 2002; Carlson, Marcus-Newhall, & Miller, 1990; Chaffee, 1972; Comstock, Chaffee, Katzman, McCombs, & Roberts, 1978; Goranson, 1969; Grimes, Bergen, Nicholes, Vernberg, & Fonagy, 2004; Liebert & Baron, 1972, 1973; Liebert, Neale, & Davidson, 1973; Liebert & Schwartzberg, 1977; Lovaas, 1961; Maccoby, 1964; Paik & Comstock, 1994; Scharrer, 2002; Sherry, 2001; Slater, 2003; Stein & Friedrich, 1975; Tannenbaum & Zillmann, 1975; Wood, Wong, & Chachere, 1991)
- 关于性行为的规范(Peter & Valkenburg, 2008a, 2008b)
- 对性别角色的期望(Harris et al., 2004)

改变认知处理

认知策略(Healy, 1990)

限制智力成长(Morgan & Gross, 1982)

限制想象力和创造力(Harrison & Williams, 1977)

续表

促进无意识（Langer & Piper, 1988）

改变认知驱动

认知失调（Festinger, 1957）

瘦的驱动力（Park, 2005）

即使我们可能拥有有关一个主题完善的知识结构，但这也并不意味着关于该主题的新信息不会改变该知识结构。我们不断地曝光于来自媒介信息的新事实、图像、声音和所描述的行为。当一些新的信息与我们现有的知识结构不相符时，我们会对现有知识结构进行一些改动，以适应新的信息。当我们感受到知识结构不协调、不能正常运转时，我们可以花费精力有意识地对其进行改变。在这种情况下，我们可能会重新排列类别，或者可能认为新的模式能更好地解释信息。当我们接受新信息并允许它存在于现有的知识结构中时，改变也可以以无意识的方式发生，也就是说，新信息可能与知识结构中的旧信息相矛盾，但我们并没有意识到这一点。这为错误的信仰或态度提供了机会。

改变认知处理

认知处理效果的改变关注媒介信息曝光如何改变思维模式；它关注思想的结构，而不是其内容。评论家认为，电视特别会以负面的方式改变人的思想。虽然对这种效果的研究很少，但有一些支持者。例如，电视被认为限制了智力发育，因为它"填食"观众，只提供给观众非常少的认真思考的挑战（Morgan & Gross, 1982）。电视限制了想象力和创造力（Harrison & Williams, 1977）。人们发现习惯性地看电视会使人健忘（Langer & Piper, 1988）。

珍妮特·希利在她的《濒危心灵：为什么孩子不思考——我们可以做什么》（1990）一书中提出，密集的视频或电脑游戏会将认知策略从顺序变为平行。因此，在今天的媒介环境中成长的孩子，在开发平行思维方面，相较于顺序思维，需要更多的练习。多任务处理需要平行思维。在听音乐和看课本做作业的同时观看电视的孩子是在进行多媒介信息的多任务处理。他们学习如何在多个平行任务中分配认知努力，并在所有这些任务中取得进展。视频游戏也需要平行处理策略。相比之下，阅读和逻辑思维需要顺序处理，一次处理一个任务，完成一个任务后再处理下一个任务。希利和其他人担心，对平行处理的关注会给顺序处理练习留下很少的时间或兴趣。由于传统教育的重点是顺序处理，如阅读和算术，不进行顺序处理，学习成绩将受到影响。

改变认知驱动

媒介可以改变人们的认知驱动。认知驱动与生理驱动不同（参见第六章）。生理驱动通常是被硬连接到人类大脑中的，并体现在物理变化中，比如为了食物、水、性和生存的驱动。相比之下，认知驱动被认为是当意义不明时，我们被驱使去获得更多的信息或弄清楚一些事物。显而易见的认知驱动被称为"认知干扰"，这是指我们信息的某个部分失去平衡，我们体验到了对信息进行排序以使其恢复平衡的愿望。假设你有关于一个政治候选人的非常积极的信息，还有支持一个有争议的问题的非常积极的信息，但是你发现这个政治候选人不支持这个问题，并且实际上是反对的。你感到不和谐，你有意愿通过减少对这个政治候选人的支持（通过寻找负面信息）或者通过在争议性问题上改变你的立场（通过寻找对立面信息）来减少这种让人不舒服的不和谐感。

媒介也可以增加认知驱动。例如，帕克（Park, 2005）进行了一项研究，在假定影响的理论框架内，研究阅读杂志对变瘦欲望的影响。研究结论认为，阅读时尚杂志以双重方式增强了瘦身的驱动力。媒介发挥影响的一个方式是呈现瘦人有吸引力的图片，从而影响读者，使其认为吸引力和瘦是联系在一起的。媒介发挥影响的另一个方式是让读者认为其他人以瘦来定义吸引力。所以，如果读者想要对别人有吸引力，他们必须变得很瘦并保持这种身材。因此，媒介正在改变变瘦的认知驱动力，以便使人们更好地了解自己，也为了吸引别人。

解释改变

改变功能通常通过归纳进行。媒介向一个人提供新的信息，他必须将新的信息融入现有的知识结构；这通常需要改变这种结构。媒介信息、所用媒介和受众因素可以解释对认知的改变影响（见表7.7）。

表7.7　有关改变效果的延伸阅读

信息因素

信息的媒介框架改变知识结构
· 选举活动覆盖（Rhee, 1997）
· 广告产品（Braun-LaTour & LaTour, 2005; Braun-LaTour et al., 2004）
· 电视新闻（Corner, 1999）

重复（Huntemann & Morgan, 2001）

媒介信息因素（Sicilia, Ruiz, & Munuera, 2005; Valkenburg & Beentjes, 1997）

受众因素

现有知识结构（Kepplinger & Daschmann, 1997）

长期以记忆为基础的认知（Roskos-Ewoldsen et al., 2002）

信息处理技能（Abelman, 1995; Harrison, 2006; Oliver, 1999; Park & Kosicki, 1995; Weiss & Wilson, 1998; Wicks, 1992）

精神力量（Shrum, 2002）

情绪反应（Hale, Lemieux, & Mongeau, 1995）

对于信息因素，信息的框架特别重要。框架是指在媒介信息中如何对信息进行选择和排序。因此，如果关于X的信息通常被包含在给定主题的故事里，关于Y的信息通常被忽略，那么人们的知识结构将随着X信息而扩展，但不包括任何Y信息。每个媒介信息都有一个框架。例如，瑞（Rhee, 1997）发现电视和报纸报道竞选活动的方式会影响人们从这些报道中获取信息的方式。框架有助于受众对故事的解读。此外，广告可以在产品使用之前，甚至在产品使用之后，形成一个人的产品体验框架。如果一个人使用了一个产品，之后看到它的广告，那么使用后的广告可以形成对该体验的记忆（Braun-LaTour & LaTour, 2005; Braun-LaTour, LaTour, Pickrell, & Loftus, 2004）。

重复信息也是至关重要的。洪特曼和摩根（Huntemann & Morgan, 2001）认为，"媒介形象的数量和冗余作为整个童年经验的一部分而积累"，并且有助于"培养孩子的价值观、信仰、梦想和期望，这样塑造的成人身份将被孩子在他的整个生命中携带和修改"（p. 311）。媒介的这种影响并不简单。实际上，"媒介在年轻人的身份发展过程中发挥了相互和多方面的作用"（p. 312）。

132　　除了媒介框架的故事之外，他们还介绍了导致错误归纳的其他因素。例如，电视新闻过于简化了通常复杂的问题。特别是在非虚构的情况下，对具体细节的可视化强调，会将注意力从抽象原则转移出来（Corner, 1999）。因此，电视新闻观众只能得到有关复杂问题的一部分信息。无论观众如何细心且合乎逻辑地从这些信息中归纳模式，他们的归纳都是错误的，因为他们构建模式的信息样本是肤浅的。

　　一些媒介的信息对于改变人们的知识结构有较大的影响。例如，瓦尔肯堡和宾太思（Valkenbury & Beentjes, 1997）发现，人们在收听广播时比观看电视时有更多的异常反应。这不是因为人们通过电视学到的更多，而是电视可以提供音频和视频信息，在观众心中更多地确定故事，从而导致更少的对异常的解读。而另一项研究发现，互动网站比非互动网站更好，因为前者能带来更多的信息处理（Sicilia et al., 2005）。

　　受众因素在改变知识结构的过程中也很重要。受众群体的某些因素可以减少（或增强）媒介的影响力，关键是一个人现有的知识结构。电视新闻观众在过去的事件背景下解释有关新事件的信息（Kepplinger & Daschmann, 1997）。一个人的信息处理技能也很重要。对于更为复杂的新闻话题，人们使用更加复杂和一致的推理过程（Park & Kosicki, 1995）。年龄较小的儿童不太可能对情景喜剧的次要情节一直采取行动，也就是说，在次要情节中发生的事情可能会使他们感到困惑，并减少他们对主要故事线中的情况的理解（Weiss & Wilson, 1998）。学习电视中的时间序列受到孩子的技能水平（有学习障碍的儿童在这个任务中会遇到很多麻烦）和电视观看次数（Abelman, 1995）的影响。随着时间的推移，重度电视观众（每周观看电视20个小时以上）的自我复杂度（自我概念的维度）下降。更高的自我复杂度与更大的心理适应能力相关联，使得具有多维自我概念的人似乎在应对压力方面遭受较少的情绪和健康问题（Harrison, 2006）。当人们想到在媒介中看到的图像时，他们的心理活动和偏见可能会改变对这些图像的记忆。奥利弗（Oliver, 1999）发现，当观众看到有关一件凶杀案的新闻时，经常会在回忆时改变凶手的种族。黑尔等人（Hale et al., 1995）发现，当人们阅读引发高度恐惧的信息时，信息会被外围处理，而引发低度恐惧的信息则会被集中处理。

　　受众多久进行一次归纳？研究过这一问题的认知心理学家说，不是很频繁。例如，施勒姆（Shrum, 2002）指出，人们通常使用"启发式/充足性原则"，他指出：

> 当人们构建判断时，通常不会搜索记忆中与判断相关的所有信息，而是仅检索一个小的可用信息的子集。此外，检索的标准是"充分"。也就是说，只有足以构建判断的信息才会被检索，而且相关概念，如动机和处理信息的能力是决定因素。(p. 71)

施勒姆（2002）补充说，人们也使用所谓的"可访问性原则"，并指出"最容易想到的信息是包含在被检索的可用信息的'小子集'中的信息，而且是最有可能用于构建判断的信息"(p. 72)。施勒姆还指出，可访问的决定因素是激活的频率和新近度、生动性以及与可访问结构的关系。

加强

加强，像改变一样，是媒介对个人的长期影响。当一个主题的相关信息不断流动，符合我们现有的知识结构时，该结构将不断得到证实。这种知识结构将越来越有分量，越来越稳定，因此也越来越难被改变。

加强知识结构既有积极的一面，也有消极的一面。有些知识结构会变得更有价值，因为我们可以更有效地使用它们。当我们熟悉知识结构中的元素时，我们会更依赖这些知识结构。如果我们接收一些不符合知识结构的信息，我们可以很快地拒绝这些新的信息，因为它们无关紧要或有缺陷。相比新的信息，我们更相信自己的知识结构。这也表明了加强知识结构消极的一面，也就是说，知识结构是不灵活的，在不断变化的领域尤其如此，为了跟上世界变化的步伐，我们必须适应新的信息。在这些领域拒绝新信息的人将逐渐失去其在社会中发挥作用的能力。

认知加强研究主要集中在三个领域：加强对媒介的吸引力、加强现有的知识结构和加强现有的心理活动。其中，最受欢迎的是研究媒介如何加强对某些内容和虚构人物的吸引力（见表7.8）。

表7.8 有关加强认知效果的延伸阅读

加强对媒介的吸引力

特殊种类内容
- 犯罪剧（Reith，1999）
  - 暴力（Cantor & Nathanson，1997）
  - 健康和营养（Juanillo & Scherer，1991）
  - 政治知识（Bennett，1989；Garramone & Atkin，1986）
  - 政治候选人和竞选活动（Valentino et al.，2004）
  - 时事（Greenberg & Brand，1993；Lucas & Schmitz，1988）
  - 一般科学知识（Pifer，1991；Ressmeyer & Wallen，1991）

特殊种类角色（Harrison，1997；Harwood，1997）

加强现有的知识结构

广告商品（Braun-LaTour & LaTour，2004；Shapiro & Krishnan，2001；Yang，Roskos-Ewoldsen，Dinu，& Arpan，2006）

加强现有的心理活动

无意识曝光（Langer & Piper，1988）

加强对媒介的吸引力

回顾大众传媒的定义，它们是吸引和维护受众的组织。受众的维护需要加强信息的吸引力。媒介信息的制作者要不断地修改其模式，以增加这些信息的吸引力，同时降低认知成本。当信息的回报上涨、成本下降时，曝光值增加。当曝光值维持较高水平时，受众曝光将会加强。

研究人员基本上远离了对这种效应进行直接实证测试的挑战，而宁愿进行间接测试。一些研究人员认为，人们持续曝光于特定的报纸、杂志或电视节目的原因是，这些人对自己的期望感到满意。研究人员设计调查问卷，要求人们详细说明花在各种媒介、渠道和信息上的时间；这其实就是在问他们从这个时间段得到了多少满足。研究人员通常会发现，曝光时间最长的信息与最高的满足度相关联。这种研究被称为关于"使用和满足"的研究。但是这种研究中有一些令人不满意的地方。从表面上看，这些发现是有意义的，但是当我们仔细研究时，我们对于证据会感到不安。想想你被问及在每种类型的信息上花费了多少时间，从每种类型的信息获得了多少享受时你是如何填写问卷的。你会承认你花了大量的时间在某种特定的媒介信息上，却没有获得它所带来的乐趣吗？即使存在这种情况，你也不可能在问卷中承认。所以我们必须对这些数据的有效性持怀疑态度。问题在于如何衡量认知成本和信息奖励。受众群体在每天单调的曝光期间不会以这种精确度来思考，社会科学家也不可能提出能够以可接受的精确度来衡量满足度的问题。

但是，在测量加强效果方面存在问题并不意味着效果不会发生。仅从推理得出结论是合乎逻辑的（即使我们现在没有有力的实证研究结果），许多人通过曝光于某些媒介信息来加强效果，从而成为习惯性的忠实用户。

确实有研究文献表明，随着时间的推移，人们会对某些内容和特定种类的角色产生偏好，媒介通过提供符合这些偏好的信息，来加强这些偏好。例如，大多数人表现出对自己年龄段人物的偏好（Harwood, 1997），许多人更喜欢在杂志、电影和电视节目中经常出现的符合自己理想的瘦模特（Harrison, 1997）。

加强现有的知识结构

一些媒介信息的设计者试图加强我们现有的知识结构，使这些结构不发生改变。广告商尤其如此。据估计，80%的广告都有加强这一目标，也就是说，大多数广告商主要关注的是，将他们的产品和服务的提醒重复地展示给他们现有的客户。他们希望加强顾客的品牌忠诚度，从而将与其所有竞争对手的广告声明相反的概念灌输给客户。例如，布朗-拉图尔和拉图尔（Braun-LaTour & LaTour, 2004）发现，不断使用从消费者早期生活中提炼的同一广告主题的公司，其优势在于强化人们对这一信息的认识，避免可能混淆人们的其他公司的广告内容。此外，广告曝光通常会使人们对广告品牌产生隐约而非明确的记忆。当人们记住曝光经验以及从中学到的信息时，这一学习是潜意识而非完全有意识的。当人们看到视频游戏中的广告时，关于品牌的记忆是隐约的，是不明确的（Yang et al., 2006）。这意味着人们不会意识到自身的曝光和强化的影响。

广告商不是唯一希望加强受众现有知识结构的媒介信息发送者。新闻制作人员也希望加强观众对其所报道的新闻的知识结构，因为这样一来，观众将继续关注他们的新闻。此外，娱乐节目制作人也知道，当观众熟悉角色以及他们所发生的事情时，会更容易跟进故事的发展。

> **加强对媒介信息的吸引力**
>
> 扎卡里和约翰的心理学课刚下课，课堂上他们填写了媒介使用问卷，以在这一课程中获得额外的学分。
> "嘿，扎克，你回答了所有的问题吗？"
> "大部分。你呢？"
> "我跳过了一些问题，有些问题我没什么想法。"
> "是的，就像关于电视节目、网站和杂志的问题，我不记得每周花了多少时间。"
> "我也是。我大都写了零，特别是《世界摔跤联合会》。"
> "什么？你喜欢这个节目，你可是一场比赛都没错过！"
> "我知道。但是我不希望我的教授知道我看这种节目，特别是她在课堂上说这样的节目是垃圾之后！我不想让她认为我是个蠢蛋，所以我写了零。但后来他们问我多么喜欢摔跤时，我不能说谎，所以我给了最高分。我爱摔跤，这是最好的娱乐节目！"
> "老兄，我现在感觉好多了，我承认我每周看五个小时。这是我最喜欢的节目。但是，在做调查问卷时，我不能承认我喜欢，所以我写了零。"
> "你认为教授会怎么处理这些虚假数据？"
>
> **分析**
>
> 研究结果的质量取决于产生这些结果的数据的质量。如果人们被问及日常的想法和行为，他们不太可能准确地回忆。当被问及敏感话题（在该对话中，喜欢的电视节目被教授嗤之以鼻）时，他们很有可能"歪曲真相"，使自己看起来更好。
>
> 当你阅读研究结果时，请考虑研究人员如何收集数据，以及如果你是该研究的参与者，你将如何行事。虽然大多数研究能达到高标准，并经过严格的审查，但有时错误的数据会通过筛选并扭曲发现结果。当你阅读研究结果时，请持怀疑态度。

加强现有的心理活动

我们不断接触媒介信息，在这些曝光中激活的某些心理活动会得到加强。受到最多关注和批评的是精神缺失的状态。一些批评家声称看电视会使人健忘（Langer & Piper, 1988）。这可能对个人有害，因为他们越生活在自己所习惯的环境中，而这种环境对个人有害，并且使他们无须做出决定，他们就越感受不到正在经历的控制。而这是有害的，因为"选择在减轻压力、提高任务表现以及健康和长寿方面起着重要作用"（pp. 247–248）。他们继续积极参与以增加信心。他们说这在老年人中尤其是个问题，他们被要求生活在已经被掌控的环境中。因此，他们被剥夺了体验控制的机会。所有的障碍都被消除以使其生活更轻松，别人做决定以使其避免压力和做出不好的决定，工作已经成为过去，生活变得轻松自在。没有什么可以掌握，因此很难感受到对生活的控制（p. 248）。

加强过程

媒介通过加强某些知识结构来满足人们的需求。这些知识结构成为人们最熟悉的结构；这使得它们能被更有效地使用，并且随着时间的推移，人们变得不太可能寻找与其现有知识结构冲突的信息（Lazarsfeld, Berelson, & Gaudet, 1944; Freedman & Sears, 1966），这又进一步加强了这些知识结构。这被称为"选择性曝光"。当人们接触到相互冲突的信息时，他们倾向于以现有的知识结构来解释。这被称为"选择性感知"（Klapper, 1949）。

有关受众群体的特点使调节重复曝光特定类型的消息变得更容易（或更难）。以暴力内容为例。研究发现电视上的暴力和犯罪剧目的吸引力与一些观众的专制侵略结构有关（Reith, 1999）。具有这种对权力的高度需求和高度攻击性特质的人群更容易重复曝光在暴力中。相比之下，漫画中的暴力吸引力会随着受众年龄的增长而下降，并且男孩高于女孩（Cantor & Nathanson, 1997）。

媒介在三个方面加强了人们现有的知识结构：第一，媒介提供了广泛的信息。人们通常不需要付出多大精力（搜索互联网、翻阅杂志、查阅电视指南）便可以找到信息。而且如果观点不一致，人们也可以很容易地找到支持该观点的事实。第二，人们通过媒介寻找信息通常是有选择性的。这意味着他们会查找特定主题并忽略其他信息。如果这个主题是有争议的，大多数人只会搜索一方的事实，并滤除所有其他事实。因此，他们关于这一方的事实不断增多，另一方的事实则在他们的脑海里消失了。第三，媒介继续提供类似的信息（因为媒介正在调节人们的重复曝光），所以人们的知识结构得到了加强。人们更容易体验加强，因此觉得在某个问题上自己是专家，自己的观点是正确的，而不是改变知识结构中不协调的部分。

小结

本章重点介绍媒介对个人认知影响的四个功能：习得、触发、改变和加强。这些认知效果对于学习至关重要。媒介提供了丰富的资源，我们从中习得事实和社会的各种信息。媒介信息也触发了对以前了解到的信息的回忆。媒介在提供新信息时改变了我们现有的知识结构。最后，媒介加强了我们现有的知识结构和关注过程。

认知效果以及生理效果是所有媒介效果中最根本的。一些学者认为，信仰和态度只是认知效果的一个子集，情绪需要认知标签，不然将无法存在，行为是由认知驱动的。因此，第八至十一章所展示的效果产生自第六章和第七章所述的过程。大脑/精神是理解几乎所有媒介效果的关键。也就是说，你对大脑/精神的了解越多，你就会越了解媒介效果的本质及其如何发生。

复习题

1. 对于媒介信息有意识处理和自动处理各有什么优缺点。
2. 比较对于事实信息的学习和社会信息的学习。
3. 从哪种意义上说，使用喜剧节目作为政治信息的来源是一件好事？从哪种意义上说，是一件坏事？

思考题

1. 思考你在何处习得政治和经济方面重要问题的信息。
- 这些来源为何如此有影响，让你从中习得信息？（你可能需要参考表7.2）
- 这些来源有没有可能为你提供了不正确的信息，而这些信息现在已经牢固地嵌入到你的知识结构之中，你可能用它来构建错误的信念？
    - 如果没有，你怎么能这么肯定？
    - 如果有，你将如何识别哪些信息是错误的？
2. 思考什么样的媒介和什么样的信息触发了你内在的认识活动。
- 是什么使这些信息如此有影响力而引起了你的注意？（你可能需要参考表7.4）
- 是什么使这些信息如此有影响力而触发了你的意义构建？（你可能需要参考表7.5）
3. 你能想到随着时间的推移任何你已经改变了很多的知识结构吗？媒介在这个改变中扮演了什么角色？也就是说，特定的媒介或信息是否为你提供了改变你知识结构的信息？
4. 你能想到随着时间的推移没有太大变化的知识结构吗？你是否使用了媒介来增强你的知识结构，使其不发生改变？

第八章

信仰效果

- ☞ 信仰的本质
- ☞ 习得信仰
- ☞ 触发信仰
  - ◆ 触发关于媒介的信仰
  - ◆ 触发关于现实世界的信仰
  - ◆ 从媒介世界到现实世界的概括
- ☞ 改变信仰
  - ◆ 改变关于现实世界的信仰
  - ◆ 改变关于重要事物的信仰
  - ◆ 改变关于社会规范的信仰
  - ◆ 改变关于自己的信仰
  - ◆ 改变关于媒介的信仰
- ☞ 加强信仰
- ☞ 媒介影响信仰的过程
  - ◆ 渐变
  - ◆ 突变
- ☞ 小结

141　　本章重点介绍媒介如何影响我们的信仰。首先，我将对信仰进行定义。然后，我将展示媒介影响习得信仰、触发信仰、改变信仰和加强信仰的各种方式。最后，我将讨论媒介影响信仰的过程。

信仰的本质

　　信仰是一种认知，也就是说，信仰需要认知活动来构建，并且会驻留在人们的记忆中。它们是关于物体或事件与一定属性相关联的概率的精神构建（Fishbein & Ajzen, 1975）。例如，许多人相信神。这意味着这些人有信仰，认为很可能存在（有些人绝对确定）至高无上的力量。大多数孩子认为父母爱他们。这些孩子也有信仰，认为父母与爱的特征相关联。正如这两个例子，许多信仰对于一个人的个性来说是根深蒂固的。然而，信仰的重要性不一定相同。一些信仰不那么重要，不是一个人存在的核心。例如，你可能认为明天会下雨。这意味着你认为明天下雨的可能性很大。信仰不仅对每个人的重要性不同，强度也不尽相同。许多体育迷对他们最喜欢的球队将赢得下一场比赛都有相对较弱的信仰。

　　信仰需要使用归纳技巧来判断概率。回想一下，归纳是从一组观察结果推断出一个模式，然后将该模式概括为一个更大的集合的过程。通过推理、归纳这些步骤，人们评估他们认为的模式是不是准确的，并且可以将这种模式推广到更大的范围。在这些过程中，有些人对推理和归纳有着强烈的信心，从而使自己的信仰具有很高的可能性。我们来看看哈利如何关注大学的篮球运动。他分析了队伍中每个位置的天赋水平，并将其与下周对手每个位置的天赋水平进行了比较。他推测，几乎在每一个位置，与下周的对手相比他的队伍都更有优势。因为他分析了每一个位置，他对这种模式很有信心。

142　　他根据两队所有球员在本赛季的表现做出了分析。当然，他不知道下周的比赛情况，因为还没有播出。所以他必须将他从过去情况中推断出来的模式推广到新的情况，即下周的比赛。因为哈利觉得不出意外的话，这些队员会表现得同之前一样。所以哈利坚信他所支持的球队将在下周的比赛中获胜。

　　通常情况下，一个人对某事物了解的信息越多，对其存在或可能发生的情况就越有信心。当我们思考对我们非常重要的信仰时，我们有动力去收集大量信息，并通过推理和归纳仔细研究。但是，有时我们需要构建对我们相对不重要的信仰，例如今天下午是否会下雨。在这种情况下，我们匆忙地建立了一种信仰，而不用付出很多的努力。

大多数信仰（但不是全部）可以接受验证测试。这意味着信仰可以被测试，以证明其正确还是错误。信仰可以通过外部的客观标准进行验证或伪造（Eagly & Chaiken, 1998）。有些人认为地球是平的，而不是球形。因为有客观证据表明地球实际上是一个球体，所以地球是平的这一信仰就可以被证明是错误的。明天下雨的信仰可以通过等到明天是否下雨来验证。然而，某些信仰不能被验证为真理，因为我们不能在有生之年获取相关证据（如认为9999年地球将停止自转，或者在距离地球1亿光年外的星球上有生命）。另外，超自然的信仰（如神的存在和本质）在产生每个人愿意用作真理标准的证据方面面临着相当大的挑战。

在观察信仰的形成时，很有必要区分两种类型的信仰：描述性信仰和推论性信仰（Fishbein & Ajzen, 1975）。描述性信仰来自对一个对象的直接经验。我们通过感官观察对象，并使用这些信息来构建信仰。当我们触摸炉子并烫到手时，我们建立了一个信仰：炉灶上很热而且危险。这些描述性信仰具有最大确定性，因为我们有直接的验证经验。

但我们也会形成超越直接观察的信仰，也就是说，必须推断才能得出这样的信仰。例如，当我们观察到一个人说谎时，我们通常会认为他是不诚实的。我们不能直接观察诚实这一个性特征，而必须从我们可以观察到的细节推断出这样的个性特征，这是个人的行为。许多其他个性特征也是如此，如智力、可信度、和蔼可亲等。其中一些推断是归纳出来的，也就是我们进行观察，然后假设一个可以解释我们观察的模式。或者我们可以采用更多的演绎方式，如下面三句话所示：

安德烈比乔高。
乔比萨莉高。
因此我们认为安德烈肯定比萨莉高，虽然我们从来没有看见过萨莉和安德烈站在一起。

现在我们来关注一下媒介影响信仰。有时媒介会提供人们习得信仰或触发信仰的信息。正如你将在下面看到的，研究人员对于即时信仰效果的关注较少，对长期信仰效果的关注较多,而长期信仰效果是指媒介在一段时间内改变和加强了人们现有的信仰。

习得信仰

人们可以从一个媒介信息中即刻习得信仰。例如,Y2K恐慌,这是媒介报道的关于计算机和其他电子设备运行时间代码可能崩溃,并在2000年左右造成严重破坏的故事。结果,许多人相信了这一报道(Salwen & Dupagne, 2003; Tewksbury, Moy, & Weis, 2004)。此外,梅里克(Meirick, 2005)发现,媒介会对人们如何习得关于健康,特别是吸烟的信仰产生影响。有关习得信仰的更多实例,请见表8.1。

表8.1 有关习得信仰的延伸阅读

关于现实世界的信仰

关于Y2K的信仰(Salwen & Dupagne, 2003; Tewksbury, Moy, & Weis, 2004)

关于健康的信仰(Meirick, 2005)

关于工作和职业的信仰(Hoffner, Levine, & Toohey, 2008)

关于媒介影响的信仰

媒介对信仰的一般影响(Gunther & Chia, 2001; Gunther & Storey, 2003; McLeod, Detenber, & Eveland, 2001; Peiser & Peter, 2000, 2001)

对以下效果的信仰:
· 直接消费者处方药广告(Huh, Delorme, & Reed 2004)
· 政治宣传广告(Meirick, 2004)
· 公共服务公告(Andsager, Austin, & Pinkleton, 2001)
· 关于电视上的暴力事件的信仰(Hoffner et al., 2001; Hoffner & Buchanan, 2002; Salwen & Dupagne, 2001; Scharrer, 2002)
· 关于互联网色情的影响的信仰(Lo & Wei, 2002)

习得信仰

卢克和梅森在一个小时内浏览了200个有线电视频道后感到非常无聊。突然,卢克发现一个令他感兴趣的不明飞行物的节目。
"你认为UFO真的存在吗?"卢克问道。
"当然。在这个节目里它们是飞行的物体,身份不明。"
"是的,但你认为它们来自外太空吗?比如不同的星球?"
"嗯",梅森很快回答,"节目制作人无法识别它们,但我敢打赌政府知道"。
"你怎么这么肯定?"

> "你知道每分钟有多少卫星、飞机,气象气球和其他东西飞上天吗?我敢说成千上万!节目制作人不知道这些是什么,他只是想吓唬我们。"梅森很激动,"看那些图像,太模糊,不知道是什么,这可是一台50英寸的高清电视!它们可能是穿射云层的探照灯"。
> "或者它们可能是来自其他行星的太空船。它们这样晃动,飞机和气象气球不会像这样。"
> "这是拿着相机拍照的人。他在摇摆,可能正在嘲弄像你这样什么都相信的傻瓜。"
> "傻瓜?你以为我是个傻瓜?只是因为我有开放的心态?"卢克生气了,"你知道天上有多少恒星和行星吗?数十亿!你不觉得除了我们这里,还有存在生命的地方吗?"
> "所以你告诉我,你相信在其他行星上存在智慧生物,其中一个行星向我们发送了我们无法识别的太空飞船?"
> "是的,我想我确实相信。"卢克承认。
> "因为看了这个纪录片?"
> "好吧,我同意这个纪录片很一般,但是它难道不让你想到有这个可能性吗?"
> "不,一点也没有。"梅森很激动。
>
> **分析**
>
> 两个人接触了相同的媒介信息,反应却截然不同。在这个故事中,卢克和梅森都看到了关于不明飞行物的纪录片,两人都认为纪录片拍得不好。然而,卢克接受不明飞行物存在,而且它们是来自外太空的太空船的信仰,而梅森拒绝这种信仰。
>
> 媒介效果通常由信息和信息如何呈现来解释。但是,我们通常不得不考虑受众的个人特征、动机和过往对曝光情况造成的影响,以便更完整地阐述为什么某一媒介信息不会对每个接触它的人的信仰产生相同的影响。

人们认为媒介是强大的,对个人有很大的影响(Gunther & Storey, 2003; McLeod et al., 2001; Peiser & Peter, 2000, 2001)。更具体地说,人们普遍认为,媒介影响舆论(Gunther & Chia, 2001),政治宣传广告影响政治观点(Meirick, 2004),公共服务宣传(Andsager et al., 2001)和药物广告(Huh et al., 2004)也会产生效果。他们还认为,电视暴力(Hoffner et al., 2001; Hoffner & Buchanan, 2002; Salwen & Dupagne, 2001; Scharrer, 2002)和网络色情(Lo & Wei, 2002)对其他人产生了强烈的负面影响。通常这些信仰是被接受的,因为人们听到有人通过媒介表达了这样的信仰。

触发信仰

一旦形成或习得信仰,我们将使用这些信仰在媒介世界和现实世界中建立意义。媒介信息的某些内容触发了我们对现有信仰的回忆。我们来看看研究人员如何在以下三个领域记录触发现有信仰:关于媒介的信仰、关于现实世界的信仰,以及从媒介世界到现实世界的概括。有关触发信仰研究的更多例子,请见表8.2。

表8.2 有关触发信仰的延伸阅读

关于媒介的信仰

关于一般的媒介文本（Hall, 2003）

关于媒介内容的现实主义信仰（Shapiro & Chock, 2004; Weiss & Wilson, 1998）

关于电视上的故事的信仰（Dorr, 1980; Shapiro & Chock, 2003）

关于现实世界的信仰

关于老年人的错误信仰（Bramlett-Solomon & Wilson, 1989; Gantz, Gartenberg, & Rainbow, 1980; Schramm, 1969）

触发关于媒介的信仰

我们对各种媒介信息的现实存在抱有信仰（Dorr, 1980; Hall, 2003; Hawkins & Pingree, 1981; Potter, 1988; Shapiro & Chock, 2004）。当其中一个信息展现给我们时，便会触发我们回忆这种信仰。例如，我们都知道恐怖片是虚构的。但是，有时候我们会沉浸在电影情节中，会极度恐惧，因为角色正面临一个超人怪物的致命威胁，而我们和这个角色感同身受。经验的强度触发了我们的回忆，我们知道这只是一部电影。我们提醒自己现实生活中并不存在这样的怪物。当孩子们处理媒介信息的可怕内容时父母可以用这种策略使他们安静下来（Cantor, 2002）。

夏皮罗和肖克（Shapiro & Chock, 2004）在他们的两项研究中发现了另一个这种类型的例子，他们研究了关于新闻和娱乐故事现实性的信仰。他们发现，当新闻故事发生在观众的祖国时，相比发生在国外，这些故事会引发观众对现实性更高的信仰。但是，现实信仰的差异并不适用于娱乐节目。

触发关于现实世界的信仰

人们在接触媒介内容时，不断地触发自己现有的信仰来使自己能够理解这些内容。例如，人们观看不明飞行物（UFO）的纪录片时，他们现有的关于存在（或不存在）不明飞行物的信仰被触发。认为不明飞行物不存在的人会认为纪录片的观点是错误的，他们很有可能停止观看或嘲讽。相比之下，相信不明飞行物存在的人会继续认真观看，以收集更多的信息来加强他们的信仰，并能够在之后与怀疑论者的辩论中使用这些信息。

从媒介世界到现实世界的概括

当我们接连在电视上看到虚构的故事之后，我们自然而然会推断出人物是好是坏，以及随后会发生什么。通过创造对人物和情节的期望，我们会更好地跟踪故事，并更多地参与到故事进展中去。但我们经常不只是推断故事中的模式；这些故事常常会触发我们将这些模式概括为现实生活。故事通常会使我们思考如果这些人物出现在我们的生活中与我们互动会是什么样的情形，如果我们是他们，我们会怎样做。我们经常看到这些人物说出了令其他人物印象深刻的精彩台词，于是我们形成了这样的信仰：我们可以在生活中说出这样的话，打动我们的朋友。这种信仰的形成是由媒介信息触发的，通过媒介在现实世界中广泛传播。

举个例子，人们看到电视剧对老年人形象的塑造，于是构建了老年人古怪、煽情和冷嘲热讽的模式。许多人被这些形象触发，将其推广到现实世界里的老年人身上，包括那些在生活中与老年人没有直接接触的受众群体。因此，他们将这样千篇一律的形象塑造概括为信仰（Bramlett-Solomon & Wilson, 1989; Gantz et al., 1980; Schramm, 1969）。

我们来看另一个例子。共有九季的《老友记》(Friends)是从1994年秋季到2003年春季最受欢迎的电视节目之一。这是一个每集半小时的情景喜剧，讲述了生活在曼哈顿市区20多岁的三男三女。雷切尔和莫妮卡共同租住一套大两居的公寓，故事就是在这里发生的。在大部分剧集中，雷切尔是个女服务生，莫妮卡是兼职厨师；然而，她们拿着差不多是最低工资水平的收入却买得起时尚的衣服、支付得起昂贵的娱乐活动以及负担得起公寓的房租。但是观众却认为，剧集在情节设置、生活方式和关系方面都是相当现实的。每当粉丝们观看这个节目时，这些人物可能以低收入维持他们的生活方式这样的信仰就会被触发，他们在现实生活中也会效仿这些人物。这也会在这些粉丝心目中触发这样的信仰，就是相信即使没有多少收入，他们也可以在大城市里有大把的时间和朋友一起享受这种令人兴奋的舒适生活。

来源：Getty/Getty Images Entertainment/Getty Images。

改变信仰

随着媒介的不断曝光，我们会接收到一些影响我们现有信仰的信息。当关于某个特定主题的信息符合我们现有的信仰时，这种信仰会得到加强，但是当这些信息违背了我们现有的信仰或超出了这种信仰的范围时，改变功能就会被激活。

日常生活中，我们会遇到一些符合我们现有信仰或挑战这些信仰的新信息。这些信息有许多来源，例如父母、兄弟姐妹、朋友和机构组织。媒介也是影响我们信仰的主要信息来源，由于我们一生中每天都有非常多的媒介信息曝光，而且媒介可以向我们展示各种各样我们不能从其他来源得到的信息。例如，关于你对未来职业选择的信仰如何随着时间而变化。也许你的父母、兄弟姐妹、家人或朋友会提供给你很多关于你所选职业的有价值的信息，因为他们从事这一职业。但是，你更有可能通过观看电影和电视节目获得关于该职业的大量信息（Hoffner et al., 2008）。然而，媒介并没有提供有关任何职业的准确图像，因为它们省略了大部分职业日常微不足道的挫败感和无聊的东西，而关注戏剧性的高低起伏。这导致人们形成比日常生活更强烈、更激动人心和更快节奏的职业信仰。

媒介信息曝光为我们展示出关于人和事件的新观察。这些新信息可以逐渐改变我们对模式的看法，从而改变现实世界中对各种事物的现有信仰，关于我们自己，关于社会规范，关于什么是世界上重要的事情以及关于媒介。

改变关于现实世界的信仰

生活中，我们不断改变对现实世界各种事物的信仰。媒介通过不断地直接呈现（如新闻和信息类型内容）或间接呈现（如虚构故事）现实世界的信息影响着我们。如表8.3所示，我们不断改变我们对社会上的犯罪与暴力、社会中的人、社会行为及其他现实世界的信仰。

解释这一信仰变化的主要理论是涵化理论和第三人称理论。涵化理论声称，媒介不断向我们呈现一个不切实际的世界，随着时间的推移，我们相信现实世界就像媒介特别是电视呈现给我们的世界（Gerbner, 1969; Gerbner & Gross, 1976）。涵化理论的研究人员一再表示，观看电视最多的人最有可能坚持认为世界是阴暗的，且充斥着暴力，也就是说犯罪率很高，他们成为受害者的风险也很高。例如，威廉斯（Williams, 2006a）发现，实验参与者玩在线视频游戏一个月后出现了涵化效果。玩游戏的人更有可能相信他们会在现实生活中遭遇抢劫。

在对其他课题的研究中也发现了这种涵化效果（见表8.3）。例如，重度电视观众对环境状况更为担忧，并且不太愿意因为环境原因做出牺牲（Shanahan et al., 1997）。观看更多黄金时段网络节目的人认为，医生更有可能是女性和年轻人，并具有人际交往风格、身体吸引力和权力，但素质较差（Pfau et al., 1995）。嘉（Chia, 2006）发现，青少年使用媒介来推断他们的朋友对性规范和行为的看法；至于同龄人对于性的看法，他们认为媒介影响与青少年自身的性容忍度正相关。狄克逊和阿索卡尔（Dixon & Azocar, 2006）进行了两次实验，以测试媒介如何影响参与者对黑人的看法。他们发现有关黑人罪犯的新闻报道使人们认为在新闻报道中因为犯罪被捕的黑人是有罪的，同时发现这项研究中的参与者将他们对黑人犯罪的看法归结为黑人在成功的路上受到结构性限制。观看超自然话题节目的人愈加有认可超自然信仰的倾向，特别是那些对超自然现象没有先验经验的人（Sparks, Nelson, & Campbell, 1997）。茨瓦伦、林茨、梅茨格和孔克尔（Zwarun, Linz, Metzger, & Kunkel, 2006）进行了一项实验，评估大学生在啤酒广告中曝光的影响，以及饮酒可能造成的后果。那些曝光于广告中的人相比没有曝光的人更有可能相信饮酒的好处，特别是男性。研究结果表明，啤酒广告中的图像可以促成关于饮酒的看法，并致使对危险饮酒行为可接受度的增加。

表8.3　有关改变和加强信仰的延伸阅读

关于现实世界的信仰

社会犯罪与暴力（Appel, 2008; Gerbner et al., 1978; Goidel, Freeman, & Procopio, 2006; Grabe & Drew, 2007; Hawkins & Pingree, 1982; Hetsroni & Tukachinsky, 2006; Nabi & Sullivan, 2001; Potter, 1994; Romer, Jamieson, & Aday, 2003）和使用暴力作为解决冲突的有效办法（Liebert, Neale, & Davidson, 1973; Tan, 1981; Zillmann & Weaver, 1997）
- 使用暴力作为解决冲突的有效办法（Liebert et al., 1973; Tan, 1981; Zillmann & Weaver, 1997）
- 新闻故事中犯罪嫌疑人的种族（Appiah, 2002; Dixon, 2008; Dixon & Azocar, 2006; Oliver, 1999; Oliver & Fonash, 2002）
- 关于个人风险（Gibson & Zillmann, 2000; Griffin, Neuwirth, Dunwoody, & Giese, 2004; Nabi & Riddle, 2008; Rimal & Real, 2003; Williams, 2006a）
- 异常行为频率（Davis & Mares, 1998; McLeod, 1995）

对社会人士的信仰
- 医生（Chory-Assad & Tamborini, 2003; Pfau, Mullen, Deidrich, & Garrow, 1995; Quick, 2009）
- 律师（Pfau et al., 1995）
- 公共关系从业人员（Sallot, 2002）
- 福利受益人（Sotirovic, 2001）
- 身体形象（Botta, 1999, 2000; David, Morrison, Johnson, & Ross, 2002; Holmstrom, 2004; Thomsen, McCoy, Gustafson, & Williams, 2002）
- 男性对女性的吸引力（Aubrey & Taylor, 2009）
- 女性作为性对象（Peter & Valkenburg, 2009b）

对社会行为的信仰
- 饮酒（Zwarun, Linz, Metzger, & Kunkel, 2006）
- 他人的性行为（Chia, 2006; Peter & Valkenburg, 2006）
- 女同性恋或男同性恋关系（Rossler & Brosius, 2001）
- 其他人的公民参与（Putnam, 2000）
- 社会化工作（Hoffner et al., 2008）

其他现实世界的信仰
- 关于超自然现象，如不明飞行物的信仰（Sparks, Nelson, & Campbell, 1997; Sparks, Sparks, & Gray, 1995）
- 关于全球变暖的信仰（Zhao, 2009）
- 关于科学的信仰（Hwang & Southwell, 2009）
- 第三人称效应：与其他影响人的风险相比，习得有关自身受影响风险的错误信仰（Davison, 1983; Perloff, 2002）
- 电视暴力对自我和他人的影响（Hoffner et al., 2001; Hoffner & Buchanan, 2002; Salwen & Dupagne, 2001; Scharrer, 2002）
- 关于自我和他人如何为Y2K做准备的信仰（Salwen & Dupagne, 2003; Tewksbury et al., 2004）
- 媒介对自我和他人的影响（Gunther & Storey, 2003; McLeod, Detenber, & Eveland, 2001; Peiser & Peter, 2000, 2001; Sun, Shen, & Pan, 2008）
- 身体形象对自我和他人的效果（David et al., 2002）
- 对直接消费者处方药广告的影响（Huh et al., 2004）

- 政治宣传广告（Meirick，2004）
- 网络色情（Lee & Tamborini，2005；Lo & Wei，2002）
- 校园报纸否认大屠杀广告（Price，Tewksbury，& Huang，1998）
- 对身体形象的看法（David & Johnson，1998）
- 在O. J. Simpson试验中对新闻限制的支持感受（Salwen & Driscoll，1997）
- 异常行为频率（Davis & Mares，1998）
- 环境问题（Jensen & Hurley，2005）
- 电视剧的媒介影响（Leone，Peek，& Bissell，2006）
- 关于社区的信仰（Tsfati & Cohen，2003）
- 关于支持资助禁毒运动的信仰（Meirick，2008）
- 关于乐观偏见的信仰（Li，2008）
- 关于禁毒广告有效性的信仰（Cho & Boster，2008）

关于什么是重要事物的信仰

议程设置（Althaus & Tewksbury，2002；Davis & Mares，1998；Golan & Wanta，2001；Gross & Aday，2003；Iyenger，1991；Iyenger & Kinder，1987；Kim，Scheufele，& Shanahan，2002；Kiousis & McCombs，2004；Kiousis & McDevitt，2008；Ku，Kaid，& Pfau，2003；McCombs & Shaw，1972，1993；Noelle-Neuman，1974，1991；Ostman & Parker，1987；Roberts，Wanta，& Dzwo，2002；Shehata，2010；Tewksbury，Jones，Peske，Raymond，& Vig，2000；Tsfati，2003）

沉默的螺旋效应（Matthes，Morrison，& Schemer，2010；Noelle-Neuman，1974，1991）

关于社会规范的信仰

关于对暴力和侵略的制裁或解除抑制的信仰（Andison，1977；Baker & Ball，1969；Carlson，Marcus-Newhall，& Miller，1990；Chaffee，1972；Comstock，Chaffee，Katzman，McCombs，& Roberts，1978；Grimes，Bergen，Nicholes，Vernberg，& Fonagy，2004；Hapkiewicz，1979；Hearold，1986；Liebert & Baron，1972，1973；Liebert，Neale，& Davidson，1973；Liebert & Poulos，1975；Liebert & Schwartzberg，1977；Lovaas，1961；Maccoby，1964；Paik & Comstock，1994；Scharrer，2001；Sherry，2001；Shirley，1973；Slater，2003；Stein & Friedrich，1975；Tannenbaum & Zillmann，1975；Wood，Wong，& Chachere，1991）

关于社会价值观的信仰

- 关于社会规范的信仰（Bandura，1977，1994）
- 关于社会秘密和后台行为的信仰（Meyrowitz，1985）
- 关于文化中的价值观的信仰（Zhang & Harwood，2002）
- 关于性规范的信仰（Chia，2006）
- 关于强奸规范的信仰（Check，1985；Malamuth，1984）
- 关于吸烟规范的信仰（Gunther，Bolt，Borzekowski，Liebhart，& Dillard，2006）
- 社会物质主义程度（Kwak，Zinkhan，& Dominick，2002）
- 关于环境问题的信仰（Shanahan，Morgan，& Stenbjerre，1997）
- 关于母亲角色的信仰（Ex，Janssens & Korzilius，2002）
- 关于企业社会责任的信仰（Lind & Rockler，2001）

关于自己的信仰

政治知识（Moy，McCluskey，McCoy，& Spratt，2004）

政治参与（Austin & Pinkleton，1995）

关于身体形象的信仰（Botta，1999，2000；David，Morrison，Johnson，& Ross，2002；Harrison & Fredrickson，2003；Holmstrom，2004；Thomsen et al.，2002）

> **关于大众传媒的信仰**
>
> 媒体新闻报道有偏见的信仰（Lee，2005）
>
> 敌对媒体效应（Coe et al.，2008；Gunther, Miller, & Liebhart，2009）
>
> 电视形象现实性的信仰（Weiss & Wilson，1998）
>
> 推测媒介影响（Cohen & Tsfati，2009；Cohen & Weimann，2008）

解释现实世界信仰变化的另一个主导理论是第三人称效应理论（TPE），这是1983年由社会学家菲利普斯·戴维森首先观察到的，他当时正在研究民意调查结果的模式，并注意到通常人们觉得大众传媒对其他人（第三人称）产生了强烈的影响，但没有对自己（第一人称）产生影响。他发现人们高估了媒介信息对别人的影响，却低估了媒介信息对自己的影响。

人们进行了大量的研究来检验第三人称效应。通过不断的媒介曝光，与其他人受影响的风险相比，人们逐渐形成了有关自己受影响风险的错误信念（Davison，1983；Perloff，2002）。例如，通过观看大量有关犯罪的新闻和娱乐节目，人们会认为他们受到这个社会中犯罪伤害的风险越来越大。但是，由于大多数人不是犯罪的受害者，他们觉得自己的个人风险很低。因此，他们为第三者担心，而不为自己担心。人们发现电视新闻改变了一个人对舆论以及对自己的看法（Leone et al.，2006；Perry & Gonzenbach，1997）。

在健康领域也发现了第三人称效应。例如，梅里克（2005）审查了关于卫生领域媒介效果的信仰。这项研究发现，信仰受到社会距离感的影响，也就是说，社会上远离自身的群体（像一般的公众）被认为比诸如朋友之类的亲密群体更多地受到香烟广告的影响。然而，任一比较组的个人对社会距离的度量通常与对群体的感知影响无关。派克、帕恩、孙、阿比萨德和乌登（Paek, Pan, Sun, Abisaid, & Houden，2005）的研究也支持这一发现。

在对第三人称效应是否可以归因于乐观偏见的考察中，魏、洛和卢（Wei, Lo, & Lu，2007）发现并非如此。他们认为，尽管乐观偏见和第三人称效应都是心理感知判断，可归因于自我服务动机，但第三人称认知是对媒介影响力有偏见的解释，而乐观偏见是社会心理机制，在考虑到自我和他人有关风险的比较时增强自尊心。（本章"媒介影响信仰的过程"一节将进一步讨论。)

改变关于重要事物的信仰

媒介逐渐改变了人们关于什么是重要事物的信仰。这被称为"议程设置效果"。议程设置效果认为,人们通过遵循媒介所提出的话题来了解社会中最重要的内容（McCombs & Shaw, 1972, 1993）。特别是在社会和政治问题方面,这种效应得到了很好的研究（见表8.3）。人们通过与现实生活中的人交谈来得出什么是重要事物的观点。另外,现实生活中的机构也会把人们的注意焦点放在重要事物上。通过重复某些图像和观点,媒介也在设置议程方面发挥着作用。

人们已经进行了大量研究来支持议程设置效果。为了说明这一效果,昆西和麦库姆斯（Kiousis & McCombs, 2004）研究了1996年总统大选期间对政治人物态度的议程设置效果的结果。这项研究测试了11位政治人物的媒体报道、公开显著性和公众态度力量之间的关系。调查结果表明,媒体对政治人物的关注增加与公众对问题突出程度的认知相关。在另一项研究中,茨法蒂（Tsfati, 2003）考察了对媒体的怀疑主义是否对议程设置效果有影响。他发现与非怀疑论者相比,怀疑论者的议程设置效果较弱。

人们已经发现,议程设置效果对于更多地曝光于媒介信息的人群以及曝光于同一种媒介信息的人群尤其强烈（Iyengar, 1991; McCombs & Shaw, 1972, 1993）。例如,看到很多有关环境问题的新闻报道的人会认为环境是个重要问题（Ostman & Parker, 1987）。另外,经常在主要报纸和网络电视节目中遵循主流新闻价值的人也可能对什么是重要事物持有同样的信仰。这是因为所有这些新闻网站都以同样的新闻价值观使记者们社会化,并提供相同的新闻服务。因此,媒介中的大多数新闻媒体都报道相同的事件,并以相同的方式呈现。

这些新闻事件本身也在不断发展变化,所有媒体都可能会报道对一位名人的谋杀指控的审判,然后报道飓风或地震等重大自然灾害,然后报道总统竞选候选人的消息,然后再报道其他的。因此新闻焦点会有所变化,但主要新闻媒体的团体性思维保证了所有主要新闻媒体在任何时候都能报道同一事件。因此,大多数新闻的观众对任何特定时间的重要事物都有相同的信仰。而且每周这些关于什么是重要事物的信仰会被改变以跟上当前的事件报道。

与什么是重要事物的信仰相关的,是什么是不重要事物的信仰。认识什么是不重要事物的信仰被解释为"沉默的螺旋效应"(Noelle-Neuman, 1974, 1991)。这种沉默的螺旋效应认为,当媒体中没有报道问题、人物或事件时,人们即使知道也不会谈论或思考。人们不谈论这些,就会认为这些并不重要,这就会引起更多的沉默。因此,被忽视的时间越长,这些就越难被认为是重要的。

改变关于社会规范的信仰

生活中,我们会学习社会规范,也就是世界如何运作的信仰。小时候,父母会教我们如何为人处事。这些被称为"社会规范",也就是说,这些是关于你应该如何被他人对待,以及作为回报你应该如何对待他人的信仰。

媒介对我们逐渐持续的影响渐渐改变了我们的社会规范。当儿童具有较高的媒介曝光度,几乎没有社会信息的替代品,内容切合实际,观看的目的是分散注意力时,媒介社会化是最强烈的,因此几乎没有批判性的思考(Van Evra, 1997)。

我们来看看被媒介的不断影响所改变的一些社会规范,下面是对防范攻击性行为、性行为、强奸和吸烟这些社会规范的研究。

关于防范攻击性行为的规范的信仰 人们学习的一个重要规范是,生气时,我们需要控制脾气,不要攻击别人。因此我们被社会化以避免采取攻击性行为,这种信仰阻止我们采取攻击性行为(Bandura, 1994)。然而,媒介持续的信息流显示可以使用暴力来解决问题。通常情况下,好人或英雄使用暴力最终会得到奖赏。这样的媒介信息流逐渐改变了我们的观点,我们不再认为暴力是不好的,也就是说,我们的社会化抑制正在逐渐消失。人们认为使用暴力和侵略在社会上是不可接受的这一社会化信仰逐渐消失,这就是"消除抑制效应"(Bandura, 1994)。我们以某种方式进行社交是为了抑制攻击性行为,所以在媒体上我们看到自己最喜欢的角色做出攻击性行为,而这为他们带来了想要的东西时,我们的抑制就被削弱了,这就是消除抑制效应。

我们有悠久的研究历史,记录了媒介对这种抑制作用的影响(见表8.3)。元数据分析研究在整个研究中定量回顾了数据,也一直认为观看攻击性行为可能会导致反社会行为(Andison, 1977; Carlson et al., 1990; Hearold, 1986; Paik & Comstock., 1994; Wood et al., 1991)。通常情况下,曝光于电视荧幕上的暴力形象(Grimes et al., Scharrer, 2001),玩暴力视频游戏(Sherry, 2001; Slater, 2003)

都可以消除抑制。儿童身上（Liebert & Baron, 1972, 1973; Lovaas, 1961），特别是男孩（Liebert & Schwartzberg, 1977），以及成年人身上都发现了这种效应（见 Hearold, 1986）。

关于性规范的信仰　嘉（2006）发现，青少年使用媒介来推断朋友对性规范和行为的看法；他们对媒介影响同龄人关于性的看法与他们自己的性容忍度正相关。

关于强奸规范的信仰　随着时间的推移，接触色情作品已经成为消除强奸处罚的一种手段（Check, 1985; Malamuth, 1984）。而色情内容的重度观众逐渐改变了信仰，认为许多女性在性方面喜欢被主导，对强奸受害者的心理影响也不如现实中的那么严重。

关于吸烟规范的信仰　冈特等人（Gunther et al., 2006）发现，与吸烟相关的媒介内容通过对同龄人接受规范的影响而对青少年吸烟行为有间接影响。也就是说，青少年认为媒介中吸烟的相关信息会影响同龄人的态度和行为，这一信仰决定了他们的吸烟行为。这种效应被称为"推定的影响假说"。

改变关于自己的信仰

媒介改变人们对自己的看法。研究重点主要体现在以下三个方面：

第一个方面是关于一个人有多少知识的信仰。研究人员发现，那些大量曝光于当地政治新闻的人更相信他们对这个话题非常了解（Moy et al., 2004）。一些人逐渐向知识结构中添加准确的信息，并允许新的信息进入来改变其现有的知识结构，从而积累了大量知识。但是，其他人收到不准确的信息，也没有检查这些信息是否准确，所以他们的知识结构和信仰会有越来越多的缺陷。

也有人对信息习得比较谨慎，所以非常有选择性地进行曝光。他们只将自己曝光于倾向于支持其现有知识结构的信息中，因此

来源：Pixland/Pixland/Thinkstock。

其知识结构不会更新,而是保持不变。然而,这些人认为自己跟得上世界的变化,并认为他们的知识在增长。因此,更多地关注当地政治新闻的人认为,他们对这个话题非常了解,尽管实际上有些人并不了解(Moy et al., 2004)。另外,认为自己可以看穿候选人谎言的选民更有可能认为自己在政治上可以有所作为(Austin & Pinkleton, 1995)。

第二个方面是对自己体型的信仰。大多数杂志、电影和电视节目中的人都是身体健康的,并且都是理想的瘦身达人。人们会认为大多数人都是瘦的。这些图片使人们,尤其是女人,认为自己肥胖。例如,四年级的女生有一半在节食,9岁和10岁女孩中,有51%的人认为她们坚持节食时自我感觉更好。高中每10个女孩中就有1人肥胖,但每10个高中生里,无论高年级还是低年级都有9个人在节食。媒介呈现了导致这些信仰的图像。在过去的30年里,时装模特、美国小姐的选手、《花花公子》的镜头都对准了更瘦的女孩子,但女性的平均体重却一直在上升。现在,美国女人平均身高5英尺4英寸,重140磅;相比之下,美国的模特平均身高5英尺11英寸,重117磅。而且这种差距正在加大。1980年,模特的平均体重比美国女性的平均体重低8%;但到2000年,模特的平均体重比美国女性的平均体重低23%(媒介和饮食障碍,n.d.)。

女性,特别是年龄较小的女性,对这种消极的身体形象的信仰尤其强烈。例如,博塔(Botta, 1999)发现,来自媒介的身体图像改变了少女对自己身体形象的看法。关于这个话题的大量研究结果也是如此(Botta, 2000; David et al., 2002; Harrison & Fredrickson, 2003; Holmstrom, 2004; Thomsen et al., 2002)。此外,观看体育运动已被发现会导致自我客体化,这会造成对自己身体感到羞耻、饮食无序和抑郁等心理危机(Harrison & Fredrickson, 2003)。

第三个方面是关于自己恋爱关系的信仰。艾格蒙特(Eggermont, 2004)进行了一项研究,旨在探索观看有关浪漫主题的电视节目与青少年对浪漫伴侣的期望之间的关系。他以来自比利时的428名15岁和16岁的青少年作为样本对浪漫伴侣的身体吸引力和令人愉快的个性的重要性进行了评估。结果显示,考虑到背景变量与其他关系质量,整体电视观看与对浪漫伴侣的期望具有中等但显著的关联。

改变关于媒介的信仰

媒介改变了人们对媒介本身的信仰。这些信仰通常是消极的。例如,尽管有对立面的研究,广大公众和很多政界人士仍然认为美国新闻媒体存在自由主义和亲民主主义的偏见。为了理解为什么很多人认为媒体有这样的偏见,李(Lee, 2005)进行了一项研究,以研究这种观念是否与观察者自己的党派和意识形态立场有关。基于两次全国大规模的调查结果表明,受众的意识形态和党派影响了他们如何看待媒介。强有力的保守派和共和党人更有可能不信任新闻媒体,而媒体偏见认知的最佳预测因素是政治犬儒主义。

媒介研究最多的负面信仰被称为"敌对媒体效应",这是不同党派就某个事件认为媒体报道不符合自己观点的评判倾向。冈特和利布哈尔特(Gunther & Liebhart, 2006)进行了一个有趣的测试,他们对对转基因(GMO)有强烈意见的人进行了实验。参与者完成了在线调查问卷,然后被要求阅读关于转基因的文章。其中一些人被告知,这篇文章是由一个大学生为了完成环境科学课作业而写的,其他人被告知这篇文章是由一位记者在环境科学课上写的。然后参与者被要求对文章的偏见进行评估。被告知这篇文章是由记者撰写的参与者比被告知这篇文章是由学生撰写的参与者对偏见的评分高得多。在另一次实验中,有些参与者被告知该文章只是一篇课业论文,而其他参与者被告知该文章曾发表在《今日美国》。偏见评分再一次出现差异,发表在《今日美国》的文章被认为有更多的偏见。但有趣的是,双方都认为这篇文章偏向于对方。例如,支持转基因的人认为这篇文章的作者不赞成转基因,特别是当他们认为作者是记者、这篇文章被发表在《今日美国》上时。然而,反对转基因的人认为作者赞成转基因,特别是当他们认为作者是记者、这篇文章被发表在《今日美国》上时。这表明双方都认为记者和报纸有偏见。

党派团体是公共话语和民主进程中非常重要的行为者,似乎认为媒体对自己的观点抱有偏见。虽然最近的研究很好地记录了这种敌对媒体效应,但很少有人理解并做出解释。这里有三个过程:(1)选择性回忆,其中党派人士首先记住的是反对自己的意见;(2)选择性分类,反对党派对同一内容分配不同的价值;(3)不同的标准,反对党派同意内容,但视有利于对方的信息无效或与自己不相关。考虑到这三种对敌对媒体效应的可能解释,选择性分类似乎是最有用的解释(Schmitt, Gunther, & Liebhart, 2004)。媒体敌对效应是个人高度参与有争议问题的倾向,即将有关这个问题的媒体报道视为反对自己的观点。科等人(Coe et al., 2008)发现了一个相对敌对的媒体现象的证据,其中党派人士认为,与自己政治观点不一致的方案存在更多的偏见。此外,结果表明,党派纷争使观众认为新闻内容是有趣的、信息量大的。

这种效应与所谓的"同化效应"形成了鲜明对比，这表明人们只将自己暴露在支持自己立场的信息中。研究人员也发现了这种效应的支持证据（Gunther & Christen, 2002; Gunther & Schmitt, 2004）。

加强信仰

和改变信仰一样，加强信仰也是一个渐进的长期过程。通过强化，媒介可以传播符合人们现有信仰的信息。因此，通过反复确认现有的信仰，媒介使信仰变得更加重要，也更加坚定、更难被改变。

我们抵制改变自己的信仰。斯内尔森（Snelson, 1993）将此称为"意识形态免疫系统"，并解释说"受过教育、聪明、成功的成年人很少改变其最根本的前提"（p.54）。个人积累的知识越多，对自己信仰的信心就越大。聪明的人不断地寻找更多的信息，但是我们所寻求的这些信息几乎总是证明性的，而不是挑战我们信仰的信息。因此，智商越高，越可能出现意识形态免疫的情况。历史上的思想家们新的想法被忽略或被排斥的例子比比皆是，如伽利略、哥白尼、达尔文和弗洛伊德等。

关于信仰的研究文献在改变影响和加强影响之间并没有做出太大区分。这是因为很少有关于这个主题的研究使用纵向设计，也就是说，很少有研究在一段时间内从多个角度衡量一个人的信仰，以便能够绘制发生变化的曲线。然而还是有一些纵向的研究，主要考察媒介对信仰的长期影响力，而这些研究通常显示出媒介的改变和加强两种影响。其中，彼得和瓦尔肯堡（Peter & Valkenburg, 2009b）对962名荷兰青少年进行了纵向固定样本调查，以了解青少年曝光于色情互联网内容（SEIM）和妇女作为性对象的信仰之间是否存在联系。研究结果表明，二者之间有相互直接的影响。这意味着，在网上浏览大量色情内容的青少年的信仰将被改变，从而将女性视为性对象。随着曝光的持续，这些信仰会得到加强。

由于改变影响（随着时间的推移逐渐发生变化并表现出来）和加强影响（随着时间的推移越来越显示现有信仰的重要性）容易混淆，大量关于长期信仰效果的文献需要被视为两种类型影响的证据。

> **加强媒介信息吸引力**
>
> "贾森,你又在网上看《花花公子》杂志了吗?"
>
> 贾森很快切换到另一个页面。"天啊,玛丽亚,别这样偷偷摸摸的,你吓到我了。"
>
> "你的意思是我抓到你了。"玛丽亚用手指戳了戳她的男朋友,就像是发现小孩淘气要惩罚他一样。"我知道你上过很多色情网站。"
>
> "嗯,那又怎么样?这很有趣。"
>
> "贾森,这不好。你没觉得它们扭曲了你对女人的看法吗?包括我。"
>
> "哦,可能会影响其他人,我承认。很多人在这上面花费太多时间,但我没有。当我学习完休息一下时,我会看几个网站,这样能让我放松。"
>
> "你认为那样会让你放松,但它们也会向你灌输关于女人错误的认知。"
>
> "什么错误的认知?"
>
> "关于如何对待我们的认知,关于我们有各种各样性癖好的认知。"
>
> "我不这样认为!其他人也许会受到色情网站的影响,但我不会。"
>
> "你怎么知道?"
>
> "我就是知道。我问你,我们在一起的所有时间,我的行为像是受到影响的样子吗?"
>
> "不,我想我想不起来。"
>
> "那么,浏览色情网站根本没有影响我!"
>
> "但是我们刚在一起一个月。"
>
> **分析**
>
> 这个对话说明了贾森的第三人称效应。他认为,互联网上的色情信息对社会有害,但只对其他人有害。他不认为对自己有害。
>
> 另外,请注意,当贾森向玛丽亚询问她是否有受到伤害时,玛丽亚想不到任何例子。但是,想不起例子是误导性的,并不一定意味着贾森对于女性和性的看法没有改变。信仰改变是一个长期的过程,玛丽亚认识贾森时间不长,所以她看不到改变。

媒介影响信仰的过程

媒介影响信仰一般有两种模式:一种是通过重复某些信息,媒介在长时间内发挥相对较弱但持续的影响,使信仰发生改变;另一种是媒介发挥了非常强大的影响力,造成人们信仰突然或立即改变。我们来具体看一看。

渐变

媒介曝光会逐渐改变个人现有的信仰结构(Cappella & Jamieson, 1997; Cartwright, 1949; Hyman & Sheatsley, 1947; Katz & Lazarsfeld, 1955; Lasswell, 1927; Scheufele, 1999)。信仰通常是长期形成的,所以媒介对信仰的影响最大,长期以来一直以不断地传播信息来改变和加强信仰。一开始媒介传递一些新的信息,人们需要将这些信息并入其现有的信仰结构中,但这些新的信息并不适合现有的分类。因此,人们需要创建新的类别或改变分类。

对媒介如何改变和加强信仰人们进行了大量的研究。在这里，我重点介绍两种效果——涵化和第三人称效应（在"改变信仰"部分已介绍），以显示对这两种长期改变和加强效果的解释。

涵化　对涵化这个重要的效果人们提出了三种解释。第一种解释基于逻辑归纳，也就是说，人们会收集关于一个主题的大量信息，然后在这些信息中寻找模式。一旦找到一种模式，他们就会将其运用到现实世界中。因此，当媒介信息不断出现相同类型的示例，并且人们反复曝光在这些信息中时（Gerbner, 1969; Gerbner & Gross, 1976; Gerbner et al., 1978），便很容易构建模式。然而研究结果发现，人们的许多信仰并不是很系统或符合逻辑。

第二种解释是启发式处理涵化模式（Shrum, 1995, 2002）。施勒姆声称，人们会在心理活动中采取快捷的方式。此时，他们的动机是效率高于准确度。因此，一个生动的例子足以激发改变信仰。例如，斯帕克斯和格雷（Sparks & Gray, 1995）发现，在观看了关于不明飞行物的电视节目之后，生动的图像影响了关于不明飞行物的信仰。

第三种解释是错误的记忆，也就是说，当被要求撤回信息时，人们经常会将虚构的信息与现实的信息混淆。因此，人们会从虚构的故事中获取信息，并将其应用于对现实世界的信仰中（Mares, 1996）。例如，哥德尔等人（Goidel et al., 2006）的研究试图解释青少年犯罪率和针对青少年犯罪的司法制度有效性的信仰。他们特别关注电视新闻和《执法先锋》《美国头号通缉犯》这类节目的观众，他们预计会出现对犯罪率和刑事司法系统有效性很大的误解。研究发现，观众观看了更多的与犯罪有关的电视节目后，会更容易误解少年犯罪和少年司法的现实。

涵化信仰的建构也受到人们对经验亲密感和媒介接触感（叙事经验）的影响（Bilandzic, 2006）。

第三人称效应　关于TPE有几种解释（Perloff, 2002）。第一种解释是保持自我效能的人类动力。人们认为大众传媒能发挥强大的影响力，但这种影响力只对其他人（第三人）生效，而我们（第一人称）则可以很好地控制大众传媒对自己的影响。第二种解释使用了弗洛伊德的投射理念，也就是说，人们受到媒介的影响，但不认为这是个人的弱点，所以他们会把这个弱点投射到别人身上，而不承认这个弱点自己也有。第三种解释是个人将自己的失败归因于不受控制的情境因素，而将其他人的失败归因于他们可以控制的个性特征（Gunther, 1991）。因此，他们认为他们对自己的生活负有更大的责任，以避免可能的负面影响,但其他人对此不负责任,因此受到个性特征缺陷以及情境因素的影响。

增强TPE的因素有哪些?因为TPE是更普遍的社会化的一个例子,所以表8.4列出的因素一般都适用,但也有其他因素(见表8.5)。

表8.4　有关媒介影响信仰的延伸阅读

> **信息因素**
>
> 信息的一贯性
> · 多家媒体报道相同的问题
> · 跨媒体、渠道和信息的相同描写(Gerbner, 1969; Gerbner et al., 1978)
>
> 信息的特征
> · 曝光于这类媒介信息:富有魅力的角色行使暴力和侵略但并没有因为反社会行为受到惩罚(Bandura, 1977, 2001)
> · 生动度(Sparks, Sparks, & Gray, 1995)
> · 信息运输受众的能力(Bilandzic & Busselle, 2008)
>
> **受众因素**
>
> · 高度曝光于媒介信息(Gerbner & Gross, 1976)
> · 特定类型或节目的持续曝光(Grabe & Drew, 2007; Hawkins & Pingree, 1980; Potter, 1991)
> · 更注重故事(Moy et al., 2004)
> · 信息现实性的信仰(Potter, 1988; Weiss & Wilson, 1998)
> · 人们从多个维度评估媒介信息的现实主义。这些维度包括典型性、真实性、情感参与、叙述一致性和感性的说服力(Hall, 2003)
>
> 受到人们对经验亲密感和媒介亲密感影响的涵化信仰建构(叙事经验)(Bilandzic, 2006)
>
> 错误记忆(Mares, 1996)
>
> 个性:低特质焦虑的个人,以及较低程度的高刺激感觉寻求者,更容易受到个人对犯罪脆弱性的涵化,而精神病患者较易受到社会暴力感知的涵化(Nabi & Riddle, 2008)

第三人称效应的一些解释将影响归因于媒介呈现信息方式的特定元素,如步调。例如,一项研究发现,增加反物质无线电公共服务公告的节奏会增加对自我的感知效应,减少对自身和其他人的影响的差异(Chock, Fox, Angelini, Lee, & Lang, 2007)。相比让人冷静的信息而言,对于有唤醒特点的信息,这一点更为明显。相比第一人称判断者(自己比其他人更受影响),增快步调对第三人称判断者(其他人比自己更受影响)的影响更大。除信息功能外,行为也会影响信息效果。使用反吸烟信息分析PSA的一小部分,会发现吸烟者更有可能做出第三人称判断,不吸烟者会对信息效应做出第一人称判断。

表8.5　有关媒介对第三人称信仰影响的延伸阅读

信息因素
信息步调（Chock et al.，2007）
受众因素
组内/组外（Lambe & McLeod，2005；Meirick，2004；Reid & Hogg，2005）
不确定性减少（David et al.，2004；Paek et al.，2005）
自我加强的需要（Perloff，2002）
社会距离（Tsfati & Cohen，2004）
集体主义信仰（Lee & Tamborini，2005）
信息的帮助性（Jensen & Hurley，2005）
信息现实性的认知（Leone，Peek，& Bissell，2006）
性别（Lo & Wei，2002）

　　对第三人称效应的大多数解释都会追溯到个人的某些方面，而不是信息本身。也许这些解释中最有趣的是组内/组外的解释（Lambe & McLeod，2005；Meirick，2004）。例如，拉姆和麦克劳德（Lambe & McLeod）声称，第三人称效应也是由人们对谁和他们在组内以及谁在组外的感觉来解释的。里德和霍格（Reid & Hogg，2005）发现了第三人称效应对报纸和电视节目《老友记》的影响力。但是，这种影响被降低至受访者认为其他第三人是自己团体成员的程度。而梅里克（2004）则将2000年阿尔·戈尔和乔治·W.布什的总统竞选宣传广告，结合学生和非学生党派进行了研究。参与者受到组外群体和公众更大的影响后，才受到组外候选人的竞选宣传广告的影响。

　　另一个解释是不确定性降低。例如，派克和他的同事（2005）设计了一种第三人称效应的研究，将不同程度的不确定性作为一种社会判断形式的信息认知。他们从调查和实验中收集数据，发现当他人同自己的距离最大时，关于整体信息无效率的可靠信息会导致信息对自我和其他各种信息的估计效果减少，以及自我/其他感知差距的减小。与不确定性降低论证一致，自我/其他感知差距与其他感知的相似性相关，并且对暗示与自我不同程度相似性的他人标签做出不同回应。此外，戴维、刘和米瑟尔（David, Liu, & Myser，2004）测试了在一系列三个实验中正面和负面媒介信息感知影响的差异。研究结果表明，第三人称现象不仅在方法论上存在瑕疵，而且是顽固、持久的社会判断偏见。

受众感知和个性特征的因素会影响第三人称效应。佩洛夫（Perloff, 2002）发现，人们不想承认自己受到他们反感的媒介信息的影响。茨法蒂和科恩（Tsfati & Cohen, 2004）发现，第三人称效应受到社会距离感知的影响，也就是做出判断的人对其他人接近程度的认识。李和坦博里尼（Lee & Tamborini, 2005）发现，集体主义的信仰是有影响力的，因此当人们对集体主义有更强烈的信仰时，TPE就更少了。詹森和赫尔利（Jensen & Hurley, 2005）测试了一个有用的信息解释，发现了第三人称效应对环境问题的影响，也就是说，受访者认为其他人比自己更容易受到媒介的影响。然而，感受到环境信息有帮助的人们承认媒介具有更大的影响力。莱昂内等人（Leone et al., 2006）测试了对信息解释现实的看法，发现相比曝光的量和种类，第三人称效应更容易受到媒介信息现实的影响。

最后，性别也被认为是影响第三人称效应的一个因素。洛和魏（2002）针对互联网的色情内容研究了性别在第三人称效应中的作用。结果表明，大多数受访者认为互联网的色情内容对他人的负面影响比对自己的负面影响更大。女性受访者倾向于认为互联网的色情内容对男性的负面影响要高于女性，而且对于限制互联网色情内容，她们更加支持。最后，感知偏见的程度似乎是支持媒介限制的不可靠预测因素，这可能有助于解释以往研究中的混合结果。这种新颖的性别差异方法使关于第三人称效应的研究文献日益增加。

所有这些因素都很有可能有用，但没有一个是唯一的影响因素。媒介的影响是复杂的，特别是当我们对其有长远的看法时。因此，会有很多因素产生影响，也会有很多因素可以用来解释为什么会产生这些影响。

突变

有时候，人们可以即刻从一个媒介信息中获得信仰。格林伯格（1988）提出了"浸水假设"，将其与"滴—滴—滴"的观点进行对比，这是大多数媒介效果研究的基础。这种"滴—滴—滴"的观点认为媒介信息的影响是一个不断滴水的过程，在一个人的心中形成了一种意义残留，就像洞穴中石笋的形成一样。石笋需要很长时间才能形成，需要不断地在同一个地方滴加矿物质，直到足够的颗粒积聚成岩层。相比之下，浸水假设认为，有时候因为一个媒介信息，一个人可能会突然改变信仰。为了说明这一点，我们来看看政治专家如何预测选举结果。你对这位专家的言论印象非常深刻，因为你接受了她的信仰，并使之成为自己的信仰，也就是说，你相信这个候选人将赢得选举。一个人在电视上观看宗教仪式，突然改变自己的宗教信仰，或者一个人看政治辩论，突然改变对政治候选人或党派的看法，就是获得更巨大的信仰转变的例子。这种产生新信仰的方式比较少见；然而，这样的效果对一个人的生活会产生深远的影响。

小结

信仰是一种认知。它是关于对象或事件与一定属性相关联的可能性的心理结构。大多数信仰要经过验证，而并非全部。其强度因人们对信仰的信心不同而有所不同。

媒介在信息中展现出许多信仰。受众群体可以通过简单的习得来获得这些信仰。媒介也会触发人们回忆现有的信仰。然而，由于信仰的影响，媒介长期发挥其最普遍的作用。也就是说，媒介通过不断的信息流逐渐改变人们的信仰，然后加强他们的信仰。

复习题

1. 从何种意义上讲，信仰是一种认知？
2. 归纳技巧如何与信仰相关？
3. 比较描述性信仰和推理性信仰。

思考题

1. 思考你从何处习得关于重要事件的信仰，如政治信仰和经济信仰。
- 在这一方面哪些媒介或信息最有影响力？
- 这些信息有没有可能为你提供了不准确的信仰，也就是说，当你试图验证时，并不能证明其准确性？

2. 是否有过这种情况,你曝光于一个有关争议话题的媒介信息,这触发了你现有的信仰之一,你开始反驳媒介信息提到的信仰?

3. 你能想到随着时间的推移你改变了很多的信仰吗?

- 什么因素导致了这种变化?是父母、兄弟姐妹、朋友还是社会机构?抑或是一系列媒介信息?
- 如果是媒介,是什么使那些信息如此具有影响力?

4. 你有无论在任何情况下都不会改变的信仰吗?

- 什么因素加强了这些信仰,使它们如此强大?是父母、兄弟姐妹、朋友还是社会机构?抑或是一系列媒介信息?
- 如果是媒介,是什么使那些信息如此具有影响力?

5. 你认为你有别人可能会觉得奇怪的信仰吗?要回答这个问题,你可能需要阅读迈克尔·舍默(Michael Shermer)的书《为什么人们相信奇怪的事情:我们时代的伪科学、迷信和其他困惑》(第二版)[*Why People Believe Weird Things: Pseudoscience, Superstitions, and Other Confusions of Our Time*(2nd edition)],或者浏览他的网站(www.skeptic.com)。

第九章
态度效果

- ☞ 态度的本质
- ☞ 习得态度
  - ◆ 习得态度
  - ◆ 习得标准
  - ◆ 习得态度的过程
- ☞ 触发态度
  - ◆ 触发关于媒介态度的构建
  - ◆ 触发关于现实世界态度的构建
  - ◆ 触发态度的过程
- ☞ 改变态度
  - ◆ 改变现有态度
  - ◆ 改变现有标准
  - ◆ 改变态度的过程
- ☞ 加强态度
  - ◆ 加强关于信息可信度的态度
  - ◆ 加强关于约会和性的态度
  - ◆ 加强关于政治事件的态度
- ☞ 小结

有关大众传媒塑造态度的研究历来是大众传媒效果研究的重要组成部分。其中一个重要的原因是，这项研究大部分是从社会心理学角度进行的，而社会心理学是由态度研究主导的。事实上，戈登·奥尔波特（Gordon Allport, 1935）声称态度是所有社会心理学的本质。美国心理学协会针对心理学和相关文献综合指数（PsycINFO）的搜索结果显示，几十年来奥尔波特的主张在社会科学研究领域都得到了支持，其中，180,910个参考文献使用了"态度"这个词（Albarracin, Johnson, & Zanna, 2005）。使用谷歌学术搜索社会科学领域的文章，截至2011年3月，输入关键词"态度"，会出现200多万个词条。

尽管"态度"这一词的使用很普遍，但学者和一般大众对于究竟什么是态度还是存在一些疑惑。本章，我们首先研究态度的本质，明确界定其内容，然后再来看大众传媒如何影响习得、触发、改变和加强态度。

态度的本质

有时，人们甚至是学者会将"信仰"和"态度"这两个词当作同义词。他们认为，信仰和态度可以高度相关（Albarracin, Zanna, Johnson, & Kumkale, 2005）。它们都需要个人的精神建构，而且强度都有差异，也就是说，信仰和态度都可以强、弱或不存在。但这并不意味着它们是一样的。明确区分这两个概念很重要。

正如你在第八章看到的，信仰是对习得的关于某些事物的正确性或某种事情发生的可能性的估计（Eagly & Chaiken, 1998; Wyer & Albarracin, 2005）。态度和信仰的主要区别在于态度显然是一种评估，因此它可以与标准进行比较。用态度来判断的是某物的价值，如新闻的可信度、广告产品的有用性、演员的吸引力以及歌曲受欢迎的程度。

这些评估性判断具有价位和强度（Fabrigar, MacDonald, & Wegener, 2005）两个要素。价位是指态度发生的对象满足（满意）、超过（肯定）还是不符合（否定）标准。强度是指对象与标准的距离。态度需要评估的技能，将媒介信息中的某些元素与个人对相关元素的标准进行比较。因此标准对于评估至关重要，也就是必须要有一个标准,否则就不能进行评价。该标准可以是明确的(人们明确和适当地应用),也可以是隐含的(人们无意识地应用)。

验证是信仰和态度之间的另一个区别。大多数信仰(但不是全部)可以接受验证测试。这意味着信仰可以被测试,以验证其是正确的还是错误的。相比之下,态度永远无法验证。没有客观的标准可以用于检验态度,每个人都有自己的偏好和标准。这些标准是在经验中形成的,所以人和人之间的标准差别很大。如果哈利评价政治选举的候选人X是最佳人选,而朱莉评价候选人Y是最佳人选,这并不意味着其中一个人的评价是正确的,另一个人的评价是错误的。这只是意味着他们每个人都有一套不同的标准,使某一候选人成为更好的人选。标准不仅是个人的,往往还是难以言表的,也就是说,人们很难或不可能告诉别人自己的标准。为了说明这一点,假设你发现你姐姐对一个名叫伯斯特的男孩非常热情,你跟她进行了一次谈话。你指出,伯斯特的文身几乎遍布全身,而你姐姐从来不喜欢有文身的人;你姐姐同意你的看法。你指出,伯斯特矮、秃头而且胖,而你姐姐通常喜欢身材高大、金发和运动型的男人;你姐姐同意你的看法。你又指出,伯斯特邋里邋遢,而你姐姐通常喜欢那些穿戴整齐的人;你姐姐也同意你的看法。无奈中,你问道:"那你为什么这么喜欢伯斯特?"你姐姐回答说:"我不知道,但他很酷。"你姐姐对伯斯特的态度显然是积极的,但她说不清楚自己的标准或者她的想法。因此你试图让她分析她自己的态度,并向她指出当前的错误,但遗憾的是,这些并不能令她信服。

我们在评估大众传媒信息时使用了许多不同的标准。最普遍的一个标准是有用性。每当我们从媒介中找出某种经验时,我们会不断评估一条信息是否符合我们的有用性标准。如果信息不符合我们的标准,我们可能会调整它,并继续搜索符合或超出我们标准的信息。当我们浏览信息时,我们是在对不同类型的媒介信息做出无用或有用的评估。

我们在电视上、电影院里或互联网上观看影视剧时,会形成关于剧中人物的态度。我们每个人都有一套什么使人物有趣、有吸引力、可信赖的标准。我们将这些标准用于对角色的评估,并且形成我们喜欢哪些角色、不喜欢哪些角色的看法。对于真实人物以及媒介非虚构信息涉及的事件,我们也是如此。例如,我们有自己的个人标准来评判什么能造就一位良好的政治领导者。当我们在网站上阅读新闻或观看电视政治辩论时,我们会应用这些标准,并形成对候选人的看法。

那么我们的标准是从哪里得来的?我们自己设立标准,但是许多标准是被其他人,如父母和机构通过"社会化"灌输给我们的。这是社会代表(如教育、宗教、司法系统等)不断教化的过程,教导我们应该如何思考和行动,以便在社会中发挥良好的作用。这些教化被称为"社会规范",这是社会制定的规则,用于构建人们应如何相互对待的期望。机构告诉我们这些规则是什么,我们通过观察人们在现实生活中的互动来学习这些规则。这些社会规范是我们应该如何行事的标准,以及我们应该如何看待别人行为的标准。看电影时,我们不断以我们的社会规范来比较角色的行为,从而得出角色行为是否合理的看法。

大众传媒在传播这些社会规范方面发挥着重要作用。机构依靠书籍、图片、电影、录音和网站来传递关于这些规范的信息。例如,即使你从未被捕、被判有罪、被监禁,你也可能对司法系统颇有了解。很多电视节目、电影和书籍都有涉及犯罪、审判和监禁的内容。即使你没有这些经历,你也会大概了解什么行为会构成犯罪,好律师是什么样的。

人们可以记住别人的观点,使之成为自己的观点。或者他们可以有自己的观点。例如,一个人阅读关于一首新歌的评论,认同别人的评论。或者这个人可以听这首歌,并形成自己的看法,而他的看法可能与其他人的评论一致,也可能不同。

态度可以是稳定的也可以是灵活的。它们可以在一次曝光中被学习并存储以便之后采用(Fazio, 1986)。或者随着人们接触到更多信息或随着时间的推移改变评估标准,态度也可以不断地发生变化。

大众传媒在塑造态度方面发挥了很大作用。大众传媒提供了关于社会规范的信息,我们可以学习并接受这些社会规范作为自己的标准。此外,大众传媒在引发评估需求的信息中呈现了许多要素。当我们听歌、观看电视节目或浏览网站时,我们有动力对其价值做出判断。这些判断是态度。从长远来看,媒介信息的不断流动逐渐改变了我们的一些标准和态度,并加强了其他标准和态度(Schwarz & Bohner, 2001)。

现在让我们来看看四个类别中态度效果的范围,它们分别是:习得态度、触发态度、改变态度和加强态度。在这四个类别中,我首先列出了研究人员发现的效果,然后展示了导致这些效果的各种因素。

习得态度

大众传媒在习得态度方面发挥了两种影响：一种是让我们接受大众传媒信息中呈现的态度，也就是说，我们习得呈现的态度。另一种是让我们接受信息中提出的标准，我们使用这些标准来构建自己的态度。

习得态度

研究人员发现，我们从曝光的媒介信息中可以习得许多不同的态度（见表9.1）。其中一些习得的态度是媒介信息发送者的计划。例如，为商业产品和政治候选人做广告的广告商希望我们毫不怀疑地接受其对产品和候选人的评估，而且通常我们会这样做。

受众也在这些信息的发送者没有传达这些态度的意图时，从媒介信息中习得了态度。记者尽可能客观地向我们介绍当天的活动。但是，在这些"客观"的介绍中，嵌入了不同人的态度，我们往往听到的都是我们喜欢听的，所以我们接受这些态度。例如，一个新闻节目对总统行为（Bucy & Newhagen, 1999b）、政府（Becker & Whitney, 1980）、其他国家（Perry, 1990）、种族政策与平等（Richardson, 2005）、妇女权利（Holbert, Shah & Kwak, 2003）、警察行为（Moy, Pfau, & Kahlor, 1999），以及强奸案中的被告（Mullin, Imrich, & Linz, 1995）提出了消极或积极的观点，然后人们习得了这些观点。

人们也会习得虚构信息中所表达的某些态度。即使只看过一次电视剧，人们也可以接受有关争议问题所提出的态度，例如支持死刑（Slater, Rouner, & Long, 2006）。我们学习关于政治事务、社会事务和刑事司法系统等制度的态度。例如，曝光于对黑人负面、刻板描写的白人对黑人的负面评估水平较高（Ford, 1997）。

习得标准

标准对构建态度至关重要。当我们形成一种态度，对某事做出判断时，评价性判断就是我们的态度。没有标准，我们便不能做出判断。就大众传媒而言，我们会将媒介信息与我们的标准相比较。那么我们的标准从哪里来？许多来自我们的父母、朋友和其他机构，如宗教、教育、刑事司法系统等。另外一些标准来自大众传媒。

表9.1 有关习得态度的延伸阅读

习得态度

关于广告产品（Andsager, Austin, & Pinkleton, 2002; Basil, 1996; Berney-Reddish & Areni, 2006; Buijzen & Valkenburg, 2000; Hitchon & Thorson, 1995; Kim & Morris, 2007; Nabi, 2003; Pfau et al, 2001; Pfau et al., 2004; Russell & Stern, 2006; Pfau, Holbert, Zubric, Pasha, & Lin, 2000）
- 特别是熟悉的品牌（Homer, 2006）

关于政治事务
- 候选人和选举活动（Cwalina, Falkowski, & Kaid, 2000; Kim, Scheufele, & Shanahan, 2005; Valentino, Hutchings, & Williams, 2004）
- 总统行为（Bucy & Newhagen, 1999a and b）
- 其他国家（Perry, 1990）
- 政府（Becker & Whitney, 1980）
- 减少投票偏好（Pinkleton, 1998）

关于社会问题
- 妇女权利（Holbert et al., 2003）
- 社会信任（Moy & Scheufele, 2000）
- 支持死刑（Slater et al., 2006）
- 种族政策与平等（Pan & Kosicki, 1996; Richardson, 2005）

关于机构
- 公立学校（Moy et al., 1999）
- 警察（Moy et al., 1999）
- 刑事法庭制度（Moy et al., 1999）
- 强奸案中的被告（Mullin et al., 1995）

习得判断标准

健康和身体形象的标准（Harrison & Fredrickson, 2003）

对浪漫伴侣的期望（Eggermont, 2004）

对婚姻的期望（Segrin & Nabi, 2002）

构成重要当前事件的标准（Iyengar & Kinder, 1987）

社会责任商业实践的标准（Lind & Rockler, 2001）

研究人员记录了人们从大众传媒获得了哪些方面的标准。例如，人们从大众传媒获得了有关当前事件的标准（Iyengar & Kinder, 1987）以及健康和身体形象的标准（Harrison & Fredrickson, 2003）。此外，人们还从大众传媒学习了对婚姻的期望（Segrin & Nabi, 2002）和对浪漫伴侣的期望（Eggermont, 2004）。人们通过观看新闻节目了解了企业的社会责任标准（Lind & Rockler, 2001）。

> **习得关于身体形象的标准**
>
> 安娜把课本放在房间里,"我很郁闷,我学不进去。我注意力集中不起来"。
> 格雷丝拿起课本,递给她的室友。
> "安娜,你必须学习。你不想退学,不是吗?"
> 安娜瞧也不瞧一眼,拿起时装杂志,"有什么用?我讨厌大学。我以为上学会很开心,但我现在觉得枯燥无味"。
> "你怎么会这么说?前三晚我们都去了派对!蛮好玩的!"
> "只有你觉得好玩。很多人跟你说话,有人还打电话约你今晚出去。不是我。没有人叫我!我一个多月都没有约会过了。"
> "会有人给你打电话的,再等等。"
> "我等了很久,没有人打电话给我。我太胖了!"
> "什么?你没有。你身材很好的。"
> "确实有变好。这几周我瘦了五磅。那么,为什么我没有更受欢迎?这没道理!"
> "你在跟我开玩笑吗?"
> "真的,我太胖了。胖的话,就穿不上漂亮衣服。如果你穿不上漂亮衣服,不性感的话,去派对就根本没有意义。没有人会和你搭讪。这是真的。"安娜两手抓着时尚杂志,把它们扔到空中。"你让我看看受欢迎的胖女孩。"
> "你只是需要更多的信心。"
> "我需要减掉五磅才会有更多信心。"
>
> **分析**
>
> 安娜对自己的身体做了评估,认为自己太胖了。她衡量自己体重的标准是从哪儿来的呢?很可能是看到时尚杂志里修过图的超瘦的模特照片后,安娜才有了女性需要超瘦才会受欢迎这样的看法。

习得态度的过程

态度的习得通过将信息和受众因素以及环境因素相结合进行解释(见表9.2)。最有影响力的信息因素之一是媒介信息的框架。例如,在一个调查编辑框架对读者对于不同种族群体的政治态度的影响的实验中,理查德(Richard, 2005)要求参与者阅读关于美国最高法院决定维护高等教育肯定行动的社论。结果表明,这些故事的构架方式对参与者对于新闻报道中黑人和白人的态度有影响。

表9.2 有关习得态度效果的延伸阅读

信息因素
信息如何构建(Richardson, 2005)
产品代言人(Mehta & Davis, 1990; Whipple & Courtney, 1980; Berscheid & Walster, 1974; Wilcox, Murphy, & Sheldon, 1985),特别是名人(Basil, 1996)
幽默(Duncan & Nelson, 1985; Wu, Crocker, & Rogers, 1989)

续表

视觉元素（Edell, 1988; Lee & Barnes, 1990）

非语言元素（Hallahan, 1994）

音乐（Gorn, 1982; Park & Young, 1986）

说服的技巧（Nabi, 2003; Pfau et al., 2000; Pfau et al., 2001; Pfau et al., 2004; Sopory & Dillard, 2002; Sotirovic, 2001; Tal-Or, Boninger, Poran, & Gleicher, 2004）

情绪吸引（Hitchon & Thorson, 1995）

受众因素

现有态度（Dolich, 1969; Homer, 2006; Russell & Stern, 2006; Slater & Rouner, 1996）

曝光于特定态度的频率（Naples, 1981; Sutherland & Galloway, 1981）

先验知识（Sujan, 1985）

感知信息来源的可信度（Groenendyk & Valentino, 2002）

产品体验（Kolter, 1988; Thompson, Locander, & Pollio, 1989）

处理策略（Chang, 2002; Slater & Rounder, 2002）

感觉现实主义（Andsager, Austin, & Pinkleton, 2001）

感知寻求（Stephenson, 2003）

社会意识程度（Valentino et al., 2004）

参与
· 参与信息程度（Nabi & Hendriks, 2003）
· 参与购买决定（Park & Young, 1986）

对广告和产品的积极情感反应（Burke & Edell, 1989; Holbrook & Westwood, 1989; Kim & Morris, 2007; Stout & Leckenby, 1986）

心情（Gardner & Hill, 1988）

人口因素
· 年龄（Buijzen & Valkenburg, 2000）
· 性别（Berney-Reddish & Areni, 2006; Mullin et al., 1995）

性别角色社会化（Andsager et al., 2002）

环境因素

杂乱度（Keller, 1991; Kent & Machleit, 1992）

有电视广告的节目的影响（Goldberg & Gorn, 1987; Hsia, 1977; Kim, 1994）

在受众因素中,现有态度在解释新态度的习得方面尤为重要。例如,当有说服力的信息符合人们的价值观,并且这些信息得到统计数据的支持时,它们更有说服力(Slater & Rouner, 1996)。

信息的说服力也与处理这些信息所需的认知有关。当人们在广告中看到新的品牌时,相比熟悉的品牌,他们不太可能在认知过程中习得态度;熟悉的品牌涉及使用现有信息的态度,因此需要更多的认知处理(Homer, 2006)。此外,当信息被自动处理时,这些信息会潜入大脑,这被认知心理学家称为"外围路线",而不是"中心路线",中心路线是有意识地让信息进入大脑。外围处理不需要付出那么多的努力,因为人们不会分析信息并反对它,所以更有可能采取接受的态度(Chang, 2002)。

人口因素也与态度习得有关。广告对年龄较小的儿童有更强的影响(Buijzen & Valkenburg, 2000),而女性比男性更容易受到广告宣传的影响(Berney-Reddish & Areni, 2006)。曝光于暴力、掠夺、强奸信息的男子更有可能在强奸案件中支持被告;相比之下,视强奸信息框架为误解的男人并没有表现出这样的态度。妇女不受这样信息框架的影响(Mullin et al., 1995)。

触发态度

大众传媒触发了人们对其呈现内容的态度,例如故事的现实性、人物的吸引力和新闻故事的可信度(见表9.3)。媒介也通过在其新闻故事中呈现现实世界中的人物和事件,引发我们的思考。而这通常会触发对现实世界事件和问题的回忆或态度建构。

表9.3 有关触发态度的延伸阅读

触发关于媒介态度的构建
关于媒介的整体评估(Edy & Meirick, 2007; Gunther & Christen, 2002; Gunther & Schmitt, 2004)
评估媒介可信度(Flanagin & Metzger, 2000; Johnson & Kaye, 1998; Kim, Weaver, & Willnat, 2000)、新闻故事(Arpan & Peterson, 2008; Grabe, Zhou, Lang, & Bolls, 2000; Melican & Dixon, 2008; Sundar & Nass, 2001)和广告(Groenendyk & Valentino, 2002) · 新闻来源的可信度(Bracken, 2006)
公共服务公告信息有效性的评估(Lang & Yegiyan, 2008)
有说服力的信息评估 · 广义的广告(Magee & Kalyanaraman, 2009) · 广播广告(Potter, 2009)

续表

- 公共服务公告（Andsager et al., 2001）

现实评估
- 电视故事（Dorr, 1980; Shapiro & Chock, 2003）
- 媒介文本（Hall, 2003）

故事中人物的评估（Kirsh & Olczak, 2000; Mastro, Lapinski, Kopacz, & Behm Morawitz, 2009; Mastro, Tamborini, & Hullett, 2005）
- 关于人物的道德判断（Krcmar & Vieira, 2005; Lachlan & Tamborini, 2008; Raney, 2004）
- 视频游戏中的角色扮演（Chandler, Konrath, & Schwarz, 2009; Nowak, Hamilton, & Hammond, 2009）

搜索引擎的有用性评估（Kalyanaraman & Ivory, 2009）

节目中媒介暴力的评估程度（Riddle, Eyal, Mahood, & Potter, 2006）

触发关于现实世界态度的构建

新闻媒介触发人们对其呈现内容的态度，特别是关于社会问题和有争议的话题
- 社会问题的重要性（Sheafer, 2007）
- 社会抗议活动（McLeod & Detenber, 1999）
- 政治候选人（Bucy & Newhagen, 1999a; Carpentier, Roskos-Ewoldsen, & Roskos-Ewoldsen, 2008; Hwang, Gotlieb, Nah, & McLeod, 2007; Meffert, Chung, Joiner, Waks, & Garst, 2006）
- 支持公共政策（同性婚姻、死刑）（Slater, Rouner, & Long, 2006）
- 关于同性恋的态度（Calzo & Ward, 2009）
- 部分堕胎争议（Simon & Jerit, 2007）
- 暴力行为的惩罚程度（Krcmar & Cooke, 2001）
- 对黑人的态度（Pan & Kosicki, 1995）
- 移民（Igartua & Cheng, 2009）
- 器官捐赠（Morgan, Movius, & Cody, 2009）
- 转基因生物（Gunther & Liebhart, 2006）

广告信息触发关于产品的评估（Chang, 2007; Coulter & Punj, 2004; McQuarrie & Phillips, 2005）

娱乐信息触发对自己身体满意度的评估（Harrison & Fredrickson, 2003）

触发关于媒介态度的构建

当我们曝光在媒介信息中时，这种经验往往会触发对媒介的总体态度（Gunther & Schmitt, 2004）或媒介信息中的某些元素，如故事中的角色（Kirsh & Olczak, 2000）或暴力程度（Riddle et al., 2006）的态度。

非常受研究人员欢迎的一个研究主题是媒介曝光如何触发关于内容可信度的态度构建（Flanagin & Metzger, 2000），特别是新闻故事（Bracken, 2006）和广告（Groenendyk & Valentino, 2002）。另一个受研究人员欢迎的热门话题是媒介曝光如

何触发关于电视故事的现实性(Shapiro & Chock, 2003)、媒介文本的现实性(Hall, 2003),以及公共服务公告现实性(Andsager et al., 2001)的判断构建。

当人们观看有暴力内容的娱乐信息时,通常会触发对整个信息暴力程度的评估。大多数人会认为,对电影暴力程度的评估与电影里暴力行为的数量有关,但事实并非如此。也就是说,用于判断媒介信息暴力程度的标准不是信息中暴力行为的数量,而是暴力的直观程度(Riddle et al., 2006)。高度表现两个暴力行为的电视节目和另外一个虽表现了很多暴力行为但都比较无害的节目,人们会认为前者要暴力得多。因此,当我们试图理解人们如何形成对媒介信息的态度时,仅仅检查媒介信息里的要素是不够的,还必须检查他们判断的标准。

触发关于现实世界态度的构建

有争议性话题的新闻故事触发了关于这些话题新态度的形成。例如,新闻故事触发了对部分堕胎(Simon & Jerit, 2006)、暴力行为的惩罚力度(Krcmar & Cooke, 2001)、同性婚姻、死刑(Slater et al., 2006)、转基因(Gunther & Liebhart, 2006)和社会抗议活动(McLeod & Detenber, 1999)的态度。广告信息触发了对产品(Chang, 2007)和政治候选人(Bucy & Newhagen, 1999a)的态度。媒介可以触发人们对黑人(Pan & Kosicki, 1996)和自己的态度。例如,媒介信息触发了对自己身体满意度的态度形成(Harrison & Fredrickson, 2003)。

媒介触发了对各种问题重要性的态度。例如,谢弗(Sheafer, 2007)发现,公众对问题重要性的评估受到信息的显著性和媒体报道的评价性质的影响。媒介也触发了对候选人的态度,这会影响之后的投票行为。

媒介触发了性态度的形成。在对台湾地区青少年接触互联网色情的研究中,洛和魏(2005)发现,这种曝光与性容许性的态度有关。

触发态度的过程

研究人员发现,许多因素触发了态度(见表9.4)。这些因素通常分为两类:信息特征和受众特征。

表9.4　有关触发态度效果的延伸阅读

信息因素

故事框架（Goffman, 1979; McLeod & Detenber, 1999; Simon & Jerit, 2006）

制作技术（Bucy & Newhagen, 1999b）

隐喻（McQuarrie & Phillips, 2005）

受众因素

思维能力
- 能够参与反思（Hwang, Gotlieb, Nah, & McLeod, 2007）
- 匹配这项任务要求所需的适当认知资源（Coulter & Punj, 2004）
- 信息处理策略（Chang, 2007）
- 道德推理（Krcmar & Vieira, 2005）

对问题显著性的看法（Sheafer, 2007）

对组内和组外的看法（Mastro et al., 2005）

情绪适应性启发（Bucy & Newhagen, 1999b）

信息特征　在信息因素中，框架非常重要。框架是指故事呈现的方式，即强调的是什么，遗漏的是什么，以及想法如何表现。例如，词语的使用方式可以触发有关争议问题的不同态度。西蒙和杰里特（Simon & Jerit, 2006）发现，在有关堕胎的争议中，"婴儿"或"胎儿"这两个词的使用改变了人们的看法，从而增加或减少了对禁止堕胎的支持。此外，麦格里和菲利普斯（McQuarrie & Phillips, 2005）发现，杂志广告中使用的隐喻和隐喻性的图片可以触发对广告品牌的积极推论，也就是说，人们会自发地做出积极的推论。虽然有争议的问题在媒介中的构建方式很重要，但框架并不总是决定态度如何被触发。例如，埃迪和梅里克（Edy & Meirick, 2007）发现，虽然对于媒体报道的事件的评估是由媒体报道触发的，但人们并没有自动接受媒体使用的框架，如战争框架或犯罪框架。相反，人们通过框架和信息的组合构建了自己的态度。

生产技术也很重要。拍摄时间、图形、现场因素都会影响人们对政治候选人的评估。特写镜头会使观众更认同候选人，如同用延伸镜头拍摄市政厅会议（Bucy & Newhagen, 1999a）。

受众特征　有很多受众特征可以用来解释触发态度。这些特征包括思维能力、现有态度、人口因素以及家庭沟通模式。

在思维能力方面，受众的某些特征与触发态度有关。这些特征包括人们投入任务中认知资源的数量（Coulter & Punj, 2004）、启发式的使用（Bucy & Newgagen, 1999a）以及对问题的显著性的看法（Sheafer, 2007）。例如，黄等人（Hwang et al., 2007）进行了一次实验，发现常常反思并观看总统候选人辩论的人比那些不常常反思的人更容易受其影响。此外，当触发对电视辩论中总统候选人的评估时，人们会使用情感适应性的启发，也就是说，人们会将电视上候选人的非语言行为与情感适应性标准进行比较（Bucy & Newhagen, 1999a）。因此，如果一个候选人表现出人们认为适合领导者的情绪（即镇静和优雅），则他会被评估为良好。但是，当候选人发脾气或者情绪崩溃时，他们会被评估为差等。

现有态度很重要。当人们对政治候选人有现有态度时，他们会赞成带有偏见的政治信息，这些信息会触发他们就新闻故事中提到的不同事实的看法（Meffert et al., 2006）。另外，当人们对种族群体有强烈的态度时，他们对种族不平等会采用不同的新闻信息处理方式（Pan & Kosicki, 1995）。

有时可以通过受众的人口特征来解释态度的触发。例如，信息处理策略中存在性别差异。比较性广告鼓励更多的男性参与品牌评估，这触发了更正面的品牌评估。对于女性来说，比较性广告被认为具有操纵性，这导致了负面品牌评估（Chang, 2007）。品牌评估也存在年龄差异。电视新闻中，对于新闻可信度最有利的评级是在老年观众中触发的（Folkerts & Lacy, 2001）。

家庭沟通模式对于解释男性的态度触发过程也很重要。例如，儿童对故事中暴力意义的判断受到家庭沟通模式的影响。高管家庭的孩子（父母是制定规则的权威）很可能将惩罚性暴力判定为不合理。但是，在沟通良好的家庭中成长起来的孩子（公开表达想法，孩子的想法受到重视）更有可能将有动机的暴力判断为合理（Krcmar, 1998）。

道德推理也很重要。克莱默和维埃拉（Krcmar & Vieira, 2005）对父母和子女就电视暴力的曝光、家庭沟通模式和父母道德推理对儿童道德推理的影响做了问卷调查。调查结果表明，曝光于电视暴力对儿童的道德推理有负面影响，但是当孩子能够从暴力的受害者角度来看待问题时，他们就能够对暴力做出更好的道德判断。

互动 信息元素和受众元素之间存在交互。例如，常（Chang, 2004）发现，当广告中的产品信息不明确时，消费者更有可能进行启发式处理，并对产品进行快速、直观的评估。然而，当信息明确时，消费者可能会根据产品的实际属性进行评估。

改变态度

正如你在前面所看到的，人们可以习得他们在媒介信息中理解的态度，并且这些信息触发了新的态度的构建。这些是即时效应，因为它们在媒介曝光期间或曝光后即刻发生。现在我们将焦点转向长期效应，从改变开始。媒介可以改变现有的态度以及人们的标准（见表9.5）。

表9.5 有关改变态度的延伸阅读

改变态度

一般态度（Festinger, 1957；Fishbein & Ajzen, 1975；Goffman, 1974, 1979；Kisielius & Sternthal, 1984；Newcomb, 1953；Perry & Gonzenbach, 1997；Peter & Valkenburg, 2006；Petty & Cacioppo, 1981；Solomon, 1989）

长期塑造态度
- 性（Brown & L'Engle, 2009；Eyal & Kunkel, 2008；Peter & Valkenburg, 2006, 2008a；Zhang, Miller, & Harrison, 2008）
- 政治职位（Meffert et al., 2006）
- 关于妇女权利的政治观点（Holbert et al., 2003）
- 关于身体形象的态度（Aubrey, 2006）
- 关于记者的态度（Lee, 2005）

第三人称效应（Leone, Peek, & Bissell, 2006；Perry & Gonzenbach, 1997）

睡眠者效应（Hovland et al., 1949）
- 政治态度（Yegiyan & Grabe, 2007）

纯粹曝光效应（Zajonc, 1980）

改变标准

对于理想的身体形象（Harrison & Cantor, 1997）

对于关系（Eggermont, 2004）

对于政治运动（Pinkleton, Austin & Fortman, 1998）

对于政治领袖（Cho, 2005）

改变现有态度

关于态度研究最多的主题是媒介信息可以随时间改变和塑造人们的态度（Festinger, 1957；Fishbein & Ajzen, 1975；Peter & Valkenburg, 2006；Petty & Cacioppo, 1981），比如对性的态度的长期塑造（Peter & Valkenburg, 2006）、关于政治

问题的观点（Meffert et al., 2006）、关于妇女权利的观点（Holbert et al., 2003）、对记者的态度（Lee, 2005）和对身体形象的态度（Aubrey, 2006）。

记录最多的有关态度长期改变的一个效果是"睡眠者效应"。这是指人们从媒介习得信息，但后来忘记了这个信息的来源是什么（Hovland, Lumsdaine, & Sheffield, 1949）。叶吉扬和格拉贝（Yegiyan & Grabe, 2007）做了这样一个实验，他们向参与者介绍了三种信息：传统的政治宣传广告、类似新闻的政治广告和新闻报道。参与者对于信息来源的记忆在曝光后立即被测量，一周后再次被测量。结果表明，类型和时间对记忆来源有显著影响。参与者在曝光后确定了相同准确性的各种格式的信息来源。一周之后，与传统的政治宣传广告和新闻报道相比，参与者更能找到类似新闻的广告中包含的信息的来源。此时，类似新闻的广告中的信息大约有70%被错误地追根溯源。

长时间的媒介曝光也可能改变对性的态度。彼得和瓦尔肯堡（Peter & Valkenburg, 2008a）在对荷兰青少年的一项研究中发现，越来越频繁地浏览色情网站与对没有承诺的性探索更积极的态度相关（即与偶然认识的人发生一夜情）。张等人（Zhang et al., 2008）发现，不论性别、总的电视观看情况以及以前的性经历，曝光于更多色情音乐视频与对婚前性行为更加宽容的态度以及对性双重标准的更强烈认可相关联。然而，艾尔和孔克尔（Eyal & Kunkel, 2008）发现，曝光于表现出性的负面后果的节目导致对婚前性行为更加负面的态度以及对这种行为道德方面更加负面的判断。观看后能立即得出观察结果，并持续两周。

最后还有一个"单纯曝光效应"的理论（Zajonc, 1980）。人们处于非意识状态并被反复曝光于同一个对象，随后当他们处于知觉状态再呈现给他们这一对象时，人们会对这个对象做出更积极的评价。通常人们不记得之前在无意识状态下被曝光的情况，也就是说，人们有感觉，但不知道原因。

改变现有标准

随着时间的推移，媒介会改变我们对各种各样事情的标准。我们用这些标准塑造我们的态度，比如对于"理想身体形象"的标准。杂志上的模特和电视节目里的人通常都很瘦。因此，我们制定了身材的标准。当我们将自己的身材与这个不切实际的标准进行比较时，我们通常达不到标准。哈里森和坎托（Harrison & Cantor, 1997）的研究发现，对于女性而言，媒介使用预示着她们对自己身体的消极态度。对于男性来说，媒介使用预示着他们支持女性瘦身的态度。此外，许多研究表明，暴力色情，通过其高度吸引人的模式和增强的性活动改变了人们的标准，现实生活中的伴侣被认为不那么有吸引力和令人兴奋（Harris & Scott, 2002）。

研究人员还发现，媒介讲述关于约会和寻求伴侣的故事的方式逐渐改变了我们的标准。例如，艾格蒙特（2004）对比利时青少年进行了一次研究，发现那些观看最多电视的观众对约会的标准改变最大，尤其是关于身体吸引力和浪漫伴侣令人愉悦的性格的重要性。而这些改变与青少年的直接恋爱经验无关。

媒介曝光也改变了人们对政治运动和候选人的标准。例如，平克尔顿等人（Pinkleton et al., 1998）发现，政治运动的负面报道增加了人们愤世嫉俗的情绪，降低了对政治效能的期望，因此选民预期下降。

改变态度的过程

长期以来，受众因素与信息因素相结合导致态度的改变（见表9.6）。在信息因素方面，对某些信息的重复可能会改变人们的标准，比如对身体形象的看法。奥布里（Aubrey, 2006）发现，媒介使身体客观化的实践使个人以旁观者的视角对物理存在的自我社会化（即自我客体化）。她还发现，浏览这些图像导致男性加强了对自己身材的管理。

表9.6　有关改变态度效果的延伸阅读

信息因素
重复信息（Aubrey, 2006; Gibbons, Lukowski, & Walker, 2005）
使用具体的例子（Perry & Gonzenbach, 1997）
信息类型（Holbert et al., 2003）
受众因素
曝光量和类型（Cho, 2005; Glynn, Huge, Reineke, Hardy, & Shanahan, 2007; Peter & Valkenburg, 2006）
总体媒介信息喜好倾向（Nan, 2008）
识别虚构人物（Moyer-Gusé & Nabi, 2010）
个人偏见（Meffert et al., 2006）
媒介素养培训（Austin et al., 2007; Buijzen & Valkenburg, 2005）

研究发现，电视新闻强调候选人的性格而不是政策问题，政治讨论通常是在有类似政治信仰的人之间进行的。周(Cho, 2005)进行了一项研究，假设经常看电视新闻的观众更有可能根据他们对候选人形象的看法进行选择，而经常与他人谈论政治的选民更有可能根据候选人所属党派投票。此外，格林(Glynn, 2007)及其同事研究了白天脱口秀对舆论的影响。使用议程设置和涵化观点(见第八章)，他们假设曝光于白天脱口秀和这些节目明显的现实性与支持政府参与社会问题正相关。除了曝光和明显的现实性与支持水平正相关外，他们还发现，脱口秀曝光和被访者报告的对电视明显现实性的看法，在政治意识形态与支持政府参与家庭问题之间的关系中发挥了调节作用。这项研究表明，白天脱口秀对舆论形成发挥了重要作用。

长久以来，人们对性的态度受到互联网色情内容的影响(Peter & Valkenburg, 2006)。此外，梅弗特等人(Meffert et al., 2006)发现，两种偏见(消极性和一致性)影响选民从媒介中选择信息，并处理有关政治候选人的信息。

媒介素养教学也会改变态度。奥斯汀等人(Austin et al., 2007)进行了一项研究，研究媒介素养训练对青少年对烟草看法的影响。媒介素养训练改变了个人认为媒介某些形象是可取的态度。此外，布埃岑和瓦尔肯堡(Buijzen & Valkenburg, 2005)调查了家长消除电视广告三种潜在不良影响的有效性。在对360对父母子女的调查中，其中儿童年龄为8~12岁，他们调查了广告调解(积极与限制)和家庭消费者沟通(概念导向与社会导向)的不同风格如何缓和儿童广告曝光与其物质主义、购买需求以及与父母的冲突之间的关系。调查结果表明，积极的广告调解和概念导向的消费者沟通在减少广告效果方面最有效。在另一项研究中，他们发现交互式网站比非交互式网站更好，因为它们为广告产品带来了更高的好感度和更大的流量(Sicilia, Ruiz, & Munuera, 2005)。

加强态度

很长一段时间，曝光于媒介信息最一致和最强大的效果之一是加强人们的现有态度(Klapper, 1960)。人们通常认为媒介对现有态度有加强作用，而不是假定媒介内容必然会形成或改变态度(Oliver, Yang, Ramasubramanian, Kim, & Lee, 2008)。研究人员还发现了各种主题下态度加强效果的证据(见表9.7)。

表9.7 有关加强态度的延伸阅读

加强态度（Klapper，1960）

现有对可信度的态度
- 跨媒介信息（Flanagin & Metzger，2000；Johnson & Kaye，1998；Kim et al., 2000）
- 新闻故事（Grabe, Zhou, Lang, Bolls, 2000；Oliver et al., 2008；Sundar & Nass, 2001）
- 广告（Groenendyk & Valentino, 2002）
- 赞助商的信誉（Burgoon, Pfau, & Birk, 1995）

现有党派的政治态度（Holbert, 2005；Knobloch-Westerwick, & Meng, 2009）

权威侵略态度（Reith, 1999）

政治问题，如平权行动（Oliver et al., 2008）

加强标准

对于总统候选人（Benoit & Hansen, 2004）

加强态度话题分为三类：关于信息可信度的态度、关于约会和性的态度以及关于政治事件的态度。

加强关于信息可信度的态度

最受瞩目的态度加强集中表现在媒介报道信息的可信度方面。研究发现，媒介（Kim, Weaver, & Willnat, 2000）以及类型，特别是新闻故事（Grabe et al., 2000；Sundar & Nass, 2001）和广告（Groenendyk & Valentino, 2002）都有差异。

加强关于约会和性的态度

另一个受欢迎的研究领域是加强关于约会和性的态度。通过观看电视约会节目，特别是当观众对节目的现实感有更高的认知时，观众的态度会得到加强（Ferris, Smith, Greenberg, & Smith, 2007）。观看黄金时段的喜剧和戏剧（Ward & Rivadenrya, 1999），观众关于约会的态度也会得到加强。曝光于网络色情内容增强了青少年对娱乐性行为的态度（Peter & Valkenburg, 2006）。

加强关于政治事件的态度

第三个研究领域涉及政治问题。观看电视总统辩论会加强人们的党派态度

(Holbert, 2005)。在观看电视直播的总统辩论时，选民可能会加强现有的态度（Benoit & Hansen, 2004）。发布宣传广告对改变态度的影响不如增强赞助商在人们中的信誉，而后者支持企业的立场（Burgoon, Pfau, & Birk, 1995）。观看犯罪戏剧时（Reith, 1999），人们会加强威权侵略态度（如支持对违法者的严惩）。

可以说，加强人们现有态度最大的原因是选择性的曝光解释。选择性曝光论证说，人们通常会寻求符合现有态度的信息，所以他们只接触支持这一态度的信息，因此现有态度会得到加强。人们对这种选择性曝光解释进行了大量的研究，通常认为它是一个很好的解释。例如，克诺布洛赫-维斯特维克和孟（Knobloch-Westerwick & Meng, 2009）发现，人们会花更多的时间阅读符合他们现有态度的政治新闻。有些人会寻求更广泛的信息，包括不支持他们现有态度的信息，但这些人通常受过高等教育，对政治更感兴趣。对政治兴趣较低的人有更多的习惯性投票行为，所以他们希望避免与自己现有的态度不一致的信息。

加强对政治的态度

"爷爷，你会在即将到来的选举中投票给谁？"
"所有民主党人。你知道我总是投民主党人，汉娜。"
"为什么投民主党人？"
"我一直投票给民主党人，总是如此。我讨厌共和党人。"
"为什么？"
"就是这样。没有为什么！"
"所以你知道谁会竞选总统和国会议员？"
"我知道民主党候选人。这是我需要知道的一切。我每天都看报纸，知道我的候选人是什么样的人。"
"你看过共和党候选人的新闻吗？"
"没有，我为什么要看？我不打算投票给他们，我不需要了解。"
"市长选举呢？你要投给克里斯·泰勒吗？"
"他是民主党人吗？"
"是'她'。克里斯·泰勒是个女人。是的，她是民主党市长候选人。"
这时，老人挠了挠头，努了努嘴。"唔，我不知道。不认为女人能够当好市长。市长不好当。"
"克里斯·泰勒是一个民主党人。我以为你会投票给民主党人。"
"一定要的。但我不了解这个女人。我所听到的所有妇女在政治上的表现都不是很好，不够强硬。"
"南希·佩洛西呢？她是众议院议长。议长不好当，但是她做得很好。她使很多法案都通过了。"
"我不喜欢她做的工作。"
"爷爷，你不喜欢她做的什么工作？"
"就是不喜欢，说不出什么具体的。"

分析

在这个对话中，爷爷对民主党人有强烈的积极态度，对共和党人和女政治家有强烈的消极态度。看来他只读有关民主党人的新闻,所以他从这些新闻中得到的信息不会挑战或扩大他现有的信息基础。他所看到的所有新信息都有助于加强他现有的态度,而他现有的态度是为了过滤所有与这些态度不一致的信息。因此他看到的所有信息对民主党人(女性除外)都是正面的,对共和党人都是负面的。而他不愿扩大媒介曝光,浏览那些有利于共和党人或女候选人的信息,所以他现有的态度不可能被改变。

小结

本章重点介绍了态度效果,即媒介如何影响个人的态度。态度是一种评估性的判断,而这种判断涉及将对象与标准进行比较。媒介效果中,对象是媒介信息的元素,例如新闻来源、政治领袖、演员、歌手以及其他任何元素。标准是人们对可信度、信赖度、表演素质、歌唱天赋等持有的价值观。

媒介向人们展示了许多可以被个人接受的态度;因此,人们经常习得他们从媒介信息中所获取的态度。媒介还触发了评估过程,人们会对广告产品、政治候选人和媒介信息本身的价值做出自己的判断。因此,媒介会改变和加强人们现有的态度。

复习题

1. 为什么研究态度如此重要?
2. 为什么将"态度"和"信仰"视为同义词是错误的?
3. 态度是评估性的判断,这是什么意思?
4. 为什么标准如此重要?

思考题

1. 思考你对社会问题和政治事务的态度,并尽可能多地列出来。你可以参考表9.1。
   - 对于你列出的每一个态度,你认为你是从哪里习得的,父母、兄弟姐妹、朋友、机构还是媒介?
   - 对于你从媒介习得的态度,哪些类型的信息可能最具影响力?

2. 你能想起媒介信息触发你特定态度的情况吗? 如果有, 触发你的态度的信息是什么?

3. 思考你最喜欢的媒介信息类型(如动作/冒险、浪漫、喜剧、游戏、现实等)以及你过去多年来在这类信息中曝光的经验。

- 这些类型的信息通常会引起什么样的生理反应?
- 在多年的曝光中, 你对这类媒介信息的生理反应发生了什么样的变化?
- 你认为这些变化是积极的还是消极的?

4. 思考你长时间持有的态度, 例如对政党、身体形象、性的看法或对运动队的支持。你通常会避免和你的态度不一致的媒介信息吗?

第十章

情感效果

- ☞ 情感的本质
  - ◆ 情绪
  - ◆ 心情
- ☞ 习得情感
- ☞ 触发情感
  - ◆ 触发特殊情绪反应
  - ◆ 触发更普遍的感受
  - ◆ 触发情感的过程
- ☞ 改变情感
  - ◆ 有意识的改变
  - ◆ 无意识的改变
  - ◆ 改变情感的过程
- ☞ 加强情感
- ☞ 小结

本章讨论媒介如何影响我们的感受。我们使用"情感"这个词,而不是更常见的"感觉",因为它更精确,包括一些通常不被视为感觉的东西。

在本章中,你应该注意的是,关于情感效果的研究文献比你在第七、八和九章中看到的研究文献更少也更深入。与广泛的认知、信仰和态度效果相比,媒介研究者记录情感效果相对较少。这可以归因于人类几乎可以体验无限的认知、信仰和态度;然而,情绪却相当有限。为了弥补范围的相对狭窄,这个领域的研究相当深入,也就是说,一旦媒介影响研究人员检查情绪效果(特别是恐惧和脱敏),他们就会将注意力集中在媒介产生效果的更多因素上。

情感的本质

情感是指情绪和心情。我们需要区分这两种情感体验。情绪通常由特定的个人、对象或事件触发,而心情则是更为普遍的感觉,并且通常不会被任何事物触发(Albarracin, Zanna, Johnson, & Kumkale, 2005; Berkowitz, 2000)。例如,当有人侮辱你时,你的愤怒和尴尬的情绪可能会爆发,你很容易将这些情绪直接归因于侮辱。相比之下,你可能会整天感到心烦,但是并没有什么特别的事情导致这种心情。

当人们意识到自己的感受时,情感是有意识的,意识不到自己的感受时,情感就是无意识发生的(Schimmack & Crites, 2005)。当情绪无意识地产生时,通常是以某种形式的生理变化开始的(LeDoux, 1996)。例如,恐惧被威胁的感知自动触发;人们准备战斗或逃离时,身体会发生各种生理变化。我们不必有意识地告诉我们的心脏要跳得更快,因为这种反应会自动无意识地发生。

情绪通常需要某种形式的标记,这需要有意识的处理。例如,如果你的胃不舒服,你需要思考一下这个反应的意思:它是爱,是紧张,还是恶心?意味着你得了流感吗?有些感觉很容易辨识,比如愤怒、沮丧和笑。但其他更复杂的感觉很微妙,需要更有意识的努力来辨识(Reeves, Newhagen, Maibach, Basil, & Kurz, 1991)。例如,电视剧里有个新角色会触发你的不安,但你不确定这种感觉是什么。也许他是个危险人物,也许他是个谜一样的人物。你知道你感觉到了什么,但你不确定究竟是什么,直到你将它辨识出来。

和态度一样,情感有价(正和负)和强度。但与态度不同的是,频率和持续时间的特征也很重要。情感往往是态度的强大基础,但情感本身并不是态度(Wyer & Srull, 1989)。对于某种态度来说,需要对对象进行评估;情绪可以作为评估的一部分,但不是评估本身。例如,一个人可能会在电影中看到一个悲惨的爱情故事,感受到爱情,这是一个由角色和故事产生的情感。但这个人可能会认为那部电影不好看,因为它不符合他想看的电影的标准。

现在我们来看看情绪和心情有什么不同,又有什么共同之处,以便将它们归为情感这一范畴。

情绪

情绪通常是有针对对象的强烈情感,并且是有原因的。情绪包括仇恨、嫉妒、爱、遗憾、恐惧、愤怒、厌恶和气愤等。

长期以来,情绪被认为具有生理因素。"情绪"这个概念可以追溯到威廉·詹姆斯(William James, 1894),他认为情绪刺激触发了身体的反应,我们必须注意到才会有情绪体验。他认为,每种情绪在生理层面都是不同的,人类需要学习如何识别这些生理层面的差异,以便了解每种情绪的感觉。因此,生气和恐惧时,我们会有不同的生理反应。

然而,经过一个世纪的研究,对于这个理论,学者们只找到了很少的证据(Eagly & Chaiken, 1993)。现在人们认为情绪是由生理和认知部分共同构成的(例如,见Frijda & Zeelenberg, 2001)。沙克特和辛格(Schachter & Singer, 1962)的双因素情绪理论强调了这一点,他们认为生理唤醒对情绪强度负责,认知负责将定性不同的状态贴上标签。例如,仇恨和愤怒的生理反应在生理学上"感觉"是一样的(令人不愉快的高度唤醒状态使我们想要痛斥),但是当我们考虑到这一情绪产生的背景时,我们能够辨识出是仇恨还是愤怒。

心情

心情是广义的感觉状态。心情通常不像情绪那样与特定的对象相关联。心情的强度低于情绪。乐观、怀旧、冷漠、不安、烦恼、无聊、疲劳、警觉、放松和紧张等都是心情。心情需要身体的监控,也就是说,我们需要考虑到我们的精神和身体能量的水平。

它们通常与神经系统状态有关,例如抑郁或焦虑。

情感,无论情绪或心情,都可能会受到媒介信息的影响。媒介信息影响受众的情感有四种方式。媒介信息可以为人们提供他们可以习得的情绪信息。媒介信息能在短期内触发情感反应。从长远来看,媒介信息可以改变和加强人们的情感反应(见表10.1)。

表10.1　有关情感效果的延伸阅读

习得

学习适当的情绪反应（Goleman，1995）

触发

触发一般的情绪反应
- 情绪唤醒（Lee & Lang，2009；Vettehen, Nuijten, & Peeters，2008）
- 令人愉悦的媒介信息（Green, Brock & Kaufman，2004；Hall，2009；Knobloch, Patzig, Mende, & Hastall，2004；Oliver & Bartsch，2010；Oliver, Weaver, & Sargent，2000；Raney，2004；Sherry，2004；Vorderer, Knobloch, & Schramm，2001；Weaver & Wilson，2009；Zillmann, Taylor, & Lewis，1998）
- 良好的性情（Zillmann & Cantor，1972；Zillmann et al.，1998）
- 视频游戏的积极情绪反应（Ravaja，2009）
- 负面情绪（Mares, Oliver, & Cantor，2008）

触发特定的情绪
- 恐惧（Berger，2000；Bryant, Carveth, & Brown，1981；Cantor，1994，2002；Cantor & Hoffner，1990；Cantor & Nathanson，1996；Cantor & Sparks，1984；Cantor & Wilson，1988；Comisky & Bryant，1982；Feshbach & Roe，1968；Geen & Rokosky，1973；Groebel & Krebs，1983；Gunter & Furnham，1984；Hare & Blevings，1975；Himmelweit, Oppenheim, & Vince，1958；Mares & Acosta，2008；Ogles & Hoffner，1987；Osborn & Endsley，1971；Sapolsky & Zillmann，1978；Smith & Wilson，2002；Surbeck，1975；Tannenbaum & Gaer，1965；von Feilitzen，1975；Zillmann，1980，1991b；Zillmann & Cantor，1977）
- 敌意（Cicchirillo & Chory-Assad，2005；Farrar, Krcmar, & Nowak，2006；Geen，1975；Geen & Berkowitz，1967；Kirsh, Olczak, & Mounts，2005；Schneider, Lang, Shin, & Bradley，2004；Tamborini et al.，2004；Zillmann, Bryant, Comisky, & Medoff，1981；Zillmann & Sapolsky，1977）
- 愤怒（Holbert & Hansen，2008）
- 愤慨（Hwang, Pan, & Sun，2008）
- 忧惧（Berger，2005）
- 焦虑（Knobloch-Westerwick, David, Eastin, Tamborini, & Greenwood，2009；Peterson & Raney，2008）
- 幽默（King，2000）

触发其他感受
- 存在感（Bracken，2005；Lee & Nass，2005）
- 媒介信息中角色认同感（Chory-Assad & Yanen，2005；Cohen，1997；Eyal & Cohen，2006；Harwood，1999）
- 同情（Zillmann，1996）
- 对国家的自豪感（Pfau et al.，2008）

续表

改变
改变情绪（Cline, Croft, & Courrier, 1973; Gunter, 1985; Hoffner, 1995, 1997; Lazarus, Speisman, Mordkoff, & Davison, 1962; Mullin & Linz, 1995; Sander, 1995; Speisman, Lazarus, Mordkoff, & Davison, 1964; Thomas, 1982; Thomas, Horton, Lippencott, & Drabman, 1977; Van der Voort, 1986）
改变现有心情（Anderson, Collins, Schmitt, & Jacobvitz, 1996; Chang, 2006; Davis & Kraus, 1989; Knobloch, 2003; Knobloch-Westerwick, 2007; Knobloch-Westerwick & Alter, 2006; Mares & Cantor, 1992; Nabi, Finnerty, Domschke, & Hull, 2006; Roe & Minnebo, 2007; Zillmann, 1988; Zillmann & Bryant, 1994）
增强现有心情（Csikszentmihalyi, 1988; Denham, 2004; Green & Brock, 2000; Knobloch, Patzig, Mende, & Hastall, 2004; Oliver, Weaver, & Sargent, 2000; Raney, 2002, 2004; Raney & Bryant, 2002; Sherry, 2004; Vorderer, Klimmt, & Ritterfield, 2004; Vorderer, Knobloch, & Schramm, 2001; Zillmann & Cantor, 1972; Zillmann, Taylor, & Lewis, 1998）
改变性满足（Peter & Valkenburg, 2009a, b）
越来越喜欢看肥皂剧（Weber, Tamborini, Lee, & Stipp, 2008）
脱敏和失去同情心（Cline et al., 1973; Gunter, 1985; Lazarus et al., 1962; Mullin & Linz, 1995; Sander, 1995; Speisman et al., 1964; Thomas, 1982; Thomas et al., 1977; Zillmann, 1996）
加强
电视暴力情绪习惯（Thomas et al., 1977; Van der Voort, 1986）

习得情感

　　媒介源源不断地提供各种各样的故事，受众可以观察在各种情况下各种人物的情绪。因此，人们可以学习如何将这些感觉标注为不同的情绪。因为媒介为人们提供了比在日常生活中遭遇到的更广泛的情绪体验，所以人们发现这些信息可以作为表达不同情绪的有价值的信息来源。

　　人们经常搜索虚构的故事，以学习如何使用和控制自己的情绪。通过观察这些故事中的人物是如何得到奖励或惩罚的，观众可以学到很多社会经验。媒介是社会经验的宝贵来源，因为人们可以以低风险的方式学习。通过观察角色如何处理自己的情绪，观众可以学习社会经验，而不必经历现实生活中可能会发生的负面情绪（如尴尬或沮丧）。

　　解释人们如何通过媒介信息处理情绪信息的最重要因素之一是他们的情商。戈尔曼（Goleman, 1995）在他的《情商》（*Emotional Intelligence*）一书中认为，除了常见的智商之外，人与人的情商也存在差异。情商高的人能够更好地体察他人的情绪，并且控制自己的情绪。因此，情商高的人将能够在媒介信息中感知到更多的情绪信息，并且能够更好地处理这类信息。相比之下，情商低的人往往不能通过媒介理解人物的感受，并且会误解人物的情绪。

习得有关情绪的学习

　　苏对她4岁的儿子博比很生气。中午她开车把博比从学前班接回家，这是本周的第二次，她被叫到幼儿园来早点接博比回家。像今天的情况再发生一次，博比就要被退学了，那么苏将不得不再给博比找学校。

　　苏不想把博比放在学前班，但她别无选择。最近她离婚了，又需要上班，不能整天待在家照顾儿子。起初，博比似乎也在调整自己，尽管他异常安静，但是在本周，他开始对其他孩子采取攻击行为。

　　苏很沮丧，因为她对改变现状无能为力。她曾试图同博比讲道理，可是不管用。她试图惩罚他，但是也不管用。他表现好的时候，她奖励他冰激凌，但似乎也不奏效。她束手无策，觉得自己只能用大喊大叫来吓唬他，他才能表现好一些，但她知道这行不通。

　　那天晚上她平静下来，上网搜索有行为问题男孩的视频。她下载并观看了这些视频，这些视频讲述了博比这个年纪的男孩在学校里遇到的各种各样的问题，例如被欺负、孤独和尴尬。故事令人心痛，但是每个故事都表现出了这些男孩如何处理他们的问题。

　　第二天星期六早上，苏做了博比最喜欢吃的早餐。"博比，今天我们要过一个特别的日子。今天我们看视频，然后去游乐场玩！"这引起了博比的注意，虽然他假装没听到。

　　早餐后，苏让博比靠在她膝盖上，并播放了第一个视频。她经常按暂停键，问博比的看法，以及他认为视频里那个男孩的感受。她指出了那个男孩是如何解决问题的。当那个男孩最终解决了问题感到开心时，他们鼓掌欢呼。看完视频，她与博比讨论了应该如何控制自己的情绪，以及如何待人接物才能够使其他人和自己开心。

　　那天下午，苏开车去了游乐场，她对博比说："今天下午我们来两场比赛。我们会玩你喜欢的秋千、跷跷板和猴架！然后我们和其他人一起玩，试着交一些新朋友。"苏看得出博比持怀疑态度，但她仍然很兴奋，最终博比也很兴奋，特别是当他在猴架上玩耍时。苏在游乐场和其他一些妈妈成了朋友，并且鼓励博比也去和其他孩子交朋友。她提醒他在DVD里看到的那些男孩子如何交朋友，以及当他们让别人开心时，他们也更快乐。

分析

　　苏使用媒介信息来举例说明孩子们如何处理情绪问题。她向儿子表明，他不是唯一有问题的人。然后，她用故事向儿子展示了如何正确处理情绪。

　　在这个故事中，媒介信息并没有单独起作用。母亲是博比学习过程中非常重要的一部分。苏需要努力让博比投入其中，然后她必须仔细指出视频故事所要说明的社会经验。最后，她必须引导博比在现实生活中实践这些社会经验。当然，媒介信息是这个过程的一部分，但它并不是单独发挥作用的。

触发情感

　　媒介信息可以触发特定的情绪，特别是恐惧、欲望和高兴这样强烈而简单的情绪。关于媒介影响情感，研究人员更多地关注触发。在大量的实验里，研究人员向参与者展示了一种特殊的媒介信息，然后在这些信息曝光期间或之后立即测量他们的情绪反应。

触发特殊情绪反应

受媒介触发最多的情绪反应是恐惧（见表10.1）。研究人员在实验中通过放映恐怖、悬疑或犯罪影视剧向参与者展示暴力行为，然后观察参与者的情绪反应。其他研究则通过调查问卷，要求人们回顾过去媒介曝光的情绪反应。在多年的调查中，75%~93%的儿童说他们曾经在看电影时感到害怕或恐惧（Cantor, 2002）。

研究人员经常研究的另一种情绪反应是敌意（Zillmann & Sapolsky, 1977）。人们经常研究的一个课题是电影和电视节目曝光暴力所产生的影响。研究人员会向参与者展示一个暴力计划，然后让这些参与者有机会攻击现实世界中的目标。除了侵略的行为外，研究人员还会衡量参与者被触发的敌对情绪的程度。

触发更普遍的感受

除了具体的情绪之外，媒介也会触发更普遍的感受，包括触发媒介信息的愉悦感（Knobloch et al., 2004）、触发有利的处置（Zillmann et al., 1998）、触发存在感（Green & Brock, 2000）、触发对角色的认同感（Eyal & Cohen, 2006）以及普遍增强现有的心情（Csikszentmihalyi, 1988; Raney & Bryant, 2002）。

触发情感的过程

什么样的媒介内容会触发情绪反应？有关信息和人的许多因素都会影响情绪（见表10.2）。这些因素可以分为两类：信息因素和受众因素。

表10.2 有关触发普遍情绪效果的延伸阅读

信息因素
信息是如何被构建的（Richardson，2005）
电视信息的演示属性影响观众的情绪 ・图像大小（Detenber & Reeves, 1996; Lombard, 1995） ・图片运动（Detenber, Simons, & Bennett, 1998） ・图片的质量（Bracken, 2005）
通过媒介（Chaudhuri & Buck, 1995）
受众因素
思维风格（Berger, 2005）

> 曝光动机（Cacioppo, Gerdner, & Bernston, 1999; Johnston, 1995; Schneider et al., 2004）
>
> 运输程度（Green et al., 2004; Schneider et al., 2004; Lee & Nass, 2005; Sherry, 2004; Tamborini et al., 2004）
>
> 电视节目的更多参与与更多享受有关（Hall, 2009; Pfau et al., 2008）
>
> 特征
> ·敌对（Farrar et al., 2006; Kirsh et al., 2005）
> ·寻求知觉（Cacioppo et al., 1999）
>
> 控制经验（Jansz, 2005）
>
> 道德判断（Raney, 2005）
>
> 感觉与虚构人物的关系（Konijn & Hoorn, 2005）
>
> 与最喜欢的角色矛盾关系的强度（Chory-Assad & Yanen, 2005; Eyal & Cohen, 2006）
>
> 人口因素
> ·性别差异（Hitchon & Chang, 1995; Petrevu, 2004）

信息因素 某些信息元素可以增加受众的兴奋感；这些因素包括图像的大小、运动和图片的质量。电视图像越大，镜头的替换速度越快，观众的兴奋感就越强（Detenber & Reeves, 1996; Lombard, 1995）。另外，在高清电视上观看节目触发了比在非高清电视上观看节目更高的存在感（Bracken, 2005）。

媒介在触发情绪的能力上也有差异。例如，电子媒介广告能比印刷媒介产生更强烈的情绪反应。印刷媒介提供更多理性、分析性参与，而电子媒介提供更多图像、动作和声音（Chaudhuri & Buck, 1995）。

情感的触发受到信息框架的影响。例如，理查森（Richardson, 2005）进行了一个实验来调查编辑框架对读者对于种族群体的情感的影响。参与者阅读模拟的报纸社论，赞同美国最高法院在高等教育中坚持积极行动的决定。社论受到系统地操纵，在四个随机分配的版本中提供不同的框架：补救措施、多样性、组合（两个框架）和控制（两个框架都不包括）。多样性框架引起白人参与者在亲黑情感的度量上得分更高。

为什么人们有时会从媒介中寻找消极的情绪？马雷斯（Mares, 2008）和同事对18~25岁的青少年、26~49岁的中年人、50岁及以上的老年人这三个年龄段的人进行了一项调查，发现年轻人对这几个方面表现出极大的兴趣：在日常生活中体验负面情绪、看到黑暗、令人毛骨悚然或暴力的一面，以及观看媒介以排解无聊和娱乐；老年人最感兴趣的是体验情绪稳定以及欣赏内容向上、温暖人心的电影。结果显示年龄差异可能有助于解释一些节目在不同群体中触发消极情绪的诱惑力。

人们也寻求积极的情感。例如，接触各种媒介有关性的内容可能会产生愉悦的感受。哈里斯和斯科特（Harris & Scott, 2002）声称在许多有关媒介效果的研究中已经发现了这一点。

心情状态可以由媒介信息中的特定元素触发。研究发现，与人们遭遇不幸的新闻故事相比，讲述人们走运的新闻故事能够更好地触发享受（Zillmann et al., 1998）。此外，虚构人物因为不良行为受到惩罚增加了观众观看犯罪影视剧的乐趣（Raney, 2005）。然而，享受也是对所描述的惩罚程度的适当性道德判断的关键。因此，如果一个坏人的角色受到太轻微或太严苛的惩罚，观众的享受就会减弱。

媒介信息的享受具有多个维度。例如，奥利弗和巴奇（Oliver & Bartsch, 2010）进行了一系列研究，以更严肃、讽刺和让人深思的媒介信息来检查观众娱乐满足度的多维度，这类信息通常与戏剧、历史、纪录片和艺术影片相关。他们发现享受的三个维度是乐趣和悬念、情感动人以及发人深省。

故事中的暴力经常导致享受，但这不是必需的。在一个实验中，韦弗和威尔逊（Weaver & Wilson, 2009）发现，非暴力版本的节目比暴力版本的节目更加令人愉快。无论参与者的性别、性格侵略水平和感觉寻求趋势如何，这一发现都是成立的。因此，广泛认为暴力增加享受的观点并不能得到支持。演出中的暴力行为通常会导致唤醒，大多数观众会觉得愉悦。然而，这是兴奋的感觉，而不是与享受最相关的暴力本身。

谈到情绪，电视被视为似是而非。齐尔曼（1991b）指出，许多人将电视用作减少情绪驱动的"退避者"，也用作增加情绪感受的刺激者。为什么看电视既可以让人冷静又可以使人兴奋呢？答案是，有些节目允许我们不加思索地情绪波动，从而产生使我们冷静并忘记问题的 α 波。而有些节目则刺激我们，从而增加了我们的驱动能量。这就是为什么不要将媒介中的所有内容都视为一样对我们来说如此重要。以电视为例，它的内容非常广泛，人们可以从中找到某种内容来增加或减少任何可能的情绪感受。

受众因素 受众因素，如动机，也很重要。例如，约翰斯顿（Johnston, 1995）研究了人们为什么将自己曝光于令人恐怖的电影图像，以及他们受到这些曝光影响的原因。他发现，如果以动机来区分，会有四种类型的人：刺伤观看、紧张观看，独立观看和问题观看。每种类型的人在他们的曝光期间都有不同的情绪反应。

情绪反应也受到关于故事中人物的道德判断的影响。道德判断符合观众期望的人物更受喜爱，观众更倾向于欣赏这些故事(Raney, 2004)。

反应受到人们对经验控制的影响。暴力视频游戏为玩家提供了许多不同的情绪。因为玩家在很大程度上控制着游戏，所以他们可以找出自己想要的情绪，包括在现实生活中不被认可的情绪(Jansz, 2005)。

当人们进入叙事世界时，情绪触发得到加强(Green et al., 2004; Schneider et al., 2004; Lee & Nass, 2005)。运输是你迷失在故事中的条件，因为你失去了自己是观众的一部分而非故事中行为的一部分的感觉。这种运输意识是所有讲故事的人都希望实现的，但只有最有天赋的人才能够达到这种效果。

与运输相关的是流动的想法。像运输一样，流动是受众群体失去实时实地的状态，被卷入了媒介信息中。然而，流动更多地适用于积极从事任务的人，如玩游戏，而不是被动观看的人。流动发生在个人能力符合信息曝光的要求时(Sherry, 2004)。当人们玩电脑游戏时，他们不断接受挑战，但能逐步应对每一个挑战，这时流动就会发生。随着每个挑战变得越来越困难，玩家越来越熟练，就会越来越多地被吸引到游戏的体验中。

人们对叙事中角色的认同程度是有影响力的。例如，科恩发现男性增加了与最喜爱的电视角色的超社会关系，因为他们对当前的约会伴侣更为焦虑，而女性增加了与电视角色的超社会关系，因为她们在当前的约会关系中更有安全感(Cohen, 1997)。此外，艾尔和科恩(2006)研究了电视观众对导致分手的介入角色的反应。电视剧《老友记》最后一集播放完，有279名学生完成了调查，评估他们的观看习惯、对表演的看法、他们最喜欢的角色，以及他们的孤独感。与最喜欢的角色的类社会关系的强度是分手困扰的最强预测因素。其他预测因素包括对节目的忠实度和喜爱、角色的受欢迎程度以及参与者的孤独感。另一项研究调查了电视观众与角色的类社会性感受，科瑞-阿萨德和亚农(Chory-Assad & Yanen, 2005)通过调查观众参与，检验了老年参与者之间的准社会交往、意愿认同感和情绪（绝望和孤独）之间的关系。结果表明，寂寞可以预测意愿认同感。

康宁和霍恩(Konijn & Hoorn, 2005)开发了一个模型来解释运动图像的观众如何与虚构角色建立情感关系。他们发现，对虚构人物的正面评价增强了参与和欣赏，而负面评价拉大了距离。他们认为，人物欣赏是将参与和距离向不同方向牵引的基准。由于许多人物都具有消极和积极的特征，观众心中就有了冲突，这种冲突造成了评价紧张或态度模糊。

虽然这种冲突会在现实生活中引起不适，但媒介故事中的这种冲突却能增加乐趣。

对理解的触发受到人们思维风格的影响。伯杰（Berger, 2005）进行了几项实验，研究了理性思维方式对情绪的互动效应。高度理性的参与者在阅读包括图片说明的校园盗窃率的新闻报道之后，表现出比非理性者更低的理解程度。

触发敌意与临场感的程度有关。坦博里尼等人（2004）研究了玩暴力虚拟现实（VR）视频游戏如何触发敌意的感觉。在实验开始五周之前，参与者完成了暴力视频游戏使用和性格侵略的问卷调查。参与者被随机分配到暴力视频游戏中，玩标准的暴力视频游戏，观看暴力视频游戏或观看非暴力视频游戏。曝光后，研究人员测量了他们的临场感经历、敌对思想和攻击性行为。研究人员发现，个人变量（以前玩电子游戏的经验）和情境变量（暴力媒介曝光）会影响参与者的临场感，反过来又会导致敌意的增加。

对于人口因素，情绪反应存在性别差异。例如，言语、和谐和复杂的广告对女性的影响更大。相比之下，比较简单的广告对男性的影响更大（Petrevu, 2004）。

想要更详细地检验触发过程，请参见表10.3，该表摘录了关于媒介如何触发恐惧效应的很多研究。这类研究主要受到媒介信息中暴力、犯罪和恐怖的刺激。

表10.3　有关分析触发恐惧的延伸阅读

基准因素
信息因素
精神图像生动性的个体差异影响了电视节目中不明飞行物可怕图像的情绪效果（Sparks, Sparks, & Gray, 1995）
当新闻报道提供更加量化的犯罪率数据时，可以减少诸如忧惧受害等情绪的触发（Berger, 1998）
负面视频（死亡、伤亡和伤害的图像）增加了自我报告的故事的负面情绪影响，从而使其更能够唤醒和更加消极（Lang, Newhagen, & Reeves, 1996）
受众因素
现实生活中可怕事件的先前经验（Hare & Blevings, 1975; Himmelweit et al., 1958; Sapolsky & Zillmann, 1978）
信息处理风格、数学问题解决能力和性别角色反应集（Berger, 2000）
了解叙事流程增加了儿童的悬念和恐惧感（Smith & Wilson, 2002）
恐惧反应受到观众特征的影响：性别、曝光动机、特质情感、在认知和情感上的发展差异（如知

续表

觉依赖、区分幻想与现实的困难、对抽象威胁的反应以及使用认知的能力作为减少恐惧的非认知策略）（Cantor, 2002）

发展差异（Cantor & Sparks, 1984; Cantor & Wilson, 1988; Cantor, Wilson, & Hoffner, 1986）

能够认识到现实的写照（Dorr, 1980）

霍夫纳和莱文（Hoffner & Levine, 2005）在介入暴力触发恐慌反应的荟萃分析中发现，男性观众、同情下降的个体以及感性寻求侵略性较高的人群表现出更多的恐惧和暴力享受。

波动因素

信息因素

叙事结构（线性、反转或倒转型）影响悬念、好奇心和阅读享受（Knobloch et al., 2004）。

信息中的某些元素增加了惊吓反应，如人物的危险和伤害；自然形式的扭曲，如怪物和怪兽；危害的经验和别人的恐惧——替代情感；对现实生活中的恐惧者所描绘的刺激的相似性（Cantor, 2002）。

当"坏"角色做了大量难以理喻的坏事，反而成功而且并未停止这样的暴力行为时，影响会增加。而当形象地展示暴力，受害者表现出痛苦时，恐惧也会增加。最后，现实主义的描写也会增加恐惧效果。

刺激类型：坎托（1994）说，惊吓效应是由三种类型的刺激触发的，通常与媒介中对暴力的许多描述结合在一起。第一，危险和伤害，它们是描绘有很大威胁的事件的刺激，包括自然灾害、凶猛动物的袭击、大规模事故以及人际或星际的暴力冲突。第二，自然形式扭曲，包括通过致残、出生事故或表现为变形或不自然的生物体。第三，属于他人的危险和恐惧经历。这种类型的刺激唤起对特定角色的同理心，之后观众会感到故事中角色经历的恐惧。

无理暴力：当暴力被视为不合理时，观众变得更加害怕（Bryant et al., 1981）。

形象：高清晰度和具象导致更多的观众恐惧（Ogles & Hoffner, 1987）。

奖励：当暴力不受惩罚时，观众变得更加恐惧（Bryant et al., 1981）。

现实主义：现实的行为暴力比卡通暴力引发更加激烈的恐惧（Cantor, 1994; Cantor & Hoffner, 1990; Cantor & Sparks, 1984; Geen, 1975; Geen & Rokosky, 1973; Groebel & Krebs, 1983; Gunter & Furnham, 1984; Lazarus, Opton, Nomikos, & Rankin, 1965; Osborn & Endsley, 1971; Sparks, 1986; Surbeck, 1975; von Feilitzen, 1975）。例如，拉扎勒斯（Lazarus）和同事们发现，当参与者被告知这些事故是假的时，向他们显示血腥事故使他们生理上的唤醒程度更低。在儿童身上也发现了这种影响（Cantor & Hoffner, 1990; Cantor & Sparks, 1984; Sparks, 1986）。此外，当描写中的元素与个人自身生活中的特征之间存在相似性时，恐惧就会增强（Cantor, 1994）。

人物吸引力（Zillmann, 1980, 1991b）
· 英雄主义（Comisky & Bryant, 1982; Zillmann & Cantor, 1977）
· 与观众的相似性（Feshbach & Roe, 1968; Tannenbaum & Gaer, 1965）

受众因素

观众状态
· 生理唤醒和身份识别可以增加即时恐惧效果的可能性。生理唤醒（心率增加和血压升高）对于

续表

> 强烈的恐惧作用至关重要。处于这种状态时，人们往往会感到强烈的情绪，并试图给其贴上标签。在观看媒介暴力时，有些人将这种强烈的唤醒称为恐惧，但其他人则会将其标注为愤怒、沮丧等（Cantor, 2002）。
>
> - 人们，特别是孩子，会越来越多地对处在危险中的角色有认同感，那么他们就越有可能遇到即时恐惧效果。认同感设置了代表性的经历，使得当角色处于危险中时，认同该角色的观众也感到危险（Comisky & Bryant, 1982; Feshbach & Roe, 1968; Tannenbaum & Gaer, 1965; Zillmann, 1980, 1991; Zillmann & Cantor, 1977）。
>
> 相信所描绘的暴力行为可能发生在观众身上（Cantor & Hoffner, 1990）。
>
> 曝光动机（Dysinger & Ruckmick, 1933; Zillmann, 1978, 1982）。如果一个人观看暴力是为了娱乐，那么他/她可能采用贴现程序来减轻恐惧的影响（Cantor, 1994）。
>
> 唤醒水平（Cantor, Zillmann, & Bryant, 1975; Cantor, Ziemke, & Sparks, 1984; Hoffner & Cantor, 1990; Nomikos, Opton, Averill, & Lazarus, 1968; Zillmann, 1978）
>
> 使用应对策略的能力（Koriat, Melkman, Averill, & Lazarus, 1972; Lazarus & Alfert, 1964; Speisman, Lazarus, Mordkoff, & Davison, 1964; Cantor & Wilson, 1984）

改变情感

情感的改变可以是有意识或无意识进行的。有意识进行时，人们通常会感觉到他们不喜欢的情绪或心情，所以他们会使用媒介来改变这些感觉。无意识进行时，媒介逐渐改变人们对某些事物的感受，通常是消极的，如脱敏或习惯。有意识的改变通常时间相对较短，而无意识的改变则需要更长的时间，例如数月或数年。

有意识的改变

受众群体知道他们可以利用媒介来改变自己的情绪反应，所以他们积极地面对特定的内容，以产生他们想要体验的情绪（Hoffner, 1995, 1997）。例如，悲伤的人会找一些喜剧来看或听一些令人振奋的音乐。

个人会使用媒介信息来管理自己的情绪（Nabi et al., 2006）。受众群体会寻求某些信息来唤醒和激励自己，然后寻找其他类型的信息使自己平静下来，减轻压力。形成情绪与触发情绪有两点不同。一是形成允许受众进行更多的控制。当然，触发情绪往往受到受众的控制（如决定去看恐怖电影以感受恐惧和被唤醒），但是受众的角色更加活跃。随着情绪管理的深入，受众会更加积极地做出选择。二是与触发情绪相比，心情的长期性。

使用电视来管理心情 罗和明尼伯（Roe & Minnebo, 2007）发现，在学校不怎么学习的青少年在家里压力更大，因此更有可能使用电视来管理心情。年幼的孩子尤其如此。

开车来保持积极心情 赫利特（Hullett, 2005）在对情绪状态文献的荟萃分析中发现，人们常常以目标为导向使用媒介，并寻求特定的媒介曝光来获得和保持积极的心情。她提出"享乐应急模式"，指出人们会监测与媒介曝光相关的心情。当他们找到增强正在寻求的积极心情的内容时，只要能增强积极的心情，他们就会继续曝光。

无意识的改变

即使人们没有意识到他们正在使用媒介改变情绪或影响心情，媒介仍然可以发挥很大的影响力。当人们观看唤醒他们的特定种类的媒介信息时，他们通常会感觉愉悦，并且想要反复曝光于这类信息。然而随着时间的推移，信息会失去唤醒或者吸引受众的能力。也就是说，受众会对信息"习惯"；反复曝光已经成为习惯，而习惯使他们失去获得积极或强烈感觉的能力。如果人们不断曝光于同样的暴力或性信息中，这些信息将不再使人们产生相同程度的情绪反应。随着习惯的形成，媒介信息可能会削弱受众对某些图像的自然情绪反应。有关暴力的媒介内容正是这种情况。当人们不断观看大量有关暴力的内容时，他们很可能会经历情绪习惯（Van der Voort, 1986），并对暴力行为和受害者的伤害感到情绪脱敏（Mullin & Linz, 1995）。此外，彼得和瓦卡肯堡（2009a）发现，青少年浏览色情网站与他们的性满足度呈负相关。

习惯常常被认为具有负面影响，但人们也可以积极地利用习惯。例如，治疗师可以反复向患者展示他们所害怕的东西（如狗、蜘蛛、蛇等），渐渐地患者对这些刺激的恐惧将越来越少。反复将可怕的事件描述为安全和平的，有时会使人们减少对这些刺激的恐惧，然后将恐惧的减少转移到现实生活中呈现的刺激上。

改变情感的过程

有时候，这种情绪反应的改变并不受控制。例如，脱敏是一个人情绪的长期改变，而这种改变常常不受其控制。因为一般的电视和电影都包含了非常多的暴力信息，所以人们通常会对受害者失去同情心。这是脱敏效应。人们对这种长期的情感效应进行了很多研究（见表10.4）。

也有可控的长期的情绪改变。人们制定了使用媒介来管理心情的策略。他们学习如何通过不断试错来做到这一点,所以当他们处在不喜欢的心情时,他们知道搜索哪些媒介和信息。例如,人们使用电视来管理心情,压力与观看更多的喜剧和更少的新闻相关。另外,那些对感情不忠的人会寻找与不会不忠的人不同的故事情节。两种类型的人都在寻找通过体验虚构故事来改善心情的方法(Nabi et al., 2006)。

表10.4　有关分析改变脱敏的延伸阅读

基准因素

信息因素

长时间大量观看电视的受众群体会更容易接受暴力,不太可能对受害者感到同情。虽然这种态度是从媒介曝光中获取的,然后通过反复观看得到加强,但是这种态度可以被广泛应用于现实世界中(Cline et al., 1973; Thomas, 1982; Thomas et al., 1977; Van der Voort, 1986)。

受众因素

一些观众被社会化以具有同情价值体系。这些人从更强大的立场出发,并且需要更多的反调节来减少这种同情心的倾向。当观看媒介暴力时,这些人更有可能认同受害者或至少感受到他们的痛苦。

波动因素

信息因素

当暴力以图形和幽默方式显示时,脱敏作用增加。例如,当卡通片不断地显示受害者被炸成碎片又重新聚合,恢复原状时,是非常脱敏的。这使我们在笑声中忘记了恐惧,直到不再同情受害者。

理由和吸引力也是这一过程的重要因素。当有吸引力的人物被反复表现为对不受欢迎的受害者实施暴力时,观众会认为受害者活该。

暴力形象(Cline et al., 1973; Lazarus & Alfert, 1964; Lazarus, Mordkoff, & Davison, 1962; Speisman, Lazarus, Mordkoff, & Davison, 1964)

幽默有助于脱敏作用(Gunter, 1985; Sander, 1995)

受众因素

儿童和成年人可以通过短暂的习惯过程多次曝光而使暴力脱敏。但似乎这种习惯相对较短(Mullin & Linz, 1995)。

情绪管理存在性别差异(Knobloch-Westerwick & Alter, 2006)。在对抗之前,女性很可能通过媒介消费结束厌恶状态来防止侵略。等候报复机会时,女性会花更多的时间阅读积极的信息来消除愤怒。相比之下,男性期望报复机会时会花费更多的时

间在消极信息上以维持愤怒。克诺布洛赫-维斯特维克（2007）发现，经过心情的影响，男性倾向于通过获取信息来分散注意力，而女性倾向于反思体验，因此倾向于吸收力较小的信息。当预见到受情绪影响的行动时，男性倾向于通过选择吸收性内容来分散自己的注意力，而女性则倾向于减少吸收信息。此外，有压力的女性会观看更多的比赛和综艺节目，以及更多的电视节目。有压力的男性会观看更多的动作和暴力片（Anderson, Collins, Schmitt, & Jacobvitz, 1996）。

人们制定策略来帮助自己和他人在被媒介信息触发时应对消极情绪的影响。例如，霍夫纳（1995）表明，人们已经制定了有效的应对策略来对付可怕的电影，例如削弱（分心或重新解释可怕事件）和监视（注意威胁线索），以增强对电影的欣赏。孩子们选择在电视节目中识别各种角色。男孩几乎总是选择男性角色，重视智力和力量；大约一半的女孩会选择男性角色，这些女孩尤其重视幽默和吸引力（Hoffner, 1996）。不同的应对方式影响儿童对恐怖电影的情绪反应；当他们预先了解了最后的圆满结果之后，他们恐惧和忧虑的负面情绪就会减少（Hoffner, 1997）。

来源：Jupiterimages/Goodshoot/Thinkstock。

加强情感

　　媒介信息可以加强情感反应（见表10.1）。从长远来看，加强功能与改变功能同时起作用，有时很难将它们区分开来。对于长期情感形成的研究尤其如此，例如情绪习惯。当你阅读相关文献中的许多研究时，你会注意到，研究人员声称研究参与者习惯于媒介信息中的暴力行为（Thomas et al., 1977; Van der Voort, 1986）以及对现实中受害者的脱敏（Cline et al., 1973; Gunter, 1985; Lazarus et al., 1962; Mullin & Linz, 1995; Sander, 1995; Speisman et al., 1964; Thomas, 1982; Thomas et al., 1977）。研究人员通常只会在一段时间内对参与者进行测试，他们声称参与者会随着时间改变或加强他们的情绪。因此这些研究人员认为，参与者在某个时间点对暴力有正常的情绪反应，但是由于后来频繁地曝光于暴力信息，他们的情绪反应被削弱。此外还有一种假设，认为由于所有暴力事件的曝光，这些钝化的情绪反应得到了加强，因此经常观看暴力的参与者越来越难以恢复对暴力一开始的敏感性。

加强情绪习惯
"迪伦，你知道为什么你父母带你来我这里吗？" "知道，他们认为我玩电脑游戏玩得太多了。" "你觉得你玩得太多了吗？" "不，我觉得恰到好处。" "恰到好处是多少？" 　　迪伦在椅子上吐了一口气，感到他被这个咄咄逼人的顾问给难住了。他耸耸肩，反驳道："大约12个小时。" "一周？" "不，一天。" "每一天？" "也许周末更多。" "怎么可能？你不上学吗？" "多大点儿事。这只是七年级，老师不介意。我坐在教室后面玩手机。" "你玩什么类型的游戏？" "所有类型，卡片、棋牌、动作/冒险。" "与他人竞赛？" "是的，如果可以使用Wi-Fi，我会在网上找玩家。没网时我就对战电脑。没关系。" "为什么玩游戏？" "还有别的可干？" "你可以发短信，发推特，看YouTube。除了游戏，你还可以做很多事情。" "那些都很无聊。" "所以你喜欢玩游戏。" "嗯，大概吧。" "为什么？" "有趣。" "什么地方有趣？" "挑战。它让我坚持，我玩得越好越是这样。这让我无聊的生活过得更快了。"

> "你在现实生活中不会感到挑战?"
> "完全没有,学校很无聊。"
> "你有作业要做吗?"
> "当然,但作业很少,我也就需要用5分钟写作业……如果还值得做一做的话。"
> "你擅长玩游戏吗?"
> "擅长。现在很难找到不是蠢蛋的玩家。"
> "所以你开始失去玩游戏的乐趣了。"
> "是的,以前很激动。那些玩家真的很棒,大部分时间我都会玩得忘了时间。但现在我几乎总是赢。那里蠢蛋越来越多了。"
> "也许你应该尝试一下游戏之外的其他东西。"
> "不。我会继续玩,因为我知道我最终会找到一两个好的玩家来挑战我。"
> "但是如果你尝试别的东西,可能会更有挑战。"
> "不,我坚持玩游戏。"
> "但是你说这太无聊了。"
> "我只需要继续努力,让更好的玩家挑战我。"
> "但是他们很难找到。为什么不尝试别的?"
> "他们就在那里,我只需要找到他们。"
> "找他们不无聊吗?当你知道某人对你不是挑战时,你已经和他玩过一些游戏,浪费了你的时间。"
> "是。但是,当我最终找到一个好的玩家时,我知道这会让我很兴奋。"
>
> **分析**
>
> 　　迪伦显然沉迷于玩电脑游戏。这种成瘾一部分是情绪习惯,也就是说,游戏曾经触发他喜欢的情绪。他被运输到玩游戏的竞技中,并经历了流动的状态,在那里他失去了时空的概念。但最终,随着他的经验越来越多,他的情绪反应逐渐消失。现在他觉得玩游戏无聊,就像他对现实生活的感觉一样。然而他继续玩游戏,希望在他习惯之前重温他早期的经历,并且可以从比赛中强烈地感受到兴奋的情绪。
>
> 　　玩游戏随着时间改变了他的情绪反应,直到这些反应被消除。现在,继续玩游戏加强了习惯。他被早期成功和强烈情绪的记忆所困扰。他拼命想找回那些感觉,但是如果他继续玩游戏只会加强他的习惯。

小结

　　本章重点介绍了情感,包括情绪以及更广泛的感受,如心情和性情。人们可以通过观看角色体验情绪这种社交学习的方式习得情绪信息。媒介信息也可以触发情绪反应。娱乐信息尤其如此,它们的目标是引起最大的情绪反应。广告信息也是如此,其目标是触发人们对广告产品的良好感觉。还有长期的情感变化以及加强效果,特别是情绪习惯和脱敏效果。

　　其中一些情感效果突然发生,不受人们的控制,这些通常是由媒介内容触发的情绪。其他情感效果,如心情的改变,是可控的。人们通过寻找具体的媒介内容来获得和保持积极的心情。

复习题

1. 情绪与心情有什么区别？
2. 比较情感和态度。
3. 认知对情绪有什么样的重要性？

思考题

1. 观看电影并监测你如何能够感知到每个角色的情绪和心情。
- 有多少时间情绪和心情都很明显，也就是说，演员为他们的感受提供了清晰的线索，甚至贴上自己的情绪标签？
- 有多少时间你真的需要分析行动的背景来推断人物的感受？
- 考虑到你如何回答这两个问题，关于电影和演员的能力，你有哪些认知？关于你阅读情绪和心情的能力，你又有哪些认知？
2. 思考媒介如何触发你的情绪。关注恐惧的情绪，定住你这种恐惧情绪的基准。
- 回到引用基线和波动思想的第四章。
- 参考表10.3，查看研究人员发现影响恐惧效应的所有因素。
- 思考什么因素可能触发你的恐惧基线的波动。这些因素有多强大，才能让你从媒介信息中体验到恐惧？
3. 思考除了恐惧以外的其他情绪。
- 思考可以根据情绪塑造基准的各种因素，然后看看你是否可以根据情绪绘制基线。
- 思考什么因素可能触发你在这种情绪中的基线波动。这些因素有多强大，才能让你从媒介信息中体验到这种影响？
4. 思考你最喜欢的媒介信息类型（如行动/冒险、浪漫、喜剧、游戏、现实等），以及你过去多年来从这种类型的信息中获得的所有曝光。
- 这些类型的情感反应通常引发哪些类型的信息？
- 你是否想到在多年的曝光中，自己对这种媒介信息的情感反应有了什么样的变化？
- 你认为这些变化是积极的还是消极的？

第十一章

行为效果

- ☞ 行为的本质
  - ◆ 习得行为
  - ◆ 事实行为过程
  - ◆ 社会行为过程
- ☞ 触发行为
  - ◆ 触发曝光行为
  - ◆ 触发模仿行为
  - ◆ 触发建议行为
  - ◆ 触发行为过程
- ☞ 改变行为
  - ◆ 随着时间改变曝光行为
  - ◆ 随着时间改变其他行为
  - ◆ 解释改变行为
- ☞ 加强行为
  - ◆ 所有媒介的习惯
  - ◆ 特定媒介的习惯
  - ◆ 特定信息的习惯
  - ◆ 解释加强媒介行为
- ☞ 小结

本章讨论六种类型的个体层面效果的最后一种。本章的重点是行为，也就是人们做什么。我们首先对人类行为的本质进行考察，然后再来看看媒介如何引导人们习得行为模式，行为被触发、改变和加强的研究。

行为的本质

行为通常被定义为个人的公开行动（Albarracin, Zanna, Johnson, & Kumkale, 2005）。因此，人们可以观察行为。在受媒介影响的行为效果中，可以观察到人们做某事来回应媒介信息。虽然"行为"是媒介效果研究中经常使用的词语，但我们必须小心区分实际行为和个人自我报告的行为意图。实际行为是可以被观察到的，它必须被执行。

自我报告的行为往往与实际行为截然不同，这有两个原因：一是我们往往过于雄心勃勃，但最终是在比我们想象的更低的水平上行动。例如，我们大多数人都想好好地执行各种有益健康的行为（如少吃垃圾食品、定期锻炼、避免冒险），但我们所执行的往往达不到我们的期望。二是我们常常不知道我们的实际行为，特别是当我们被问及微不足道的行为或作为习惯的日常行为时。因为我们许多使用媒介的行为是如此自然和习惯，以至于我们对其没有记忆，我们媒介行为的自我报告往往只是胡乱猜测的结果。例如，弗格森（Ferguson, 1992）进行了一项研究，他允许人们在等待参与其他房间的研究时，手握遥控器看电视。他记录了参与者使用遥控器换频道的频率。后来，在"其他"研究完成之后，他询问参与者在刚才观看电视期间换了多少次频道。他发现零关联，也就是说，每个人都在胡乱猜测，而且可能会低估或高估自己换频道的次数。

习得行为

人们依靠媒介作为各种行为信息的来源。当人们将自己曝光在媒介信息中时，他们通常会看到描述的（如印刷媒介）或执行的（如动态媒介）行为序列。行为序列的习得主要是认知过程或行为实践过程。当习得主要是认知过程时，人们通过观看媒介信息中该序列的描述来学习行为序列中的步骤。比如，人们在观看播客时，播客向人们展示如何将应用下载到智能手机里。这是一个相对简单的过程，播客的观众观看一次就能学会行为序列。此外，他们不必执行这一序列就可以学会。相比之下，其他行为序列的习得需要付诸实践，例如观看如何学骑自行车的视频。观看这样的视频时，人们可以了解骑自行车的步骤，但学不会如何骑自行车，只有亲自练习，才能学会。任何一种情况——认知过程或行为过程的习得，我们都不能确定人们是否学会了一个行为序列，直到他们执行该序列所必需的行为。因此本章讨论了这两种类型。在这两种情况下，人们需要执行这些行为才能向观察者证明他们已经习得了这些行为。

关于习得行为的另一个重要区别是媒介信息中描绘的行为类型。一种类型的行为本质上可以被认为是事实性的，而另一种类型的行为本质上更具社会性。我们来详细说明一下每种类型。

事实行为过程

媒介提供了许多关于事实行为过程的信息。在图书出版领域，教科书是个巨大的市场，教科书通常呈现事实行为过程（如如何进行科学实验）。书店最受欢迎的两种图书是烹饪和自助。烹饪书教人们烹饪步骤，混合食材，加热，做成食物。自助图书向人们展示如何改变自己的行为，以改善他们的经济习惯、高尔夫球比赛、工作中的表现以及成千上万件其他事情。同时还有手册向人们展示如何修理家园、家具、汽车和电脑。这些书籍现在也有在线内容，并通过广播和电视进行呈现。还有许多其他资源指导你如何拍照、如何弹吉他、如何练瑜伽等。

媒介可以帮助人们获得各种行为序列，这是最广泛的媒介效果之一。然而，讽刺的是，研究人员几乎完全忽视了这种效果。也许他们认为这种效果非常明显，没有必要进行研究。

社会行为过程

社会行为是我们日常生活中与其他人交往时的表现。我们通过观察周围人的行为来学习这些行为序列。年轻时，我们看着兄弟姐妹和朋友执行各种行为，看这些行为是好还是坏。如果他们受到惩罚，我们便知道这种行为不好，我们不能执行。如果相反，他们因采取某一特定行为而被奖励，或至少不受惩罚，我们便知道这种行为是可以执行的。我们不断观察自己和其他人的社会行为，以了解其中的社会规则。

媒介展示了很多社会行为。我们看到执行善行或恶行的人的报道。我们观看影视剧，随着情节的展开，我们从中观察里面人物的行为，它们也向我们揭示了这些人物行为的后果。这就是替代学习，也就是说，我们不必亲自执行就可以了解这些行为的表现是否会产生积极或消极的结果（Bandura, 1977）。

触发行为

媒介提供具有触发行为效果的信息（见表11.1）。研究重点关注三种触发行为：曝光行为、模仿行为和建议行为。

表11.1　有关触发行为的延伸阅读

触发曝光行为

一般媒介曝光（Hall, 2005; Himmelweit et al., 1980; McIntosh et al., 2000; Shah et al., 2001; Sherry, 2001; Slater, 2003）
· 电视（Eastman, Newton, & Pack, 1996; Kaye & Sapolsky, 1997; Lang et al., 2005; Riggs, 1996）
· 公共场所电视（Krotz & Eastman, 1999）
· 视频和电脑游戏（Funk & Buchman, 1996）

曝光于特定的内容
· 暴力（Krcmar & Greene, 1999; Krcmar & Kean, 2005; Slater, 2003; Vandewater et al., 2005）
· 电视新闻（Tsfati & Cappella, 2005）
· 互联网公共事务新闻（Tewksbury, 2003）
· 健康信息（Rains, 2008）
· 真人秀（Reiss & Wiltz, 2004）
· 运动（Gantz et al., 2006; Knobloch-Westerwick, David, Eastin, Tamborini, & Greenwood, 2009）
· 戴安娜王妃的死亡报道（Basil et al., 2002）
· 通过类社会交往寻求的陪伴（Greenwood & Long, 2009）
· 让人感到悲伤的电影（Oliver, 2008）

触发模仿行为

模仿侵略（Miller & Dollard, 1941; Rosekrans & Hartup, 1967）

器官捐赠登记（Morgan, Movius, & Cody, 2009）

体育锻炼（Fox & Bailenson, 2009）

选民投票（Kiousis & McDevitt, 2008）

触发建议行为

攻击性行为（Byrne, Linz & Potter, 2009; Krcmar & Lachlan, 2009; Tamborini et al., 2004）

续表

> 购买产品
> · 在线购物活动（LaRose & Eastin, 2002）
> · 采购产品（Hitchon & Thorson, 1995; Perry & Gonzenbach, 1997）
>
> 政治参与和公民参与（DeVreese & Semetko, 2002; Hardy & Scheufele, 2005; Mastin, 2000; Moy, Torres, Tanaka, & McCluskey, 2005; Newhagen, 1994; Pinkleton, 1998; Pinkleton, Austin, & Fortman, 1998; Scheufele, 2002; Scheufele, Shanahan, & Kim, 2002; Shah, Cho, Eveland, & Kwak, 2005; Wilkins, 2000）
>
> 触发亲社会行为（Mares & Woodard, 2005）
> · 健康行为（Harrison, Taylor, & Marske, 2007; Kennedy, O'Leary, Beck, Pollard, & Simpson, 2004）
> · 曝光于杂志模特后的运动（Aubrey & Taylor, 2009）

触发曝光行为

媒介研究最经常进行的是对媒介曝光行为的考察（Hall, 2005; Himmelweit, Swift, & Jaeger, 1980; McIntosh, Schwegler, & Terry-Murray, 2000; Shah, McLeod, & Yoon, 2001; Sherry, 2001; Slater, 2003）。这些研究通常研究人们把时间花在哪里，电视、收音机、打印机还是电脑。有些研究集中于一种媒介，如电视（Lang et al., 2005; Riggs, 1996）、视频或电脑游戏（Funk & Buchman, 1996）。

还有些研究集中在媒介的信息类型，如电视新闻（Tsfati & Cappella, 2005）、真人秀（Reiss & Wiltz, 2004）、暴力（Krcmar & Greene, 1999; Krcmar & Kean, 2005; Slater, 2003; Vandewater, Lee, & Shim, 2005）、运动（Gantz, Wang, Paul, & Potter, 2006）、互联网公共事务新闻（Tewksbury, 2003）。还有研究集中在特定的主题，例如戴安娜王妃之死（Basil, Brown, & Bocarnea, 2002）。

这些大量的研究向我们展示了媒介内容和各种媒介的具体体验如何触发曝光行为。媒介随后试图加强这些初始曝光（见本章稍后关于加强行为的内容）。

触发模仿行为

曝光于媒介信息可以触发观看者模仿媒介信息中的行为。模仿行为的积极例子包括进行体育锻炼（Fox & Bailenson, 2009）、器官捐赠登记（Morgan et al., 2009）和投票（Kiousis & McDevitt, 2008）。

然而，也有媒介曝光触发反社会行为的反面例子。有关反面内容（如暴力）的批评认为，当人们，特别是儿童，曝光于媒介内容时，往往会模仿这些行为。有一些研究支持这一批评（Miller & Dollard, 1941; Rosekrans & Hartup, 1967）。例如，罗斯克拉斯和哈特普（Rosekrans & Hartup）进行了一个实验来测试奖励和惩罚在触发模仿行为方面的作用。他们发现，观看榜样因攻击性行为而得到奖赏的孩子们更容易采取攻击性行为，而观看榜样因攻击性行为受到惩罚的孩子，最不可能模仿这种攻击性行为。

触发建议行为

从上一节我们可以看出，有证据表明确实存在模仿行为。然而，模仿行为是少见的。虽然媒介信息表现出特定的行为，但观看这些行为的人通常不会模仿；相反，人们会了解一种行为类型，然后将其归纳为类似的行为。例如，坦博里尼等人（2004）进行了一次实验，实验的参与者玩暴力内容的电子游戏，后来更有可能表现得具有攻击性。也就是说，这些参与者并没有简单地模仿游戏中的暴力行为，而是在学会了这些之后执行更普遍的行为类型（侵略），并且更具攻击性地表现了出来。奇基里洛和科瑞-阿萨德（Cicchirillo & Chory-Assad, 2005）也有个类似的发现，只玩10分钟暴力视频游戏的人更有可能表现出新的攻击性行为。

媒介如何触发建议行为的另一个例子是食欲不振。哈里森等人（2007）向一些女孩子放映了一些幻灯片，这些幻灯片展示的是身材苗条的女模特。发现自己的身体和那些模特之间差异的女孩子在与同龄女性一起吃饭时吃得较少。

研究人员还发现媒介可以影响人们的亲社会行为（Mares & Woodard, 2005），例如政治参与和公民参与（De Vreese & Semetko, 2002; Hardy & Scheufele, 2005; Mastin, 2000; Newhagen, 1994; Pinkleton, 1998; Pinkleton et al., 1998; Scheufele, 2002; Scheufele et al., 2002; Wilkins, 2000）。此外，在肥皂剧描绘了传播艾滋病毒预防信息的小情节之后一小时内，拨打艾滋病热线的人数大大增加（Kennedy et al., 2004）。

单一媒介信息可能会触发正面或负面行为。例如，广告已被发现会导致正面或负面的购买行为（LaRose & Eastin, 2002）。

> **触发建议行为**
>
> 瑞安刚刚在电视上观看了几场体育赛事。似乎每过几分钟，赛事就会被广告打断，而大多数广告都是比萨广告。他惊讶地发现所有这些比萨公司都可以使自己的比萨听起来与竞争对手的比萨有很大的不同。比萨看起来都很好吃！耐嚼，撒满干酪，配着深红色番茄酱，而且五颜六色的辣椒和蘑菇之间的肉类浇头也闪闪发光。瑞安的母亲路过他的书房时，他正在拨打电话。
> "瑞安，你是在叫外卖吗？"
> "妈妈，我真的饿了。"
> "我正在做美味的晚餐，大约两个小时就好。"
> "可是我现在饿了！"
> "你耳根子真软。我看到你在看那些比萨广告。你不能抵制一下吗？不要点比萨了！"
> "我没有。你根本不了解我。"瑞安听到电话接通了，他对着手机大声说话，故意让妈妈听见。"你好，粤宫，我想订外卖。我要一个蛋卷、橙皮鸡和蒸米饭。"他看着妈妈，对她说："看，没有比萨。我没有受到这些广告的影响。它们对我不起作用。我就是饿了。"
>
> **分析**
>
> 瑞安的饥饿显然是由媒介信息触发的。但是，他没有做出类似行为，也就是说，他没有模仿人们订购和吃比萨。媒介信息触发了他的饥饿。虽然瑞安没有订购比萨，但实际上接受了这些广告的建议，即自己不想煮东西，就点快餐外卖。

触发行为过程

影响行为触发的因素有很多。例如，表11.2和11.3展示了解释触发媒介使用行为的一些因素。表11.2列出了已被证明是媒介使用的一般预测因素。这些因素主要涉及受众群体的特征。表11.3列出了触发特定媒体频道和节目内容曝光行为的因素。这些因素主要针对特定种类的内容。

信息因素 一般来说，主要广播网络在体育赛事电视转播中播放黄金时段电视节目预告，对节目份额和收视率的影响不大（Eastman et al., 1996）。

曝光于政治网站会触发政治对话和在线短信。沙阿等人（Shah et al., 2005）研究了互联网在公众表达领域的作用。他们使用了两波国家小组调查数据，发现在线媒体补充了传统媒体以促进政治讨论和公民信息传播。这两种形式的政治表达反过来又触发了公民的参与行为。

在对导致后续攻击性行为的色情内容曝光效果的荟萃分析中，色情类型是一个关键因素。曝光于裸露画面会减少随后的攻击性行为；描绘非暴力性行为内容的曝光会增加攻击性行为；媒介对暴力性行为的描述比对非暴力性行为的描述会产生更多的攻击性行为（Allen et al., 1995）。

表 11.2　有关触发普遍媒介使用行为的延伸阅读

受众因素

动机很重要（Krotz & Eastman, 1999; Mendelson, 2001; Reiss & Wiltz, 2004）

参与某些故事（Basil et al., 2002; Morgan et al., 2009; Reagan, 1996）

关于媒介表现的主题的现有知识（Moy et al., 2005; Shah et al., 2005）

对信息中元素的现有态度（Cho, 2005; Lo & Wei, 2005）

对信息中人的吸引力和认同感（Basil, 1996; Knobloch-Westerwick & Hastall, 2006）

性格特质（Grimes, Bergen, Nicholes, Vernberg, & Fonagy, 2004）
- 感觉寻求（Slater, Henry, Swaim, & Cardador, 2004）
- 低自尊：通过降低自尊来预测女孩玩视频和电脑游戏（Funk & Buchman, 1996）

期望
- 媒介信息会给人们提供可以用来与他人交谈的信息（Riggs, 1996）
- 相对较低的认知努力（Lang et al., 2005）

情境变量（Shen, 2009; Slater et al., 2004）

表 11.3　有关触发特定行为的延伸阅读

信息因素

节目宣传片触发节目曝光（Eastman et al., 1996）

暴力内容的吸引力涉及：
- 性别：最受青睐的是男性、被疏远的人，以及具有特质侵略和寻求感官刺激的青少年（Slater, 2003）
- 感觉寻求（Krcmar & Greene, 1999）
- 个性特征（Hall, 2005; Krcmar & Kean, 2005）

新闻吸引力：人们对认知的需求很大，也就是说，他们喜欢倾听不同的观点，也喜欢自己思考（Tsfati & Cappella, 2005）

对真人秀的吸引力预测如下：
- 需要陪伴和偷窥（Papacharissi & Mendelson, 2007）
- 外部控制、流动性低和人际交往少（Papacharissi & Mendelson, 2007）

广告可以触发行为：
- 幽默（Perry & Gonzenbach, 1997）
- 情感吸引（Hitchon & Thorson, 1995）

政治信息引发政治参与和公民参与（De Vreese & Semetko, 2002; Hardy & Scheufele, 2005; Mastin, 2000; Newhagen, 1994; Scheufele, 2002; Scheufele et al., 2002; Wilkins, 2000）
- 比较政治候选人的印刷广告增加选举参与度（Pinkleton, 1998）
- 政治运动的负面影响减少了媒介的使用和投票行为（Pinkleton et al., 1998）

续表

触发媒介暴力曝光的攻击性行为
· 精神病理学唤醒（Grimes et al., 2004）
· 个性（Slater et al., 2004）
· 色情文学（Allen, D'Alessio, & Brezgel, 1995）
· 玩家与化身的相似性（Yee & Bailenson, 2009）

受众因素

参与某些特定故事
· 戴安娜王妃之死（Basil et al., 2002）
· 随着个人兴趣的增长，受众成员使用的媒介数量源增加（Reagan, 1996）
· 健康故事（Morgan et al., 2009）
· 对广告产品的高参与度（Hitchon & Thorson, 1995）

需要通过类社会交往寻求陪伴的刺激：
· 虚拟电视（Greenwood & Long, 2009）
· 真人秀（Papacharissi & Mendelson, 2007）

受众因素　解释人们为什么会被媒介所吸引，动机很关键。许多行为触发研究者询问了受访者他们行为模式背后的原因或动机。例如，帕帕查里西和门德尔松（Papacharissi & Mendelson, 2007）说，观看真人秀节目可能是观看者出于对陪伴的需要或窥视癖好。他们还说，拥有控制权、流动性低、人际交往少的观众更有可能有观看真人秀的行为习惯。在另一项研究中，赖斯和威尔兹（Reiss & Wiltz, 2004）进行了一项调查，他们发现，成年人观看真人秀有16个动机。观看真人秀的人有高于平均水平的自傲动机；与其他人相比，他们也具有更高的需求，需要感觉到平静、友善、不受道德约束、安全和浪漫。研究者得出结论，人们喜欢电视节目，这些节目刺激了他们最重视的感觉，而这些感觉是由个人决定的。

相比政治知识，政治行为与对政治组织的信任更为密切相关。莫伊等人（Moy et al., 2005）进行了一项研究，探讨了媒介对参与的影响过程，重点关注对组织的认知和信任，将其作为关注世贸组织新闻与预期同世贸组织相关行为之间的干预变数。世贸组织会议之前，研究者向来自西雅图地区的277名成年人收集了调查数据。结果表明，信任报刊和电视新闻的人更有可能被触发政治行为。

触发媒介暴力曝光的攻击性行为与某些心理问题有关。被诊断为精神病理学症状的儿童可能会因暴力媒介曝光而经历疾病的恶化。患有最常见，通常未被确诊的精神病理学疾病——破坏性行为障碍（DBD）的儿童表现出心率变异、心脏迷走心音和其他对媒介暴力的心理生理反应。没有这种疾病的儿童没有表现出这些心理生理反应。

这些反应，或者没有这些反应，相比执行行为，是更为可靠的确定暴力媒介对儿童的影响的措施，因为执行行为更容易受到实验者诠释的影响，即受到实验者偏见的影响（Grimes et al., 2004）。此外，青少年使用暴力媒介与侵略性之间的关系取决于个性，例如疏离程度、感觉需求和同伴导致的受害感（Slater et al., 2004）。

改变行为

媒介展示影响我们行为模式变化的信息（见表11.4）。其中一些行为的改变涉及媒介使用，而其他行为的改变则属于个人原因。

表11.4　有关改变行为的延伸阅读

随着时间改变曝光行为

电视
- 观看电视是惯性的（Hawkins, Tapper, Bruce, & Pingree, 1995）
- 电视节目重复观看率相对较低（Zubayr, 1999）
- 人们经常在同一时间将自己曝光在多个媒介信息中（Schmitt, Woolf, & Anderson, 2003）
- 在某种程度上增加的电视观看取代了其他媒介的使用（Koolstra & Van der Voort, 1996）
- 除了深夜观看电视的频率的增加之外，电视观看频率普遍在青春期下降（Eggermont, 2006）

视频游戏
- 玩游戏的时间（Lucas & Sherry, 2004）
- 视频游戏成瘾（Lemmens, Valkenburg, & Peter, 2009）

互联网
- 在网络上和其他人建立关系（Parks & Floyd, 1996）
- 使用互联网获取硬新闻改变了人们在政治进程中自我报告的参与行为（Hardy & Scheufele, 2005）

暴力（Vandewater, Lee, & Shim, 2005）

体育（Gantz et al., 2006; Harrison & Fredrickson, 2003）

随着时间改变个人行为

不良行为
- 冒险行为（Krcmar & Greene, 2000）
- 危害健康行为（Nabi & Clark, 2008）
- 吸烟（Gunther, Bolt, Borzekowski, Liebhart, & Dillard, 2006）
- 饮食障碍（Bissell & Zhou, 2004; Botta, 1999; Harrison, 2000; Harrison & Cantor, 1997; Moriarty & Harrison, 2008）

媒介暴力曝光的攻击性行为（Grimes et al., 2004; Slater et al., 2004）

性行为（Bleakley, Hennessy, Fishbein, & Jordan, 2008; Fisher et al., 2009）

支持社会行为（Mares & Woodard, 2005）
·支持环境行为（Holbert, Kwak, & Shah, 2003; Ostman & Parker, 1987）

公民参与（Hoffman & Thomson, 2009）

随着时间改变曝光行为

媒介塑造了人们的媒介习惯，特别是电视（Eggermont, 2006）、互联网（Hardy & Scheufele, 2005; Parks & Floyd, 1996）和视频游戏（Lucas & Sherry, 2004）更是如此。例如，帕克斯和弗洛伊德（Parks & Floyd, 1996）发现，人们，尤其是女性，利用互联网来发展社会关系。一个人使用互联网的时间越长，就会在线上和更多的人建立关系，继而增加上网时间。

对于电视使用的改变，艾格蒙特（2006）进行了一项研究，研究青春期电视观看的轨迹。结果表明，在分别对白天、黄金时段和深夜电视观看进行观察后发现，观看习惯呈现不同的变化。虽然白天和黄金时段的观看时长减少，但在后期清醒时间的观看时长有所增加。在自己房间可以看电视的青少年看得更多；男性观众倾向于避免"家庭时光"和"女性内容"。

其他学者研究了在线视频游戏行为。威廉斯（Williams, 2006a, 2006b）对沉浸式在线视频游戏进行了为期一个月的小组研究，以检验其对社会和公民的影响。数据显示出混合效果。虽然游戏改善了全球前景和网络社区，但是友情也在逐渐消失，大多数玩家彼此孤立，但家庭互动和新闻媒介的使用不受影响，而娱乐媒介则被取代。人们发现面对面的交流变少了，并将其描述为"防护层"。卢卡斯和谢里（Lucas & Sherry, 2004）进行了一项关于年轻人玩视频游戏的原因、首选游戏的类型和游戏数量的大规模调查。同男性受访者相比，女性受访者玩游戏的频率较低，在社交情境中玩游戏的动机较少，参与竞技类型游戏的取向较少。

其他学者研究了特定内容曝光的习惯模式，特别是暴力内容。范德沃特等人（Vandewater et al., 2005）对全美国6~12岁的儿童在电视和电子游戏中的曝光程度进行了调查。他们发现，如果家庭里经常发生争吵，紧张的家庭关系会增加他们对暴力媒介内容的兴趣，而家庭关系和睦的孩子不会曝光于那么多的暴力媒介内容。

随着时间的推移，体育迷的行为变得更加仪式化。与其他类型电视节目的观众相比，体育迷是极具仪式感的。许多体育迷会参加各种先行活动和后续活动（Gantz et al., 2006）。

媒介信息也有影响这种改变行为效果的特征。兰等人（2005）发现新闻故事的特点改变了电视观看行为。他们调查了新闻故事长度和制作节奏是否会影响年轻人和老年人更换频道的行为。观众使用遥控器在四个本地新闻节目中进行选择，这些新闻节目系统地按故事长度和节奏发生变化。一般来说，节奏和长度对年轻观众有更大的影响。快节奏会增加观众对新闻广播的有利评估，但与长篇故事相结合时，会减少年轻观众在频道上花费的时间。观众的认知努力、物理唤醒和识别都在频道改变前减少，并在频道改变后增加。频繁地换频道与较低的认知努力和认知水平有关。

媒介改变人们的曝光模式是个复杂的过程，涉及许多因素。为了说明这一点，库珀和唐（Cooper & Tang, 2009）进行了一项研究，以确定在常规电视曝光中影响最大的因素；他们的发现表明，没有一个因素能够将电视曝光解释得很清楚。影响人们对媒介的使用习惯有很多变量。七大因素（仪式动机、互联网的使用、受众的可获得性、多渠道服务的成本、年龄、工具性动机和性别）只能解释约30%的观看行为。

随着时间改变其他行为

随着时间的推移，媒介会影响个人行为，无论是积极的还是消极的。在不良行为中，如酒后驾驶、犯罪（肆意破坏、擅自侵入、逃学）、鲁莽驾驶和吸毒等行为与观看暴力剧目、现实犯罪节目和青少年接触体育等有关（Krcmar & Greene, 2000）。媒介通过反复曝光暴力内容增加了攻击性行为（Grimes et al., 2004; Slater et al., 2004）。研究人员还调查了吸烟等有害行为。冈特等人（2006）发现，与吸烟有关的媒介内容对青少年吸烟行为有影响。这种影响是通过对感知到的同伴规范的影响而间接产生的，也就是说，青少年认为媒介中与吸烟有关的信息会影响同龄人的态度和行为，而这些认知反过来又会影响青少年自己的吸烟行为。布利克利（Bleakley, 2008）及其同事使用基于网络调查的纵深方式，调查了14~16岁的青少年，发现性活跃的青少年更有可能曝光于媒介中的性信息，而曝光于媒介中性信息的人更有可能在性活动中取得进展。

媒介对加剧饮食失调会产生影响（Bissell & Zhou, 2004; Botta, 1999; Harrison, 2000; Harrison & Cantor, 1997）。曝光于展示女性理想身材的节目可改变大学女性的

饮食习惯；而曝光于这些影像的女性更有可能出现饮食失调（Bissell & Zhou, 2004）。观看体育运动可能导致自我客体化，这会导致身体自卑、饮食紊乱和抑郁等精神健康风险（Harrison & Fredrickson, 2003）。

媒介也会影响亲社会行为（Mares & Woodard, 2005），比如亲环境行为（Holbert et al., 2003; Ostman & Parker, 1987）。

媒介还会改变公民参与。例如，霍夫曼和汤姆森（Hoffman & Thomson, 2009）发现，虽然成年公民的参与率一直在下降，但青少年的参与率似乎在增长。这项研究评估了电视观看对高中生参与的影响。结果表明，观看深夜电视和本地电视新闻会对公民参与产生重大的积极影响。

解释改变行为

影响行为改变的因素有很多。在健康传播领域，菲什拜因和卡佩拉（Fishbein & Cappella, 2006）开发了一个使用媒介创建有效的健康宣传活动的模式。在这种模式中，媒介曝光与其他一些因素相互作用，如人的过去行为，人口因素和文化，对目标的态度（刻板印象和耻辱），个性、心情和情绪，以及其他个人差异变量，如感知风险。这一系列因素会影响人们的信仰，从而影响态度，然后影响意图，最终预测健康行为。

加强行为

媒介提供的信息具有加强现有行为模式的作用（见表11.5）。关于加强行为的研究主要集中在三个方面：加强对所有媒介的使用习惯、对特定媒介的使用习惯以及对特定信息曝光的习惯。

表11.5 有关加强行为的延伸阅读

所有媒介的习惯
加强媒介曝光的习惯（Freedman & Sears, 1966; Himmelweit et al., 1980; LaRose & Eastin, 2002; Lazarsfeld, Berelson, & Gaudet, 1944; McIntosh et al., 2000; Shah et al., 2001; Sherry, 2001; Slater, 2003）
加强对媒介的依赖（Ball-Rokeach & DeFleur, 1976）

加强媒介成瘾（Himmelweit, Oppenheim, & Vince, 1958; Jhally, 1987; Kaplan, 1972; LaRose et al., 2003; Levy, 2007; Maccoby, 1954; Mander, 1978; McLeod, Ward, & Tancill, 1965; Winn, 1977）
特定媒介的习惯
电视观看（Hawkins et al., 1995; Krcmar, 1996; Mares & Woodard, 2006; Rosenstein & Grant, 1997; Zubayr, 1999）
电视成瘾（Horvath, 2004; Jhally, 1987; Kaplan, 1972; Mander, 1978; McIlwraith, 1998; Winn, 1977）
图书（Koolstra & Van der Voort, 1996）
互联网（LaRose & Eastin, 2004）
特定信息的习惯
色情（Allen et al., 1995）
PBS（Sherman, 1995）

所有媒介的习惯

研究人员一直关注长期的媒介曝光是否会使人们越来越沉迷于其中。虽然大多数人不会成瘾，但是许多人对媒介的依赖已经增加了不少（Ball-Rokeach & DeFleur, 1976）。这种依赖关系出现在加强媒介曝光的习惯中（Freedman & Sears, 1966; Himmelweit et al., 1980; LaRose & Eastin, 2002; Lazarsfeld et al., 1944; McIntosh et al., 2000; Shah et al., 2001; Sherry, 2001; Slater, 2003）。一些研究人员将这种对媒介的依赖描述为成瘾（Himmelweit et al., 1958; Horvath, 2004; Jhally, 1987; Kaplan, 1972; LaRose et al., 2003; Maccoby, 1954; Mander, 1978; McLeod et al., 1965; Winn, 1977）。例如，杰利（Jhally, 1987）认为，"有显著的证据表明，这种观看活动不那么自由，这在某种程度上是我们无法控制的。此外，这不是对这种观看活动不良影响的认识，人们知道自己正在做什么"。他说，人们过度放纵，这给他们一种感觉，即观看活动"超出了他们的控制"并且它"使他们感觉不到真正意义上的满足。该活动看上去几乎与个人的自我感知偏好是对立的。该活动似乎远离观看者"（p. 181）。习惯行为和缺乏自律是媒介行为的决定因素（LaRose & Eastin, 2004）。此外，霍瓦特（Horvath, 2004）使用精神病学家发现的原理来解决电视观看问题，发现许多人对媒介上瘾。对上瘾行为的测量包括四种因素，即重度观看、问题观看、渴望观看和撤回。这些因素与电视使用成瘾检测结果呈正相关。

沉迷于电视的人更容易感到无聊，并在艾森克人格测验（Eysenck Personality Test）的神经质和内向维度中得到高分，该测试是基于对经验的开放性、个人主动性、外向性、亲和性和兴趣不稳定性五个因素的一般个性测试。上瘾者更有可能通过看电视来转移注意力、调节心情和打发时间（McIlwraith, 1998）。在《新闻周刊》的一篇文章中，利维（Levy, 2007）描述了人们沉迷于脸书，每天多次浏览好友的信息，看看发生了什么新鲜事，有些人有数百个好友。

特定媒介的习惯

研究人员对特定媒介曝光习惯的加强进行了研究，例如书籍（Koolstra & Van der Voort, 1996）和互联网（LaRose & Eastin, 2004），但是研究最多的是电视习惯（Hawkins et al., 1995; Krcmar, 1996; Mares & Woodard, 2006; Rosenstein & Grant, 1997; Zubayr, 1999）和电视成瘾（Horvath, 2004; Jhally, 1987; Kaplan, 1972; Mander, 1978; McIlwraith, 1998; Winn, 1977）。

研究人员发现，看电视是惯性的。一个人盯着屏幕的时间越长，即使节目内容完全不同，继续观看的可能性也越大。人们使用战略和非战略手段看电视。非战略观看可以用注意惯性来解释（Hawkins et al., 1995）。习惯在电视观看行为中发挥着重要作用（Rosenstein & Grant, 1997）。与其他年龄组相比，老年人的平均观看次数更多（Mares & Woodard, 2006）。电视节目的重复观看率相对较低，也就是说，只有1/3的电视观众会看下一集。然而，重复观看率会随着剧本的延续而增加，如肥皂剧（Zubayr, 1999）。在家庭中能够观察到媒介使用；研究人员发现，有46%的时间，人们开着电视但是在做其他事，比如说话、吃饭或做家务。这些额外的曝光行为在白天和广告播放时段更为常见（Schmitt et al., 2003）。电视观看超过一定程度会降低小学生的阅读量。电视通过两种机制取代了书本：它降低了书籍阅读的支持率，并且使儿童的阅读能力下降（Koolstra & Van der Voort, 1996）。

特定信息的习惯

研究人员验证了特定种类的媒介信息如何加强行为，如色情（Allen et al., 1995）、暴力（Rosengren, Johnsson-Smaragdi, & Sonesson, 1994）以及公共电视（Sherman, 1995）。

例如，可以通过持续的具有戏剧性的故事情节、家庭有线状态和习惯性调度来预测重复观看公共电视节目的行为（Sherman, 1995）。

加强行为

布里安娜的室友利兹说："布里安娜，请关掉电脑去睡觉。现在是2点钟，我在睡觉。你可以明天再学习。"
"我没在学习。"
"哦不，你不会又在脸书上了吧？"
"不要小题大做，我喜欢脸书。"
"我也喜欢，但也需要休息。你一整天都在看，把它关掉！"
"好吧，再给我几分钟。我需要再给两个朋友发个消息。"
"你有多少个朋友？"
"327个。"
"什么？比昨晚又多了20个？"
"21个。这太酷了。"布里安娜的手指飞过键盘。"等等，又有一个，328！"
"你需要多少朋友？"
"不能太多。"布里安娜继续发消息。
利兹从床上起来，穿上牛仔裤和运动衫。"我必须让你离开这里休息一下。我们去学生会和一些真人聊天。我们走吧。"
"好的，好吧，只是让我发完这两条。"
"不行。现在就住手，我们走吧！"利兹把布里安娜从椅子上拉起来，从电脑前拽出来，向门口走去。
布里安娜快出门时迅速抓起iPhone。"好的，我们走吧。"
利兹盯着布里安娜握着手机的手，说："你不能带手机。"
"我必须带。"
"不行！跟你的朋友说晚安，他们也需要睡觉。"
"你觉得我所有的朋友都和我在一个时区吗？"
"那他们在哪里？"
"世界各地，很酷吧？"
"布里安娜，这些朋友有几个是你见过面的？"
"所有啊，你傻吗？"
"不，我的意思是'当面'见过。"
"当面？这与友谊有什么关系？"

分析

这个故事使我们想到习惯和上瘾之间的界限。习惯是我们定期执行的行为。虽然习惯性行为模式通常是自动执行的，但我们实际上是选择执行这些行为，当这些行为不再有用或令人愉快时，我们也可以停止执行这些行为。成瘾是我们一遍又一遍地采取行为，而且阻止不了自己，也就是说，我们对行为失控时，行为会控制我们。此外，一旦成瘾，这些行为就不再使我们开心，但我们还会继续执行，以重温这些行为曾经带给我们的良好感觉。

在这个对话中，布里安娜沉迷于脸书。这个行为占用了她的睡眠和学习时间。她似乎无法停止发消息给她的脸书好友，即使现实生活中的朋友想要帮助她。

即使人们有大量的电视频道可以选择，他们通常也只观看常看的那几个频道。例如，中国观众会观看大约13个频道的节目，大约是可用频道的1/3（Yuan & Webster, 2006）。美国人通常有更多的频道选择和更少的节目储备（Webster & Phalen, 1997）。

最后，电视的习惯性观看可以加强行为模式。例如，罗森格伦等人（1994）发现，学龄前的电视观看量与五年级的攻击性行为有关，后者又与八年级观看电视暴力和恐怖内容的次数有关，也与九年级的不安、躁动和注意力不集中有关。

解释加强媒介行为

解释媒介如何随着时间的推移加强媒介曝光行为，可以通过受众因素和信息因素来进行（见表11.6）。在受众因素中，人们更依赖满足更多需求的媒介（Ball-Rokeach & DeFleur, 1976）。已有媒介曝光习惯的人会保持这种习惯，而且随着时间，这些习惯会得到强化（LaRose & Eastin, 2004; Rosenstein & Grant, 1997），特别是那些缺乏自我调节的人（LaRose & Eastin, 2004）。人口因素中的年龄因素也很重要。与其他年龄组相比，老年人平均看电视的时间更长（Mares & Woodard, 2006），这清楚地表明了电视观看习惯会随着时间得到加强。父母经常尝试不同的办法，引导孩子少看电视。当父母使用指导性语言加上积极的影响时，年龄较小的孩子更听话，但这种办法对于年龄较大的孩子并不管用（Krcmar, 1996）。

还有一些信息因素也被认为是加强媒介行为的重要因素。当电视连续剧剧情跌宕起伏时，观众更可能每一集都看，从而强化了观看行为（Sherman, 1995; Zubayr, 1999）。此外，电视节目制作人员也知道，每周同一时间播放同一节目，可以创建并强化观看习惯（Sherman, 1995）。

表11.6 有关加强行为的延伸阅读

受众因素

个人需要（Ball-Rokeach & DeFleur, 1976）

媒介习惯（LaRose & Eastin, 2004; Rosenstein & Grant, 1997）

个性特征
· 缺乏自我管理（LaRose & Eastin, 2004）

年龄
· 成年人（Mares & Woodard, 2006）
· 儿童（Krcmar, 1996）

信息因素

持续的戏剧性故事情节（Sherman, 1995; Zubayr, 1999）

习惯性安排（Sherman, 1995）

小结

行为是个人明显的动作。有时一个人对自己行为的自我报告是准确的,但并不总是这样,因此对自我报告的行为持怀疑态度是很重要的。

媒介以四种方式影响行为:人们可以从曝光于媒介信息中学习行为序列(事实和社会),尽管他们不一定需要执行这些行为才能习得;媒介可以触发行为,比如媒介使用行为、模仿行为和新颖行为;行为模式随着时间变化;长期加强现有行为模式。

复习题

1. 什么是行为效果?
2. 我们为什么要对通过自我报告衡量行为的研究结果持怀疑态度?
3. 比较学习一个事实行为的过程和学习一个社会行为的过程。
4. 比较触发模仿行为和触发信息建议行为。
5. 列出随着时间被媒介改变的行为。
6. 列出随着时间被媒介强化的行为。

思考题

1. 表11.2和11.3列出了研究人员发现参与触发行为的许多因素。你认为哪些因素最有影响力?你或许需要阅读一些文中引用的研究报告,以了解这些因素的重要性。
2. 思考你昨天参与的媒介行为,触发这些曝光行为的主要因素是什么?
3. 比较你对复习题5和6的回答。
   - 在哪些方面它们是一样的,即它们都有相同的效果?
   - 在哪些方面它们有所不同?
4. 思考你的媒介使用习惯,形成和加强这些习惯的主要因素是什么?

第三部分

宏观层面媒介效果种类

这一部分由三章组成,对宏观层面的媒介效果进行研究。第十二章论述对公众的媒介效果,第十三章讨论对各种机构的媒介效果,第十四章总结对社会和媒介本身的媒介效果。

宏观层面的效果涉及集群而不是个人。集群是由所有特定元素聚集在一起形成的组合整体。公众是一个集群,它是所有个人的集合。舆论也是一个集群,它是每个人对某一问题的意见集合,它更关注的是公众的意见,而不是任何个人的意见。集群通常表示为对某事物持积极(或消极)态度的个人所占比例的简单百分比。例如,55%的公众认为总统做得很好,这意味着该国55%的人对总统的工作表现有积极的看法。

你可能会问,如果集群是个人的集合,为什么还要专门讨论对待它的效果,为什么不在第九章个人态度的部分讨论?这个问题很好。我的回答是,虽然集群效果需要收集个人数据并算出这些数据的平均值,但重点关注的内容不同。当我们思考个人层面的态度时,我们想知道谁改变了自己的态度,改变了多少,以及为什么改变。而当我们关心舆论时,我们想知道一般人的意见是什么。我们不关心谁持有这个意见,我们只关心平均水平。回顾第九章,态度是动态的,并且会不断变化。康弗斯(Converse, 1962)认为,个人对自己意见的态度是不一致的,也就是说,个人的意见可能会随着时间改变,个人的意见也不一定与个人的信仰或意识形态有关。但是,舆论在集群层面上更为合理;它根据事件和信息而变动(Page & Shapiro, 1992)。因此,舆论比任何个人的意见都更加稳定和可预测。另外,舆论更是衡量人们对社会问题的总体看法的更好的指标,因为它考虑到了很多人的意见,然后把所有的信息浓缩为一个指标,这就是平均水平。

集群不仅仅是所有特定元素的简单集合。当元素组合时，会产生更多的结果。从宏观机构单位可以看出这一点。虽然机构是个人的集合，但是除了作为这些机构的成员（或用户）的个人之外，它们还有自己的结构和历史。程序、仪式和价值观存在于任何个人加入机构之前，并在任何个人离开很久之后依然存在。而媒介可以对这些程序、仪式和价值观产生影响。

除了媒介对个人的影响之外，我们还要考虑媒介对宏观单位的影响。我们不能简单地通过加总个人数据来了解更大的社会结构（Mills, 1956）。与个人层面单位相比，宏观层面单位有不同的动态。

关于宏观层面媒介效果的研究文献比个人层面的研究文献要少得多。有学者注意到，这种相对缺乏对宏观层面效果的关注来说是一个很大的短板。

为什么宏观层面效果的文献比个人层面的要少得多？似乎有两个原因。一个原因是多年来媒介效果的话题吸引了更多对微观单位感兴趣的学者，如人类思维，而不是宏观单位，如机构和社会。例如，休梅克和里斯（Shoemaker & Reese, 1996）指出，心理学研究的主导地位和社会学研究的缺乏对媒介的发现积累有偏见。第二个原因是所使用的研究方法。学者对个人层面的效果进行研究时，通常使用实验和调查的方法来生成数据。而对宏观层面的研究需要其他方法，如历史分析、现有文件的二次分析和民族志。宏观层面的方法通常更耗时，因为需要进行多年的数据收集和分析，才能得出结果。

第十二章
对公众的宏观层面效果

- 对公众知识的效果
  - 信息流
  - 新闻效果
  - 公共信息活动效果
- 对公众信仰的效果
  - 公众信仰的形成
  - 公众的信仰
- 对公众态度和观点的效果
- 对公众情感的效果
- 对公众行为的效果
  - 公民参与
  - 社会交往
  - 支持社会和反社会行为
- 小结

本章将探讨如何记录媒介对公众的影响。它遵循了第二部分六章中确立的模式，在个人层面上看待各种类型的效果。与之前各章的结构相似，本章将介绍媒介对公众知识、公众信仰、公众态度、公众情感和公众行为的效果。虽然没有与生理学的宏观类比，但其他五种类型的个人层面的效果与公众的宏观单位相匹配。

对公众知识的效果

媒介通过选择和提供信息的方式对公众的一般知识水平产生影响。回顾第七章，当个人获得知识时，重点关注的是个体差异和影响这些差异的因素。在这里，我们更关注公众所知道的。当然，公众是个人的集群，我们不能在不收集个人资料的情况下评估公众的知识。但是，公众知识与任何个人都知道的知识并没有太大关系，它考察的重点是公众的一般知识水平以及媒介在塑造公众知识方面的作用。

在这部分，我首先处理信息流的问题，然后从新闻和公共信息活动中分解出这两种信息的媒介影响。新闻由为媒介组织工作的记者制作，其意图是告知公众当天最重要的事件。公共信息活动通常由未受媒体雇用的人和组织设计并执行。这些人和组织有一个议程，即向公众通报他们认为会以某种方式使社会更好的具体信息。表12.1介绍了媒介对公众的影响。

表12.1　有关对公众的媒介效果的延伸阅读

对公众知识的效果

解释
- 两级传播（Katz & Lazarsfeld, 1955）
- 在文化中扩散信息（Rogers, 1962, 2000）
- 知识鸿沟（Tichenor, Donohue, & Olien, 1970; Rucinski, 2004; Slater, Hayes, Reineke, Long, & Bettinghaus, 2009）

新闻的效果
- 集体记忆（Barnhurst & Wartella, 1998; Edy, 1999; Peri, 1999）
- 减少分享文化知识（Tewksbury, 2003）
- 错误的信息（Hardy & Scheufele, 2009; Shah, Cho, Eveland, & Kwak, 2005）

公共信息宣传活动的影响
- 信息流速度（DeFleur & Larsen, 1958）
- 醉酒驾驶（Yanovitzky, 2002）

续表

对公众信仰的效果

解释
- 我们头脑中的图像（Lippmann，1922）
- 议程设置（Cohen，1963；Dearing & Rogers，1996；McCombs & Shaw，1972；Meijer & Kleinnijenhuis，2006；同时参见第八章）
- 沉默的螺旋（Noelle-Neumann，1984）
- 涵化（Gerbner, Gross, Morgan, & Signorelli，1980，同时参见第八章）

关于机构的信仰（Fan, Wyatt, & Keltner，2001；Moy, Pfau, & Kahlor，1999）

关于政府使用武力的信仰（Aday，2010）

关于家庭问题的信仰（Glynn, Huge, Reineke, Hardy, & Shanahan，2007）

错误的信仰（Shermer，2002）

对公众态度/意见的效果

媒体工作者制造影响大众的信息并影响了政治行动组织（Andsager，2000）
- 种族关系（Domke，2000）
- 国家妇女组织（Barker-Plummer，2002）
- 政治候选人（Russomanno & Everett，1995）

对制度的态度（Johnston & Bartels，2010；Moy et al.，1999）

舆论共识（Bennett，1990；Herman & Chomsky，1988）

侵蚀社会信任（Cappella，2002；Putnam，2000）

对公众情感的效果

社会信任感（Cappella，2002；Putnam，2000）

公众信心（Simonson，1999）

公众对犯罪的恐惧（Gerbner et al.，1980；Lowry, Ching, Nio, & Leitner，2003；Romer, Jamieson, & Jamieson，2003）

道德恐慌（Chiricos，1996）

对公众行为的效果

公共话语（Hardy & Scheufele，2009；Moy, Domke, & Stamm，2001；Noelle-Neumann，1984；Scheufele, Shanahan, & Lee，2001；Shah, Cho, Eveland, & Kwak，2005）

公民参与（Armstrong，2007；Cappella，2002；Hampton, Livio, & Sessions-Goulet，2010；Hofstetter & Gianos，1997；Kang & Gearhart，2010；Matei & Ball-Rokeach，2003；Pasek, Kenski, Romer, & Jamieson，2006；Putnam，2000；Williams，2006a，2006b）

形成在线社区（Becker, Clement, & Schaedel，2010）

243

社会运动 · 受媒介报道影响的学生反对越南战争的抗议（Gitlin, 1980; Halloran, Elliot, & Murdock, 1970） · 女权运动（Lind & Salo, 2002）
采用创新（Rogers & Shoemaker, 1971）
向组织捐款（Simon, 1997）
民间混乱（Singer, 1970; Spilerman, 1976）
自杀（Fu, Chan, & Yip, 2009; Phillips & Hensley, 1984; Romer, Jamieson, & Jamieson, 2006）
暴力率（Centerwall, 1989; Hennigan, Del Rosario, Heath, Cook, Wharton, & Calder, 1982; Messner, 1986）

信息流

信息不断从媒介流向公众。然而，并不是每一条信息都能融入公众的知识库中。这就引出了一个问题：为什么一些信息在塑造公众知识方面比其他信息更有影响力？这里重点关注解释这种差异的三个理论：两级传播、信息传播和知识鸿沟。

两级传播理论认为，信息通常不会直接从媒介流向广泛的公众，而是主要流向意见领袖，然后意见领袖会消化信息并将其传递给社交网络中的其他人。保罗·拉扎斯菲尔德（1948）首先观察到了这一两级过程，他分析了1940年总统选举中对选民进行六个月实地访谈的数据，以确定人们如何获得关于政治候选人和政治问题的信息。他发现媒介被关注竞选活动的人广泛使用。这些人早就决定了自己支持哪些候选人，他们通过媒介收集信息来加强自己的选择并阐述自己的意见。这些人也谈论很多政治问题。其他在选举早期没有做出决定的选民听从这些早期决定者，拉扎斯菲尔德称他们为"意见领袖"。这些意见领袖也是信息的"把关者"，因为他们选择将哪些信息传递给其他人。因此，拉扎斯菲尔德发现信息是以"两步走"的方式传播的。第一步，媒介向意见领袖传递信息。第二步，这些意见领袖在他们的人际网络中向其他人传播信息。

信息传播理论建立在两级模式的基础上，根据信息从媒介向更广泛的人群传播，将公众分成几类。在一篇关于如何在社会中传播信息的文献中，埃弗里特·罗杰斯（1962）进行了重大的综述而提出了这一理论。罗杰斯将拉扎斯菲尔德的观点扩展到政治信息领域之外，关注如何传播关于创新的信息，尤其是农业和健康的信息。罗杰斯认为，关于创新的信息已经被逐步传播给社会的不同群体。第一群接受和使用这些信息的人被他称为"早期采用者",这些人喜欢尝试新鲜事物,不断试图通过媒介找到新鲜事物。这些"早期采用者"将他们的创意传达给意见领袖,然后由意见领袖检验这些创意。如果意见领袖喜欢这个创意,那么他们就会传递给人际网络中的其他人("意见追随者")。最后,信息会被传播到"滞后者",即"后来的采纳者"。

知识鸿沟理论是由明尼苏达大学研究人员提出的,他们花了20多年时间研究了新闻媒介对当前事件的了解程度(Tichenor et al., 1970)。他们注意到,某些群体从媒介中获得的知识比其他群体更多。因此,在了解某话题的人和不了解这一话题的人之间,"知识鸿沟"越来越大。在一系列研究中,他们发现,知识鸿沟在70年代和80年代越来越大。这使他们感到困扰,因为他们预计大众传媒的兴起会使每个人都见多识广,至少关于当前的事件是这样的。大众传媒以如此低的成本提供了如此多的信息,研究人员认为,即使最穷的人每天都可以获得大量的信息。他们发现,虽然信息通过大众传媒普遍存在,但人们寻求信息的动力有很大不同。大众传媒知识的最重要预测因素是教育和社会经济地位。因此,更有兴趣了解自己所在世界的人通常教育水平更高,生活也更有成就(如更高的收入和社会地位)。对知识兴趣不大的人通常避免教育机会,因此其信息技能、收入和社会地位较低。这个动机因素解释了为什么知识鸿沟在不断扩大,而不是缩小。大众传媒可以广泛传播信息,但人们必须有去了解的动力。这种知识鸿沟仍然存在(Grabe, Yegiyan, & Kamhawi, 2008)。但是,也有一些例外。例如,鲁钦斯基(Rucinski, 2004)发现,有时存在逆向知识鸿沟,社会经济地位较低的人群比社会经济地位较高的人群有更高的意识。

新闻效果

媒介一直以新闻形式向公众提供信息,新闻信息大大扩大了人们的认知范围。在媒介效果研究的早期,沃尔特·李普曼(Walter Lippmann, 1922)写到,媒介向人们介绍了他们无法在现实生活中直接体验的各种信息。例如,人们可以阅读通过的法律,而不需要到华盛顿特区体验政府的运作。随着这些信息不断被公示,人们建立了关于政府及其领导层的知识结构。

媒介每天向人们发布信息,而新闻信息通过有助于形成民族认同的公共经验(Barnhurst & Wartella, 1998)创造并保持了集体记忆(Edy, 1999)。

互联网也对公众的认知产生了影响。一方面,它使任何人都可以轻松获得广泛的信息,这是积极的影响。另一方面,它也产生了一些负面影响。公众的分裂就是其中一个,因为知识更加专业化,从而使我们远离了共同知识。例如,图克斯伯里(Tewksbury, 2005)发现,新闻网站在受众构成和编辑材料方面存在高度差异,这导致公众知识分散。

另一个负面影响是互联网将不准确的信息注入政治讨论,然后扩散不准确的信息(Shah et al., 2005)。例如,哈迪和舍费尔(Hardy & Scheufele, 2009)发现,当媒介报道政治运动中的重大事件时,更多的人会谈论这些事件;这将通常政治不活跃因此知识较少的人也牵涉进来。因此,一旦错误和不准确信息被注入公众讨论,随着更多的人进入政治讨论,这种错误的信息会被扩散。

公共信息活动效果

研究人员研究媒介如何影响公众认知已有一个多世纪(Rogers, 2000)。其中许多信息是由政府机构或公共行动团体设计的,它们有意传播信息,以帮助改善人们的生活。在过去的半个世纪里,它们试图通过电视来介绍公共服务公告,例如醉酒驾驶等问题(Yanovitzky, 2002)。

对公众信仰的效果

在这一节,我们先来看看关于公众信仰如何受到媒介影响的解释,再来看看这些公众信仰。

公众信仰的形成

主要有两个理论解释媒介如何影响公众信仰,分别是议程设置理论和涵化理论。

议程设置理论的重点是解释媒介中的新闻内容如何塑造公众关于社会重要事物的信念。虽然沃尔特·李普曼(1922)没有使用"议程设置"一词,但这个想法可以追溯到他那里,他在其著作《舆论》(*Public Opinion*)中提出了这一想法。李普曼认为,新闻媒介为大多数人向他们无法访问的世界打开了一扇窗。新闻媒介展示了这个世界的图片,形成了我们的认知地图。因此,公众相信的事情不会受到现实世界和我们直接经验的影响,而是受到媒介所展示的这个世界的图片的影响。基于李普曼的想法,科恩(1963)认为,新闻媒介可能无法成功地告诉人们要怎么想,但却能成功地告诉人们应该思考什么。

麦库姆斯和肖（1972）在分析1968年总统竞选活动时提出了第一个明确的实证。他们发现，当媒介表现某些问题比表现其他问题更为突出时，这些突出问题就成为选举的焦点。研究人员调查了北卡罗来纳州教堂山摇摆不定的选民，向他们询问他们认为总统竞选中最重要的问题是什么，然后分析了五个地方和全国性报纸、两个电视新闻节目和两本国家新闻杂志，对不同问题的报道进行了排序。他们认为针对某些问题的报道量与公众对这些问题重要性的排名存在高度对应关系。因此他们得出结论，媒体对当前事件的报道影响公共议程，而公共议程是公众认为当时最重要的问题。这一发现激发了对之后20年间议程设置效果的350多项实证研究（Dearing & Rogers, 1996）。

后来有关议程设置的研究结果表明，媒介告诉我们的信仰应该在这些问题中；这被称为二级议程设置。媒介信息不仅仅强调问题，还提供了关于这些问题的信息要素，告诉我们应该如何思考。

当李普曼（1922）写到媒介如何把图像置入公众脑海中时，他指的是印刷媒介，主要是报纸和杂志。随着广播电台，特别是电视台的兴起，媒介学者将焦点转移到"新"媒介上。20世纪60年代，电视被视为主要媒介，而在60年代末，乔治·格伯纳（1969）提出了涵化理论，解释为什么电视是公众信仰的强大影响者。格伯纳认为电视是当时主流的故事讲述者，并提供了主题一致的信息，而接触这些故事的人们相信这些电视故事的主题和模式适用于现实世界。由于信息的普遍性和一致性，他声称媒介涵化了"关于生存要素的集体意识"（p. 138）。他解释道：

> 我使用[涵化]这个词表明，在这次讨论中我主要关注的不是信息、教育、说服等，或者是任何直接沟通的"效果"。我关心的是集体的背景，在这个背景中不同个人和群体对信息进行选择和解释（p. 139）。
>
> 涵化的关键在于公众信息的聚焦，意识到某些知识项目受到公众支持（不仅许多人知道，而且是众所周知许多人知道），这使集体思想和行动成为可能。这种知识使个人意识到集体的力量（或不足），以及社会认同或异化的感觉（pp. 139-140）。

媒介有能力通过提供信息来"跨越时间、空间和文化的界限，快速、连续、普遍地形成集体思想和行动"（p. 140）。因此，格伯纳对特定信息不感兴趣，而关注跨媒介信息的广泛模式。他对接收者的个人解释也不感兴趣，而是对公众共同的信仰更为关注。

格伯纳解释说，媒介通过关注（通过某些信息元素的存在和出现频率使公众对特定事物关注）、重点（通过媒介信息为优先级和相关性建立上下文）、趋势（通过媒介信息呈现某些事物并产生意义的上下文）和结构（通过媒介显示事物之间的关系）来发挥影响力。

20世纪70年代末，涵化理论增加了主流化和社会化的结构，扩大了对媒介影响力的解释。主流化被定义为电视重度观众缺乏涵化效果。有理由认为，重度观众也受到文化中主流信息的强烈影响。这是对平均效果的一种回归，其中重度观众的观点没有产生分歧，并被拉回到文化的主流中来。社会化是指电视的作用和现实世界因素对个人特有的综合影响，这提供了双重剂量的信息。例如，生活在高犯罪社区和看电视较多的人可以得到双重剂量的信息，即世界是个充斥着卑劣和暴力行为的地方。

公众的信仰

研究记录的许多信仰已经在第八章有关个人信仰的部分提及。那些主要关注的是涵化的信仰以及议程设置的信仰。但还有一些值得注意的其他信仰。有的信仰涉及机构（Fan et al., 2001; Moy et al., 1999），有的是公众对于政府使用武力的可接受性。例如，阿达伊（Aday, 2010）就媒介对第二次海湾战争的报道如何形成关于使用武力的公众信仰进行了研究，发现与传统认知相反，当媒介报道消极或有争议的新闻时，与媒介反映精英的共识和/或爱国热情时相比，媒介对公众舆论的影响较小。

娱乐节目制作人也有一定的信仰，观众会习得这些信仰。例如，白天脱口秀不断关注家庭问题，激发了观众对有问题的人的同情，并希望帮助他们。研究人员发现，经常观看这类节目的人认为，政府对家庭问题的参与能够得到更多的公众支持（Glynn et al., 2007）。

要注意，许多公众信仰可能是错误的。在《为什么人们相信奇怪的事情：伪科学、迷信和我们时代的其他混乱》（第2版）中，舍默（2002）列出了一大堆没有科学依据的公众信仰。例如，他指出，在最近的盖洛普民意测验中，有22%的美国人认为外星人会登陆地球，有35%的人相信鬼魂，有46%的人相信超感认知，有52%的人相信占星术，有41%的人认为恐龙和人类同时存在。他认为，即使我们生活在科学的时代，媒介提供了大量准确的信息，但还是存在很多不准确的信息。这种不准确的信息使人们相信没有科学证据证实存在的事物。

对公众态度和观点的效果

舆论是群体对某事的态度。媒介以三种方式影响舆论。一种是在许多不同的信息来源上反复提出某一观点，以便许多人赞同这一观点。广告宣传的产品和政治候选人就是这样（Russomanno & Everett, 1995）。此外，还有公关组织进行媒体宣传，使公众对种族关系（Domke, 2000）和全国妇女组织（Barker-Plummer, 2002）等采取积极的态度。

当人们认为社会上其他人都持有某种态度时，他们很有可能会将其作为自己的态度（Bennett, 1990; Herman & Chomsky, 1988）。民意调查现在如此普遍，人们很容易找出舆论有共识和分歧的问题。

有关机构的舆论受到媒介信息的影响。例如，电视新闻观看与对新闻媒体和公立学校的看法正相关，报纸阅读与刑事法庭制度和学校的有利评估有关（Moy et al., 1999）。此外，约翰斯顿和巴特尔斯（Johnston & Bartels, 2010）发现，报纸、广播脱口秀和电视新闻等耸人听闻的媒体曝光减少了对美国法院（联邦和州）的支持。

媒介还通过制定公共标准，然后让公众用来对问题进行评议来影响舆论。通过重复地报道，媒介给予其所描述的思想、制度和人物以地位（Simonson, 1999）。这种地位塑造了公众对于什么样的思想、机构和人才是有趣和重要的标准。例如，有证据表明，媒介信息侵蚀了社会信任（Cappella, 2002; Putnam, 2000），所以人们更加怀疑；这改变了他们关于社会价值和他们参与其中的重要性的标准。

对公众情感的效果

对于公众情感这个领域的研究比其他领域少，但仍然有一些有趣的发现，比如媒介影响公众社会信任感（Cappella, 2002; Putnam, 2000）和公众信心（Simonson, 1999）。当媒介批评政府政策时，公众会对政府及其政策感到不信任甚至愤怒。

可以说，媒介引起的最广泛的情感是恐惧。新闻关注世界各地和我们社区的犯罪和暴力行为。而影视剧强化了这种感觉，即世界是个卑劣和危险的地方。涵化研究表明，公众表达对犯罪的恐惧高于得到保障（Gerbner et al., 1980; Lowry et al., 2003; Romer et al., 2003）。

新闻也经常使我们关注经济形势，比如公司破产、失业率上升、美元下降以及商店里不安全的商品。新闻专注于对我们健康的威胁，许多食物被说成是不安全的，生活环境中的许多物品也是如此。难怪公众对财务和身体健康会担忧。

媒介经常触发的另一种情绪是愤怒。媒介经常显示人们在非虚构和虚构节目中表现不佳。这些行为通常会冒犯人们，触犯他们的道德准则。有时公众甚至会经历道德恐慌（Chiricos, 1996）。

对公众行为的效果

当媒介提供政治信息时，就会触发有关竞选活动的政治讨论（Hardy & Scheufele, 2009）。互联网也会触发政治讨论和公民信息传递（Shah et al., 2005）。但是，当媒介忽视问题或事件时，就会产生相反的效果，即触发沉默。为了解释这一现象，内勒-诺伊曼（1984）在观察西欧新闻报道的模式后，提出了沉默的螺旋理论。就这一理论，她解释说，当媒介避开一个问题时，即使这一问题对人们非常重要，他们也不会就这个问题表达自己的观点。他们会保持沉默，认为自己是少数，不想因为表达自己的观点而被排斥，因此就会产生更多的沉默，而且认为这个问题不重要的信念会随着时间而得到加强。

在过去的几十年中，人们越来越关注媒介如何在公民参与和社会交往方面改变公众行为。社会评论家认为，随着媒介信息愈加容易获得，人们花在媒介上的时间越来越多，而参与社会的时间越来越少。另外，人们更多地关注社会问题的报道，但是很少积极参与并提出解决方案。这些评论家认为，人们变得更加孤立，这对社会不利。公民参与的这个想法涉及公众志愿服务的时间和金钱，特别是参与政治进程的想法，而这被认为是民主公民的核心。

相比之下，其他学者认为，由于新媒体允许从任何地方通过手机发送电子邮件、即时消息、通话等，社交参与度急剧提升。他们说，与以往相比，人们在越来越多的社交网络中联结在一起。下面我们来看看研究结果。

公民参与

罗伯特·帕特南（Robert Putnam, 2000）写了一本广为人知的书《独自打保龄》（Bowling Alone），他认为自20世纪70年代以来，美国公民的政治参与率有所下降。他引用了下降的选民投票率，特别是年轻一代。然而，其他学者质疑帕特南的结论太笼统。他们认为，公众参与的某些活动一直在减少，而其他活动在增加。某些群众子群体的参与度有所增加，而其他子群体的参与度则有所减少。博杜安（Beaudoin, 2009）提出了基于种族的解释，认为不同种族对公民参与看法不同。在一项研究中，他发现了种族差异，即报纸曝光与社会资本之间的关系对白人比对拉美人更为积极。而电视国家新闻曝光和社会资本之间的关系白人没有黑人积极。因此，对报纸信息高度曝光的白人更有可能在公民参与方面居高不下，而在黑人社会中，公民参与更多地同电视国家新闻曝光有关。

帕塞克、肯斯基、罗默和贾米森（Pasek, Kenski, Romer & Jamieson, 2006）发现了另一个说明差异性的例子。他们研究了媒介在青年人脱离政治中的作用。在全国有代表性的电话调查（N = 1, 501）中，年轻人（14~22岁）报告了他们对12种不同媒介使用的习惯，以及对当前国家政治的认识和公民活动所花的时间。与帕特南的发现相反，帕塞克等人（2006）发现，无论是信息还是娱乐导向，媒介的使用都促进了公民参与，而新闻媒介则特别有效地提高了政治意识。虽然媒介的大量使用干扰了政治和公民参与，但媒介使用的整体效果却是正面的。

由于公众是由期望不同权利的公民组成的，舒德森（Schudson, 1998）认为，公众是由参与公民活动的团体组成的，以监督和确保这些权利。舒德森说，公共生活的关键特征是各种群体的权利主张，每个群体都非常活跃，但却是分裂的。人们更多地关注个人问题，而不是政治党派，所以他们不太可能加入和参与传统的政党。但这并不意味着他们不关心政治。

必须考虑到公民参与的动机。康和吉尔哈特（Kang & Gearhart, 2010）以公民参与为基础，对公民使用城市网站进行了研究。他们发现监督、实践服务和直接民主特征是现实世界公民参与的重要条件。结果表明，公民使用城市网站的实际服务和直接民主特征与公民参与和政治行为有关。研究结果表明，公民对城市网站使用和公民参与的关系根据他们使用目的的不同而不同。

社会交往

研究普遍表明，新媒体，特别是互联网，增加了公众社会交往活动。汉普顿（Hampton, 2010）及其同事研究了城市公共空间和无线互联网使用对社交活动的影响。他们观察了北美四个城市中七个公园、广场和市场的公共行为。他们发现公共空间的互联网使用支持与熟人的互动，这些互动比在手机上参与的互动更为多样化。于是他们得出结论，公共空间的在线活动有助于更广泛地参与公共领域活动。

在线社区的活跃度在很大程度上取决于经济资源。例如，贝克尔等人（Becker et al., 2010）分析了社区使用互联网的驱动因素，以及直接和间接的物质激励如何影响用户参与。他们发现网络规模对新成立社区采用互联网具有重要的影响。他们发现为用户提供省钱的机会对采用的意图有很大的影响。此外，提供赚钱的机会有助于增加网络的规模，而不会通过挤出效应改变用户的动机。有趣的是，直接物质激励吸引了新用户，但并没有增加使用量。

支持社会和反社会行为

一个重要的问题是媒介是否以支持社会或反社会的方式塑造公共行为。对于支持社会的行为，西蒙（1997）研究了媒介对自然灾害的报道与公众反应之间的关系。在总体分析中，他发现美国网络新闻报道的数量与美国公民的个人捐款有关。

然而，在公共行为研究文献中，反社会行为比支持社会行为更多。人们经常研究的领域涉及暴力、侵略和自杀。例如，森特瓦尔（Centerwall, 1989）研究了美国、加拿大和南非在1975年之前禁止电视广播时暴力事件的发生率。在这三个国家，凶杀率在10~15年间保持平稳，在电视被引入后翻倍。森特瓦尔说，电视观看与每年大约一半的凶杀案、强奸案、袭击事件和其他暴力罪行有关。他将美国分为九个地区，发现较晚引进电视的地区凶杀率在较晚时候有所上升。此外，随着电视的引入，盗窃犯罪率也有所上升（Hennigan et al., 1982）。这些研究者认为，电视向人们描述了一个丰盛的物质易于获取的世界，这导致许多人感到被剥夺和沮丧，足以使他们有理由去偷窃。

菲利普斯和汉斯莱（Philips & Hensley, 1984）指出，高度曝光的自杀事件（如玛丽莲·梦露）会使自杀率大大增加。此外，车祸（单车撞车的司机）增加，表明自杀事件有所增加。高度宣传的谋杀自杀与多车乘客死亡人数增加有关，而不是和单车司机死亡有关。谋杀自杀故事也与私人飞机坠毁事故数量的增加有关。越多地宣传这些事件，暴力死亡人数就会越多。重量级职业拳击赛决出冠军后，美国凶杀案数量增加，被殴打者与凶杀案受害者的情况（年龄和种族）相匹配。研究人员得出结论，"显而易见，一些媒介故事引发了致命暴力的模仿性增加"（p. 104）。付、陈和叶（Fu, Chan, & Yip, 2009）最近发现媒介对自杀案的报道导致随之而来自杀率的增加。

小结

宏观层面的效果将我们的注意力逐渐集中在广泛的模式上，如公众。理论和实证研究都表明，媒介会对公众产生影响。这种宏观层面的影响与公众的认知、信仰、态度和观点、情感以及行为有关。

媒介通过公共服务活动提高了有关特定话题的公众认知水平，并通过不断提供新闻信息来提高普遍认知水平。媒介反复提供某些信息，使大多数公众习得了一定的知识（如关于主要观点、政治候选人或广告产品）。媒介也通过长期的社会化进程改变和加强了公众的信仰。然而，有证据表明，公众习得了大量的错误信仰。媒介会对公众舆论和态度以及公众的情感产生持续的影响。媒介也会对公众行为产生持续的影响，特别是在公民参与和社会参与方面。

复习题

1. 集群是什么？集群单位的研究与个人研究有何不同？
2. 为什么宏观单位效果的文献比个人效果的文献少？
3. 什么是信息流？它与公众认知有何关系？
4. 如果每个人都能很容易地获取大量的信息，认知差距可能会加大吗？

思考题

1. 你对公众认知了解吗？也就是说，你知道公众认知在哪个领域强，在哪个领域弱吗？
- 你认为公众对什么话题有更多的认知？

- 你认为公众可能对什么重要话题没有多少认知?
2. 你能想到一个对你有影响的公共信息宣传活动吗?
3. 你认为媒介涵化了什么公众信仰?
4. 思考舆论。
- 你能想到任何有共识的公众态度,也就是几乎每个人都同意的态度吗?
- 你认为在哪些有争议的话题上舆论最分裂?
5. 思考当前的公众心情,你认为现在更积极还是更消极?
6. 思考关于你自己的公民参与和社会互动行为。
- 你认为你比公众在公民参与上更活跃吗(投票、集会、花费时间和金钱参与志愿活动等)?
- 你认为你的社交网络是否与典型人物的社交网络一样广?

第十三章

对机构的宏观层面效果

- 对政治体制的效果
  - ◆ 选举候选人
  - ◆ 公职竞选
  - ◆ 政治行动委员会
  - ◆ 总统职位
  - ◆ 国会
- 对经济体制的效果
  - ◆ 私有和公共商品
  - ◆ 股票市场
  - ◆ 全球化
- 对家庭的效果
  - ◆ 家庭结构
  - ◆ 家庭互动
- 对宗教的效果
  - ◆ 媒介是对宗教的威胁
  - ◆ 媒介是宗教的工具
- 小结

本章继续研究大众传媒如何对大型社会结构产生影响。第十二章重点讨论了公众。本章将探讨大众传媒如何影响机构，特别是政治体制、经济体制、家庭和宗教。

重要的是，个人层面的影响和宏观层面的影响具有相同的模式。无论效果如何，根据基线效果、波动效果和加强效果来思考都是有用的。唯一不同的是受大众传媒影响的单位。宏观层面的效果中，单位是集群或非人类实体。表13.1列出了大众传媒对机构的效果的研究。

表13.1　有关大众传媒对机构的效果的延伸阅读

对政治体制的效果

选举候选人参与竞选（Dallek，2004；Patterson，1980，1993；Stuckey & Curry，2008）

公职竞选（Lang & Lang，1983；Makovsky，1999；Stuckey & Curry，2008）
- 互联网（Chadwick，2006；Hofstetter & Gianos，1997；Mayer & Cornfield，2008；Shah，Cho，Eveland，& Kwak，2005）
- 电台脱口秀和喜剧节目（Davis & Owen，1998）

竞选支出（Comstock，1980，1989；Getter，2004；Lewis，2000；Will，1996）

竞选活动新闻报道（Iyengar & Kinder，1987；Jamieson & Waldman，2003；Lowry & Shidler，1995；Renner & Lynch，2008）

政治行动团体影响媒介工作者，后者制造影响大众的信息（Andsager，2000；Vinson，2008）
- 种族关系（Domke，2000）
- 国家妇女组织（Barker-Plummer，2002）

总统职位（Crouch & Maltese，2008）

国会（Rozell & Semiatin，2008）

对经济体制的效果

富裕社会和消费文化（Ewen，1976；Galbraith，1976；Lasch，1978）

股票市场（Cuellar-Fernández，Fuertes-Callen，& Lainez-Gadea，2010；Scheufele，Haas，& Brosius，2011）

一维人（Marcuse，1964）

全球化（Albarran，2002；Golding，1994；Hamelink，1983；Schiller，1979；Sinclair，2004）

对家庭的效果

家庭结构的变化（Douglas，2003；Irvine，1999；Perkins，1996；"US Divorce Statistics"，2002；Whitman，1996）

续表

家庭互动（Medrich, Roizen, Rubin, & Buckley, 1982; Pipher, 1996）
对宗教的效果
媒介被视为对宗教的威胁，并以负面的方式改变这个组织（Christians, 1997; Ellul, 1964; Emons, Scheepers, & Wester, 2009; Mumford, 1970; Ward, 2009） ·转移重点（Horsfield, 1997） ·关注世俗价值观（Fore, 1987; Horsfield, 1997; Schultze, 1991; Ward, 2009） ·商品化宗教（Fore, 1987; Horsfield, 1997; Schultze, 1991; Ward, 2009） ·替代仪式（Goethals, 1997; Grimes, 2002; Hoover & Lundby, 1997） ·替代宗教（Fore, 1987; Gerbner & Gross, 1976; Hoover, 1988）
媒介帮助宗教实现其目标并适应社会（Alexander, 1997; 美国出版社协会, 2003; Comstock, 1989; Fore, 1987; Hoover, 1988; Horsfield, 1984; Katz & Gurevitch, 1976; Kraus, 2009; Rothenbuhler, 1993; Ward, 2009; Watanabe, 1999）

对政治体制的效果

大众传媒一直在塑造政治实施方式方面具有影响力。对于大众传媒对政治的影响，大多数研究集中在总统竞选上，所以本章的前两个主题——选举候选人和公职竞选——主要探讨总统任期，但这些原则也越来越多地适用于其他国家甚至国家机关。之后，我们把注意力转向媒介对政治行动团体的影响力、总统职位本身的性质和国会。

选举候选人

政党选举候选人的方式，尤其是总统候选人，由于大众传媒发生了很大变化。随着初选的兴起和提名公约重要性的下降，这种变化是可以看到的。

初选 大众传媒在很大程度上取代了候选人选拔过程中的政党精英，这是因为初选制度的出现（Patterson, 1993）。总统候选人的提名以前是在党的核心小组和会议中被决定的，而不是在初选中。1940年，只有13个州举行初选。1976年，有30个州进行初选。现在几乎每个州都会举行初选或有一个核心小组。这一变化是全国电视报道初选引起的，所有州的选民最终都希望在政党如何选举候选人竞选总统方面有更多的发言权。

初选和核心小组的增加有一些关键好处。作为投票人，我们获得了更多有关候选人的信息。了解到这些信息及有机会在初选中投票，我们将有更多的权力来选择总统候选人。但也有一个缺点：我们得知的关于候选人的信息通常非常肤浅，而且往往是负面的。主流媒体设定了议程，将我们的兴趣引向几个选定的主题，远离其他主题。

现在，想要担任总统的候选人要在早期的初选中表现好，才能被媒体报道。那些表现不好的候选人不会被媒体报道，公众将很少听说他们。因此，媒介通过将某些候选人标记为领先者，将其他人视为落后者，从而对初选施加了很大的影响。斯塔基和科里（Stuckey & Curry, 2008）指出，媒介对早期初选的报道并不是平均用力，这被称为"前置装载"。在这种饱和的报道中，媒介在定义问题和领先者方面具有不寻常的权力。因此，媒介成为任命者，选择某些候选人成为主角，催促其他不是主角或不是领先者的候选人尽快远离"比赛"。

领先者是赢得最早初选的候选人。新闻界对候选人和竞选结果产生了期待。在整个竞选活动期间，新闻界报道民意调查来树立这样的期待，即谁领先以及领先了多少。预料之外的事情则被认为具有新闻价值。

来源："Harrison & Tyler" campaign emblem/Library of Congress。

媒介报道随着候选人的表现而调整内容。最受关注的一般是获胜的候选人，或者出人意料作为挑战者出现的候选人。处于强弩之末势的候选人逐渐失去竞争力而淡出媒介议程（Patterson, 1980）。例如，在2004年的初选之前，霍华德·迪安（Howard Dean）已经努力了一年多，通过互联网组建了一个基层的政治组织。当第一次选民测试滚动时，艾奥瓦州的核心小组——马萨诸塞州的参议员约翰·克里（John F. Kerry）出人意料地在拥挤的七个民主党候选人中排名第一。克里赢得了大约125,000票，约占艾奥瓦州民主党选民的22%（Dallek, 2004）。这第一个核心小组被认为是非常重要的，以至于没有很好完成的候选人开始退出,霍华德·迪安的"损失"(他仍然在七个候选人中排名第二)是他无法动摇的。接下来的一个星期他继续在新罕布什尔州初选中排在第二名,再次输给克里。虽然他在接下来那个月的初选中继续获得投票,但他没有逆转形势,最终退出了竞争,让克里几乎没有了对手。

提名会议 媒介通过把公众的注意力集中在它们身上,改变了政党总统候选人提名会议。这些会议的历史目的是为了让忠诚的党员在全国会议上聚会,行使权力,减少关于党纲和候选人的程序。所有这些谈判的结果是在总统选举中选出候选人来代表党。现在,领先的候选人在"提名"大会之前就已经广为人知了,所以这些会议已经失去了作为公约的效力,不再是代表们选择候选人,而是转化为各方的广告平台。因此,代表们被指示向公众展示政党美好的形象。这意味着他们要表现出和谐与团结,而不是辩论重要的问题。从20世纪50年代电视的崛起开始,主要的电视网络曾经报道民主党和共和党的提名会议,到20世纪90年代,报道量开始减少,到2004年,大多数大众传媒只播报主要演讲。

公职竞选

美国成立以来,政治事务候选人一直依靠报纸和杂志的公开报道,并在这些媒介上购买广告,向选民传达信息,树立自己的形象。例如,当威廉·亨利·哈里森(William Henry Harrison)在1840年竞选总统时,他想改变形象,所以他更多地呼吁那些不信任富人的普通选民。他害怕被认为是一个贵族,因为他是一个富有州长的儿子,并且拥有由佃农为其劳作的一个占地2000英亩的格鲁吉亚时期的庄园。他希望自己被认为是个农民,住在边远地区,以增加他对选民的吸引力。在他的报纸宣传广告中,他戴着浣熊皮帽子在小木屋里喝苹果酒。这个形象在竞选中无处不在。

大约在同一时间,丹尼尔·韦伯斯特(Daniel Webster)为新闻界制造了第一个政治假新闻。他和森林中的绿山男孩一起露营,并向任何一个称他为贵族的人挑战。

哈里森赢得了选举,韦伯斯特失去了选票。使用媒介不能保证胜利,但不使用媒介必然会失败。公职候选人,从市议会议员到美国总统,必须在选民中建立知名度,并且必须名副其实。媒介是候选人快速实现这些目标的渠道。

当广播出现时,政客用它来接触更多的选民。20世纪30年代,纽约市地区检察官托马斯·杜威(Thomas Dewey)任州长。在竞选的最后一天,从上午6点到午夜,他在电台邀请人们打电话进来问他问题。大部分电话是他的助理们打的，他们在一个付费电话亭用一堆硬币度过了一天。

20世纪50年代电视出现时，情况发生了急剧变化。想竞选公职的人试图和公众有更多的直接接触，而政党的影响力逐渐持续地下降。在初选、提名会议、竞选工作人员、竞选支出、政治行动委员会的兴起、广告内容、新闻报道，以及媒介和渠道的使用等方面，都将权力从政党转移到公众。显然，大众传媒塑造了政治候选人的行为（Lang & Lang, 1983）。

随着媒介对政治活动的影响力越来越强大，政党不再强大。斯博基和柯里（2008）说，

> 政党作为组织实体的弱化促成了以候选人为中心的竞选的兴起。以候选人为中心的竞选导致我们国家政治分散化并缺乏一致性，这使得公民更加难以理解政治。政治越来越令人迷惑，媒介作为阐释者的角色就越来越重要。这个循环一旦成立，就会自我强化（p. 179）。

竞选人员 电视参与政治活动的增加改变了竞选人员的构成。竞选中最重要的人物曾经是竞选经理，他们在政党工作者之间有广泛的联系，所以他或她可以兑现现金，并且使很多成员积极参加集会，分发贴纸，挨家挨户去分发党的宣传册。现在活动中最重要的人是舆论投票专家和媒介顾问。

投票专家发现公众想在"领导者"身上得到什么，也就是这个人应该看起来怎样，这个人应该如何行事，以及在重要问题上这个人应该采取怎样的立场。媒介顾问为媒介制作广告和伪事件，使候选人看起来符合理想形象。

美国一些媒介专家非常成功，因此会被雇用来影响其他国家的选举活动。例如，为了赢得1999年总理选举，以色列的两个主要政党都聘请了收费昂贵的美国顾问（Makovsky, 1999）。

竞选开销 电视在政治活动中的作用日益重要，导致竞选费用支出大幅增加。在电视出现的早期，媒体政治广告的支出在1952—1974年间增长了600%（根据通货膨胀进行了调整，Comstock, 1980）。1972年，总统选举的费用大大增加，乔治·麦戈文（George McGovern）花了3,000万美元，理查德·尼克松（Richard Nixon）花了6,000万

美元。费用增加的原因是竞选分配资金的方式发生了重大改变。例如，1956年，85%的总统竞选支出用于举办候选人的现场演讲集会。之后的三次总统选举，总支出增加了四倍，一半以上的钱被用于电视广告（Comstock, 1989）。电视方面预算继续大幅增加，导致外勤业务的预算较少，例如举办集会、本地竞选办公室、徽章和宣传贴纸。

在1972年总统大选后不久，也就是候选人花了9,000万美元的大选之后，国会通过了严格限制开支的法案。在1976年的总统选举中，两名候选人花了约900万美元。

然而，尽管国会进行了限制，为了竞选上总统所需的资金却仍大大增加，其中很大一部分是在早期的竞选活动中花费的。候选人必须尽早花费大量资金来获得知名度。例如，1984年，为了赢得初选，民主党前锋沃尔特·蒙代尔（Walter Mondale）花了3,000多万美元。他的两个挑战者（亨利·"斯库普"·杰克逊和加里·哈特）总共耗资2,100万美元，但还是失败了，也就是说，民主党候选人在一个州就花了5,500多万美元！当时担任总统的罗纳德·里根（Ronald Reagan）在共和党初选中没有对手，但也花了1,800万美元。初选结束后，蒙代尔被提名为民主党候选人，里根被提名为共和党候选人。在大选期间，两名候选人每人被允许花费4,000万美元，这是国会限定的费用。但是不受监管的政治行动委员会（PAC）可以尽可能地提高花费，并以任何想得到的方式花钱。富裕的右翼国民保守政治行动委员会花了1,400万美元为里根摇旗呐喊。

政治已经成为一个规模庞大的金钱游戏。1996年的总统选举总共花费了联邦政府批准的1.52多亿美元，这是根据联邦选举委员会规定的限额和程序由总统候选人筹集并花费的钱。此外，联邦政府批准的4.77多亿美元被用于国会竞选。除了联邦政府批准的支出外，政治行动小组也可以自己筹集资金，通过公关活动来支持候选人或对其对手制作负面广告。1996年，政治行动委员会为这些活动花费了4.3亿美元。因此，总统和国会一年的竞选活动共支出了10多亿美元（美国人口普查局，2000）。在2000年的联邦政府选举中，媒介公司向候选人捐赠了7,500多万美元（Lewis, 2000）。

当人们说"太多"钱被用于政治广告时，他们不清楚"合适"的数目是多少。专栏作家乔治·威尔（George Will, 1996）指出，政治竞选活动的年费少于酸奶的开销。另外，你花两年时间，并包括为州和联邦办事处竞选的候选人花费的所有资金，等于全美两大商业广告商：普罗克特&甘布尔和菲利普·莫里斯花费的金额。这个7亿美元是所有选举的总和，合每名有投票资格选民每年1.75美元。

2004年的总统选举在支出和筹集竞选资金的法律通过方面创造了纪录。在这次竞选期间，共有约123万人捐出了大约10亿美元，这是2000年总统竞选期间50万人向政党所捐款额的两倍多。此外，活动规定将允许的捐赠从每人1,000美元增加到2,000美元。10亿美元不包括政治行动委员会和政党在2004年总统竞选中的花费（Getter, 2004）。

竞选新闻报道 许多学者批评新闻媒介报道政治活动的方式，认为报道的特点对政治进程造成了很大的妨害。这些评论家认为，新闻侧重于表象，而不是根本问题，采用赛马结构进行报道，并将重点放在负面因素而不是正面因素上。

贾米森和瓦尔德曼（Jamieson & Waldman, 2003）出版了一本名为《新闻效果》（*The Press Effect*）的书，他们认为新闻界在政治活动中没有提供深入的报道。也就是说，记者很少实地调查候选人的事实和主张，只是简单地报道候选人所说的话。问题的一部分是，在媒介中播放的竞选活动通常是原声摘要播出，并带有流行短语。原声摘要非常短，候选人没有时间深入阐述自己的主张。原声摘要短得不能再短了。劳里和希德勒（Lowry & Shidler, 1995）说，在1992年的总统竞选中，原声摘要不再缩短。1968年，原声摘要平均为43.1秒，1988年缩短为9~10秒。本次研究中候选人的原声摘要平均为9.4秒，非候选人平均为7.3秒。因此这20年的趋势似乎已经触底。

媒介可以直接影响人们如何处理关于政治事件的信息，而这种启动效应会影响行为（Iyengar & Kinder, 1987）。媒介关注某些问题，忽略其他问题，制定了这个竞选的议程。而议程改变了公众的优先事项。那么高度优先的问题就是当考察候选人的立场时，公众关注的是什么。因此，如果一个候选人在许多问题上很强势，在一个问题上薄弱，而媒介把这个问题作为一个优先事项，那么公众就会认为这个问题非常重要，因此对这个候选人评分就会很低。

"在报道民意调查时，新闻媒介也很糟糕。"（Renner & Lynch, 2008, p. 147）他们说，媒介没有提供给公众充分的信息，以便能够评估民意调查的质量或其结果。媒介采用报道赛马的方式，仅仅告诉选民谁在前，领先多少。

新媒介和工具 随着电视成为重要的大众媒介，政治活动的方式有所改变。这些变化影响了人们参与政治制度的方式（Hofstetter & Gianos, 1997; Shah, Cho, Eveland, & Kwak, 2005）。

互联网被各种政治机构的候选人广泛使用。候选人可以在聊天室发布信息并与选民互动。另外，一些"旧"媒介正在以新的方式被人们使用。例如，谈话广播是候选人的重要渠道，电视新闻杂志、电子城镇会议和MTV也是如此（Davis & Owen, 1998）。

即使是娱乐节目，如深夜脱口秀[《大卫深夜秀》(*David Letterman*)和《今夜秀》(*The Tonight Show*)]和喜剧中心也被候选人用来获得更多的曝光。互联网已经成为政治竞选的重要渠道，从筹集资金到向特定选民传达特定信息。查德威克(Chadwick, 2006)称其为"电子民主"。更积极地参与电台政治谈话节目的人也更多地参与政治和社会活动。这种关系与人口统计学的控制一致(Hofstetter & Gianos, 1997)。

迈耶和康菲尔德(Mayer & Cornfield, 2008)认为，互联网以四种方式积极地影响了政治：(1)创造力，允许各种各样的人在博客和类似平台生产内容；(2)互动，让人们不断参与对话；(3)独立性，使人们较少依赖政府和新闻界进行信息交流；(4)深度，人们可以获知更多的细节，而不是肤浅的媒体报道。他们认为，互联网也以五种方式对政治产生了负面影响：(1)不平等，知识差距越来越大；(2)无过滤性，没有编辑或其他人过滤有利信息；(3)模糊，很难确定谁是记者，谁不是；(4)不断地监视，没有隐私，每个人都有手机和相机；(5)茧式生活，社会隔离和保护自己免遭洪水般的信息淹没。

政治行动委员会

政治行动委员会是集中于一个政治问题的群体，利用媒介筹集资金，提高公众对该问题重要性的认识。这些团体非常成功，已经成为政治活动的一部分。他们迫使候选人在重要问题上宣布立场，只支持和他们立场一致的候选人。这种支持对于许多候选人来说至关重要，他们必须花费大笔资金来获得知名度和投票权。政治行动委员会可以生产和支付媒介以放置自己的广告，支持特定的候选人，政治行动委员会在这些活动上的花费并不受联邦政府对竞选资金的限制。

政治行动组织影响媒体工作者，而这些媒体工作者发布了影响广大公众的消息(Andsager, 2000)。研究人员发现，国家妇女组织的情况正是如此，这影响了公众对妇女问题的看法和投票(Barker-Plummer, 2002)。政治行动组织在形成种族关系问题和影响政党和候选人地位方面也有影响力(Domke, 2000)。

20世纪90年代以来，主要政党开始创建并资助自己的倡导团体，因为与政党不同，这些团体的花费没有限制(Vinson, 2008)。因此政党通过利用媒介提供的机会重新界定其在政治体制中的地位。

总统职位

由于媒介的影响，总统职位已经改变了。克劳奇和马尔特塞（Crouch & Maltese, 2008）指出，"美国总统是华盛顿特区大多数政治媒介报道的焦点"（p. 19）。这使总统的所有行动都置于显微镜下，因此使候选人面临巨大的压力，必须迅速采取行动，向美国人民解释他的行为。白宫新闻社"要求总统提供比过去更多的信息，因为人们对更新的信息兴趣增长"（p. 20）。许多新闻网站现在24小时滚动播报新闻，不断需要新的信息来维持公众的兴趣。因此，新闻界专注于提供新的事实，但不太能够进行深入报告或解释事件的意义。这为评论员开了方便之门，他们既不平衡也不客观。

媒介也让总统有机会直接接触公众，而不是通过记者或评论员过滤信息。这有助于总统职位个人化，使公众更多地感受到总统也是普通人。

国会

国会作为一个政治机构也受到大众传媒的影响。罗泽尔和塞米廷（Rozell & Semiatin, 2008）说，

> 媒介的分裂降低了对共治的激励，分解了20世纪40—60年代在国会中良好感觉时代的规范结构。碎片化增加了人格的价值，降低了制度责任的价值，特别是在70年代国会共治开始衰落，到今天已经崩溃了。(p. 55)

这种分裂使得国会议员不愿意冒险，因为任何评论都可能损害他们在互联网上的声誉。媒介也增加了议程设置的效果，这使得国会处于被动地位而不是发挥领导作用。

对经济体制的效果

私有和公共商品

媒介对经济体制的影响不仅仅是影响公众的认知、舆论和公共话语，也影响其公共价值观和资源交换行为。几乎所有研究大众传媒对经济体制影响的学者都批评大

众传媒的做法。例如,加尔布雷思(Galbraith, 1976)认为,大众传媒通过将广告作为收入的重要来源,造成了这样一种情况,即广告信息可以将人们的资源用于私人目的而不是公共目的。他认为,这种平衡创造了一个富裕的社会,有利于那些有足够的钱购买这些私人物品的人,但是对整个社会不利。例如,如果我们把所有花在个人汽车、保险、维护、汽油等上的钱,投入公共交通里,我们将不再需要那么多的道路,交通事故会减少,对环境的污染也要少很多。但是实际上,我们利用大众传媒为数百种用于私人消费的汽车做广告,个人消耗的资源比公众消耗的更多。

这导致了消费文化(Ewen, 1976),甚至导致了自恋文化(Lasch, 1978)。消费文化是广告商和企业推销产品形成并强化的一种最强的价值观。按照可以解决问题的产品来描述问题。而且由于媒介提出的大多数问题都集中在个人的外表和成就上,所以我们也会渐渐地被训练成主要关注自己——和自己的外表。因此,我们习惯了自恋。

股票市场

媒介提供了大量有关企业的信息和对股票价值的猜测。这引起了关于这些媒介信息是否对股票产生影响的问题。研究提供了混合的结果作为这个问题的答案。一项研究发现,媒介信息可能会影响公司股票的上涨和下跌(Cuellar-Fernández et al., 2010)。它研究了基于网络的企业报告对投资者信息和通信技术行业企业估值的影响。它对2003年1月至2005年4月企业网站发布的8,111条新闻进行了综合分析,并分析了影响股票收益的新闻类型。结果显示对新客户、完成收购、战略性长期决策和非技术性联盟的新闻有积极的价格反应,而对新产品或升级产品的推出新闻有消极的价格反应(Cuellar-Fernández et al., 2010)。

另一项研究分析了新闻报道对股票价格和交易量的影响。舍费尔、哈斯和布罗修斯(Scheufele, Haas, & Brosius, 2011)对所选公司的新闻报道进行了内容分析,对这些公司的每日收盘价变化和交易量进行了次要分析,并结合了时间序列设计。结果表明,短期(两个月)来看,媒介报道反映而不是塑造证券交易所的发展。但是对于广泛的媒介效果几乎没有暗示,也就是说,对许多投资者的影响将会导致股票价格或交易量发生可观测的变化。

全球化

媒体经济学家阿朗·阿尔巴朗（Alan Albarran, 2002）认为，全球化是近年来最重要的经济趋势之一。他声称，美国的媒介信息市场已经饱和，所以美国媒介公司另辟了许多收入来源，增加了收入的流动，它们需要在其他国家推销其信息。

全球化是一个全面的经济和政治趋势，得到了大众传媒的多种支持。首先，大众传媒通过广告创造了意识和对全球企业生产的产品的需求。对于许多公司而言，市场是全球性的，不受国界限制。其次，媒介公司本身就是全球性的。不仅美国公司在其他国家有影响力，在美国之外，索尼、贝塔斯曼和新闻集团在全球拥有重要市场（Sinclair, 2004）。它们如此庞大且强大，可以使各国取消减缓其业务的法规。

有人认为，这种全球化会导致文化同质化（Sinclair, 2004），这是20世纪文化帝国主义争论的延伸（Hamelink, 1983; Schiller, 1979）。批评者声称，像美国这样的强国，会通过经济机构和大众传媒出口自己的生活方式。这往往会导致一些国家放弃其本土文化变得美国化（Schiller, 1969）。现在全球化的论证是，被传播的文化不是来自任何国家；相反，它是以经济为基础的物质主义和消费文化，由媒介故事和广告产生并推进（Golding, 1994）。其他学者认为，大众传媒提出了许多替代文化，人们能够在当地宣称独特的身份，不一定需要符合全球文化（Hall, 1992）。

辛克莱（Sinclair, 2004）认为，"19世纪以民族为主，20世纪出现了世界范围内协调国家政府共同利益的国际机构"（p. 68）。今天，媒介集团是跨国的，并已成为全球性机构。在经济上它们比许多国家更强大，在文化上它们更为强大，因为它们创造出了一种显著降低个别国家重要性的产品和想法的全球文化。

对家庭的效果

家庭结构

在短短一代人的时间里，美国家庭的构成发生了改变。传统的双亲家庭数量减少，无孩子的夫妻、单亲父母和独居者日益增多（Perkins, 1996）。从70年代初到1998年，由父母和孩子组成的美国家庭从45%下降到26%。1972年，在所有成年人中，已婚成年人占75%，2002年，这一比例降至59%（美国离婚统计数据，2002）。另外，单亲家庭的儿童从1972年的4.7%上升到1998年的18.2%（Irvine，1999）。

大众传媒对美国家庭的变化负有责任吗？有些学者认为是这样的，他们认为，美国文化中家庭制度的变化与媒介所描绘的家庭变化并行。例如，道格拉斯（Douglas，2003）在他的书《电视家庭：郊区居民有什么不对吗？》（*Television Families: Is Something Wrong in Suburbia?*）中追踪美国家庭的变化以及从20世纪40年代到21世纪初电视节目里的家庭变化。虽然他承认实际生活中的家庭在很多方面与电视上所呈现的家庭有所不同，但是两者的变化是相似的。20世纪40年代和50年代，两者都呈上升趋势。后来，这两者都显示了核心家庭的破裂，离婚和混合家庭更加普遍。

传统家庭衰落的原因之一是美国的离婚率非常高。电视首次渗透进我们的文化之后，离婚率就一直在攀升。1960年，第一次婚姻中有16%以离婚告终，到1996年，这一数字攀升到40%（Whitman，1996）。批评者声称，离婚率的提高和电视里破产家庭的形象不是巧合；电视使人们认识到，离婚和非婚生子女已被社会所接受。他们指出，电视过于频繁地展现离婚、单亲家庭和其他可选择的生活方式。这些在许多不同类型的节目中得到呈现，多年来已被观众所内化。于是人们对自己的婚姻感到不满，寻求刺激。此外，像《带孩子结婚》（*Married with Children*）这类流行电视剧负面地展现了婚姻生活，从而使年轻人排斥婚姻。

家庭互动

电视以及其他媒介也有可能把家庭成员聚集在一起，分享交流。家庭成员可以通过一起观看特定的电影或电视剧，然后花时间讨论，从而建立一种增进感情的仪式。直到20世纪70年代，许多家庭只有一台电视机，看电视是普遍的家庭活动（Medrich，Roizen，Rubin，& Buckley，1982）。

然而，现在家庭使用媒介的模式通常表明媒介曝光是个人活动而不是群体活动。例如，超过2/3的美国家庭拥有多台电视机，所以大多数家庭成员可以单独看电视。另外，65%的家庭装有有线电视，可收看100多个频道，个人观看是令人满意的，所以家庭成员不必抢电视看。每个家庭成员都可以在单独的房间在单独的电视上看他或她想要看的节目。

即使家庭成员一起看电视，与关上电视机时家庭成员不得不一起娱乐相比，互动次数也会减少。例如，有1/3以上的家庭在吃饭期间看电视，这样就减少了家庭成员之间的交流。

当涉及媒介时，父母的角色多年来发生了变化。例如，皮弗（Pipher, 1996）指出，"好的父母过去要把孩子引入更广泛的文化，现在他们试图使孩子远离更广泛的文化。好的父母过去一直灌输更广泛文化的价值观，现在他们试图教给孩子与世界上大多数人非常不同的价值观"（p. 11）。

此外，父母减少了陪伴孩子的时间：20世纪50—90年代减少了40%（Pipher, 1996）。皮弗认为，"我们的技术迅速创造出一种新的人类，一个被插入机器而不是关系中的人，一个生活在虚拟现实而不是家庭中的人"（P. 92）。"当人们通过电子邮件和传真进行沟通时，人际交往的本质就会改变。"（p. 88）技术的便利使我们不必与他人进行面对面的互动。

即使我们接受电视使传统家庭日趋瓦解的观点，我们也必须认识到还有其他影响因素，比如经济。例如，在21世纪，养活一个家庭比20世纪50年代需要更多的钱。中等家庭收入目前只有3万多美元。两个成年人都有可能上班，这使他们难以辞职在家生养孩子。妇女在劳动力中的百分比一直在攀升，2011年，约有57%的18岁及以上女性在工作（美国人口普查局，2011a）。

家庭结构和家庭互动变化的另一个原因是，对于许多人来说，工作对家庭而言变得更为重要。工薪人士的工作时间变得更长，这样他们离开家庭的时间也较长。时间、金钱和生活方式等方面的巨大压力，使人们将家庭视为从工作场回来休息的地方，而不是他们精力充沛的地方。在大多数人的生活中，家庭已变得不再重要（Pipher, 1996）。

显然，过去50年来，家庭结构和互动模式发生了变化。这是由很多原因导致的。其中，电视是关键，但不是唯一因素。经济需求的其他要素、职业重要性的上升以及生活方式的改变都促成了家庭制度的变化。现在有了较新的移动通信技术，家庭成员之间的共享媒介体验就更加罕见了。

对宗教的效果

宗教是美国的重要组织。对美国人口的调查发现，约80%的美国人认为自己有宗教信仰，相信有来世，尽管只有57%的人定期参加礼拜。1946—1964年间出生的7,650万人即"婴儿潮"一代，大约有2/3在20世纪80年代退出了有组织的宗教，尽管其中一些人在80年代末回归了宗教组织（Woodwoad，1990）。到2008年，65%的美国成年人属于特定的宗教团体（美国人口普查局，2011b）。

大众传媒给宗教带来的是积极的机会还是负面的影响？这是个争议相当大的问题。

媒介是对宗教的威胁

几个世纪以来，西方宗教一直怀疑甚至害怕科技。

在17世纪的新教改革期间，基督教阻碍了科技的进步，科技被视为对已存续千年之久的自然秩序的威胁，也是对传统价值体系的威胁（Ellul，1964）。芒福德（Mumford，1970）延伸了这一视角，他认为科技已经取代宗教成为真理的仲裁者，科技引入了世俗的知识形态，并使宗教不再神秘化。

随着大众传媒作为信息传播技术载体的兴起，西方宗教对大众传媒持怀疑态度，甚至惧怕。谈到宗教，为什么大众传媒使批评者感到困惑？似乎有以下四个主要原因。

媒介转移焦点　科技和大众传媒的兴起使批评者感到困惑的一个原因是媒介将人们的注意力从精神层面转移到了世俗层面。基督徒解释说，大众传媒作为科技制造了一种"不道德的手段和技术官僚效率的工具主义秩序，以反对宗教想象力"（Horsfield，1997，p. 65）。因此，大众传媒不断提醒俗世的人，技术和科学——而非宗教——提供了使人生活更好的强大工具。

霍斯菲尔德（Horsfield，1997）甚至说，"西方文化正规的宗教制度都面临着重大的组织、经济和权力的变化，说得好听点是重组，谈得不好听就是衰落"（pp. 167-168）。他认为媒介是导致这个变化的原因。他解释说，"例如，早期的基督教教会从其根源的犹太文化转向希腊文化，不只是简单的组织扩张，而是从基本上口语传播过渡到文字传播"（p. 173）。他继续说道：

> 电子媒介的发展，与世界各国的日益繁荣，贸易中国家界限的消解以及文化产品的传播相关，而且通过更广泛的商业手段的可取性将社会交往从社区商品的总体概念中移除。

其他国家已出现这种减少对宗教承诺的模式，例如荷兰，埃蒙斯、舍佩斯和韦斯特（Emons, Scheepers, & Wester, 2009）发现，荷兰文化和荷兰电视节目中的宗教重要性随着时间的推移发生了转变。他们分析了1980—2005年间播出的503个黄金时段节目，2,114个主要角色，发现具有可识别宗教取向的主要角色比例以及含有宗教次要角色的节目数量明显减少。节目故事情节中宗教主题也有所减少。研究人员还报告说，体制性宗教在荷兰社会中的作用正在急速下降。他们的结论是，荷兰电视剧中宗教表现形式的纵向变化似乎先于荷兰社会中宗教角色和看法的变化。

与注意力重心转移有关的是价值观的转变。福尔（Fore, 1987）表达了这一担忧，他声称电视世界强调了与宗教的中心价值观相抵触的五个主题：

第一，只有强者才能生存（社会达尔文主义）。

第二，权力和决策从中心向外扩散（华盛顿特区是政治中心，纽约是金融中心，好莱坞是娱乐中心）。

第三，幸福由无穷尽的物质索取构成（消费的本质是好的，人没有财产、财富和权力重要）。

第四，过程本质上是好的（不断前进是好的，但是有无目标并不重要）。

第五，信息自由流动。他认为，大众传媒将世界的一大部分利益、动机、满足和精力从宗教中心转移了出去。

媒介商品化宗教　批评者认为，大众传媒的商业性将宗教变成了商品。霍斯菲尔德解释说：

> 市场的竞争性特别适用于消费者商品化的动态，商业流程将非商业性的人类活动和服务分配、重组、包装，然后作为商业产品或服务出售。通过电视福音布道，教会的信息被世俗化，“将基督变成另一种消费品”。(Horsfield, 1984, p. 123)

这种商品化如何对宗教制度产生不利影响？福尔（1987）认为，新的科技环境鼓励
272 这样的宗教情怀，即摒弃或忽视有组织的宗教。人们在电子设备上花费的时间比与人互动的时间更多。可选择的渠道和内容越来越多，人们只会选择那些加强已有信仰的渠道和内容。这将信仰置于个人的手中，而不是宗教团体。因此，沟通更多地被视为一种商品，以服务于个人的直接需要，而不是作为一种广泛的文化现象，而这样的文化将

我们聚集到一个大的社区之中，社区的需求比任何个人的需求更重要。

大众传媒追求商业目标的另一个例子是，它们清除了宗教教派的差异，使其成为非宗教教派，从而吸引更多的人（Horsfield, 1984）。随着时间的推移，最大限度地扩大受众人数的动力越来越大，特别是自1996年《电讯法案》取消了国家所有权，从根本上放开了地方权限以来，对无线电宗教节目产生了不利影响。沃德（Ward, 2009）认为，在《电讯法案》出台之前，宗教广播在经济上一直是独立的，营业额低，并且为宗教节目的独立联合组织提供了节目制作机会，而这些在法案出台后全都变了。沃德解释说，20世纪60年代，无线电失去了作为主要的国家大众传媒的地位，转向了小众化，并且愿意播放宗教节目。但自20世纪90年代中期以来，广播电台的所有权一直在巩固，宗教广播电台现在更少，播放宗教节目的电台也较少。沃德指出，拥有受欢迎的广播员，并且能够支付大型集团所有电台收费的全国性节目，成为听众的首选。二级集团从顶级市场中脱离出来，削弱了接触潜在捐助者的能力，而这些捐助者可以使节目一直播出。小型媒体购买以及广播制作机构愿意帮助那些不太知名的集团做它们的节目，可能会失去客户并退出业界。随着传道人走向黑暗，经常为低层市场服务的独立宗教广播站可能会失去主要的收入来源。在困境中挣扎的广播站也指望不上得到帮助。30年前，当宗教广播的运营模式仍然存在时，顶尖集团可能会购买播出时间来维系广播站，并在全国范围内保持其独立性。而今天这些集团已经从表现不佳的广播站点撤出。

媒介取代仪式 另一个批评是，大众传媒正在取代宗教的主要角色，即提供仪式。大众传媒，特别是电视，正在提供加强甚至取代宗教仪式的仪式（Grimes, 2002）。电视播放宗教活动，如礼拜、婚礼、葬礼等。他们引发了仪式化的行为，例如将手放在电视或无线电接收器上以接受治疗。戈瑟尔斯（Goethals, 1997）认为，大众传媒提供的仪式，很像宗教仪式，可以构建意义并且给社会带来意义。这些仪式定格了时间和空间，具有升华的意义。因此，媒介向社会传达了宗教过去所做的，从而也解释了为什么传统宗教在我们社会中的重要性逐渐减弱（Hoover & Lundby, 1997）。

媒介取代宗教 一些社会评论家如胡佛（Hoover, 1988）认为，电子教会的主要影响并不是改变人们的信仰，实际上改变的是美国的宗教制度。宗教电视是如何做到这一点的？它消融了宗派边界，从而使福音派和原教旨主义成为主流。它改变了我们看待政治和宗教的方式——电子教会在政治上占有重要位置。在这里，我们将研究大众传媒如何影响宗教制度：通过提供参加宗教仪式的其他方式和金钱。

电视被一些人视为新的美国宗教。例如，胡佛（1988）说：

> 电视是新的"有文化的讲故事者"，除了新闻和信息，也是规范和价值观的执行人。电视以传统的讲故事的方式完成这一角色，即通过辩证法而不是教学过程使故事与文化得到发展，保留大部分而不是完整的全部，通过改变以适应其观众和新情境的表达。(p. 241)

福尔（1987）说电视是：

> 开始取代曾经履行我们所理解的宗教职能的制度。电视，而不是教会，正在成为人们找到世界观的地方，这个世界观反映了什么是最终价值，并证明了他们的行为和生活方式。今天的电视，无论观众是否知道，无论电视业本身是否知道，不是仅仅为了博取关注和美元，而是为了博取我们的灵魂……电视本身成为一种宗教，表达了我们国家许多人的假设、价值观和信仰，为旧的现实以及基于旧时现实的旧的宗教观，提供了另一种世界观。(pp. 24–25)

有些学者认为电视是接管宗教职能的主导机构（Gerbner & Gross, 1976）。他们说，电视通过介绍成功、权力和统治的经验，含蓄地传达了价值观和对世界的诠释。通过传达某些人的重要性，电视确定了那些像牧师一样指导我们思想的人。

媒介是宗教的工具

许多宗教领袖对大众传媒采取积极的态度，把它们作为向大众和决策者传递信息的工具。他们认识到，大众传媒创造性地使用符号和图像，并以此来建立、维护和改变诸如信仰、神话、概念和类别的集体陈述（Rothenbuhler, 1993）。之前主要是广播、书籍、电视等媒介，现在则是互联网。

广播　沃德（2009）解释说，宗教领袖多年来一直使用大众传媒，特别是广播电台。他解释说，到20世纪六七十年代，宗教广播增多。由于宗教节目主要是在宗教场所被听到的，所以广播传教士的重点转移到了训导信众上。因此，现在流行的节目长度的广播布道占主导地位。许多集团仍然相信,"向唱诗班讲道"与美国的宗教广播使命并不一致。广播部门从未认为自己可以替代当地教会,而是可以作为当地教会的补充。这种观点认为,广播节目平时可以帮助教会照看"羊群",和当地牧师联手培训教会成员静静地让人们一个个地皈依教会。

这样看来,宗教广播的重点是战略化而不是数字化,其目标是提升福音派信徒的"质量"而非数量。因此,媒介集中被那些认为合并会导致节目趋向于低水平的普通教派的广播业者所怀疑。但其他宗教广播业者却把合并视为积极的进步。他们说,宗教广播的成功并不在于电台数量或节目数量,而是听众人数。今天的大型宗教广播网络有资源使自己的电台更专业,研究和瞄准听众喜好,以吸引更多听众。而且他们认为,有了更多的听众就可以更好地推进宗教广播。也许,建议倡导合并,广播甚至可以重新获得其传福音的角色,而不是仅向唱诗班讲道。

图书　《圣经》仍然是最畅销的书,销量持续增长——过去几年增长了50%。91%的美国人平均每人有三个版本。然而,很少有人花时间阅读,不知道《圣经》里面到底讲了些什么似乎成了问题。超过一半的美国人甚至说不出"十诫"中的五个,2/3的人不知道有哪四本福音书。宗教组织正在努力使这本旧书活跃起来,现在有三千多种版本,旨在吸引不同的读者。著名人物,例如说唱艺术家哈默(M. C. Hammer)以及喜剧演员辛巴达(Sinbad)等人也在提倡读《圣经》。《圣经》的新版本包括《接触点圣经》(*TouchPoint Bible*),由愤怒和自我控制等主题组成;《正面思考圣经》(*Positive Thinking Bible*),作者是诺曼·文森特·皮尔(Norman Vincent Peale);《父辈祷祝圣经》(*Devotional Bible for Dads*),由民谣和谈话构成;以及《傻瓜圣经指南》(*Complete Idiot's Guide to the Bible*)。

一些较新的《圣经》版本显示出高度的政治正确性。例如,有些版本已经将"人子"(Son of Man)改为"人之初"(Human One),而耶和华的祷文则是:"我们的天父之母"(Our Father-Mother who art in heaven)(Watanabe, 1999)。

电视　自20世纪50年代以来,电视上一直有宗教节目播出,但直到20世纪70年代,这种节目才非常常见。至于有多少观众观看尚存争议。电视福音布道者声称观众人数非常多。但其他人像福尔(1987)指出,电子教会的观众远没有说的那么多。调查中,约有7,100万人声称自己每个星期会看其中一个节目。但尼尔森日记调查的结果是每周约2,470万观众,这里面包括重复调查的观众,去除重复调查的观众约为1,330万,这些人每周至少观看15分钟。观看一个小时以上的人数不到400万。只有一流的宗教节目观众会超过200万（Horsfield, 1984）。亚历山大（Alexander, 1997）解释说，远程传播对社会或宗教没有太大的影响，因为只有约5%的美国人经常观看某种形式的宗教节目，而这些人已经加入教会。所以这样的信息没有被传达到那些未皈依教会的人群，也没有改变观众的信仰，只是加深了他们的看法。观众视电视宗教信息为仪式，也就是说，这使他们觉得自己是社区的一部分。

观众能从观看宗教电视节目中得到什么？胡佛（1988）认为，电子教会通过承认个人的不愉快、挫折和文化危机的经验，具有重振人心的作用。通过将文化描述为失控，这些节目将自己展现为可以安抚心灵并有明确的目的。它们是通过全面阐述当代生活的不和谐因素而做到这一点的。福尔（1987）补充说，电子教会在权威出现混乱的时候表现出权威性。它突出了上帝和魔鬼之间的斗争。它强调个人是基本的社会单位，并要求他们采取行动。它普遍地肯定大多数人的社会价值观并以吸引人的个性强化了这一信仰体系。

电视在迫使教会适应。科姆斯托克（Comstock, 1989）指出："在传统宗教仪式具有可见的重要地位的文化中，电视是将公共能量引向世俗追求的现代化重要组成部分之一。"（p. 246）随着人们更加世俗化，宗教必须通过与世俗化趋势做斗争，因此与人们日常生活的关联越来越少，也就是说，它必须要改变其价值观。例如，在以色列，电视台不参与与犹太教相关的庆典活动，电视台在安息日播放节目是非法的。但公众却要求取消禁令，而且禁令确实被取消了（Katz & Gurevitch, 1976）。

互联网　倡导团体使用宗教语言可以塑造公众的政治态度，并影响政治家的行为，从而潜在地影响公共和政治议程。克劳斯（Kraus, 2009）对各种宗教团体的网站进行了研究，发现它们都使用神学宗教主题来影响公众议程。

总之，媒介上的宗教信息的主要优势是，他们为那些已经有宗教信仰的人提供了更多的经验。但评论家认为，电视本身已经成为一种宗教，许多人仪式化的观看证明了这一点。有评论家感到担心，因为电视所呈现的价值观与有组织的宗教信仰有很大的不同。

小结

大众传媒不仅仅影响了个人，也影响了机构。本章的证据显示，我们最重要的体制中有四个受到了大众传媒的强烈影响,特别是20世纪后半叶电视的影响。政治制度从根本上改变了我们选择国家公职候选人的方式。由于广告的压力,经济体系的重要性日益提高。家庭的结构和家人的团结已经改变。宗教利用大众传媒向人们提供各种宗教经验,支持他们的仪式;然而,媒介引发了批评,即媒介将人们的注意力转移到了更为世俗的事情上,取代了宗教仪式,甚至取代了宗教。

毫无疑问,这些体制已经发生了变化,并继续受大众传媒的影响。这些变化是好是坏取决于你的观点。

复习题

1. 媒介改变国家主要公职的竞选有多少种方式?
- 媒介如何使普通人更容易进入政治领域并参与竞选?
- 媒介如何使普通人更难以进入政治领域并参与竞选?

2. 私有商品和公共商品的区别是什么?媒介如何影响公共商品到私有商品重要性的转变?

3. 媒介如何影响经济体制?

4. 媒介如何影响家庭结构?

5. 媒介如何影响宗教?

思考题

1. 思考你关注政治选举活动的方式。
- 媒介以何种方式使你更容易参与这些选举活动?
- 媒介以何种方式使你更难以参与这些选举活动?

2. 思考媒介报道美国联邦政府的三个部门,即行政、立法和司法的政治事件的方式。
- 你认为哪个部门被报道得最多?哪个部门最少?
- 你对这样的报道满意吗?

3. 你认为政治选举活动的花费太多了还是不够?如果你对此不满意,你能想出办法改变吗?

4. 媒介在改变经济体制方面有什么不利影响吗?

5. 你对过去几代人的家庭结构和家庭团结变化满意吗? 如果不满意,你能想到如何监管媒介,以减少你不希望发生的变化吗?

6. 思考媒介是否对宗教体制有利或不利的辩论。

- 你支持哪一方? 也就是说,你觉得媒介对宗教的影响是正面的还是负面的?
- 如果你认为媒介对宗教体制不利,你能想到如何减少这些负面影响吗?
- 如果你认为媒介对宗教体制有利,你能想到如何增强这些正面影响吗?

第十四章

对社会、文化和大众传媒的宏观层面效果

- 对社会的效果
  - 信息科技在塑造社会中的作用
  - 功能主义
  - 集成和分裂
- 对文化的效果
  - 马克思主义
  - 女性主义
  - 英国文化研究
  - 文化帝国主义
- 对大众传媒自身的效果
  - 新技术
  - 所有权集中
  - 社会化效果
- 小结

本章涉及三个主题：大众传媒如何影响社会、大众传媒如何影响文化以及大众传媒对自身的影响。

对社会的效果

在这一节中，我们先来看看信息技术在塑造社会中的作用，然后探讨大众传媒在社会中的功能。以这些观点为基础，我们再来研究大众传媒是否有助于将个人融入社会，或将社会分化为许多不同的群体。表14.1列出了大众传媒对社会的效果的读物。

表14.1　有关大众传媒对社会和文化的效果的延伸阅读

媒介对社会的影响

媒介技术塑造社会（Innis，1950；McLuhan，1964）

媒介功能塑造社会
- 功能理论（Lasswell，1948；Merton，1949；Wright，1949，1960）
- 娱乐理论（Mendelsohn，1966）

媒介统一以及分裂社会
- 将社会纳入社区（Janowitz，1952；Meyrowitz & Maguire，1993；Mollison，1998；Rogers，1993；Varan，1998）
- 碎片化社会（Donnelly，1986；Mills，1956；Putnam，2000）
- 公共领域的减少（Dahlgren，1995；Elliott，1982）
- 分享经验的减少（Brown & Pardun，2004；Eastman，Newton，Riggs，& Neal-Lunsford，1997；Hindman & Wiegand，2008）

媒介对文化的影响

马克思主义
- 法兰克福学派（Adorno & Horkheimer，1972；Althusser，1971；Gramsci，1971）
- 仪式理论（Carey，1975）

女权主义（van Zoonen，1994）

英国文化研究（Hall，1980；Williams，1961）

文化帝国主义（Lerner，1958；Schiller，1969）

信息科技在塑造社会中的作用

技术方面的机会和限制塑造了每个文明(Innis, 1950)。例如,由于可以书写在便携式文件上,所以存在罗马帝国。可以在罗马人控制的很大地理范围内保存和分享这些文字记录。随着中世纪欧洲印刷机的发明,更多的人可以表达并广泛传播自己的观点。印刷机使领导人可以和更多的人沟通,从而将小的地方性社会扩大到更大的民族性社会。

以这些认识为基础,麦克卢汉(McLuhan, 1964)提出媒介就是消息。他认为媒介以强大的方式塑造了曝光的经验。因此,新的通信技术改变了社会的特性。他认为无线电是一种权威性的"热"技术,将它的信息印刻在社会中。相比之下,电视是一种"冷"媒介,使人们与信息进一步分离,并思考一系列的意义。

虽然在计算机的新型互动技术、信息数字化和互联网无线连接出现之前英尼斯(Innis)和麦克卢汉就有了这一想法,但他们的想法可以用来解释由于这些新技术的广泛使用而导致的社会变化。这些较新的技术是互动的,所以用户可以通过电子邮件、即时消息和博客与一个人或许多人同时进行对话。用户可以通过社交网站结交新朋友。他们也可以通过访问各种组织机构的网站加入政治和消费群体,并提出自己的想法。这导致了以共同利益为中心的虚拟社区的形成,人们因利益而联结,即使他们分散在各地。因此,信息技术塑造了这些社区。

功能主义

大众传媒在社会上发挥了重要作用,随着新媒体的出现,其功能也随之改变。这被称为"功能视角",通过这一功能视角,社会被视为环环相扣的系统,各部分紧密连接且都有自己的功能。拉斯韦尔(Lasswell, 1948)首先从功能上解释了大众传媒在社会中的作用。他说媒介扮演了监督、关联和传播三个角色。媒介通过新闻机构不断监测环境,并向人们介绍最重要的事件、问题和人物。至于关联,媒介通过社会化将人们的思维统一,并形成共识。通过塑造并维护共同的价值观,媒介提供了连续性。大众传媒将文化遗产一代又一代地传递下去。

赖特(Wright, 1960)阐述了以上三个角色,并增加了一个角色:娱乐。赖特认为,娱乐使人们从日常生活中得到放松。这缓解了人们的紧张情绪从而有益于社会(Mendelsohn, 1966)。后来他又增加了一个角色:动员。社会活动人员可以利用媒介来解决社会、经济或军事问题。动员是指允许人们将注意力集中在某些共同目标(政治、政府、宗教等）并激励人们采取行动。

集成和分裂

也许最大的争论就是大众传媒的功能是将一个社会里的人团结起来，还是分裂他们。我们来看看这一辩论的双方。

集成 一些学者认为，大众传媒的功能是把人们聚集在一起，否则他们会分散开来，如分散在各地。通过向广泛的人群同时传达信息，大众传媒给人一种社区感，也就是说，人们知道有很多其他人也知道这一信息，并有同样的想法。而这些想法的叠加会将社会塑造成一个连贯的整体。因此，人们认为大众传媒是通过吸引具有共同价值观的人们，然后以持续的思想和信息流来增强人们的社会意识（Janowitz, 1952; Rogers, 1993）。

大众传媒由于其共同的信息和广泛的曝光，能够比其他机构更好地整合社会。媒介创造了一个公共领域，在这样一个论坛中人们辩论思想并阐发自己的立场。随着时间的流逝，某些想法逐渐被接受，这使得社会成员团结起来。因为每个人都可以轻松获取这种持续的媒介信息，每个人都可以学习社会的价值观和规范。

媒介正在打破文化和政治界限，创造一个更统一的全球文化。例如，有学者指出了电视对苏联解体的影响，因为在那个政治体系中的电视观众发现了西方风格的节目制作技术，以及他们对民主和资本主义的提及，具有很高的吸引力（Mollison, 1998）。因此，全球主流之外的社会在文化侵蚀的过程中被整合。电视侵蚀了文化，特别是当一种文化的信息被引入另一种文化时。这种侵蚀效应包括文化磨损、文化通货紧缩、文化沉积和文化盐化四个过程（Varan, 1998）。

随着互联网和数字媒体的兴起，一些学者对于整合的趋势更加乐观。这些学者认为，数字媒体将通过全球化统一社会或使世界均匀化。统一的理论源自更大的网络、更快的信息和图像共享的概念。梅罗维茨和马圭尔（Meyrowitz & Maguire, 1993）认为，数字媒体有助于将所有群体纳入"相对普遍的体验领域"。

分裂 其他学者认为社会分裂是大众传媒导致的结果。也就是说，"公共领域"即共同的论坛，会缩小，人们可以在这个论坛讨论政治和文化问题，并形成对自己身份的认识（Mills, 1956）。媒介促进社交孤立，每个人都追求自己的媒介曝光议程。这会导致较少的公共活动以及更少地分享价值观，后者将人们团结在一起成为一个统一社会。公民和社会参与程度较低（Putnam, 2000），而且公共领域会越来越小（Dahlgren, 1995; Elliott, 1982）。

在青少年中也发现了这样的分裂。布朗和帕尔顿（Brown & Pardun, 2004）在对2,942名中学生进行的一项调查中发现，在140个电视节目中，至少有1/3的受访者只定期观看四个节目。例如，很少有白人青少年看黑人青少年评分前十的节目，只有女孩评分前十的两个节目出现在男孩的节目单上。这些发现不支持普通青少年文化的概念，至少在最近的电视节目制作中如此。电视观众的分裂不只是发生在青少年群体中。辛德曼和威甘德（Hindman & Wiegand, 2008）发现，前三大电视网络黄金时段25年间的下滑不仅仅是因为有线电视和多频道视频节目分发（MVPD）进入家庭。这与衰退和社会分化指标更相关，也就是说，生活方式的变化导致观众兴趣分裂。

唐纳利（Donnelly, 1986）通过他所谓的"自主权一代"描述了社会的这种分裂。他描述了自主权一代，即人们认为每个人都是所有相关价值的中心：

> 我们只对自己负责，我们只能决定哪些活动和行为方式对我们有意义，哪些没意义。我们根据自己的感受主观地生活，而不需要考虑到外界……我们根据自己所理解的生活的内涵来解释生活，通过超越社会和外部价值体系寻求真实性，坚持只有我们的品性主宰我们……我们生活在现在，回应瞬间的看法、关系和遭遇。对我们来说，最重要的是外界发生的事如何被个人感知和理解。(p. 178)

他说我们体验到埃米尔·涂尔干（Émile Durkheim）所说的"异常"，即个人无法识别和体验自己社群的特殊痛苦。

唐纳利（1986）说，新的电子媒介有五个特征影响了社会性质：数量（可用性和使用）、速度（交付和满足）、图像失重（无上下文）、偏远（带来遥远地方的信息）和选择（大量的替代品）。因为现在的这一代并没有吸收这种信息爆炸的文化手段，所以我们将成为唐纳利所说的"五彩纸屑一代"。"五彩纸屑一代"被经验淹没，但又不被任何文化所接受。"当所有宗教、生活方式和观念都同样有效，同样无动于衷，并且在各方面没有分化时，直到具体的个人做出选择、赋予价值，我们才会看到今天的综合版本。"（pp. 181–182）

既集成又分裂 从上文可以看出，我们有理由认为大众传媒会整合和分裂社会。每种介质的特性都有分裂和整合的潜力。一些学者认为，越来越多的数字媒体的使用将有助于进一步分裂社会，而其他学者认为，数字媒体将统一社会。分散的论据源于数字媒体允许个人寻找特殊内容并定制其体验的方式（van Dijk, 2004）。基恩（Keane, 1995）甚至认为公共舆论和公益的想法已经过时了。这种分化趋势的积极影响是，节目的多样性将会增加，因为数字化允许听到更多的声音（Berger & Huntington, 2002; Cowan, 2002）。（关于这个辩论的更多内容，参见Waisbord, 2004。）

一些研究已经证明了这两个趋势。例如，互联网连接对社区有正面的影响，也有负面的影响。在积极的意义上，互联网连接人与人，使公民参与和民族同化；然而，也有证据表明，技术精英们脱离了社区（Matei & Ball-Rokeach, 2003）。另外，一个为期一个月研究网络视频游戏的小组调查研究了网络视频游戏对社会和公民的影响。数据显示出混合效应。虽然游戏导致了全球前景和网络社区的改善，但是现有的友谊被削弱，玩家越来越孤单，但是家庭互动并没有受到影响（Williams, 2006）。

对文化的效果

文化是社会性建构，也就是说，它不以某种客观的形式持久存在，而是由人类在日常生活中创造的（Berger & Luckmann, 1966）。文化是生产和使用传达意义的符号的过程，让人们分享美学、宗教和个人的经验（Carey, 1975）。这种分享在仪式方面超越了信息传递。也就是说，分享经验的仪式化体验塑造了我们的文化，通过研究这些仪式，我们可以更深入地了解文化背后的价值观和人们赋予这些体验的意义。

在本节中，我将介绍媒介如何塑造文化的四种解释。它们分别从马克思主义、女权主义、英国文化研究和文化帝国主义的角度进行阐述，有两点是相同的。它们都认为媒介在创造和塑造文化方面发挥着非常重要的作用。它们也认为，媒介信息表达了话语——有关意义的一致性主题，而这些话语是大多数信息的基础。

马克思主义

卡尔·马克思在19世纪末提出了当时居于主导地位的欧洲经济和政治体系的伟大理论。马克思认为，工业化和城市化问题本身并不糟糕；社会问题可以追溯到贪婪的强盗行为，他们利用资本主义制度剥削工人，通过降低工资使资本家的财富增加。他呼吁工人团结起来，取缔阶级压迫制度，代之以民主平等的社会制度。

马克思把阶级制度归结为社会问题的根源。精英通过控制社会文化的上层结构来维护自己的权力。精英创造了意识形态，这对大众来说是种毒品。这种意识形态只是自然地被大众所接受，尽管损害了他们的个人利益。

马克思主义方法论对20世纪30—80年代的学术思想产生了巨大影响，因为它成为可用来解释我们文化变化的方法。将马克思主义应用于媒介的学者被称为新马克思主义者，包括法兰克福学派的学者以及一些英国文化学者。这些学者阐述了意识形态思想，认为大众传媒是分散思想的有力工具，支持了将工人阶级置于虚假意识中的超级结构。这些学者认为，权力精英利用大众传媒来宣传他们的意识形态，使人们接受目前的制度（Althusser, 1971）。然后，人们将这些想法和价值观接受为理所当然的、不变的，所以不会挑战它们（Gramsci, 1971）。这些新马克思主义者主要批评文化中的主流意识形态，也批判媒介培育这些意识形态的方式。

来源：Library of Congress Digital Collections。

20世纪30年代，法兰克福学派出现在德国的法兰克福大学，由西奥多·阿尔多诺（Theodor Adorno）和马克斯·霍克海默尔（Max Horkheimer）领导（1972）。这些学者对高文化与低文化进行了区分。他们认为高文化包括伟大的文学、交响音乐和艺术。高文化有自己的完整性，不能被精英颠覆。相比之下，流行杂志、报纸、廉价小说、电影和广播等大众传媒提供的低文化，其内容受到操纵以达成精英的目标。这些学者抱怨说，大众传媒是低文化而不是高文化的渠道。

女性主义

女权主义理论与马克思主义理论在这方面是相似的，即媒介被认为是支持在受众中造成错误认识的意识形态。在女权主义思想中，意识形态属于父权性质，人们认为男权社会的秩序是自然和公正的。女人比男人弱小，也没有男人能干，所以女性通过与男性的关系来获得自己的身份。

女权主义理论认为，受众不加质疑地接受了这种权力结构。因此，男权主义的社会秩序利用大众传媒通过不断重复家长式主题来维护自己（van Zoonen, 1994）。

英国文化研究

英国文化研究运动被称为"伯明翰学派"，这些学者受到雷蒙德·威廉斯（Raymond Williams）作品的影响，后者驳斥了高文化有利于个人和社会的理论。他认为每个群体都有自己的民俗文化。不过，他对大众传媒在重新包装民俗文化方面的价值表示怀疑（Williams, 1961）。

斯图尔特·霍尔（Stuart Hall）很有影响力的理论进一步加深了英国文化研究，他认为大众传媒是多元化的公共论坛，各种群体都在努力界定和塑造文化。霍尔（1980）认为，精英们并没有控制这种文化谈判，而是因为现有的超级大国支持其主导地位，所以他们享有优势。

文化帝国主义

一些批评家认为，主流文化利用大众传媒将其文化强加于其他文化的方式是危险的。因此，一种文化，如美国文化，可以通过传播信息的技术渠道用特定的信息控制这些渠道来传播其观念。这是文化帝国主义。例如，在第二次世界大战之后，美国政府资助了传统社会现代化的项目，将媒介技术与西方思想一起引入古老的国家，特别是亚洲、非洲和拉丁美洲（Lerner, 1958; Schiller, 1969）。美国政府的动机是在这些国家灌输所谓的民主思想和资本主义经济制度。但评论家抱怨说，这些国家的价值观念和文化实践正在被弱化。许多这些社会的部落性质对其机构的运作和家庭生活来说很重要，所以价值观的改变正在消除其几个世纪以来形成其文化特征的社会基本要素。

对大众传媒自身的效果

媒介也对自身产生了影响。当媒介在公众、机构、社会和文化方面发生变革时，这些变革会影响媒介结构和实践。因此，大众传媒要适应市场、经济以及它们所帮助塑造的文化。它们不是一个超越所有事物并对他人形成单向权威影响的元影响；媒介是影响和被影响复杂系统的一部分。表14.2列出了大众传媒对自身产生影响的读物。

媒介的影响力在三个方面最为明显：对新技术的适应性、所有权集中的变化和工人的社会化。

表14.2　有关对大众传媒自身效果的延伸阅读

新技术
媒体工作者的日常活动 ・在线报纸新闻媒体的新多媒体技术工作实践和组织结构（Boczkowski, 2004） ・新技术允许现场报道改变电视本地新闻（Tuggle & Huffman, 1999）
受众的概念化（Lin, 1995）
重新定义目的（Ahn & Litman, 1997; Chan-Olmsted & Ha, 2003; Schaefer & Martinez, 2009; Yan & Park, 2009）
所有权和控制权
媒体行业的所有权集中度增加（Ahn & Litman, 1997; Bagdikian, 1992, 2000; Noam, 2009）
集中趋势对消费者有害（Altschull, 1984; Blevins & Brown, 2010; Murdock, 1990; Napoli, 1999; Yanich, 2010）
集中趋势对消费者无害（Einstein, 2004; Hofmeister, 2005; Lacy & Riffe, 1994; Naom, 2009; Picard, Winter, McCombs, & Lacy, 1988）
社会化效应
媒体逻辑（Altheide & Snow, 1979）
工人的塑造价值（Berkowitz & TerKeurst, 1999; Bogart, 1995; Janowitz, 1975; Lippmann, 1922; McManus, 1994; Rodgers & Thorson, 2003; Schudson, 1978; Shoemaker & Reese, 1991; Tuchman, 1978; Weaver & Wilhoit, 1986）

新技术

　　新的沟通技术迫使媒体工作者的日常活动以及媒体公司的商业惯例做出改变。例如，随着新技术的发展，新闻的实践也发生了变化。允许现场报道的新技术正在改变当地的电视新闻（Tuggle & Huffman, 2001）。新的多媒体技术改变了在线报纸新闻编辑室的工作实践和组织结构（Boczkowski, 2004）。

　　较新的技术给予了人们更多的选择，传统媒体的使用模式在瓦解。例如，电视节目制作者曾经制定了一些策略来吸引和调整受众的反复曝光，但是这些策略已经不怎么奏效了。其中一个策略是按顺序连播类似的节目，以便观众整晚观看。结合沿袭效应（节目介绍的收视率）和竞争程度（与同时段节目的竞争力）对电视节目收视率的预测从80%降至约55%。这意味着更多的观众看过节目后会切换频道，而不是继续看下一个节目。为了防止切换频道，节目制作者使用节目过渡的新形式来吸引他们的受众，这些过渡效果占收视率的9%（Eastman et al., 1997）。

新技术迫使媒体公司重新思考受众的观念和目的。例如，广播和有线电视不得不适应互联网和数字技术的兴起。电视网络在80年代改变了节目策略，以应对有线频道和其他媒体的竞争。它们被驱使优化观看比例并消除潜在风险（Lin, 1995）。陈-奥尔姆斯特德和哈（Chan-Olmsted & Ha, 2003）发现，电视台把其在线活动集中在建立和受众的关系而不是在线广告销售上。互联网主要被用作"支持"来补充电台的离线核心产品。

新技术的发展也改变了大众传媒业的结构。有线电视业的垂直一体化导致了节目多样性和价格下降（Ahn & Litman, 1997）。媒体公司更少关注频道，而更多关注信息。报纸越来越不认为自己是纸质媒体，而是通过纸张和互联网传递时事的新闻机构。颜和帕克（Yan & Park, 2009）发现，1997—2003年，当地电视台的地方新闻节目大幅度增加，归因于每个市场中排名前四位的站点。

随着竞争的加剧，电视台通过使用编辑技术改变了新闻信息的构成。例如，在跨度36年的美国商业网络编辑的内容分析中，谢弗和马丁内斯（Schaefer & Martinez, 2009）发现，网络新闻编辑在1969—2005年间使用了更快的节奏、更短的声音和更多的特效。当这些元素结合在一起时，结果表明，衍生自"录像机"和现实新闻技术的美国网络电视新闻，转而采用了各种传播复杂视听论据的合成编辑策略。

所有权集中

媒体公司的所有权在过去的30年里更加集中。为了说明这一点，巴格迪克安（Bagdikian）在1983年对媒体所有权模式进行了分析，发现媒体的控制权基本上掌握在50个人手里。这些都是最大媒体公司的CEO，他们控制了媒介市场一半以上的收入和受众。还不到十年，巴格迪克安（2000）发现，这个数字已经减到23个，这些CEO控制了该国25,000家媒体的大部分业务。十一家公司控制了大部分日报的发行。杂志发行的大部分年度收入来自两家公司。五家公司控制了一半以上的图书销售。五家媒体集团共享95%的唱片市场，华纳和哥伦比亚广播公司控制了该市场的65%。八家好莱坞电影公司占美国电影出租业的89%。三个电视网络的收入占美国电视总收入的2/3以上（Bagdikian, 1992）。2000年，巴格迪克安发表了最新的分析，并得出结论，"六家公司主宰了所有的美国传媒"（Bagdikian, 2000, p.x）。这六家公司（贝塔斯曼、迪斯尼、通用电气、新闻集团、时代华纳和维亚康姆公司)在几乎所有的大众传媒中都拥有媒介渠道。它们的子公司遍布世界各地,在全世界传播其消息。

诺姆(Noam, 2009)在最近的一项分析中指出,集中指标显示,传统的大众传媒业集中从1984年到2005年翻了一番,但与其他行业相比仍然较低。而从更广阔的视角来看,所有信息部门,包括100个独立行业,与1984年相比,2005年的集中指数下降了25%。

这种媒体集中的趋势激发了对消费者而言是好事还是坏事的争论。我们来仔细研究一下这个争论。

集中有害 对集中化趋势的批评尤其和媒体业相关。批评者认为,大众传媒对公众负有其他行业所没有的特殊责任。也就是说,媒介提供了一个论坛,保护这个论坛是很重要的,以便它对所有观点开放,而不仅仅是最具市场价值的观点。大众传媒的广播和电信部分由联邦通信委员会(FCC)管理。FCC采用"思想市场"这一比喻来指导监管,特别是放宽对广播的管制。也就是说,他们正在努力开放市场,尽可能多地提出想法(Napoli, 1999),但是随着业主的减少,信息的种类也逐渐减少。例如,默多克(Murdock, 1990)认为,正是因为强大的媒体公司产生了大量的媒体载体和信息,但这并不意味着这些信息是不同的,而是意味着相同的基本商品出现在"不同的市场和各种包装中"(p. 8)。

批评者还认为,随着媒体公司竞争的减少,信息内容也会发生变化。此外,这些内容的变化是消极的,如质量的损失或内容的改变在某种程度上对受众是有害的。例如,奥尔舒(Altschull, 1984)指出,新闻的公理是媒体的内容总是反映资助人的利益。因此,如果大型媒体集团的所有者较少,使用大众传媒宣传产品和服务的巨大制造企业集团的CEO较少,就是危险的趋势。批评者认为,少数权利精英将会限制表达的范围,以致许多声音不能被听到。

布莱文斯和布朗(Blevins & Brown, 2010)对2002—2007年间FCC在其媒体所有权议程中使用的研究进行了分析研究,发现了不合理使用经济研究以支持机构规章制度的改变。进行这项研究在政策制定中是重要的,因为FCC对经济文献的依赖或许有助于解释为什么构成公共利益的"程序性"定义是正确的,以及相信市场自身的力量可以确保公众得到利益这一"新自由主义"信念。研究结果表明,更广泛的学问研究,特别是媒体研究,不会支持FCC进一步放宽媒体所有权。

集中无害 辩论的另一方认为,媒体业的集中对消费者无害,反而对他们有好处。

当公司规模大时，他们享有更大的规模经济效益，从而降低成本，并可以更有效地运作，将这些储蓄转移给消费者，保持利润，并将这些利益传递给股东。由于大型媒体公司是公开上市的，所以股票份额被机构（如保险公司和退休基金）广泛持有，一般人也有可能受益。诺姆（Noam, 2009）指出，大部分媒体都由机构所有，如养老基金（如TIAA-CREF）、共同基金和机构投资者。这些机构让媒体经理在微观层面运作，而他们唯一的兴趣就是获利。他们对促进意识形态不感兴趣，因此有时所谓的媒体大亨会被指责。

此外，需要更大的经济实力来消弭生产媒介信息的高风险。投入一种新的信息需要大量资源（费用超过一亿美元的新电影、电视剧、杂志等）。

这一方的学者也指出，许多对批评的担忧是毫无根据的。没有证据表明媒体信息的质量由于集中而下降。例如，研究并没有发现，当一个广播电台被一个集团收购时，内容会恶化。莱西和里夫（Lacy & Riffe, 1994）研究了广播电台的新闻内容，并比较了集团所有权的影响。他们发现，集团所有权对财务承诺或新闻重点报道的地方和员工也没有影响。另外，一份有关报纸内容的研究报告也没有发现报纸因为被一个产业链收购内容就会发生变化（例如，参见Picard et al., 1988）。故事本身、在编辑页面上的意见，或报纸的新闻报道没有发现任何变化。然而，在一项关于美国17个电视市场的地方新闻内容与所有权结构关系的研究中，亚尼奇（Yanich, 2010）发现，在本地播出的新闻中，所有权对于制作有重要意义。本地市场电视台的集中度越高，本地新闻占整个指定市场区域的比例就越低。

所有权集中也不会导致有害内容增加。这还没有经过直接测试，但有间接证据表明，无线电业的所有权集中与负面言论、淫秽内容的增加有关。一项研究发现，随着大型广播公司收购更多的广播电台，危言耸听的杂谈节目通常会取代当地的内容。2000—2003年，全美四大无线电公司缴纳了FCC总罚款的96%，尽管它们的听众只占全国听众的一半左右（Hofmeister, 2005）。

这种批评，即所有权集中会降低市场竞争听上去似乎有道理，但是却禁不住分析。为了说明这一点，我们假设一个城市有两种报纸。连锁店购买了其中之一。连锁报纸降低了订阅费用和广告费率。读者和广告商会转而选择连锁报纸，因为它更便宜。另一种报纸最终停止发行了，该市场的集中度上升，但这并不意味着前一种报纸就没有竞争，只因为它是市场上唯一的报纸。报纸必须与市民广播、电视和有线电视台竞争受众和广告客户。因此，如果报纸降低其新闻产品的质量，人们将放弃订阅并转向其他信息来源。由于发行量较低，报纸需要降低向广告客户收取的费用，这样会减少收入。由于收入较少，报纸就需要裁员，因此新闻产品的质量就会进一步下滑。这一恶性循环一直持续到报纸停产。但这种情况几乎从来没有发生过，因为连锁报纸是以大利润驱动的，为了做到这一点，它必须尽全力扩大发行量，从而吸引广告商。

报纸及所有其他媒体只能通过向消费者提供更多更好的服务来扩大收入。它们如何知道消费者要的是什么？它们不断进行市场研究，以验证新的想法是否可行。此外，它们仔细监测公众的反应、评论和购买情况。当公众的品位或意愿改变时，媒体就会发现，然后会提供新的产品和信息类型。

尽管媒介组织的商业人士通常让有创造力的人单独去做他们擅长的事情，以吸引大批受众，但在一些情况下，报纸的业务能够延伸到编辑层面。1999年秋天就出现了一个很好的例子，当时的《洛杉矶时报》专门报道了斯台普斯中心，一个新的体育竞技场。发行商凯瑟琳·唐宁已经与斯台普斯中心签订了合作协议，让斯台普斯中心推广这份报纸以换取利润。唐宁没有告诉她的记者或者编辑关于商业伙伴关系的情况。记者发现时，抱怨他们不知道这份报纸成了斯台普斯中心的公共关系设备。唐宁是商业经理出身，而不是记者，为此做出道歉，说她没有意识到她的行为会损害报纸的完整性（《〈洛杉矶时报〉发行商犯错，道歉》，1999）。

同时，当我们看到网站的集中使用时，几乎没有可以证明计算机服务和硬件公司之间垂直整合的证据。"计算机行业四分五裂。有些公司出售组件（英特尔，超微半导体），有些出售软件（微软，SAP），有些出售服务（IBM，EDS），有些出售硬件（戴尔，苹果）。它们之间业务有重合，但不是很多。"（Samuelson, 2006, p. 45）此外，互联网由较新的公司（如谷歌、易趣和雅虎）主导，而不是老牌公司。

批评者认为，随着集中度的增加，个人接触媒体的机会减少了。"接触"在这里可以意味着两个不同的方面。一是所有权，也就是说，个人有多少媒体资源？因为大多数媒体公司是公共公司，任何人都可以买到公共公司的股份。但是，个人可以完全拥有媒体吗？答案是肯定的。杂志、图书、期刊、计算机等行业门槛较低。只要有数千美元、一台电脑和强烈的创新精神，大多数人就可以在这些媒体行业之一开一家公司。当然，为了吸引受众的注意力和获取广告商的信心，他或她得面对非常激烈的竞争。但是在这些行业中发出自己的媒体声音是可能的。相比之下，无线电、电视、有线电视和电影行业的进入壁垒要高得多，而在过去几十年的大企业合并中，这些障碍又增加了不少，除了最富有的人和最大的公司，其他任何人都不可能进入该行业。

接触也意味着通过别人的媒体传播你的观点。这在地方一级是比较容易的，比如报纸和发行量不大的杂志。大多数人仍然向编辑提交打印出来的信，大多数人从新闻经验很少的人那里买文章。此外，大多数市场都有接入式无线电节目，你可以通过该节目让别人听到你的声音。相比之下，要在《新闻周刊》或电视或有线网络等国家媒体上让别人听到你的声音，需要大量技巧和良好的关系，因为使用这些频道的竞争非常激烈。

许多批评者认为，当行业变得更加集中时，媒体业就会失去多样性。更少的声音应该意味着更少的意见被播出。然而，爱因斯坦（Einstein, 2004）指出，"在学习研究之后，学者已经确定媒体所有权和节目内容之间没有因果关系"（p. vii）。爱因斯坦认为，节目可供选择的数量减少并不是因为合并，而是因为电视依赖广告作为主要的收入来源。由于这种依赖性，就产生了对内容的严格限制，包括节目长度的时间表、"最低公分母"的心态，以及避免争议。爱因斯坦对过去40年电视业的分析显示，随着行业更加集中，节目制作变得更加多元化。她表示，多元化在20世纪60年代末处于高峰，之后在FCC通过联合执行共同规划的规定时开始下降。然后，当这些联合规定放松，广播机构可以保留自己制作的节目时，多样性在黄金时段急剧上升。

社会化效果

大众传媒将其工作人员社会化为某些类型的角色，以保护这些组织的运作。奥尔塞德和斯诺（Altheide & Snow, 1979）称这个观点为"媒体逻辑"，即在社会化过程中灌输的价值观。媒体工作者越接受这种社会化、整合某些价值观，并展示某些程序，他们在媒体组织中就会越成功。

在新闻领域对这个社会化进程的研究是非常多的。例如，伯科威茨和特库斯特（Berkowitz & TerKeurst, 1999）研究了如何将记者社会化融入一个可解释的社区，成员在交互中以及与新闻来源的互动中构建意义。罗杰斯和索尔森（Rodgers & Thorson, 2003）研究了男性和女性在新闻专业方面的社会化程序，发现了重要的性别差异。男性更有可能获得进步和承担责任的机会，而女性则很少得到鼓励。

记者社会化最重要的价值在于客观性的重要性（Janowitz, 1975; Lippmann, 1922; Schudson, 1998; Tuchman, 1978）。此外，记者会逐渐通过社会化获得其他价值观,如传播、解释和敌对的价值观(Weaver & Wilhoit, 1986)。传播是指使公众快速获取信息。解释是指分析和说明复杂的问题。敌对角色是作为社会批评者,指出政府和企业的错误做法。韦弗和威尔霍伊特(Weaver & Wilhoit, 1986)指出,敌对的作用一直在减弱,而其他价值观却在加强。越来越强的价值观与新闻业务的性质有关,从而使新闻价值更符合广告商的价值观(Bogart, 1995; Shoemaker & Reese, 1996)。麦克马纳斯(McManus, 1994)认为,新闻业已经受到他所谓的"市场模式"的压力的影响。他说新闻选择受成本、对受众利益的理解以及对商业利益的威胁的影响。也就是说,记者所报道信息的概率与其报道成本成反比,与对受众利益的理解成正比,与对业主或广告商的商业价值的影响成反比。

小结

大众传媒对社会、文化和自身的影响显著,而且这种影响的形式随着信息传播的新技术和功能的变化而发生变化。似乎有一些影响分裂了社会,而其他影响则将不同的人统一为一个群体。

大众传媒影响文化。通过讲述自己的故事,它们创造和改变了文化主题的共同解释。大众传媒对自身的发展产生影响,以适应新的挑战和机遇,如新技术的应用。媒介必须社会化新员工。特别是在新闻领域人们进行了很多相关研究。这种社会化反映了较旧的、更传统的新闻客观性价值观与新的业务导向的价值观的融合,这些价值观涉及受众的维护和广告客户的满意度。如果新媒体工作者想要在媒介组织中发挥作用,他们必须学习这些价值观并进行实践。

复习题

1. 不同的信息技术如何改变社会?
2. 功能主义是什么意思?
3. 功能主义是如何与媒介效果相关的?
4. 媒介以什么方式统一社会?
5. 媒介以什么方式分裂社会?

6. 什么是文化?

7. 媒介如何塑造文化?

8. 媒介如何社会化其员工?

思考题

1. 你认为哪种技术创新对变革社会影响最大?

2. 你认为媒介更多地统一还是分裂了社会?

3. 你认为四种文化方式中的哪一种最能解释媒介的角色?

4. 你认为媒体公司的所有权是否掌握在极少数人手中?

- 如果你认为所有权过于集中,那么应该做些什么? 所有权的限制应该如何以及如何执行?

- 如果你不认为所有权过于集中,那么你如何回应那些批评呢?

5. 你认为新媒体(电脑和互联网公司)员工的社会化价值观与早期媒体(如印刷、电影、广播和电视)员工的价值观不同吗?

第四部分

宏观图像

❖ ❖ ❖

第四部分也是本书的最后一部分，由两章组成，重点关注媒介效果的"大局"。你已经在前14个章节浏览了所有的细节，现在是时候回顾一下，更广泛地思考媒介效果了。

我们从第十五章开始对大局进行考察，并概述在考虑许多研究成果时应该注意的一些事项。所有研究文献都有其缺点和局限性，然而，这并不意味着研究文献没有价值。关于媒介效果的研究文献是非常有价值的，但如果你想成为了解这些知识的消费者，你需要认识到它的一些缺点。

第十六章简要总结关于受众的本质、效果、媒介影响以及媒介效果研究文献的主要观点。然后我提出一个总体策略来帮助你在日常生活中管理这些效果。

本书的目的是帮助你更广泛地了解媒介影响以及这些影响对你的生活产生的效果。这最后的两章可以使你从媒介效果的学习者转变为这一知识的使用者。

第十五章

注意事项

☞ 方法论注意事项
  ◆ 使用自我报告
  ◆ 使用重复测量措施
  ◆ 使用属性变量
  ◆ 校准影响

☞ 媒介效果和大众传媒效果
  ◆ 什么是"大众"传媒?
☞ 转化的注意事项
☞ 小结

你并不需要成为研究方法的专家，才能成为媒介效果研究文献的知情消费者。但是，你确实需要一些指导，以确定你对这些文献的结果的信心程度。在本章，我将使你成为媒介效果文献的批判性读者，首先我要指出你在阅读这些文献时应注意的四个方法论。其次，我要指出文献研究结果可以在一个人的日常生活中被应用到何种程度。

方法论注意事项

所有研究文献都有缺陷，媒介效果的研究文献也不例外。为了使你成为本文研究结果有经验的消费者，你需要认识到这类文献的重要缺陷。在本节，我要强调我认为最重要的四个缺点。这些缺点涉及使用自我报告、使用重复测量措施、使用属性变量以及校准影响。

使用自我报告

媒介效果文献主要由研究参与者对媒介效果的自我报告主导。这是我在分析最近八个顶级传播学期刊中发表的（1995—2009年的奇数年）媒介效果文献时发现的。在这64种期刊中，我发现有575篇关于媒介对个人的效果的文章，其中包括696个得到测试的单独效果。而在这696个效果中，82%是使用自我报告来衡量的。当然，对于有些类型的效果，自我报告的措施是最合适的。毕竟，除非我们要求别人告诉我们，我们还能衡量人们目前的知识、态度和信仰吗？当我们研究行为效果时，我们有自我报告的替代方法，但所有行为效果研究中有88.3%（171个中的151个）依赖自我报告，只有11.7%的人使用观察、访谈或电子设备记录行为。

自我报告的行为数据的使用应被高度怀疑，因为已有记录显示，自我报告的行为往往与实际行为有很大的不同（Morgan, Movius, & Cody, 2009; Prior, 2009）。这个差异有两个原因。一个原因是，我们的行为意图通常比我们最终实际做得更好（更有野心或更具社会可接受性）。例如，我们大多数人都有最好的意图来执行各种健康行为（如吃得好、定期锻炼、避免危险的行为），但是我们的实际行为往往不如我们所希望的。另外，当人们被问及他们看的电视节目时，他们倾向于少报告他们认为是垃圾的节目，并且过度报告诸如新闻这样的节目。例如，普赖尔（Prior）将电视用户的自我报告与尼尔森实际电视曝光数据进行比较，发现了新闻曝光的"严重过度报告"。他发现人们过度报告三倍的新闻曝光，在一些人群中甚至高达八倍。

自我报告的行为与实际行为之间体现差异的第二个原因是，我们往往不知道我们的实际行为是什么，特别是当我们被问及作为习惯的日常行为时。因为我们的许多媒介曝光行为是如此自然而然，我们没有记忆，我们媒介行为的自我报告往往是胡乱猜想的。例如第十一章中我描述的弗格森（1992）的研究报告，该研究询问了人们在几分钟之前看电视期间有多么频繁地换频道，发现他们的实际行为与他们报告的行为没有关系。也就是说，每个人都在猜测，并且可能会低估他们换台的频率，正如他们可能会高估换台的频率。

自我报告是研究人员生成行为数据最便宜和最有效的方式。然而，这种数据收集会带有各种偏见，也就是说，人们可能不想告诉你关于自己的事，因为这些使他们看起来不好，所以他们有可能"增强"数据。

自我报告的生理反应措施也是非常可疑的，因为人们通常不会在许多情况下对生理的兴趣如何产生有准确的了解。例如，拉瓦哈（2004a）针对广播新闻故事元素对参与者的影响进行了实验，发现自我报告的唤醒与一个人的生理觉醒（皮电活动）无关。此外，他还接受了面部肌电图和呼吸窦性心律失常的生理测量，这是积极信息的注意力指标和改善记忆性能的指标。这些措施应该与一个人对新闻故事的自我报告有关，但是拉瓦哈在他的研究中并没有发现这样的关系。这项研究清楚地发现，与许多其他研究一样，许多人对生理反应没有准确的了解。

虽然行为和生理效应的自我报告因为刚刚表达的缘故相对低效，但自我报告很可能有其他效果。当参与者被问及他们的态度（Sturgis, Roberts, & Allum, 2005）、情感（Sparks, Pellechia, & Irvine, 1999）和认知（Slater, Goodall, & Hayes, 2009）时，已经有记录证明了自我报告数据的有效性问题。参与者通常不会对某个特定问题采取任何态度，但是在被问及时会表达出来。参与者通常不会意识到自己的所有情绪，所以之后被问及时，他们无法准确地回忆。人们常常不会表达自己真正的想法或感受，因为他们认为这些可能不会被社会接受。

当研究人员衡量个人的行为时，他们有自我报告的替代方案。表15.1以排序的方式显示了不同类型的行为测量，表明了我们可以根据研究人员用于生成这些数据的方法对于数据具有的信心程度。一般来说，采用电子设备记录行为的措施是最有效的，因为它避免了人为错误引入的有效性威胁。电子措施通常是媒介花费的时间记录或自动收集的受众动作次数，例如敲出电脑键盘或访问的网页以及每个操作的秒数。

表15.1　有关行为测量种类的示例

示例1：电视观看

自我报告。人们经常被问及电视观看习惯。此外，尼尔森公司还向美国家庭电视观看日记发送了电子邮件，人们在纸上写下了他们两周的观看时间，然后将其寄回了尼尔森公司。人们通常会等到邮寄时才记录观看行为；在这种情况下，人们会忘记他们观看的许多节目，以及更换频道的次数。

来自未经训练的编码员的观察。对儿童观看模式感兴趣的研究人员要求家长列出孩子最喜爱的电视节目，以及孩子观看节目的频率。因为父母并不总是在房间里观察孩子看电视，他们的观察结果可能只是部分或自以为是的。

来自受过训练的编码员的观察。有一些研究人员训练编码员观察他们的研究课题，然后记录他们的观察。

电子记录。尼尔森公司以一种被称为"个人收视记录器"的设备收集观众数据，它附在电视接收机上。每当电视接收机开启时，记录器开始记录信息，一直到电视接收机关闭。记录器记录了电视接收机的调试频道以及在房间里的人员。

示例2：攻击性行为

自我报告。在调查工具中，要求人们列出他们在过去两周内的攻击性行为次数。在李克特七级量表（1=非常强，2=强，3=有些强，4=中等，5=有些弱，6=弱，7=非常弱）里评价他们的行为具有攻击性的程度。

来自未经训练的编码员的观察。在调查表里，要求人们列出他们的朋友，并列出每个朋友在过去两周内做出的任何攻击性行为。

来自受过训练的编码员的观察。孩子们被安置在一个有各种玩具的房间里，如积木、黏土、锤子和塑料剑。受过训练的编码员观察儿童的玩耍行为，并记录这些孩子攻击性行为的次数。

电子记录。一些大学生参加了一项有关他们玩电脑游戏的研究。他们被告知，屏幕上的每个角色都受其他玩游戏的大学生的控制。角色必须相互竞争才能获得宝贵的回报。在这场比赛中，游戏玩家使用武器来摧毁对手。计算机记录了每个玩家使用武器伤害另一个玩家的次数。

最好的行为测量措施是受过训练的编码员的观察，其次是未经训练的编码员的观察，这些措施通常比自我报告更客观。观察数据的质量取决于观察者被训练识别某些行为的准确性以及这些观察者使用的一致精度。使用观察行为的许多研究不会训练他们的观察者，而是依赖和他们正在测量的受众一起度过时间的人的印象。

使用重复测量措施

许多媒介效果文献都关注对个人的长期效果，如改变和加强功能（见第二部分的章节）。然而，尽管研究重点如此，但这些研究很少采取重复措施对增强情况下的变化或不变化进行充分评估。再一次参考我对学术期刊文章的内容分析,在本文测试的696个个人效果中,有262个提出了测试长期效果的要求。然而,这些研究中只有24项(9.2%)据称测试了长期效果,在一个以上的时间点上测出了一些效果。能够说明这种模式的一个例子是对涵化效果的测试,预测每一次电视世界的曝光都会改变人们的信仰,水滴石穿一般使人们渐渐远离真实世界的信仰,建立更符合电视世界的信仰。然而,典型的涵化效果测试是一个跨部门调查,其中参与者被问及他们目前的信仰和当前的电视观看。因此,参与这24项研究的研究人员正在考虑电视观看的稳定性和信仰的不稳定性。从更大的意义上来说,所有声称要通过媒介测试社会化影响的研究本质上都是声称媒介可以长期地逐渐改变一个人,或者是为了加强现有的效果。因此,似乎任何媒介效果研究声称记录较长期的效果,必然需要在一个以上的时间点收集效果的量度,以便跨越该效果的多个措施"连接点",从而绘制变化或不变的弧线;然而,只有很少一部分的媒介效果研究做到了这一点。

使用属性变量

属性变量是人的表面特征的度量,比如性别或年龄。属性变量易于测量,因此它们在研究领域的早期初步探索阶段是有用的。然而,为了使研究领域尽早进入更为复杂的预测和解释阶段,研究必须确定对现象产生影响的积极力量。因此,将注意力从属性转移到主动变量是研究领域精度越来越高的一个标志。

媒介效果研究中经常使用两个属性变量是性别和年龄,它们主要是在探索性的研究过程中提供了一些价值。例如,生物性别(男性和女性)是易变量,是易于评估和使用的属性。如果一个研究者愿意在性别价值中统一一致(即所有的女性都完全相同),并且在价值观上存在重要差异(男性与女性不同),那么满足属性变量是有意义的。如果我们对人类的荷尔蒙感兴趣,那么使用生物性别是一个重要的变量。但是通过媒介效果研究,性别通常被用来代表超出生物学范畴的东西,也就是说,许多研究中使用性别作为一种比较活跃的指标,比如角色社会化模式或个性特征结合体(如侵略性、同情心、教养等)。使用生物性别来指代性别角色社会化,保证其在预测效果中的用途至少是模糊的,因为并非所有相同性别的人都具有相同的性别角色社会化程度或类型。

来源：Hemera Technologies/PhotoObjects.net/hinkstock。

根据皮亚杰的认知发展阶段理论，孩子的年龄被用作一个变量来表示其认知发展水平（Pulaski, 1980）。然而，研究人员发现，同一年龄的人认知发展水平并不一致；他们的情感发展水平、道德发展水平，甚至与媒介的经验也并不一致（Potter, 2011）。例如，孩子在13岁时认知就已充分发展，因此能够进行成人思考（正式运作）。然而，金（King, 1986）对已发表的测试成年人推理能力的文献进行了一次检查，得出了结论："即使在那些就读大学的人中，相当大的比例也没有正式的思考。"（p. 6）这个结论支持了她所分析的25项研究，包括检测正式推理能力，以及检测18~79岁成年人的各种样本。在1/3的样本中，不到30%的受访者在完全正式的水平上进行推理，几乎在所有样本中，只有70%的成年人在正式水平上完全发挥作用。

此外，尽管假设儿童随着年龄的增长而在道德方面完善，但是研究显示，道德与年龄的关系很弱。例如，范德沃特（1986）发现，没有任何证据表明儿童随着年龄的增长，在道德方面更为批判性地判断暴力行为。任何年龄的人都有道德发展。

校准影响

第四个注意事项是寻找媒介效果的校准以及产生这些效果的因素。并不是所有的效果都同样强大或普遍，有些比别人的更强大，有些能影响更多的人。

媒介效果文献的缺点之一是和实质意义相比，研究人员通常更为关注统计学意义。这意味着当研究人员通过统计学方法来运算数据时，他们将注意力集中在统计学意义上,即他们观察到的效果不可能偶然发生。当他们发现统计学意义时,他们知道他们有更多发表研究的机会。因此,媒介效果文献充斥着具有统计学意义的研究,但这些研究的作者经常将关于流行率(他们发现的媒介效果可能发生在100人或3,000万人中)、频率(效果只发生一次或多次)或强度(无论效果强弱,人们不太可能注意到或关注它)等更重要的问题视为背景(或完全忽视)。

随着时间的推移,成熟的研究文献比较了关于流行率、频率和强度的各种效果,产生了对效果的排序。在媒介效果文献中,对不同效果的相对重要性几乎没有校准。

媒介效果和大众传媒效果

"大众传媒"和"大众传播"这两个术语是经常被使用的。也许你已经注意到我在本书中很少使用这两个术语。这是为什么?有两个原因。一方面,学者在界定这些术语时遇到了一个非常困难的挑战。学者们使用这些术语来给书籍、研究机构甚至学术部门贴上标签。然而,很少有学者界定这些术语,我们最多只是大概知道它们的意思。另一方面,我尽量避免在书中使用这些术语,是因为研究文献更倾向于媒介效果,而不是"大众"媒介效果。但是,现在是时候厘清这两个问题了:"大众"是什么意思?我如何提出这样一种说法,即效果研究文献更多的是面向媒介效果而不是"大众"媒介效果?正如你在本节结束时看到的那样,我们如何定义"大众"传媒是有区别的,而这种差异对于将这些研究文献的研究结果应用于日常生活的信心有重要意义。

什么是"大众"传媒?

具有讽刺意味的是,"大众传媒"这个术语被广泛使用,但很少被理解。媒介研究人员通常认为每个人都明白它的含义;也就是说,他们很少提出一个定义。那些试图界定它的学者遇到了很大的困难,结果通常是大众传媒不应该被定义,而不是试图解释这个现象的本质。

在这里,我将向你展示更广泛的定义元素,用于澄清什么是大众传媒。请注意每个定义是如何被发现存在缺陷的。这一部分将总结出一个定义,避免错误因素的问题,并将重点放在学者在提到"大众"传媒时想要表达的是什么的核心要素上。

受众的规模 定义大众传媒最常见的方式是说受众规模必须很大。这通常是公众使用的标准。受众规模的这个定义元素确实有用,因为它排除了一些我们都同意不是大众传媒的因素,例如邮寄个人信件、和朋友打电话,以及冰箱上的照片。然而,当我们将受众规模作为定义大众传媒的标准时,很快会遇到这样的问题:受众规模有多大?需要达到500人吗?那规模够大了吗?可能不会。那么1,000人呢?魔法阈值是多少?不幸的是,没有人能够以令人满意的方式定义"大众"。定义总是随意的。没有一个魔术数字可以用来衡量受众规模有多大。

规模可以以相对的方式确定。韦伯斯特和弗伦(Webster & Phalen, 1997)试图绕过这样的问题,认为受众"必须具有足够的规模,个人情况(如观者、家庭、社交网络)在重要性上消失,而且更大实体的动态出现。这是统计思想的本质"(p. 9)。他们表明,大众受众这一概念与确定曝光于各种媒介工具(特别是广播)的统计方法的兴起有关,是为了将其租给广告客户。这个论点有助于解释相对于个人群体中可以谈论的人数,受众在本质上规模要大。再次声明,我们并没有明确界定大众传媒的标准。假设一个在小镇上有1,000名听众的当地广播电台,大多数人会认为这是一个大众媒介。再假设一场高中足球比赛,有10,000名球迷在现场观看,并在公共广播系统上听播音员转播,大多数人不会把这视为大众媒介。

单独的规模(无论是可以被视为阈值的绝对数字或相对比率)并不能帮助我们将大众传媒与非大众传媒区分开。因此,必须有其他的定义。

受众的类型 第二种类型的定义基于受众的特征。早期的社会学家认为,为了拥有大众传媒,我们需要大量的受众。这些人认为,大众受众是大量生产的产品,就像汽车、肥皂和早餐麦片一样。也就是说,大众传媒像工厂一样大量生产受众。从这个推理出发,他们认为"大众"受众具有四个特征:第一,受众组合是异质的。这意味着受众是由各种人组成的,没有人被排除在外。第二,受众成员是匿名的。信息设计者不知道其中任何人的名字,也并不关心,因为设计者认为每个人都是相同且可互换的。第三,受众成员之间几乎没有互动。人们没有谈论媒介信息,所以信息的含义在对话中没有被修改。这些信息以统一的方式直接影响每个人。第四,没有领导。大众组织非常松散,不能以大众的标志团结行动(Blumer, 1946)。

19世纪中期,工业革命催生了大众社会的观念。美国和西欧国家被认为拥有"大众"社会,因为这些国家工业化程度很高,许多工厂在装配线上批量生产各种产品,所以从特定装配线流出的产品都是一样的。这种技术过程生产了大批量产品,也生产了大量受众。大众传媒一遍又一遍地产生相同的信息,不断听到这些信息的人也思考同样的事情。工业化程度较低的国家没有大众社会,因为那里的人日益紧密地融入与其他人不断交往的社会网络中。所以美国被认为是一个大众社会,印度不是;虽然印度的人口比美国多得多,但美国的受众类型与印度大不相同。

因为沟通确实是以群体的方式进行的,所以假设一个信息以同样的方式被传达给每个人,并以同样的方式被每个人处理。处理本身很简单,也就是说,人们很脆弱,对信息没有心理防御,因为他们没有和别人讨论信息。

作为这一立场的证据,社会评论家指出,阿道夫·希特勒在20世纪30年代使用广播这一大众媒介动员德国人民支持他。另一个经常被引用的公众似乎对媒介信息缺乏防御的例子是对奥森·韦尔斯(Orson Welles)的1939年"水星剧院"《世界大战》演说的广泛反应,这是一个虚构的广播剧,就像新闻广播一样。据说这个节目的听众接受了虚构的无线电戏剧的字面含义,并相信地球实际上被火星人入侵了。这些例子使得20世纪30年代和40年代的一些社会学家直言不讳地警告大众传媒的危险。然而,对上述这些例子更深入的分析表明,大多数人不受这些信息的影响(Cantril, 1947)。而且后来发现,受影响的人不都是以同样的方式受到影响,也没有以同样的方式做出反应。大众传媒并不是强大的工厂,它们大量生产了受众,每个人都以同样的方式受到影响。没有"大众"受众,因为即使在高度工业化的国家,人们也为自己着想。对于任何给定的媒介信息,有许多不同类型的受众,因为人们以不同的方式解释信息的含义。因此,受众的类型不能成为定义大众传媒的关键,必须有其他东西。

传播的渠道 另一种类型的定义是基于渠道的定义,也就是说,它将重点放在用于传输信息的频道上。有些人认为大众传媒是传播信息的技术手段。例如,贾诺威茨(Janowitz, 1968)将大众传播定义为"专业团体使用技术设备(新闻、广播、电影等)传播符号内容"的通信(p. 41)。这些渠道通常分为印刷(报纸、书籍、杂志)或电子(广播、CD、电影、电视、电脑)。

通过传播渠道定义大众传媒也是错误的。试想:电视是大众媒介吗?大多数人会说是,因为我们想到的都是连接到有线传输服务的电视机。但是,如果电视机播放你侄女生日派对的DVD,这时它是大众媒介吗?它仍然是电视机,但将其视为大众媒介似乎并不准确。人们现在观看电视有很多原因:观看电视节目、有线电视杂志式节目、好莱坞电影的录像、互联网上的报纸网站、CD、阅读电子书等，不胜枚举。有时电视频道似乎是大众媒介，其他时候似乎更加私人化。

现在想想你的电话。它是大众媒介吗？大多数人会说不是。但是，如果你的手机是iPhone，你用它播放流行音乐、上网冲浪，并在前一天晚上观看你最喜欢的电视节目呢？通过数字化，信息可以通过不同的频道无缝流动，所以对于频道人们感到困惑。数字化模糊了传输渠道之间的界限。电话不仅仅是电话，电视机不仅仅是电视机。因此，将大众传媒定义为某些传播渠道不再有效，这样做会导致混乱。大众传媒和非大众传媒之间必须有其他区别。

其他因素　什么是"其他因素"？当我们阅读使用这个术语的学者的研究时，看起来他们指的是某些类型的组织所使用的技术渠道，这些组织试图吸引最大数量的人在它们的目标范围内，然后使这些受众成员持续、习惯性地曝光。这种定义的关键要素是这些信息的发送者与他们使用的传输渠道相结合的意图。此外，定义的关键在于在人们被媒介和信息选择淹没的环境中吸引和调节的概念。我们来更详细地研究一下这些概念。

在大众传媒方面，信息发出者的意图是组织受众，让受众重复、习惯性地曝光于他们的信息。因此，大众传媒并不关心呈现单一信息，并吸引受众获得该信息。相反，大众传媒是长期存在的，也就是说，它们希望受众稳定，并依赖反复的曝光。

这个意图是将大众传媒与其他媒介和其他形式的沟通区分开来的最重要的因素。一场音乐会的推销员出售10万张星期六晚上音乐会的门票不是一个大众媒介。但每天有1,000名听众收听的广播电台是大众媒介。当然，广播电台每天都可以尝试吸引10万名听众，但是即使不能吸引大量听众也不意味着它们就不是合格的大众媒介，只要广播电台的意图是每天提供听众收听的节目。受众人数多少并不重要，重要的是信息发送者的动机是吸引尽可能多的人，并反复对他们曝光。

大众传媒利用技术渠道传播它们的信息。它们将这项技术用作工具来建立和维护受众。这些技术渠道是将信息广泛提供给目标受众所有成员的必要工具。这些渠道可重复使用，以调节受众重复曝光。

大众传媒是组织，而不是个人。个人经常可以使用大众媒介的平台发送信息，但个人不是大众媒介。例如，你可能在脸书上有一个页面，将其作为平台向你的朋友发送信息。但是，脸书是大众媒介，而你不是，因为脸书已经创建并维护了技术渠道，使得信息可以被广泛、即时发送出去。而且，脸书制定了吸引你使用它的条款，以便你继续使用。

鉴于这些，"大众"传媒的本质在于，它们是使用技术渠道发布信息的组织，目的是在每天的选择中创建和维护受众。请注意，大众传媒的定义并不是受众素质的关键，早期的社会学家在大众受众概念化以及研究20世纪上半叶新兴传播渠道如何受到影响的时候都得出了这样的观点。定义也与受众或特定频道的规模无关。电视可能是也可能不是大众媒介；是或不是并不取决于受众的规模，而取决于其如何被使用。定义也与特定技术渠道无关；定义的关键是如何使用渠道。重点是信息发送者的意图。

转化的注意事项

鉴于这里提出的"大众"传媒的定义，我们可以看到，虽然前几章引用的研究报告都对媒介进行了检查，但几乎没有人在"大众"这一条件下考察媒介。鉴于这一点，"大众"传媒效果的本质在于人们在日常生活中遇到的成千上万的媒介信息中的选择以及对它们的时间的其他要求。那么真正重要的问题是，某些媒介信息如何突破所有这些混乱来引起注意，或者更确切地说，特定的媒介信息为什么引起了某些人的注意，而被其他人忽视？在大部分自发状态下，人们的日常生活中可能会发生哪些效果？而且，媒介形成和维护的日常生活中的自然动态是如何导致某些效果的？为了找到这些问题的有效答案，研究需要观察自然环境中的人们，以确定在过滤信息并在遇到效果的过程中处理该信息时会发生什么。

关于媒介效果的大量文献由并没有观察人们如何在日常生活中使用媒介以及在平淡无奇的生活中如何发生效果的研究组成。相反，媒介效果文献更多地依赖人为生成的数据，而不是天然的曝光和效果。数据通过实验和调查产生。实验参与者走出日常生活，进入实验室，在那里他们接触精心准备的刺激材料，接受非常不同于现实世界的测试。实验将参与者移出日常生活，以控制情况，从而筛出他们认为会影响媒介效果的特定因素。这种控制在设计实验中是必要的，可以将重点放在一个因素上，避免了其他各种因素造成解释上的混乱。但现实生活是凌乱的，许多因素同时在任何一个时刻相互作用。理解现实生活现象的关键不在于通过创造人为的实验条件来消灭它，而是要面对现象，尝试将其理解为现实。

通过调查，参与者被要求在执行完毕后回忆他们的平凡行为（如媒介曝光、与其他人的互动)。另外,当参与者被问及对李克特量表的感受、态度和信仰(例如,1=非常强,2=强,3=中等,4=弱,5=非常弱)时,他们很难做出回应,因为参与者通常不会用这些术语来思考。因此,参与者必须将这些转化为研究问题所要求的数字,而这种翻译将使反应远离实际经验的表达。

因此,通过这些人为手段产生的数据是对人们日常生活中所发生事件的间接测量。数据作为有关潜力的指标,即日常生活中可能发生什么效果的可能性指标是有价值的。但是,这种文献研究的结果很少能解决实际流行率或强度方面的效果。

这些因素使其难以成为"大众"传媒效果的文献。这并不是说它们没有用。这种大量的媒介效果文献作为研究"大众"传媒效果的基础是非常有价值的。在建立关于"大众"传媒效果的强有力的文献之前,我们可以使用媒介效果文献的结果作为有用的指南来预测实际的日常效果,即"大众"传媒效果。

小结

我最后提出的注意事项是,要把重点放在全局,而不是让研究文献的个别缺陷导致对媒介效果文献的消极态度。所有的研究文献都有缺点,因为所有的研究都有缺陷;没有研究会产生完全有效的结果。不要落入非黑即白的陷阱,认为如果事情不完美,就没有用。

介绍了四种方法论的注意事项,也表达了对将研究成果转化为日常实践的担忧,我的目的是帮助你在阅读研究文献时认识到更强有力的研究。当你更加批判性地阅读媒介效果文献时,你可以更好地从大量文献中提取价值,而不是被导向不准确的结论。

将媒介效果文献视为没有任何用处而对其大打折扣也是错误的。相反,通过提供可能发生的效果的指示以及可能对这些效果负责的因素,形成"大众"传媒效果理解的基础非常有用。这些文献非常有价值,它们使我们远离对某些效果非常强大或不存在的野蛮猜测。这些猜测没有经验基础。经过这么多的测试,我们对许多媒介效果有了很好的认知;现在我们需要在更自然的环境中进行测试,然后仔细校准,以便了解其相对的普遍性、强度和重要性。

复习题

1. 本章概述的四种方法论的注意事项是什么?
2. 这四个注意事项中每一个方法论的缺点是什么? 如何克服?
3. 学者们在定义"大众"传媒时的争论是什么?
4. 本章提出的"大众"传媒的定义是什么?
5. 为什么将媒介效果文献的成果直接转化为日常生活存在问题?

思考题

1. 你认为四种方法论的注意事项中哪一种最严重,即哪一种最大限度地限制你对调查结果的信任?
2. 你是否想到前九章的任何调查结果似乎是从人们日常生活中的观察得来的?
3. 找出一个你认为是以人为的方式得出的结果,并考虑如何进行研究以检验其是否是"大众"传媒效果。

第十六章

出发点

- ☞ 回顾关键概念
  - ◆ 受众的本质
  - ◆ 媒介效果的本质
  - ◆ 媒介影响的本质
  - ◆ 媒介效果研究的本质
- ☞ 延伸你的理解
- ☞ 管理发生在我们身上的效果
- ◆ 第一步：增加你对目标的意识
- ◆ 第二步：思考你如何使用媒介作为工具
- ◆ 第三步：监控你的媒介曝光
- ◆ 第四步：改变你对信息的反应
- ◆ 第五步：改变你的曝光模式
- ☞ 小结

317　本书的目的是帮助你更广泛地了解媒介的影响力以及这种影响在你的生活中产生的效果。在本章中，首先，我会提醒你有关受众、效果、媒介影响和媒介效果研究文献本质的最重要的观点。然后，我会通过考虑一些效果如何比其他效果更为主要和基础，帮助你扩展对媒介效果的理解。最后，我会提出一个简要的总体战略，帮助你在日常生活中管理这些效果。

回顾关键概念

本节介绍四个方面的宏观图像：受众的本质、媒介效果的本质、媒介影响的本质以及媒介效果研究的本质。

受众的本质

在我们一生中的每一年，一年中的每一天，我们都是媒介的受众。然而，这并不意味着我们都是同一受众群体的成员。实际上，我们每个人都有自己特殊的信息和娱乐需求，所以我们每个人都有自己特定的媒介曝光模式。因为我们的文化是由成千上万的专业受众组成的，我们每个人都可以遵循独特的曝光模式。因此，我们每个人都能体验到独特的媒介效果。

虽然我们的曝光模式不同，但我们有两个共同点：第一，我们每天都花费大量时间接触媒介信息。第二，我们主要都会以自动化的状态通过这些大量的媒介信息，从而高效地过滤信息。也就是说，我们的大脑使用预处理算法来筛选几乎所有的媒介信息，只让那些符合我们特定需求的信息通过。当我们屏蔽信息时，我们通常会以一种曝光状态实现：关注、运输或自省。当我们在信息中进行筛选时，我们会进行意义匹配任务，我们的大脑有时像快速识别符号的高效机器，并访问存储在算法中的表示意义。

318　这个过程允许我们分享意义，并享受与同一信息其他受众共同的经历。然而，当我们从事个人解释过程并创造使我们与其他人不同的意义的细微差别时，我们也可以超越意义匹配从而达到意义建构。

因此，在日常生活中，我们不可避免地成为媒介信息不同受众的一部分。在这种不断变化的媒介信息流中，我们不断地体验到与他人共享意义的交互作用，同时创造性地改变这些意义,以更好地适应我们的需要。

媒介效果的本质

广泛地认识什么是媒介效果是很重要的。回顾第三章,媒介效果在这些方面可能是不同的:层面(微观和宏观)、时间(即时和长期)、持续时间(暂时和永久)、直接性(直接媒介影响和间接)、意图差异(有意和无意)、变化(差异和无差异)、价(负和正)和表现(可观察和潜在的)。当我们考虑所有这些元素时,媒介效果被定义为由于媒介影响而部分或全部发生的事物。它们可能影响个人以及所有以公开形式出现的人。它们可能影响机构、社会和媒介自身相关的运作。它们可能在曝光媒介信息时立即发生,或者在任何特定曝光很长时间之后才发生。它们可能持续几秒,也可能影响人的一生。它们可能直接对目标(个人、公众、机构、社会或媒介行业)产生效果,也可能间接行事。它们可能会发生,无论媒介是否有意使其发生。它们可能显示为变化,但也可能加强现有的模式,在这种情况下,效果会显示为没有变化。它们可能是正面的,也可能是负面的。最后,它们可能很容易被观察到(如表现效果),也可能是潜在的(如过程效果)。

媒介影响的本质

媒介影响力持续不断,一共有三种方式:第一,媒介在曝光时直接对我们施加影响。这是相当长的时间,因为与其他任何活动相比,平均每个人在媒介上花费更多的时间,包括睡觉。第二,当我们与其他受到媒介信息影响的人或机构进行互动时,媒介间接地对我们施加影响。第三,也许是最深刻的影响,当我们使用心理算法来选择信息、触发意义匹配、指导意义建构时,媒介就会对我们施加影响。因为媒介对编程我们的算法有影响,所以当我们访问这些算法时,这种影响将继续下去。因为媒介塑造了我们的信仰,所以当我们回想起这些信仰时,媒介便影响着我们。由于媒介影响了我们的标准,在随后我们使用这些标准时媒介会影响我们的评估过程。由于媒介增强了我们的行为,在我们每天惯常使用的许多自动例行程序中制定这些行为时,媒介都会表现出它们的影响力。而且由于媒介形成了我们对事物的思考,每次我们思考的时候媒介都会影响到我们。

这种媒介的影响往往不容易被观察到,但这并不意味着媒介的影响力没有持续下去。这就是为什么同时考虑表现和过程效果是非常重要的。并非所有受媒介影响的效果都有易于观察的表现。一些受媒介影响的效果需要很长时间才出现，所以在我们观察到效果的时候，很难确定效果是否受到媒介曝光的影响。例如，观看新闻评论员批评总统几年下来，你对总统的积极态度可能会被削弱，从而对总统产生中立甚至是消极的态度。没有单独一个媒介曝光会导致你态度的改变。此外，某段时间，你的态度可能发生改变，你可能会和朋友讨论总统的表现，而这些对话必须被视为媒介影响过程的一部分，也就是说，你可能是政治事务的舆论领袖，所以你可以从媒介获取信息，并将其传递给你的朋友，以观察朋友的反应，从而刺激你从媒介中寻求更多信息来强化自己的观点。因此，在媒介影响的同期性循环中，你的媒介曝光和你与朋友进行交谈产生交互作用。

一些受媒介影响的效果从不产生可观察到的特征。例如，也许你有一个朋友在听了多年的音乐之后想学习乐器，但是由于某种原因还没有买过乐器、上过课，或者弹奏过。他或她从来没有提过这个想法，因为这让人尴尬，但是随着在广播、电视和互联网上越来越多地播放音乐，你朋友学习乐器的想法越来越强烈。

一些受媒介影响的效果表现为不变，所以很难说持续的现状是媒介的影响。例如，假设你是一个忠诚的可乐拥护者。随着时间的推移，尽管媒介反复曝光其他类型的饮料，但你仍然只喝可乐。当你考虑所有曝光给你的其他饮料的广告，完全不能影响你尝试其他饮料时，媒介似乎没有任何影响。不过，你不应忽视可乐广告对加强品牌忠诚度的影响。

虽然媒介的影响力可以在许多效果中被观察到，但这种影响往往难以或不可能用其他效果观察。请记住，我们无法观察到特定的表现并不意味着媒介不会产生影响。许多效果是"过程"效果，这意味着变化正在进行中，并在表面之下发生，而且还没有浮出水面。如果把我们对效果的思考只限于那些明显表现出来的，我们就会错失很多大众传媒不断影响而产生的效果。

在考虑媒介影响力时，重要的是要考虑随着时间推移而发生变化的模式，如基线和波动。媒介影响长时间塑造的基线是任何给定时间对人的影响程度的最佳估计。波动是与基线的短期偏差。

基线的斜率、程度和弹性不同。斜率是指基线角度的方向；一个向上的斜率表示一个随时间推移的效果的增加水平，而一个向下的斜率表示一个效果的水平普遍下降。程度是指角度的陡度；尖锐的角度反映了效果水平较大程度的变化，而相对平坦的斜坡则反映了基线的持续水平。弹性反映了基线如何根深蒂固。随着时间的推移，相同种类的媒介信息不断加强基线，基线将变得高度稳定，越来越少出现波动，即使出现波动，这些波动幅度也会越来越小。

波动有三个特性：持续时间、幅度和方向。持续时间是指波动在返回基准前持续多长时间。幅度是指波动峰值偏离基线的距离。方向是指波动峰值是向上移动（从而代表水平的升高）还是向下移动（从而代表水平的下降）。

媒介效果研究的本质

学者们写出了大量研究各种各样媒介效果的文献。据估计，这些文献涉及10,000项研究，涉及对个人以及公众、机构、社会、文化和媒介自身等数百种效果。此外，学者已经发展出一百多种理论，以确定各种效果，并测试导致那些效果的因素。

然而，本书没有使用理论来概括广泛的媒介效果，因为不到1/3的研究文献都涉及理论。由于本书是要展示全面的研究，因此开发了一对媒介效果模板，一个用于对个人的效果，一个用于对宏观层面的效果。个人层面的媒介效果模板（如表3.2所示）由媒介效果种类（生理、认知、信仰、态度、情感和行为）和媒介影响功能（习得、触发、改变和加强）构成。宏观层面的媒介效果模板（如表3.3所示）由五种效果（认知、信仰、态度、情感和行为）和五个宏观单位（公众、机构、社会、文化和大众传媒自身）构成。宏观层面的媒介效果模板是个体层面媒介效果模板的变体，因此它可以更好地组织有关较大聚集体的媒介效果文献，这比对个人效果的研究文献要少得多。

虽然媒介效果文献在辨别广泛的效果及其影响方面非常有价值，但确定这些效果在日常流行率和强度方面的相对重要性并不成功。原因是，文献主要来自实验室里的实验而不是实地实验的设计，并且使用的调查方法是参与者的自我报告而不是研究者对现实世界的观察。此外，文献没有不断观察参与者或没有在不止一个时间点向参与者询问他们的知识、态度、信仰、情感和行为，就对随着时间发展的效果（既是现状的改变也是增强现象）做出了许多说明。由于这些原因，相比确定性来说，这些文献的结果只具有建议性。然而，这些文献奠定了非常有用的基础，将支持该研究领域从大部分探索性的最初阶段走向了更加严格的阶段，以记录媒介对我们所有人的日常生活的影响，而在那里我们被选择淹没。

延伸你的理解

既然回顾了主要概念，那么可以向整个大局再往前迈一步，那就是解决这个问题：所有媒介效果是否同等重要？在研究领域还不能够更全面地校准其发现的许多效果之间的相对流行率和强度，我们将不得不等待这个问题的完整答案。与此同时，我们可以使用现有文献中的智慧来引导我们注意某些比其他类型更为初始的效果。初始，我的意思是，如果某些效果没有发生在一个人身上，那么其他的效果就不会发生。具体来说，生理和认知效果比其他四种类型更为初始。也就是说，某种生理或认知必须发生在个人身上才能发生信仰、态度、情感或行为效果。

为什么会这样？在六种类型的媒介效果中，认知和生理效果与其他效果相比是独立的，因为它们不需要在其他四种效果发生后才能发生；然而，另外四个效果依赖认知或生理或两者的前提。例如，一个人可以曝光于媒介信息并学习一个事实。这是纯粹的认知效果。这个人可以根据这个事实做一些事情，并得出另一种类型的效果，比如一种态度或信仰。媒介影响态度，首先是媒介以一种态度向某人提供信息，然后由该人保留（就像保留事实信息）作为自己的态度，或者触发了一个评估的思考过程。同样，媒介影响的信仰从媒介开始，以一种信仰的形式向某人提供信息，然后由该人保留（就像保留事实信息）作为自己的信仰，或从模式元素到世界触发模式构建和泛化的思维过程。在《态度手册》（*Handbook of Attitudes*）中题为"态度形成和变化中的认知过程"这一章中，韦格纳和卡尔斯顿（Wegener & Carlston, 2005）认为，"自从有研究以来，认知过程一直是态度研究的核心"（p. 493）。更确切地，"如果涉及人类的大脑，一个过程是认知的，由于人类的大脑几乎总是被涉及，所以很少有人类活动落在认知伞之外"（p. 494）。

媒介影响的情感效果从媒介刺激生理反应开始，然后在认知过程中自觉或无意识地标记生理反应。媒介影响的行为效果开始于一个想法，在一个人的心中植入一个行为序列和一个生理反应，需要激励动作。一些行为效果是自动的，因此它们只需要能量来实现（例如模仿），从而规避思维过程。其他行为效果需要很大程度上的认知，因为人们会考虑如何行为，构建一系列新颖的行为，并在执行之前排练序列。表现形式由行为组成，但为了理解表现形式，我们需要研究一个涉及认知的过程。

区分初始和衍生效果类型的另一个原因是，衍生效果通常比初始效果更复杂，并且需要更多的驱动能量才能完成。此外，衍生效果从初始效果得到驱动力。例如，攻击性行为比想象自己的行为具有攻击性需要更多的能量。跨越思考某事和做某事的界限需要唤醒，这是一种生理效果。另一个例子是改变一个人的态度。重新评估和重新思考比保持同样的态度需要更多的精力。它需要驱动力来重新评估和反思。不协调的认知状态会产生这种驱动能量。人类经历一致性的驱动，并有动力消耗所需的能量来实现一致性的目标。

所以现在，在这数百种媒介影响的效果之中，哪些影响最大、哪些最受欢迎，我们还需要了解。但我们知道认知和生理效果是初始的；其中任何一个没有发生，我们就不能有信仰、态度、情感或行为效果。

管理发生在我们身上的效果

作为个人，对于改变媒介讲故事的方式、尝试吸引我们注意力的方式，以及为我们重复展示的方式，我们能做的并不多。生产者在几十年的尝试和错误中精心总结出了一些公式。这些公式对于吸引和保持我们的关注是非常有效的。我们向生产者抱怨说，他们的公式太有效了，并且希望生产者改变他们讲故事的实践，而这种变化将会使他们不太成功，所以我们这种做法是莽撞的。相反，如果我们受到正在经历的某些媒介影响的困扰，那么我们需要改变自己的做法和习惯。这种变化可能比我们把所有时间花在写信给生产者或向周围的人抱怨更成功。

我们可以做出什么变化？我建议采取以下五个步骤。这些你进行得越频繁，你将越了解媒介对你生活的影响，你也能够更多地控制这一过程。

第一步：增加你对目标的意识

你可以先问自己这样一些问题：我想在生活中实现什么？今年、本周和今天我想要实现什么？我现在想要实现什么？什么让我开心？我想避免什么事情，为什么？

有些人相当自信，非常清楚地认识自己；他们可以在任一时间给出这些问题的详细答案。而有些人只能模模糊糊地回答一些（或所有）问题或者根本回答不出来。你回答得越清晰、越详细，你就越了解自己。

来源：Comstock Images/Comstock/Thinkstock。

一旦你找到了这些问题的答案，就会发现很大的问题：有多少目标是我自己的？又有多少是大众传媒编写过的？这不容易回答，因为这不是不经过认真思考和自我监测就能够回答的问题。毕竟，媒介多年来一直巧妙地塑造你的期望，所以你需要一些时间才能清楚对这些塑造影响的看法，并发现你的本来信仰与大众传媒加之于你的信仰之间的差异。但是，如果你不断思考，你会注意到你的媒介曝光习惯提供不了你想要的感觉和信息。当这种情况发生时，你已经确定了媒介以不满足自己目标的方式对你进行编程的情境。

第二步：思考你如何使用媒介作为工具

鉴于你的目标，哪些媒介、工具、信息类型和个人信息最适合你的需求？看看你的答案，并考虑如何使用媒介来实现这些目标，而不是让媒介训练你习惯性、无意识的曝光，因为这样你会帮助它们实现它们的目标。如果你想要娱乐，你会找到最好的节目来娱乐自己吗？或者你算法的长期媒介编程缩小搜索范围，让你觉得没有其他选择？如果是后者，那么从你编程的习惯性轨道中脱身出来。

第三步：监控你的媒介曝光

我们许多人对媒介曝光没有明确的看法。我们认为我们有一种媒介曝光模式，但现实中我们的模式是截然不同的。这是因为大多数媒介曝光是习惯性的，我们不会记录下在任何给定媒介上所花费的时间。此外，我们不对每个信息曝光进行分类。相反，我们对哪些媒介和哪些信息是我们花时间处理的有一些模糊的想法，但这个想法往往是非常不明确的。所以定期监控你的曝光是很重要的。但是这很难做到，因为它可能非常耗费精力，所以这不是你每一天应该做的。但是，你应该定期检查有关你的曝光模式信仰的准确性。

应该监控什么？我们需要思考，不能只记录我们花费在每种媒介上的时间，如互联网、录音、电视等。我们还需要了解我们各种曝光状态的时间。你是否花了足够多的时间在运输状态，而你对此非常有经验？你是否花了足够的时间自省，批判性地分析你在做什么以及为什么这么做吗？

我们需要监控我们对曝光的满意度。我们是否获得了我们所期望的全方位的满意度，或者是否遵循我们的曝光习惯只是因为我们没有其他更好的办法？

第四步：改变你对信息的反应

当你识别出不能满足你需求的曝光模式时，请尝试在这些曝光期间改变你对信息的看法。首先要做的是在自动曝光状态下尽可能少地曝光自己的信息，更多地在关注或更好的自省状态下曝光。积极询问自己的唤醒程度，以及为什么被唤醒。询问自己关于信息设计师的观点，以及从信息中构建自己的含义时是否还有其他观点。想想自己行为的后果，并询问自己在日常生活中是否发生过类似的后果。想想自己行为的后果范围以及媒介形象是否在这个范围内。如果没有，那么也许它们不够现实，你无法考虑在自己的生活中适应它们的可能性。但也许它们很可能在范围内，即使你没有在自己的生活中对它们进行任何实践。

思考我们对信息的反应的本质是我们对自己现实的看法的关键。而关于现实，我并不只是说它们是否发生在我们的现实生活中，而且是如果我们有动力去做这些事情使其发生，它们是不是真的会发生。媒介报道非常有吸引力的一个特色就在于，它们向我们展现了超越我们目前掌握的人与事件。这会是一件坏事，如果一切都让我们感到沮丧，或者我们不断告诉自己，我们可以体验这些东西，但是在我们的现实生活中无论做什么都无法使这些成为现实。但是，如果它激励我们继续我们的现实生活，这可能会是件好事。

第五步：改变你的曝光模式

改变你对某些类型媒介内容的反应习惯后，你会发现自己有动力改变你的曝光模式。为什么是这样？因为当你的反应将某些内容视为愚蠢而对于你的目的没有用处时，你将不会有动力继续这些类型的曝光。另外，当你发现其他类型的内容有更深层次和更有意义时，你将发现自己更多地吸取了该内容。因此，你正在做的是允许你的需求出现并转移你对媒介内容的需求。随着你的需求转移，你会将自己曝光于不同的内容。大众传媒有很多不同的内容，所以不要以为你的需求会没有媒介内容。

不要觉得你需要彻底改变你的曝光模式。让自己不断了解自己的需求来确定这一过程。当你转移曝光模式时，你将发现你需要满足的新需求，因此请返回到第一步，然后重新执行一系列步骤。这五个步骤最好是重复的过程。每次你会学到更多关于你自己的信息，你在同一媒介信息中也能看到更多的能力。渐渐地，你将把影响力的平衡从媒介转移到更多的控制范围之内。简而言之，你将增加对媒介效果过程的控制。

小结

现在，你了解了很多媒介效果、大众传媒如何发挥影响力，以及如何在日常生活中更好地控制这些效果，剩下的取决于你自己。你已经看完了这本书，完成了课程，只有你自己可以决定这是学习媒介效果的结束，还是仅仅是个开始。

复习题

1. 关于受众的本质最重要的观点是什么？
2. 关于媒介效果的本质最重要的观点是什么？
3. 关于媒介影响力的本质最重要的观点是什么？

4. 关于媒介效果研究的本质最重要的观点是什么?

5. 为什么认知和生理效果比信仰、态度、情感和行为四种类型的效果更为重要?

6. 管理媒介对你的效果的五个步骤是什么?

思考题

在这里,真的只有一个问题:你将用从本书学到的信息来做些什么以控制自己生活中的媒介效果?

参考文献

Abelman, R. (1995). Gifted, LD, Gifted/LD children's understanding of temporal sequencing on television. *Journal of Broadcasting & Electronic Media, 39*, 297–312.

Abramson, P. R., Perry, L., Seeley, T., Seeley, D., & Rothblatt, A. (1981). Thermographic measurement of sexual arousal: A discriminant validity analysis. *Archives of Sexual Behavior 10*(2), 175–176.

Aday, S. (2010). Leading the charge: Media, elites, and the use of emotion in stimulating rally effects in wartime. *Journal of Communication, 60*, 440–465.

Adorno, T., & Horkheimer, M. (1972). *The dialectic of enlightenment*. New York: Herder & Herder.

Ahn, H., & Litman, B. R. (1997). Vertical integration and consumer welfare in the cable industry. *Journal of Broadcasting & Electronic Media, 41*, 453–477.

Ajzen, I., & Fishbein, M. (1977). Attitude-behavior relations: A theoretical analysis and review of empirical research. *Psychological Bulletin, 84*, 888–918.

Ajzen, I., & Fishbein, M. (2005). The influence of attitudes on behavior. In D. Albarracin, B. T. Johnson, & M. P. Zanna (Eds.), *The handbook of attitudes* (pp. 173–221). Mahwah, NJ: Erlbaum.

Albarracin, D., Johnson, B. T., & Zanna, M. P. (Eds.). (2005). *The handbook of attitudes*. Mahwah, NJ: Erlbaum.

Albarracin, D., Zanna, M. P., Johnson, B. T., & Kumkale, G. T. (2005). Attitudes: Introduction and scope. In D. Albarracin, B. T. Johnson, & M. P. Zanna (Eds.), *The handbook of attitudes* (pp. 3–19). Mahwah, NJ: Erlbaum.

Albarran, A. B. (2002). *Media economics: Understanding markets, industries and concepts* (2nd ed.). Ames: Iowa State University Press.

Alexander, B. C. (1997). Televangelism: Redressive ritual within a larger social drama. In S. M. Hoover & K. Lundby (Eds.), *Rethinking media, religion, and culture* (pp. 194–208). Thousand Oaks, CA: Sage.

Allen, M., D'Alessio, D., Brezgel, K. (1995). Meta-analysis summarizing the effects of pornography II: Aggression after exposure. *Human Communication Research, 22*, 258–283.

Allport, F. H. (1924). *Social psychology*. Boston: Houghton Mifflin.

Allport, G. W. (1935). Attitudes. In C. Murchison (Ed.), *Handbook of social psychology* (pp. 798–884). Worcester, MA: Clark University Press.

Altschull, J. H. (1984). *Agents of power: The role of the news media in human affairs*. New York: Longman.

Althaus, S. L., & Tewksbury, D. (2002). Agenda setting and the "new" news: Patterns of issue importance among readers of the paper and online versions of the New York Times. *Communication Research, 29*, 180–207.

Altheide, D. L., & Snow, R. P. (1979). *Media logic*. Beverly Hills, CA: Sage.

Altheide, D. L., & Snow, R. P. (1991). *Media worlds in the postjournalism era*. New York: Aldine/de Gruyter.

Althusser, L. (1971). *Lenin and philosophy and other essays*. Translated from the French by Ben Brewster. London: New Left Books.

Anderson, D. R., & Burns, J. (1991). Paying attention to television. In J. Bryant & D. Zillmann (Eds.), *Responding to the screen: Reception and reaction processes* (pp. 3–25). Hillsdale, NJ: Erlbaum.

Anderson, D. R., Collins, P. A., Schmitt, K. L., & Jacobvitz, R. S. (1996). Stressful life events and television viewing. *Communication Research, 23*, 243–260.

Anderson, D. R., Huston, A. C., Wright, J. C., & Collins, P. A. (1998). *Sesame Street* and educational television for children. In R. G. Noll & M E. Price (Eds.), *A communications cornucopia: Markle Foundation essays on information policy* (pp. 279–296). Washington, DC: Brookings Institution Press.

Anderson, J. R. (1983). *The architecture of cognition*. Cambridge, MA: Harvard University Press.

Andison, F. S. (1977). TV violence and viewer aggression: A cumulation of study results. *Public Opinion Quarterly, 41*, 314–331.

Andsager, J. L. (2000). How interest groups attempt to shape public opinion with competing news frames. *Journalism & Mass Communication Quarterly, 77*, 577–592.

Andsager, J. L., Austin, E. W., & Pinkleton, B. E. (2001). Questioning the value of realism: Young adults' processing of messages in alcohol-related public service announcements and advertising. *Journal of Communication, 51*, 121–142.

Andsager, J. L., Austin, E. W., & Pinkleton, B. E. (2002). Gender as a variable in interpretation of alcohol-related messages. *Communication Research, 29*, 246–269.

Appel, M. (2008). Fictional narratives cultivate just-world beliefs. *Journal of Communication, 58*, 62–83.

Appiah, O. (2002). Black and White viewers' perception and recall of occupational characters on television. *Journal of Communication, 52*, 776–793.

Armstrong, G. B. (2002). Experimental studies of the cognitive effects of the use of television as background to intellectual activities. In A. V. Stavros (Ed.), *Advances in communications and media research* (Vol. 1, pp. 21–56). New York: Nova Science Publishers.

Armstrong, J. S. (2007). Constructing television communities: The FCC, signals, and cities, 1948–1957. *Journal of Broadcasting & Electronic Media, 51*, 129–146.

Arpan. L. M., & Peterson, E. M. (2008). Influence of source liking and personality traits on perceptions of bias and future news source selection. *Media Psychology, 11*, 310–329.

Association of American Publishers. (2003, May 7). March numbers show book sales still uneven. Retrieved July 23, 2004, from http://www.publishers.org/press/releases

Aubrey, J. S. (2006). Effects of sexually objectifying media on self-objectification and body surveillance in undergraduates: Results of a 2-year panel study. *Journal of Communication, 56*, 366–386.

Aubrey, J. S., & Taylor, L. D. (2009). The role of lad magazines in priming men's chronic and temporary appearance-related schemata: An investigation of longitudinal and experimental findings. *Human Communication Research, 35*, 28–58.

Austin, E. W., & Pinkleton, B. E. (1995). Positive and negative effects of political disaffection on the less experienced voter. *Journal of Broadcasting & Electronic Media, 39*, 215–235.

Austin, E. W., Pinkleton, B. E., & Funabiki, R. P. (2007). The desirability paradox in the effects of media literacy training. *Communication Research, 34*, 483–507.

Baek, Y. M., & Wojcieszak, M. E. (2009). Don't expect too much! Learning from late-night comedy and knowledge item difficulty. *Communication Research, 36*, 783–809.

Bagdikian, B. (1992). *The media monopoly* (4th ed.). Boston: Beacon Press.

Bagdikian, B. (1997). *The media monopoly* (5th ed.). Boston: Beacon Press.

Bagdikian, B. H. (2000). *The media monopoly* (6th ed.). Boston: Beacon Press.

Baker, R. K., & Ball, S. J. (1969). *Violence and the media*. Washington, DC: U. S. Government Printing Office.

Baker, W. E., Honea, H., & Russell, C. A. (2004). Do not wait to reveal the brand name: The effect of brand-name placement on television advertising effectiveness. *Journal of Advertising, 33*(3), 77–85.

Ball-Rokeach, S. J., & DeFleur, M. (1976). A dependency model of mass-media effects. *Communication Research, 3*, 3–21.

Bandura, A. (1977). Self-efficacy: Toward a unifying theory of behavioral change. *Psychological Review, 84*, 191–215.

Bandura, A. (1986). *Social foundations of thought and action: A social cognitive theory*. Englewood Cliffs, NJ: Prentice Hall.

Bandura, A. (1994). Social cognitive theory of mass communication. In J. Bryant & D. Zillmann (Eds.), *Media effects* (pp. 61–90). Hillsdale, NJ: Erlbaum.

Bandura, A. (2001). Social cognitive theory of mass communication. *Media Psychology, 3*, 265–299.

Bandura, A. (2002). Social cognitive theory of mass communication. In J. Bryant & D. Zillmann (Eds.), *Media effects: Advances in theory and research* (2nd ed., pp. 121–153). Mahwah, NJ: Erlbaum.

Bantz, C. R., McCorkle, S., & Baade, R. C. (1980). The news factory. *Communication Research, 7*, 45–68.

Bargh, J. A. (1984). Automatic and conscious processing of social information. In R. S. Wyer & T. K. Srull (Eds.), *Handbook of social cognition* (Vol. 3, pp. 1–43). Hillsdale, NJ: Erlbaum.

Bargh, J. A. (1997). The automaticity of everyday life. In R. S. Wyer (Ed.), *Advances in social cognition* (pp. 1–61). Mahwah, NJ: Erlbaum.

Barker-Plummer, B. (2002). Producing public voice: Resource mobilization and media access in the National Organization for Women. *Journalism & Mass Communication Quarterly, 79*, 188–205.

Barnhurst, K. G., & Wartella, E. (1998). Young citizens, American TV newscasts and the collective memory. *Critical Studies in Mass Communication, 15*, 279–305.

Basil, M. D. (1996). Identification as a mediator of celebrity effects. *Journal of Broadcasting & Electronic Media, 40*, 478–495.

Basil, M. D., Brown, W. J., & Bocarnea, M. C. (2002). Differences in univariate values versus multivariate relationships: Findings from a study of Diana, Princess of Wales. *Human Communication Research, 28*, 501–514.

Bass, A. Z. (1969). Refining the gatekeeper concept. *Journalism Quarterly, 46*, 69–71.

Baudrillard, J. (1983). *Simulations*. Translated by Paul Foss, Paul Patton, & Philip Beitchman. New York: Semiotext(e).

Baumgartner, J. C., & Morris, J. S. (2008). One "nation," under Stephen? The effects of the Colbert Report on American youth. *Journal of Broadcasting & Electronic Media, 52*, 622–643.

Beaudoin, C. E. (2009). Exploring the association between news use and social capital: Evidence of variance by ethnicity and medium. *Communication Research, 36*, 611–636.

Becker, J. U., Clement, M., & Schaedel, U. (2010). The impact of network size and financial incentives on adoption and participation in new online communities, *Journal of Media Economics, 23*, 165–179.

Becker, L. B., & Whitney, D. C. (1980). Effects of media dependencies: Audience assessments of government. *Communication Research, 7*, 95–120.

Bem, D. J. (1972). Self perception theory. In L. Berkowitz (Ed.), *Advances in experimental social psychology* (Vol. 6, pp. 1 – 62). New York: Academic Press.

Bennett, S. E. (1989). Trends in Americans' political information, 1967–1987. *American Politics Quarterly, 17*(4), 422–435.

Bennett, W. L. (1990). Toward a theory of press-state relationship in the United States. *Journal of Communication, 40*(2), 103–125.

Benoit, W. L., & Hansen, G. J. (2004). Presidential debate watching, issue knowledge, character evaluation, and vote choice. *Human Communication Research, 30*, 121–144.

Berelson, B., Lazarsfeld, P. F., & McPhee, W. N. (1954). *Voting: A study of opinion formation in a presidential campaign*. Chicago: University of Chicago Press.

Bergen, L. Grimes, T., & Potter, D. (2005). How attention partitions itself during simultaneous message presentations. *Human Communication Research, 31*, 311–336.

Berger, C.R. (1998). Processing quantitative data about risk and threat in news reports. *Journal of Comunication, 48*, 87–106.

Berger, C. R. (2000). Quantitative depictions of threatening phenomena in news reports: The scary world of frequency data. *Human Communication Research, 26*, 27–52.

Berger, C. R. (2005). Slippery slopes to apprehension: Rationality and graphical depictions of increasingly threatening trends. *Communication Research, 32*, 3–29.

Berger, P. L., & Huntington, S. P. (2002). *Many globalizations: Cultural diversity in the contemporary world*. New York: Oxford University Press.

Berger, P. L., & Luckmann, T. (1966). *The social construction of reality*. Garden City, NY: Anchor.

Berkowitz, D., & TerKeurst, J. V. (1999). Community as interpretive community: Rethinking the journalist-source relationship. *Journal of Communication, 49*, 125–136.

Berkowitz, L. (1965). Some aspects of observed aggression. *Journal of Personality & Social Psychology, 2*, 359–369.

Berkowitz, L. (1984). Some effects of thoughts on anti- and prosocial influences of media events: A cognitive-neoassociationist analysis. *Psychological Bulletin, 95*, 410–427.

Berkowitz, L. (2000). *Causes and consequences of feelings*. New York: Cambridge University.

Berlyne, D. E. (1960). *Conflict, arousal, and curiosity*. New York: McGraw-Hill.

Berman, R. (1981). *Advertising and social change*. Beverly Hills, CA: Sage.

Berney-Reddish, I. A., & Areni, C. S. (2006). Sex differences in responses to probability markers in advertising claims. *Journal of Advertising, 35*(2), 7–16.

Berscheid, E., & Walster, E. (1974). Physical attractiveness. In L. Berkowitz (Ed.), *Advances in experimental social psychology* (pp. 157–215). New York: Academic Press.

Bilandzic, H. (2006). The perception of distance in the cultivation process: A theoretical consideration of the relationship between television content, processing experience, and perceived distance. *Communication Theory, 16*, 333–355.

Bilandzic, H., & Busselle, R. W. (2008). Transportation and transportability in the cultivation of genre-consistent attitudes and estimates. *Journal of Communication, 58*, 508–529.

Bird, S. E. (1999). Gendered construction of the American Indian in popular media. *Journal of Communication, 49*, 61–83.

Bissell, K. L., & Zhou, P. (2004). Must-see TV or ESPN: Entertainment and sports media exposure and body-image distortion in college women. *Journal of Communication, 54*, 5–21.

Bleakley, A., Hennessy, M., Fishbein, M., & Jordan, A. (2008). It works both ways: The relationship between exposure to sexual content in the media and adolescent sexual behavior. *Media Psychology, 11*, 443–461.

Blevins, J., & Brown, D. H. (2010). Concerns about the disproportionate use of economic research in the FCC's Media Ownership Studies from 2002-2007. *Journal of Broadcasting & Electronic Media, 54*, 603–620.

Blumer, H. (1946). The field of collective behavior. In A. M. Lee (Ed.), *New outline of the principles of sociology* (pp. 167–222). New York: Barnes & Noble.

Boczkowski, P. J. (2004). The processes of adopting multimedia and interactivity in three online newsrooms. *Journal of Communication, 54,* 197–213.

Bogart, L. (1995). *Commercial culture: The media system and the public interest.* New York: Oxford University Press.

Bolls, P. D., & Lang, A. (2003). I saw it on the radio: The allocation of attention to high-imagery radio advertisements. *Media Psychology, 5,* 33–55.

Bolls, P. D., Lang, A., & Potter, R. F. (2001). The effects of message valence and listener arousal on attention, memory, and facial muscular responses to radio advertisements. *Communication Research, 28,* 627–651.

Boorstin, D. (1961). *The image.* New York: Atheneum.

Botta, R. A. (1999). Television images and adolescent girls' body image disturbance. *Journal of Communication, 49,* 22–41.

Botta, R. A. (2000). The mirror of television: A comparison of black and white adolescents' body image. *Journal of Communication, 50,* 144–159.

Boyd-Barrett, O. (1977). Media imperialism: Towards an international framework for the analysis of media systems. In J. Curren, M. Gurevitch, & J. Woollacott (Eds.), *Mass communication and society* (pp. 116–135). Beverly Hills, CA: Sage.

Bracken, C. C. (2005). Presence and image quality: The case of high-definition television. *Media Psychology, 7,* 191–205.

Bracken, C. C. (2006). Perceived source credibility of local television news: The impact of television form and presence. *Journal of Broadcasting & Electronic Media, 50,* 723–741.

Bracken, C. D., & Lombard, M. (2004). Social presence and children: Praise, intrinsic motivation, and learning with computers. *Journal of Communication, 54,* 22–37.

Bradley, S. D., & Shapiro, M. A. (2004). Parsing reality: The interactive effects of complex syntax and time pressure on cognitive processing of television scenarios. *Media Psychology, 6,* 307–333.

Bramlett-Solomon, S., & Wilson, V. (1989). Images of the elderly in *Life* and *Ebony,* 1978–87. *Journalism Quarterly, 66,* 185–188.

Braun-LaTour, K. A., & LaTour, M. S. (2004). Assessing the long-term impact of a consistent advertising campaign on consumer memory. *Journal of Advertising, 33*(2), 49–61.

Braun-LaTour, K. A., & LaTour, M. S. (2005). Transforming consumer experience: When timing matters. *Journal of Advertising, 34*(3), 19–30.

Braun-LaTour, K. A., LaTour, M. S., Pickrell, J. E., & Loftus, E. F. (2004). How and when advertising can influence memory for consumer experience. *Journal of Advertising, 33*(4), 7–25.

Brewer, P. R., & Cao, X. (2006). Candidate appearances on soft news shows and public knowledge about primary campaigns. *Journal of Broadcasting & Electronic Media, 50,* 18–35.

Brosius, H-B., Donsbach, W., & Birk, M. (1996). How do text-picture relations affect the informational effectiveness of television newscasts? *Journal of Broadcasting & Electronic Media, 40,* 180–195.

Brown, J. D., & L'Engle, K. L. (2009). X-rated: Sexual attitudes and behaviors associated with U.S. early adolescents' exposure to sexually explicit media. *Communication Research, 36,* 129–151.

Brown, J. D., & Pardun, C. J. (2004). Little in common: Racial and gender differences in adolescents' television diets. *Journal of Broadcasting & Electronic Media, 48,* 266–278.

Bryant, J., Carveth, R. A., & Brown, D. (1981. Television viewing and anxiety: An experimental examination. *Journal of Communication, 31,* 106–119.

Bryant, J., & Miron, D. (2002). Entertainment as media effect. In J. Bryant & D. Zillmann (Eds.), *Media effects: Advances in theory and research* (2nd ed., pp. 549–582). Mahwah, NJ: Erlbaum.

Bucy, E. P., & Newhagen, J. E. (1999a). The emotional appropriateness heuristic: Processing televised presidential reactions to the news. *Journal of Communication, 49,* 59–79.

Bucy, E. P., & Newhagen, J. E. (1999b). The micro- and macrodrama of politics on television: Effects of media format on candidate evaluations. *Journal of Broadcasting & Electronic Media, 43,* 193–210.

Buijzen, M., & Valkenburg, P. M. (2000). The impact of television advertising on children Christmas wishes. *Journal of Broadcasting & Electronic Media, 44,* 456–470.

Buijzen, M., & Valkenburg, P. M. (2005). Parental mediation of undesired advertising effects. *Journal of Broadcasting & Electronic Media, 49,* 153–166.

Burgoon, M., Pfau, M., & Birk, T. S. (1995). An inoculation theory explanation for the effects of corporate issue/advocacy advertising campaigns. *Communication Research, 22,* 485–505.

Burke, M. C., & Edell, J. A. (1989). The impact of feelings on ad-based affect and cognition. *Journal of Marketing Research, 26*(1), 69–83.

Bussele, R. W. (2001). Television exposure, perceived realism, and exemplar accessibility in the social judgment process. *Media Psychology, 3,* 43–67.

Byrne. S., Linz, D., & Potter, W. J. (2009). A test of competing cognitive explanations for the boomerang effect in response to the deliberate disruption of media-induced aggression. *Media Psychology, 12,* 227–248.

Cacioppo, J. T., Gerdner, W. L., & Bernston, G. G. (1999). The affect system has parallel and integrative processing components: Form follows function. *Journal of Personality & Social Psychology, 76,* 839–855.

Calzo, J. P., & Ward, L. M. (2009). Media exposure and viewers' attitudes toward homosexuality: Evidence for mainstreaming or resonance? *Journal of Broadcasting & Electronic Media, 53,* 280–299.

Campbell, H. J. (1973). *The pleasure areas: A new theory of behavior.* New York: Delacorte.

Cantor, J. (1994). Fright reactions to mass media. In J. Bryant & D. Zillmann (Eds.), *Media effects: Advances in theory and research* (pp. 213–245). Hillsdale, NJ: Erlbaum.

Cantor, J. (2002). Fright reactions to mass media. In J. Bryant & D. Zillmann (Eds.), *Media effects: Advances in theory and research* (2nd ed., pp. 287–306). Mahwah, NJ: Erlbaum.

Cantor, J., & Hoffner, C. (1990). Children's fear reactions to a televised film as a function of perceived immediacy of depicted threat. *Journal of Broadcasting & Electronic Media, 34,* 421–442.

Cantor, J., & Nathanson, A. I. (1996). Children's fright reactions to television news. *Journal of Communication, 46*(4), 139–152.

Cantor, J., & Nathanson, A. I. (1997). Predictors of children's interest in violent television programs. *Journal of Broadcasting & Electronic Media, 41,* 155–167.

Cantor, J., & Sparks, G. C. (1984). Children's fear responses to mass media: Testing some Piagetian predictions. *Journal of Communication, 34*(2), 90–103.

Cantor, J., & Wilson, B. J. (1984). Modifying fear responses to mass media in preschool and elementary school children. *Journal of Broasdcasting, 28,* 431–443.

Cantor, J., & Wilson, B. J. (1988). Helping children cope with frightening media presentations. *Current Psychology: Research & Reviews, 7,* 58–75.

Cantor, J., Wilson, B. J., & Hoffner, C., (1986). Emotional responses to a televised nuclear holocaust film. *Communication Research, 13,* 257–277.

Cantor, J., Ziemke, D., & Sparks, G. G. (1984). Effects of forewarning on emotional responses to a horror film. *Journal of Broadcasting, 28,* 21–31.

Cantor, J., Zillamn, D., & Bryant, J. (1975). Enhancement of experienced sexual arousal in response to erotic stimuli through misattribution of unrelated residual excitation. *Journal of Personality and Social Psychology, 32,* 69–75.

Cantril, H. (1940). *The invasion from Mars: A study of the psychology of panic.* Princeton, NJ: Princeton University Press.

Cappella, J. N. (2002) Cynicism and social trust in the new media environment. *Journal of Communication, 52,* 229–241.

Cappella, J. N., & Jamieson, K. H. (1997). *The spiral of cynicism: The press and the public good.* New York: Oxford University Press.

Carey, J. (1975). A cultural approach to communications. *Communications, 2,* 1–22.

Carlson, M., Marcus-Newhall, A., & Miller, N. (1990). Effects of situational aggression cues: A quantitative review. *Journal of Personality & Social Psychology, 58,* 622–633.

Carpentier, F. R. D. (2009). Effects of priming social goals on personal interest in television news. *Journal of Broadcasting & Electronic Media, 53,* 300–316.

Carpentier, F. R. D., Roskos-Ewoldsen, D. R., & Roskos-Ewoldsen, B. B. (2008). A test of the network models of political priming. *Media Psychology, 11,* 186–206.

Carragee, K. M. (1990). Interpretive media study and interpretive social science. *Critical Studies in Mass Communication, 7,* 81–96.

Cartwright, D. (1949). Some principles of mass persuasion. *Human Relations, 2,* 253–267.

Centerwall, B. S. (1989). Exposure to television as a risk factor for violence. *Journal of Epidemiology, 129,* 643–652.

Chadwick, A. (2006). *Internet politics: States, citizens, and new communication technologies.* New York: Oxford University Press.

Chaffee, S. H. (1972). The interpersonal context of mass communication. In F. G. Kline & P. J. Tichenor (Eds.), *Current perspectives in mass communication research* (pp. 95–120). Beverly Hills: Sage.

Chaiken, S., Liberman, A., & Eagly, A. H. (1989). Heuristic and systematic processing within and beyond the persuasion context. In J. S. Uleman & J. A. Bargh (Eds.), *Unintended thought* (pp. 212–252). New York: Guilford.

Chan-Olmsted, S. M., & Ha, L. S. (2003). Internet business models for broadcasters: How television stations perceive and integrate the Internet. *Journal of Broadcasting & Electronic Media, 47,* 597–617.

Chandler, J., Konrath, S., & Schwarz, N. (2009). Online and on my mind: Temporary and chronic accessibility moderate the influence of media figures. *Media Psychology, 12,* 210–226.

Chang, C. (2002). Self-congruency as a cue in different advertising-processing contexts. *Communication Research, 29*, 503–536.

Chang, C. (2004). Country of origin as a heuristic cue: The effects of message ambiguity and product involvement. *Media Psychology, 6*, 169–192.

Chang, C. (2006). Beating the news blues: Mood repair through exposure to advertising. *Journal of Communication, 56*, 198–217.

Chang, C. (2007). The relative effectiveness of comparative and noncomparative advertising. *Journal of Advertising, 36*, 21–25.

Chang, H-c. (1998). The effect of news teasers in processing TV news. *Journal of Broadcasting & Electronic Media, 42*, 327–339.

Chaudhuri, A., & Buck, R. (1995). Media differences in rational and emotional responses to advertising. *Journal of Broadcasting & Electronic Media, 39*, 109–125.

Check, J. V. P. (1985). *The effects of violent and nonviolent pornography*. Ottawa: Department of Justice for Canada.

Chia, S. C. (2006). How peers mediate media influence on adolescents' sexual attitudes and sexual behavior. *Journal of Communication, 56*, 585–606.

Chiricos, T. (1996). Moral panic as ideology: Drugs, violence, race and punishment in America. In *Justice with prejudice: Race and criminal justice in America* (pp. 19–48). New York: Harrow & Heston.

Cho, H., & Boster, F. J. (2008). First and third person perceptions on anti-drug ads among adolescents. *Communication Research, 35*, 169–189.

Cho, J. (2005). Media, interpersonal discussion, and electoral choice. *Communication Research, 32*, 295–322.

Cho, J., & McLeod, D. M. (2007). Structural antecedents to knowledge and participation: Extending the knowledge gap concept to participation. *Journal of Communication, 57*, 205–228.

Chock, T. M., Fox, J. R., Angelini, J. R., Lee, S., & Lang, A. (2007). Telling me quickly: How arousing fast-paced PSAs decrease self-other differences. *Communication Research, 34*, 618–638.

Chory-Assad, R. M., & Tamborini, R. (2003). Television exposure and the public's perceptions of physicians. *Journal of Broadcasting & Electronic Media, 47*, 197–215.

Chory-Assad, R. M., & Yanen, A. (2005). Hopelessness and loneliness as predictors of older adults' involvement with favorite television performers. *Journal of Broadcasting & Electronic Media, 49*, 182–201.

Christians, C. G. (1997). Technology and triadic theories of mediation. In S. M. Hoover & K. Lundby (Eds.), *Rethinking media, religion, and culture* (pp. 65–82). Thousand Oaks, CA: Sage.

Cicchirillo, V., & Chory-Assad, R. M. (2005). Effects of affective orientation and video game play on aggressive thoughts and behaviors. *Journal of Broadcasting & Electronic Media, 49*, 435–449.

Cline, T. W., & Kellaris, J. J. (2007). The influence of humor strength and humor-message relatedness on ad memorability: A dual process model. *Journal of Advertising, 36*, 55–67.

Cline, V. B., Croft, R. G., & Courier, S. (1973). Desensitization of children to television violence. *Journal of Personality & Social Psychology, 27*(3), 260–265.

Clore, G. L., & Schnall, S. (2005). The influence of affect on attitudes. In D. Albarracin, B. T. Johnson, & M. P. Zanna (Eds.). *The handbook of attitudes* (pp. 437–489). Mahwah, NJ: Erlbaum.

Coe, K., Tewksbury, D., Bond, B. J., Drogos, K. L., Porter, R. W., Yahn, A., & Zhang, Y. (2008). Hostile news: Partisan use and perceptions of cable news programming. *Journal of Communication, 58*, 201–219.

Cohen, B. C. (1963). *The press and foreign policy*. Princeton, NJ: Princeton University Press.

Cohen, J. (1997). Parasocial relations and romantic attraction: Gender and dating status differences. *Journal of Broadcasting & Electronic Media, 41*, 516–529.

Cohen, J. (2002). Television viewing preferences: Programs, schedules, and the structure of viewing choices made by Israeli adults. *Journal of Broadcasting & Electronic Media, 46*, 204–221.

Cohen, J., & Tsfati, Y. (2009). The influence of presumed media influence on strategic voting. *Communication Research, 36*, 359–378.

Cohen, J., & Weimann, G. (2008). Who's afraid of reality shows? Exploring the effects of perceived influence of reality shows and the concern over their social effects on willingness to censor. *Communication Research, 35*, 382–397.

Collins, W. A. (1973). Effect of temporal separation between motivation, aggression, and consequences: A developmental study. *Developmental Psychology, 8*(2), 215–221.

Collins, W. A., Berndt, T. J., & Hess, V. L. (1974). Observational learning of motives and consequences for television aggression: A developmental study. *Child Development, 45*, 799–802.

Comisky, P., & Bryant, J. (1982). Factors involved in generating suspense. *Human Communication Research, 9*, 49–58.

Comstock, G. A. (1980). *Television in America*. Beverly Hills, CA: Sage.

Comstock, G.A. (1989). *The evolution of American television*. Newbury Park, CA: Sage.

Comstock, G., Chaffee, S. Katzman, N., McCombs, M., & Roberts, D. (1978). *Television and human behavior*. New York: Columbia University Press.

Converse, P. E. (1962). Information flow and the stability of partisan attitudes. *Public Opinion Quarterly, 26*(4), 578–599.

Cooper, R., & Tang, T. (2009). Predicting audience exposure to television in today's media environment: An empirical integration of active-audience and structural theories. *Journal of Broadcasting & Electronic Media, 53,* 400–418.

Corner, J. (1999). *Critical ideas in television studies*. Oxford, UK: Clarendon Press.

Coser, L. A. (1956). *The functions of social conflict*. New York: Free Press.

Coser, L. A., Kadushin, C., & Powell, W. W. (1982). *Books: The culture and commerce of publishing*. New York: Basic Books.

Coulter, D. S., & Punj, G. N. (2004). The effects of cognitive resource requirements, availability, and argument quality on brand attitudes: A melding of elaboration likelihood and cognitive resource matching theories. *Journal of Advertising, 33*(4), 53–64.

Cowan, T. (2002). *Creative destruction: How globablization is changing the world's cultures*. Princeton, NJ: Princeton University Press.

Craik, F. I. M., & Lockhart, R. S. (1972). Levels of processing: A framework for memory research. *Journal of Verbal Learning and Verbal Behavior, 11,* 671–684.

Croteau, D., & Hoynes, W. (2001). *The business of media: Corporate media and the public interest*. Boston: Pine Forge Press.

Crouch, J., & Maltese, J. A. (2008). The presidency and the news media. In M. J. Rozell & J. D. Mayer (Eds.) *Media power, media politics* (2nd ed., pp. 19–41). New York: Rowman & Littlefield.

Csikszentmihalyi, M. (1988). The flow experience and its significance for human psychology. In M. Csikszentmihalyi & I. S. Csikszentmihalyi (Eds.), *Optimal experience: Psychological studies of flow in consciousness* (pp. 15–35). New York: Cambridge University Press.

Cuellar-Fernández, B., Fuertes-Callén, Y., & Laínez-Gadea, J. (2010). The impact of corporate media news on market valuation. *Journal of Media Economics, 23,* 90–110.

Cwalina, W., Falkowski, A., & Kaid, L. L. (2000). Role of advertising in forming the image of politicians: Comparative analysis of Poland, France, and Germany. *Media Psychology, 2,* 119–146.

Dahlgren, P. (1995). *Television and the public sphere*. London: Sage.

Dallek, M. (2004, January 25). Primaries make voters secondary. *Los Angeles Times,* p. M2.

David, C. C. (2009). Learning political information from the news: A closer look at the role of motivation. *Journal of Communication, 59,* 243–261.

David, P., & Johnson, M. A. (1998). The role of self in third-person effects about body image. *Journal of Communication, 48*(4), 37–58.

David, P., Liu, K., & Myser, M. (2004). Methodological artifact or persistent bias? Testing the robustness of the third-person and reverse third-person effects for alcohol messages. *Communication Research, 31,* 206–233.

David, P., Morrison, G., Johnson, M. A., & Ross, F. (2002). Body image, race, and fashion models: Social distance and social identification in third-person effects. *Communication Research, 29,* 270–294.

Davis, M. H., & Kraus, L. A. (1989). Social contact, loneliness and mass media use: A test of two hypotheses. *Journal of Applied Social Psychology, 19,* 1100–1124.

Davis, S., & Mares, M-L. (1998). Effects of talk show viewing on adolescents. *Journal of Communication, 48*(2), 69–86.

Davis, R., & Owen, D. (1998). *New media and American politics*. New York: Oxford University Press.

Davison, W. P. (1983). The third-person effect in communication. *Public Opinion Quarterly, 47,* 1–15.

Dearing, J. W., & Rogers, E. M. (1996). *Agenda setting*. Thousand Oaks, CA: Sage.

DeFleur, M. L. (1970). *Theories of mass communication* (2nd ed.). New York: David McKay.

DeFleur, M. L., & Ball-Rokeach, S. (1975). *Theories of mass communication* (3rd ed.). New York: David McKay.

DeFleur, M. L., & Larsen, O. N. (1958). *The flow of information*. New York: Harper & Brothers.

Denenberg, V. H. (1987). Animal models and plasticity. In J. Gallagher & C. Ramey (Eds.), *The malleability of children*. Baltimore: Paul H. Brookes.

Denham, B. E. (2004). Toward an explication of media enjoyment: The synergy of social norms, viewing situations, and program content. *Communication Theory, 14,* 370–387.

Detenber, B. H., & Reeves, B. (1996). A bio-informational theory of emotion: Motion and image size effects on viewers. *Journal of Communication, 46*(3), 66–84.

Detenber, B. H., Simons, R. F., & Bennett, G. G., Jr. (1998). Roll 'em!: The effects of picture motion on emotional responses. *Journal of Broadcasting & Electronic Media, 42,* 113–127.

Detenber, B. H., Simons, R. F., & Reiss, J. E. (2000). The emotional significance of color in television presentations. *Media Psychology, 2*, 331–355.

De Vreese, C. H., & Semetko, H. A. (2002). Cynical and engaged: Strategic campaign coverage, public opinion, and mobilization in a referendum. *Communication Research, 29*, 615–641.

Diamond, M. (1988). *Enriching heredity.* New York: Free Press.

Diar, F., & Sundar, S. S. (2004). Orienting response and memory for Web advertisements: Exploring effects of pop-up window and animation. *Communication Research, 31*, 537–567.

Dixon, T. L. (2008). Crime news and racialized beliefs: Understanding the relationship between local news viewing and perceptions of African Americans and crime. *Journal of Communication, 58*, 106–125.

Dixon, T. L., & Azocar, C. L. (2006). Priming crime and activating Blackness: Understanding the psychological impact of the overrepresentation of Blacks as lawbreakers on television news. *Journal of Communication, 56*, 229–253.

Dolich, I. J. (1969). Congruence relationships between self images and product brands. *Journal of Marketing Research, 6*, 80–83.

Domke, D. (2000). Strategic elites, the press, and race relations. *Journal of Communication, 50*, 115–140.

Donnelly, W. J. (1986). *The confetti generation: How the new communications technology is fragmenting America.* New York: Holt.

Donohew, L., & Tipton, L. (1973). A conceptual model of information seeking, avoiding, and processing. In P. Clark (Ed.), *New models for mass communication research* (pp. 243–268). Beverly Hills, CA: Sage.

Dorr, A. (1980). When I was a child I thought as a child. In S. B. Withey & R. P. Abeles (Eds.), *Television and social behavior: Beyond violence and children* (pp. 191–230). Hillsdale, NJ: Erlbaum.

Douglas, W. (2003). *Television families: Is something wrong in suburbia?* Mahwah, NJ: Erlbaum.

Dulany, D. E. (1968). Awareness, rules, and propositional control: A confrontation with S-R behavior theory. In T. Dixon & D. Horton (Eds.), *Verbal behavior and behavior theory* (pp. 340–387). New York: Prentice Hall.

Duncan, C. P., & Nelson, J. E. (1985). Effects of humor in a radio advertising experiment. *Journal of Advertising, 14*, 33–40.

Dutta-Bergman, M. J. (2004). Complementarity in consumption of news types across traditional and new media. *Journal of Broadcasting & Electronic Media, 48*, 41–60.

Dysinger, W. S., & Ruckmick C. A. (1933). *The emotional responses of children to the motion picture situation.* New York: Macmillan.

Eagly, A. H., & Chaiken, S. (1998). Attitude structure and function. In D. T. Gilbert, S. T. Fiske, & G. Lindzey (Eds.), *Handbook of social psychology* (4th ed., Vol. 1, pp. 269–322). New York: McGraw-Hill.

Eastin, M. S. (2006). Video game violence and the female game player: Self- and opponent gender effects on presence and aggressive thoughts. *Human Communication Research 32*, 351–372.

Eastin, M. S., Appiah, O., & Cicchirillo, V. (2009). Identification and the influence of cultural stereotyping on postvideogame play hostility. *Human Communication Research, 35*, 337–356.

Eastman, S. T. (1993). *Broadcast/cable programming: Strategies and practices* (4th ed.). Belmont, CA: Wadsworth.

Eastman, S. T., & Newton, G. D. (1998). The impact of structural salience within on-air promotion. *Journal of Broadcasting & Electronic Media, 42*, 50–79.

Eastman, S. T., Newton, G. D., & Pack, L. (1996). Promoting prime-time programs in megasporting events. *Journal of Broadcasting & Electronic Media, 40*, 366–388.

Eastman, S. T., Newton, G. D., Riggs, K. E., & Neal-Lunsford, J. (1997). Accelerating the flow: A transition effect in programming theory? *Journal of Broadcasting & Electronic Media, 41*, 265–283.

Eccles, A., Marshall, W. L., & Barbaree, H. E. (1988). The vulnerability of erectile measures to repeated assessments. *Behavior Research & Therapy, 26*, 179–183.

Edell, J. A. (1988). Effects in advertisements: A review and synthesis. In S. Hecker & D. W. Stewart (Eds.), *Nonverbal communication in advertising* (pp. 11–28). Lexington, MA: D. C. Heath.

Edy, J. A. (1999). Journalistic uses of collective memory. *Journal of Communication, 49*, 71–85.

Edy, J. A., & Meirick, P. C. (2007). Wanted, dead or alive: Media frames, frame adoption, and support for the war in Afghanistan. *Journal of Communication, 57*, 19–141.

Eggermont, S. (2004). Television viewing, perceived similarity, and adolescents' expectations of a romantic partner. *Journal of Broadcasting & Electronic Media, 48*, 244–265.

Eggermont, S. (2006). Developmental changes in adolescents' television viewing habits: Longitudinal trajectories in a three-wave panel study. *Journal of Broadcasting & Electronic Media, 50,* 742–761.

Einstein, M. (2004). *Media diversity: Economics, ownership, and the FCC.* Mahwah, NJ: Erlbaum.

Elliott, P. (1982). Intellectuals, the information society and the disappearance of the public sphere. *Media, Culture & Society, 4,* 243–253.

Ellul, J. (1964). *The technological society.* New York: Knopf.

Emons, P., Scheepers, P., & Wester, F. (2009). Longitudinal changes in religiosity in Dutch society and drama programs on television, 1980–2005. *Journal of Media & Religion, 8,* 24–39.

Escalas, J. E. (2004). Imagine yourself in the product: Mental stimulation, narrative transportation, and persuasion. *Journal of Advertising, 33*(2), 37–48.

Eveland, W. P. Jr. (2001). The cognitive mediation model of learning from the news: Evidence from nonelection, off-year election, and presidential election contexts. *Communication Research, 28,* 571–601.

Eveland, W. P. Jr. (2002). News information processing as mediator of the relationship between motivations and political knowledge. *Journalism & Mass Communication Quarterly, 79,* 26–40.

Eveland, W. P. Jr., Cortese, J., Park, H., & Dunwoody, S. (2004). How web site organization influences free recall, factual knowledge, and knowledge structure density. *Human Communication Research, 30,* 208–233.

Eveland, W. P. Jr., & Dunwoody, S. (2001). Applying research on the uses and cognitive effects of hypermedia to the study of the World Wide Web. In W. B. Gudykunst (Ed.), *Communication yearbook 25* (pp. 79–113). Mahwah, NJ: Erlbaum.

Eveland, W. P Jr., & Dunwoody, S. (2002). An investigation of elaboration and selective scanning as mediators of learning from the web versus print. *Journal of Broadcasting & Electronic Media, 46,* 34–53.

Eveland, W. P. Jr., Marton, K., & Seo, M. (2004). Moving beyond "just the facts": The influence of online news on the content and structure of public affairs knowledge. *Communication Research, 31,* 82–108.

Ewen, S. (1976). *Captains of consciousness.* New York: McGraw-Hill.

Ex, C.T.G.M., Janssens, J.M.A.M., & Korzilius, H. P. L. M. (2002). Young females' images of motherhood in relation to television viewing. *Journal of Communication, 52,* 955–971.

Eyal, K., & Cohen, J. (2006). When good friends say goodbye: A parasocial breakup study. *Journal of Broadcasting & Electronic Media, 50,* 502–523.

Eyal, K., & Kunkel, D. (2008). The effects of sex in television drama shows on emerging adults' sexual attitudes and moral judgments. *Journal of Broadcasting & Electronic Media, 52,* 161–181.

Fabrigar, L. R., MacDonald, T. K., & Wegener, D. T. (2005). The structure of attitudes. In D. Albarracin, B. T. Johnson, & M. P. Zanna (Eds.), *The handbook of attitudes* (pp. 79–124). Mahwah, NJ: Erlbaum.

Fan, D. P., Wyatt, R. O., & Keltner, K. (2001). The suicidal messenger: How press reporting affects public confidence in the press, the military, and organized religion. *Communication Research, 28,* 826–852.

Farrar, K. M., Krcmar, M., & Nowak, K. L. (2006). Contextual features of violent video games, mental models, and aggression. *Journal of Communication, 56,* 387–405.

Fazio, R. H. (1986). How do attitudes guide behavior? In R. M. Sorrentino & E. T. Higgins (Eds.), *Handbook of motivation and cognition* (pp. 204–243). New York: Guilford.

Fazio, R. H. (1990). A practical guide to the use of response latency in social psychological research. *Research Methods in Personality and Social Psychology, 11,* 74–97.

Ferguson, D. A. (1992). Channel repertoire in the presence of remote control devices, VCRs, and cable television. *Journal of Broadcasting & Electronic Media, 36,* 83–91.

Ferguson, D. A., & Perse, E. M. (1993). Media and audience influences on channel repertoire. *Journal of Broadcasting & Electronic Media, 37,* 31–47.

Ferris, A. L., Smith, S. W., Greenberg, B. S., & Smith, S. L. (2007). The content of reality dating shows and viewer perceptions of dating. *Journal of Communication, 57,* 490–510.

Feshbach, N. D., & Roe, K. (1968). Empathy in six- and seven-year-olds. *Child Development, 39,* 133–145.

Feshbach, S. (1961). The stimulating effects of a vicarious aggressive activity. *The Journal of Abnormal and Social Psychology, 63,* 381–385.

Festinger, L. (1957). *A theory of cognitive dissonance.* Evanston, IL: Row, Peterson.

Fisch, S. M. (2000). A capacity model of children's comprehension of educational content on television. *Media Psychology, 2,* 63–91.

Fishbein, M., & Ajzen, I. (1975). *Belief, attitude, intention, and behavior: An introduction to theory and research.* Reading, MA: Addison-Wesley.

Fishbein, M., & Cappella, J. N. (2006). The role of theory in developing effective health communications. *Journal of Communication, 56,* S1–S17.

Fischer, C. (1992). *America's calling.* Berkeley: University of California Press.

Fisher, D. A., Hill, D. L., Grube, J. W., Bersamin, M. M., Walker, S., & Gruber, E. L. (2009). Televised sexual content and parental mediation: Influences on adolescent sexuality. *Media Psychology, 12,* 121–147.

Fiske, J. (1986). MTV and the politics of postmodern pop. *Journal of Communication Inquiry, 10,* 80–91.

Fiske, S. T., & Taylor, S. E. (1991). *Social cognition* (2nd ed.). New York: McGraw-Hill.

Flanagin, A. J., & Metzger, M. J. (2000). Perceptions of Internet credibility. *Journalism & Mass Communication Quarterly, 77,* 515–540.

Folkerts, J., & Lacy, S. (2001). *The media in your life: An introduction to mass communication* (2nd ed.). Needham Heights, MA: Allyn & Bacon.

Ford, T. (1997). Effects of stereotypical television portrayals of African-Americans on person perception. *Social Psychology Quarterly, 60,* 266–278.

Fore, W. F. (1987). *Television in religion.* Minneapolis, MN: Augsburg.

Fox, J. R. (2004). A signal detection analysis of audio/video redundancy effects in television news video. *Communication Research, 31,* 524–536.

Fox, J. & Bailenson, J. N. (2009). Virtual self-modeling: The effects of vicarious reinforcement and identification on exercise behaviors. *Media Psychology, 12,* 1–25.

Fox, J. R., Lang, A., Chung, Y. Lee, S., Schwartz, N., & Potter, D. (2004). Picture this: Effects of graphics on the processing of television news. *Journal of Broadcasting & Electronic Media, 48,* 646–674.

Fox, J. R., Park, B., & Lang, A. (2007). When available resources become negative resources: The effects of cognitive overload on memory sensitivity and criterion bias. *Communication Research, 34,* 277–296.

Freedman, J. L., & Sears, D. (1966). Selective exposure. In L. Berkowitz (Ed.), *Advances in experimental social psychology.* New York: Academic Press.

Frijda, N. H., & Zeelenberg, M. (2001). Appraisal processes in emotion: Theory, methods, research. In K. R. Scherer & A. Schorr (Eds.), *Appraisal processes in emotion: Theory, methods, research* (pp. 141–155). London: Oxford University Press.

Fu, K-W, Chan, Y-Y, & Yip, P. S. F. (2009). Testing a theoretical model based on social cognitive theory for media influences on suicidal ideation: Results from a panel study. *Media Psychology, 12,* 26–49.

Fujioka, Y. (2005). Emotional TV viewing and minority audience: How Mexican Americans process and evaluate TV news about in-group members. *Communication Research, 32,* 566–593.

Funk, J. B., & Buchman, D. D. (1996). Playing violent video and computer games and adolescent self-concept. *Journal of Communication, 46*(2), 19–32.

Galbraith, J. K. (1976). *The affluent society.* New York: New American Library.

Gantz, W., Gartenberg, H. M., & Rainbow, C. K. (1980). Approaching invisibility: The portrayal of the elderly in magazine advertisements. *Journal of Communication, 30*(1), 56–60.

Gantz, W., Wang, Z., Paul, B., & Potter, R. F. (2006). Sports versus all comers: Comparing TV sports fans with fans of other programming genres. *Journal of Broadcasting & Electronic Media, 50,* 95–118.

Gardner, M. P., & Hill, R. P. (1988). Consumers' mood states: Antecedents and consequences of experimental versus informational strategies for brand choice. *Psychology & Marketing, 5*(2), 169–182.

Garramone, G. M., & Atkin, C. K. (1986). Mass communication and political socialization: Specifying the effects. *Public Opinion Quarterly, 50*(1), 76–86.

Geen, R. G. (1975). The meaning of observed violence: Real vs. fictional violence and consequent effects on aggression and emotional arousal. *Journal of Research in Personality, 9,* 270–281.

Geen, R. G., & Berkowitz, L. (1967). Some conditions facilitating the occurrence of aggression after the observation of violence. *Journal of Personality, 35,* 666–676.

Geen, R. G., & Rokosky, J. J. (1973). Interpretations of observed aggression and their effect on GSR. *Journal of Experimental Research in Personality, 6,* 289–292.

Gerbner, G. A. (1969). Towards "cultural indicators": The analysis of mass mediated message systems. *AV Communication Review, 17,* 137–148.

Gerbner, G., & Gross, L. (1976). Living with television: The violence profile. *Journal of Communication, 26*(2), 173–199.

Gerbner, G., Gross, L., Jackson-Beeck, M., Jeffries-Fox, S., & Signorielli, N. (1978). Cultural indicators: Violence profile no. 9. *Journal of Communication, 28*(3), 176–207.

Gerbner, G., Gross, L., Morgan, M., & Signorielli, N. (1980). The mainstreaming of America: Violence profile no. 11. *Journal of Communication, 30* (3), 10–29.

Getter, L. (2004, May 4). Bush, Kerry awash in money. *Los Angeles Times,* pp. A1, A20.

Gibbons, J. A., Lukowski, A. F., & Walker, W. R. (2005). Exposure increases the believability of unbelievable news headlines via elaborate cognitive processing. *Media Psychology, 7,* 273–300.

Gibson, R., & Zillmann, D. (2000). Reading between the photographs: The influence of incidental pictorial information on issue perception. *Journalism & Mass Communication Quarterly, 77,* 355-366.

Gitlin, T. (1980). *The whole world is watching: The role of the news media in the making and unmaking of the new left.* Berkeley: University of California Press.

Gitlin, T. (1985). *Inside prime time.* New York: Pantheon.

Givens, S. M. B., & Monahan, J. L. (2005). Priming mammies, Jezebels, and other controlling images: An examination of the influence of mediated stereotypes on perceptions of an African American woman. *Media Psychology, 7,* 87-106.

Glynn, C. J., Huge, M., Reineke, J. B., Hardy, B. W., & Shanahan, J. (2007). When Oprah intervenes: Political correlates of daytime talk show viewing. *Journal of Broadcasting & Electronic Media, 51,* 228-244.

Goethals, G. (1997). Escape from time: Ritual dimensions of popular culture. In S. M. Hoover & K. Lundby (Eds.), *Rethinking media, religion, and culture* (pp. 117-132). Thousand Oaks, CA: Sage.

Goffman, E. (1974). *Frame analysis: An essay on the organization of experience.* Cambridge, MA: Harvard University Press.

Goffman, E. (1979). *Gender advertisements.* New York: Harper Colophon.

Goidel, R. K., Freeman, C. M., & Procopio, S. T. (2006). The impact of television viewing on perceptions of juvenile crime. *Journal of Broadcasting & Electronic Media, 50,* 119-139.

Golan, G., & Wanta, W. (2001). Second-level agenda setting in the New Hampshire primary: A comparison of coverage in three newspapers and public perceptions of candidates. *Journalism & Mass Communication Quarterly, 78,* 247-259.

Goldberg, M. E., & Gorn, G. J. (1987). Happy and sad TV programs: How they affect reactions to commercials. *Journal of Consumer Research, 14,* 387-403.

Golding, P. (1994). The communication paradox: Inequity at the national and international levels. *Media Development, 4,* 7-9.

Goleman, D. (1995). *Emotional intelligence.* New York: Bantam.

Goranson, R. (1969). *Observed violence and aggressive behavior: The effects of negative outcomes to the observed violence.* Unpublished doctoral dissertation. University of Wisconsin, Madison.

Gorham, B. W. (2006). News media's relationship with stereotyping: The linguistic intergroup bias in response to crime news. *Journal of Communication, 56,* 289-308.

Gorn, G. J. (1982). The effects of music in advertising on choice behavior: A classical conditioning approach. *Journal of Marketing, 46*(1), 94-101.

Grabe, M. E., & Drew, D. G. (2007). Crime cultivation: Comparison across media genres and channels. *Journal of Broadcasting & Electronic Media, 51,* 147-171.

Grabe, M. E., & Kamhawi, R. (2006). Hard wired for negative news? Gender differences in processing broadcast news. *Communication Research, 33,* 346-369.

Grabe, M. E., Yegiyan, N., & Kamhawi, R. (2008). Experimental evidence of the knowledge gap: Message arousal, motivation, and time delay. *Human Communication Research, 34,* 550-571.

Grabe, M. E., Zhou, S., Lang, A., & Bolls, P. D. (2000). Packing television news: The effects of tabloid on information processing and evaluative responses. *Journal of Broadcasting & Electronic Media, 44,* 581-598.

Graber, D. A. (1980). *Crime news and the public.* New York: Praeger.

Graber, D. A. (1988). *Processing the news: How people tame the information tide* (2nd ed.). New York: Longman.

Graesser, A. C., & Nakamura, G. V. (1982). The impact of a schema on comprehension and memory. In G. H. Bower (Ed.), *The psychology of learning and motivation: Advances in research and theory* (Vol. 16, pp. 66-109). New York: Academic Press.

Gramsci, A. (1971). *Selections from the prison notebooks.* London: Lawrence & Wishart.

Green, M. C., & Brock, T. C. (2000). The role of transportation in the persuasiveness of public narratives. *Journal of Personality & Social Psychology, 79,* 701-721.

Green, M. C., Brock, T. C., & Kaufman, G. F. (2004). Understanding media enjoyment: The role of transportation into narrative worlds. *Communication Theory, 14,* 311-327.

Green, M. C., Kass, S., Carrey, J., Herzig, B., Feeney, R., & Sabini, J. (2008). Transportation across media: Repeated exposure to print and film. *Media Psychology, 11,* 512-539.

Greenberg, B. S. (1964). The diffusion of news about the Kennedy assassination. *Public Opinion Quarterly, 28,* 225-232.

Greenberg, B. S. (1988). Some uncommon television images and the drench hypothesis. In S. Oskamp (Ed.), *Television as a social issue* (pp. 88-102). Newbury Park, CA: Sage.

Greenberg, B. S., & Brand, J. E. (1993). Cultural diversity on Saturday morning television. In G. Berry & J. K. Asamen (Eds.), *Children and television in a changing socio-cultural world* (pp. 132–142). Newbury Park, CA: Sage.

Greenberg, B. S., & Parker, E. (Eds.). (1965). *The Kennedy assassination and the American public.* Stanford, CA: Stanford University Press.

Greene, K., Krcmar, M., Rubin, D. L., Walters, L. H., & Hale, J. L. (2002). Elaboration in processing adolescent health messages: The impact of egocentrism and sensation seeking on message processing. *Journal of Communication, 52*, 812–831.

Greenwald, A. G. (1968). Cognitive learning, cognitive response to persuasion, and attitude change. In A. Greenwald, T. Brock, & T. Ostrom (Eds.), *Psychological foundations of attitudes* (pp. 147–170). New York: Academic Press.

Greenwood, D. N., & Long, C. R. (2009). Psychological predictors of media involvement: Solitude experiences and the need to belong. *Communication Research, 36*, 637–654.

Griffin, R. J., Neuwirth, K., Dunwoody, S., & Giese, J. (2004). Information sufficiency and risk communication. *Media Psychology, 6*, 23–61.

Grimes, R. L. (2002). Ritual and the media. In S. M. Hoover & L. S. Clark (Eds.), *Practicing religion in the age of the media: Explorations in media, religion, and culture* (pp. 219–234). New York: Columbia University Press.

Grimes, T., Bergen, L., Nicholes, K., Vernberg, E., & Fonagy, P. (2004). Is psychopathology the key to understanding why some children become aggressive when they are exposed to violent television programming? *Human Communication Research, 30*, 153–181.

Groebel, J., & Krebs, D. (1983). A study of the effects of television on anxiety. In C. D. Spielberger & R. Diaz-Guerrero (Eds.), *Cross-cultural anxiety* (Vol. 2, pp. 89–98). New York: Hemisphere.

Groenendyk, E. W., & Valentino, N. A. (2002). Of dark clouds and silver linings: Effects of exposure to issue versus candidate advertising on persuasion, information retention, and issue salience. *Communication Research, 29*, 295–319.

Gross, K., & Aday, S. (2003). The scary world in your living room and neighborhood: Using local broadcast news, neighborhood crime rates, and personal experience to test agenda setting and cultivation. *Journal of Communication, 53*, 411–426.

Gunter, B. (1985). *Dimensions of television violence.* Aldershot, UK: Gower.

Gunter, B., & Furnham, A. (1984). Perceptions of television violence: Effects of programme genre and type of violence on viewers' judgements of violent portrayals. *British Journal of Social Psychology, 23*, 155–164.

Gunther, A. C. (1991). What we think others think: Cause and consequence in the third-person effect. *Communication Research, 18*, 355–372.

Gunther, A. C., Bolt, D., Borzekowski, D. L. G., Liebhart, J. L., & Dillard, J. P. (2006). Presumed influence on peer norms: How mass media indirectly affect adolescent smoking. *Journal of Communication, 56*, 52–68.

Gunther, A. C., & Chia, S. C-Y. 2001). Predicting pluralistic ignorance: The hostile media perception and its consequences. *Journalism & Mass Communication Quarterly, 78*, 688–701.

Gunther, A. C., & Christen, C. T. (2002). Projection of persuasive press? Contrary effects of personal opinion and perceived news coverage on estimates of public opinion. *Journal of Communication, 52*, 177–195.

Gunther, A. C., & Liebhart, J. L. (2006). Broad reach or biased source? Decomposing the hostile media effect. *Journal of Communication, 56*, 449–466.

Gunther, A. C., Miller, N., & Liebhart, J. L. (2009). Assimilation and contrast in a test of the hostile media effect. *Communication Research, 36*, 747–764.

Gunther, A. C., & Schmitt, K. (2004). Mapping boundaries of the hostile media effect. *Journal of Communication, 54*, 55–70.

Gunther, A. C., & Storey, J. D. (2003). The influence of presumed influence. *Journal of Communication, 53*, 199–215.

Hale, J. L., Lemieux, R., & Mongeau, P. A. (1995). Cognitive processing of fear-arousing message content. *Communication Research, 22*, 459–474.

Hall, A. (2003). Reading realism: Audiences' evaluations of the reality of media texts. *Journal of Communication, 53*, 624–641.

Hall, A. (2005). Audience personality and selection of media and media genres. *Media Psychology, 7*, 377–398.

Hall, A. (2009). Perceptions of the authenticity of reality programs and their relationships to audience involvement, enjoyment, and perceived learning. *Journal of Broadcasting & Electronic Media, 53*, 515–531.

Hall, S. (1980). Encoding and decoding in the television discourse. In S. Hall et al. (Eds.), *Culture, media, language* (pp. 197–208). London: Hutchinson.

Hallahan, K. (1994, August). *Product news versus advertising: An exploration within a student population.* Paper presented at the annual conference of the

Association for Education in Journalism and Mass Communication, Atlanta.

Halloran, J. D., Elliott, P., & Murdock, G. (1970). *Communications and demonstrations.* Harmondsworth, UK: Penguin.

Hamelink, C. (1983). *Cultural autonomy in global communications.* New York: Longman.

Hampton, K. N., Livio, O., & Sessions Goulet, L. (2010). The social life of wireless urban spaces: Internet use, social networks, and the public realm. *Journal of Communication, 60,* 701–722.

Hapkiewicz, W. G. (1979). Children's reactions to cartoon violence. *Journal of Clinical Child Psychology, 8,* 30–34.

Hardy, B. W., & Scheufele, D. A. (2005). Examining differential gains from internet use: Comparing the moderating role of talk and online interactions. *Journal of Communication, 55,* 71–84.

Hardy, B. W., & Scheufle, D. A. (2009). Presidential campaign dynamics and the ebb and flow of talk as a moderator: Media exposure, knowledge, and political discussion. *Communication Theory, 19,* 89–101.

Hare, R. D., & Blevings, G. (1975). Defense responses to phobic stimuli. *Biological Psychology, 3,* 1–13.

Harris, R. J., Hoekstra, S. J., Scott, C. L., Sanborn, F. W., Dodds, L. A., & Brandenburg, J. D. (2004). Autobiographical memories for seeing romantic movies on a date: Romance is not just for women. *Media Psychology, 6,* 257–284.

Harris, R. J., & Scott, C. L. (2002). Effects of sex in the media. In J. Bryant & D. Zillmann (Eds.), *Media effects: Advances in theory and research* (2nd ed., pp. 307–331). Mahwah, NJ: Erlbaum.

Harrison, K. (1997). Does interpersonal attraction to thin media personalities promote eating disorders? *Journal of Broadcasting and Electronic Media, 41,* 478–500.

Harrison, K. (2000). The body electric: Thin-ideal media and eating disorders in adolescents. *Journal of Communication, 50,* 119–143.

Harrison, K. (2006). Scope of self: Toward a model of television's effects on self-complexity in adolescence. *Communication Theory, 16,* 251–279.

Harrison, K., & Cantor, J. (1997). The relationship between media consumption and eating disorders. *Journal of Communication, 47*(1), 40–67.

Harrison, K., & Fredrickson, B. L. (2003). Women's sports media, self-objectification, and mental health in Black and White adolescent females. *Journal of Communication, 53,* 216–232.

Harrison, K., Taylor, L. D., & Marske, A. L. (2007). Women's and men's eating behavior following exposure to ideal-body images and text. *Communication Research, 33,* 507–530.

Harrison, L. F., & Williams, T. M. (1977, June). *Television and cognitive development.* Paper presented at the meeting of the Canadian Psychological Association, Vancouver.

Harwood, J. (1997). Viewing age: Lifespan identity and television viewing choices. *Journal of Broadcasting & Electronic Media, 41,* 203–213.

Harwood, J. (1999). Age identification, social identity gratifications, and television viewing. *Journal of Broadcasting & Electronic Media, 43,* 123–136.

Hawkins, R. P., & Pingree, S. (1980). Some processes in the cultivation effect. *Communication Research, 7*(2), 193–226.

Hawkins, R. P., & Pingree, S. (1981). Using television to construct social reality. *Journal of Broadcasting, 25,* 347–364.

Hawkins, R. P., Tapper, J., Bruce, L., & Pingree, S. (1995). Strategic and nonstrategic explanations for attentional inertia. *Communication Research, 22,* 188–206.

Hawkins, R. P., & Pingree, S. (1982). Television's influence on social reality. In D. Pearl, L. Bouthilet, & J. Lazar (Eds.), *Television and behavior: Ten years of scientific progress and implications for the eighties.* DHHS publication No. ADM 82-1196, Vol. 2, pp. 224–247. Washington, DC: U.S. Government Printing Office.

Hazlett, R. L., & Hazlett, S. Y. (1999). Emotional response to television commercials: Facial EMG vs. self-report. *Journal of Advertising Research, 39*(2), 7–23.

Hay, J. (1989). Advertising as a cultural text (Rethinking message analysis in a recombinant culture). In B. Dervin, L. Grossberg, B. J. O'Keefe, & E. Wartella (eds.), *Rethinking communication: Volume 2, Paradigm exemplars.* Newbury Park, CA: Sage.

Healy, J. M. (1990). *Endangered minds: Why children don't think and what we can do about it.* New York: Simon & Schuster.

Hearold, S. (1986). A synthesis of 1043 effects of television on social behavior. In G. Comstock (Ed.), *Public communication and behavior* (Vol. 1, pp. 65–133). San Diego: Academic Press.

Hennigan, K., M., Del Rosario, M. L., Heath, L., Cook, T. D., Wharton, J. D., & Calder, B. J. (1982). Impact of the introduction of television on crime in the United States: Empirical findings and theoretical implications. *Journal of Personality & Social Psychology, 42,* 461-477.

Herman, E., & Chomsky, N. (1988). *Manufacturing consent: The political economy of mass media.* New York: Pantheon.

Hetsroni, A., & Tukachinsky, R. H. (2006). Television-world estimates, real-world estimates, and television viewing: A new scheme for cultivation. *Journal of Communication, 56,* 133-156.

Himmelweit, H. T., Oppenheim, A. N., & Vince, P. (1958). *Television and the child.* London: Oxford University Press.

Himmelweit, H. T., Swift, B., & Jaeger, M. E. (1980). The audience as critic: A conceptual analysis of television entertainment. In P. H. Tannenbaum (Ed.) *The entertainment functions of television* (67-106). Hillsdale, NJ: Erlbaum.

Hindman, D. B., & Wiegand, K. (2008). The big three's prime-time decline: A technological and social context. *Journal of Broadcasting & Electronic Media, 52,* 119-135.

Hitchon, J. C., & Chang, C. (1995). Effects of gender schematic processing on the reception of political commercials for men and women candidates. *Communication Research, 22,* 430-458.

Hitchon, J. C., & Thorson, E. (1995). Effects of emotion and product involvement on experience of repeated commercial viewing. *Journal of Broadcasting & Electronic Media, 39,* 356-389.

Hoffner, C. (1995). Adolescents' coping with frightening mass media. *Communication Research, 22,* 325-346.

Hoffner, C. (1996). Children's wishful identification and parasocial interaction with favorite television characters. *Journal of Broadcasting and Electronic Media, 40,* 389-402.

Hoffner, C. (1997). Children's emotional reactions to a scary film: The role of prior outcome information and coping style. *Human Communication Research, 23,* 323-341.

Hoffner, C., Plotkin, R. S., Buchanan, M., Anderson, J. D., Kamigaki, S. K., Hubbs, L. A., Kowalcyk . . . Pastorek, A. (2001). The third-person effect in perceptions of the influence of television violence. *Journal of Communication, 51,* 283-299.

Hoffner, C., & Buchanan, M. (2002). Parents' responses to television violence: The third-person perception, parental mediation, and support for censorship. *Media Psychology, 4,* 231-252.

Hoffner, C., & Cantor, J. (1990). Forewarning of threat and its successful outcome: Effects on children's emotional responses to a film sequence. *Human Communication Research, 16,* 323-354.

Hoffner, C. A., & Levine, K. J. (2005). Enjoyment of mediated fright and violence: A meta-analysis. *Media Psychology, 7,* 207-237.

Hoffner, C. A., Levine, K. J., & Toohey, R. A. (2008). Socialization to work in late adolescence: The role of television and family. *Journal of Broadcasting & Electronic Media, 52,* 282-302.

Hoffman, L. H., & Thomson, T. L. . (2009). The effect of television viewing on adolescents' civic participation: Political efficacy as a mediating mechanism. *Journal of Broadcasting & Electronic Media, 53,* 3-21.

Hofmeister, S. (2005, September 8). Study ties indecency to consolidation of media. *Los Angeles Times,* C1, C11.

Hofstetter, C. R., & Gianos, C. L. (1997). Political talk radio: Actions speak louder than words. *Journal of Broadcasting & Electronic Media, 41,* 501-515.

Holbert, R. L. (2005). Debate viewing as mediator and partisan reinforcement in the relationship between news use and vote choice. *Journal of Communication, 55,* 85-102.

Holbert, R. L., & Hansen, G. J. (2008). Stepping beyond message specificity in the study of emotion as mediator and inter-emotion associations across attitude objects: Fahrenheit 9/11, anger, and debate superiority. *Media Psychology, 11,* 98-118.

Holbert, R. L., Kwak, N., & Shah, D. V. (2003). Political implications of prime-time drama and sitcom use: Games of representation and opinions concerning women's rights. *Journal of Communication, 53,* 45-60.

Holbert, R. L., Shah, D. V., & Kwak, N. (2003). Political implications of prime-time drama and sitcom use: Genres of representation and opinions concerning women's rights. *Journal of Communication, 53,* 45-60.

Holbrook, M. B., & Westwood, R. A. (1989). The role of emotion in advertising revisited: Testing a typology of emotional responses. In P. Cafferata & A. M. Tybout (Eds.), *Cognitive and affective responses to advertising* (pp. 353-371). Lexington, MA: D. C. Heath.

Hollander, B. A. (2005). Late-night learning: Do entertainment programs increase political campaign knowledge for young viewers? *Journal of Broadcasting & Electronic Media, 49,* 402-415.

Holmstrom, A. J. (2004). The effects of the media on body image: A meta-analysis. *Journal of Broadcasting & Electronic Media, 48,* 196-216.

Homer, P. M. (2006) Relationships among ad-induced affect, beliefs, and attitudes. *Journal of Advertising. 35,* 35-51.

Hoover, S.M. (1988). *Mass media religion: The social sources of the electronic church*. Newbury Park, CA: Sage.

Hoover, S. M., & Lundby, K. (1997). Introduction: Setting the agenda. In S. M. Hoover & K. Lundby (Eds.), *Rethinking media, religion, and culture* (pp. 3–14). Thousand Oaks, CA: Sage.

Hopkins, R., & Fletcher, J. E. (1994). Electrodermal measurement: Particularly effective for forecasting message influence on sales appeal. In A. Lang (Ed.), *Measuring psychological responses to media* (pp. 113–132). Hillsdale, NJ: Erlbaum.

Horsfield, P. (1984). *Religious television: The American experience*. New York: Longman.

Horsfield, P. G. (1997). Changes in religion in periods of media convergence. In S. M. Hoover & K. Lundby (Eds.), *Rethinking media, religion, and culture* (pp. 167–183). Thousand Oaks, CA: Sage.

Horton, D., & Wohl, R. R. (1956). Mass communication and para-social interaction. *Psychiatry, 19*, 215–229.

Horvath, C. W. (2004). Measuring television addiction. *Journal of Broadcasting & Electronic Media, 48*, 378–398.

Hovland, C. I., Lumsdaine, A., & Sheffield, F. (1949). *Experiments on mass communication*. Princeton, NJ: Princeton University Press.

Hsia, H. J. (1977). Redundancy: Is it the lost key to better communication? *AV Communication Review, 25*(1), 63–85.

Huang, L-N. (2000). Examining candidate information search processes: The impact of processing goals and sophistication. *Journal of Communication, 50*, 93–114.

Huh, J., Delorme, D. E., & Reid, L. N. (2004). The third-person effect and its influence on behavioral outcomes in a product advertising context: The case of direct-to-consumer prescription drug advertising. *Communication Research, 31*, 568–599.

Hullett, C. R. (2005). The impact of mood on persuasion: A meta-analysis. *Communication Research, 32*, 423–443.

Huntemann, N., & Morgan, M. (2001). Mass media and identity development. In D. G. Singer & J. L. Singer (Eds.), *Handbook of children and the media* (pp. 309–322). Thousand Oaks, CA: Sage.

Hwang, H., Gotlieb, M. R., Nah, S., & McLeod, D. M. (2007). Applying a cognitive-processing model to presidential debate effects: Postdebate news analysis and primed reflection. *Journal of Communication, 57*, 40–59.

Hwang, H., Pan, Z., & Sun, Y. (2008). Influence of hostile media perception on willingness to engage in discursive activities: An examination of mediating role of media indignation. *Media Psychology, 11*, 76–97.

Hwang, Y., & Southwell, B. G. (2009). Science TV news exposure predicts science beliefs: Real world effects among a national sample. *Communication Research, 36*, 724–742.

Hyman, H., & Sheatsley, P. (1947). Some reasons why information campaigns fail. *Public Opinion Quarterly, 11*, 412–423.

Igartua, J-J, & Cheng, L. (2009). Moderating effect of group cue while processing news on immigration: Is the framing effect a heuristic process? *Journal of Communication, 59*, 726–749.

Infoniac.com. (2008, March 13). The amount of digital information reached 281 exabytes (281 billion gigabytes). Retrieved Sept. 11, 2009, from http://www.infoniac.com/

Innis, H. A. (1950). *Empire and communications*. Oxford, UK: Oxford University Press.

Irvine, M. (1999, November 25). Married couples are the new endangered species. *Tallahassee Democrat*, p. 6B.

Isen, A. M. (2000). Positive affect and decision making. In M. Lewis & J. M. Haviland-Jones (Eds.), *Handbook of emotions* (2nd ed., pp. 417–435). New York: Guilford.

Iyengar, S. (1991). *Is anyone responsible? How television frames political issues*. Chicago: University of Chicago Press.

Iyengar, S., & Kinder, D. R. (1987). *News that matters: Television and American opinion*. Chicago: University of Chicago Press.

James, W. (1894). The physical basis of emotion. *Psychological Review, 1*, 516–529.

Jamieson, K. H., & Waldman, P. (2003). *The press effect: Politicians, journalists, and the stories that shape the political world*. New York: Oxford University Press.

Janowitz, M. (1952). *The community press in an urban setting*. Glencoe, IL: Free Press.

Janowitz, M. (1968). The study of mass communication. In the *International Encyclopedia of the Social Sciences* (Vol. 3, pp. 41–53). New York: Macmillan.

Janowitz, M. (1975). Sociological theory and social control. *American Journal of Sociology, 81*, 82–108

Jansz, J. (2005). The emotional appeal of violent video games for adolescent males. *Communication Theory, 15*, 219–241.

Jeffres, L. W. (1994). *Mass media processes* (2nd ed.). Prospect Heights, IL: Waveland.

Jensen, J. D., & Hurley, R. J. (2005). Third-person effects and the environment: Social distance, social desirability, and presumed behavior. *Journal of Communication, 55*, 242–256.

Jhally, S. (ed.) (1987). *The codes of advertising: Fetishism and the political economy of meaning in the consumer society*. New York: St. Martin's Press.

Jhally, S., & Livant, (1986). Watching as working: The valorization of audience consciousness. *Journal of Communication, 36*(3), 124–143.

Jo, E., & Berkowitz, L. (1994). A priming effect analysis of media influences: An update. In J. Bryant & D. Zillmann (Eds.), *Media effects: Advances in theory and research* (pp. 43–60). Hillsdale, NJ: Erlbaum.

Johnson, T. J., & Kaye, B. K. (1998). Cruising is believing? Comparing Internet and traditional sources on media credibility measures. *Journalism & Mass Communication Quarterly, 75*, 325–340.

Johnson-Laird, P. N., & Oatley, K. (2000). Cognitive and social construction of emotions. In M. Lewis & J. M. Haviland-Jones (Eds.), *Handbook of emotions* (2nd ed., pp. 458–475). New York: Guilford.

Johnston, C. D., & Bartels, B. L. (2010). Sensationalism and sobriety: Differential media exposure and attitudes toward American courts. *Public Opinion Quarterly, 74*, 260–285.

Johnston, D. D. (1995). Adolescents' motivations for viewing graphic horror. *Human Communication Research, 21*, 522–552.

Juanillo, N. K. Jr., & Scherer, C. W. (1991, May). *Patterns of family communication and health lifestyle*. Paper presented at the annual conference of the International Communication Association, Chicago.

Kaiser Family Foundation. (2005, March). *Key findings from new research on children's media use*. Retrieved August 23, 2009, from http://www.kaisernetwork.org/

Kalyanaraman, S., & Ivory, J. D. (2009). Enhanced information scent, selective discounting, or consummate breakdown: The psychological effects of Web-based search results. *Media Psychology, 12*, 295–319.

Kamhawi, R., & Weaver, D. (2003). Mass communication research trends from 1980 to 1999. *Journalism & Mass Communication Quarterly, 80*, 7–27.

Kaminsky, S. M. (1974). *American film genres*. Cincinnati, OH: Pflaum.

Kang, S., & Gearhart, S. (2010). E-government and civic engagement: How is citizens' use of city web sites related with civic involvement and political behaviors? *Journal of Broadcasting & Electronic Media, 54*, 443–462.

Kaplan, D. (1972). The psychopathology of TV watching. *Performance,* July/August.

Katz, E. (1987). Communication research since Lazarsfeld. *Public Opinion Quarterly, 51*(Suppl.), S25–S45.

Katz, E., Blumler, J. G., & Gurevitch, M. (1974). Utilization of mass communication by the individual. In J. G. Blumler & E. Katz (Eds.) *The uses of mass communication* (pp. 19–32). Beverly Hills, CA: Sage.

Katz, E., & Gurevitch, M. (1976). *The secularization of leisure: Culture and communication in Israel*. Cambridge, MA: Harvard University Press.

Katz, E., & Lazarsfeld, P. F. (1955). *Personal influence: The part played by people in the flow of mass communications*. Glencoe, IL: Free Press.

Kawamoto, K. (2003). *Media and society in the digital age*. Boston: Allyn & Bacon.

Kaye, B. K., & Sapolsky. (1997). Electronic monitoring of in-home television RCD use. *Journal of Broadcasting and Electronic Media, 41*, 214–228.

Keane, J. (1995). Structural transformations of the public sphere. *Communication Review, 1*(1), 1–22.

Keller, K. L. (1991). Memory and evaluation effects in competitive advertising environments. *Journal of Consumer Research, 17*(4), 463–476.

Kennedy, M. G., O'Leary, A., Beck, V., Pollard, K., & Simpson, P. (2004). Increases in calls to the CDC National STD and AIDS hotline following AIDS-related episodes in a soap opera. *Journal of Communication, 54*, 287–301.

Kent, R. J., & Machleit, K. A. (1992). The effects of postexposure test expectation in advertising experiments utilizing recall and recognition measures. *Marketing Letters, 3*(1), 17–26.

Kepplinger, H. M., & Daschmann, G. (1997). Today's news–tomorrow's context: A dynamic model of news processing. *Journal of Broadcasting & Electronic Media, 41*, 548–565.

Key, V. O. (1961). *Public opinion and American democracy*. New York: Alfred A. Knopf.

Kim, J., & Morris, J. D. (2007). The power of affective response and cognitive structure in product-trial attitude formation. *Journal of Advertising, 36*, 95–106.

Kim, K. K. (1994, July). *Is there any diversity in the global advertising industry? The recent consolidation process of large U.S. advertising agencies and the current structure of the industry*. Paper presented at the annual conference of the International Communication Association, Sydney, Australia.

Kim, S-H., Scheufele, D. A., & Shanahan, J. (2002). Think about it this way: Attribute agenda-setting function of the press and the public's evaluation of a local issue. *Journalism and Mass Communication Quarterly, 79*, 7–25.

Kim, S-H, Scheufele, D. A., & Shanahan, J. (2005). Who cares about the issues? Issue voting and the role of news media during the 2000 U.S. presidential election. *Journal of Communication, 55,* 103–121.

Kim, S. T., Weaver, D., & Willnat, L. (2000). Media reporting and perceived credibility of online polls. *Journalism & Mass Communication Quarterly, 77*, 846–864.

Kim, Y. M., & Vishak, J. (2008). Just laugh! You don't need to remember: The effects of entertainment media on political information acquisition and information processing in political judgment. *Journal of Communication, 58*, 338–360.

King, C. M. (2000). Effects of humorous heroes and villains in violent action films. *Journal of Communication, 50*(1), 5–25.

King, P.M. (1986). Formal reasoning in adults: A review and critique. In R.A. Milnes & K. S. Kitchenor (Eds.), *Adult cognitive development: Methods and models* (pp. 1–21). New York: Praeger.

Kintsch, W. (1977). On comprehending stories. In P. Carpenter & M. Just (Eds.), *Cognitive processes in comprehension*. Hillsdale, NJ: Erlbaum.

Kiousis, S., & McCombs, M. (2004). Agenda-setting effects and attitude strength: Political figures during the 1996 presidential election. *Communication Research, 31*, 36–57.

Kiousis, S., & McDevitt, M. (2008). Agenda setting in civic development: Effects of curricula and issue importance on youth voter turnout. *Communication Research, 35*, 481–502.

Kirsh, S. J., & Olczak, P. V. (2000). Violent comic books and perceptions of ambiguous provocation situations. *Media Psychology, 2*, 47–62.

Kirsh, S. J., Olczak, P. V., & Mounts, J. R. W. (2005). Violent video games induce an affect processing bias. *Media Psychology, 7*, 239–250.

Kisielius, J., & Sternthal, B. (1984). Detecting and explaining vividness effects in attitudinal judgments. *Journal of Marketing Research, 21*, 54–64.

Klapper, J. T. (1949). *The effect of mass media*. New York: Bureau of Applied Social Research, Columbia University.

Klapper, J. T. (1960). *The effects of mass communication*. Glencoe, IL: Free Press.

Klein, P. (1971). The men who run TV aren't stupid. *New York*, 20–29.

Knobloch, S. (2003). Mood adjustment via mass communication. *Journal of Communication, 53*, 233–250.

Knobloch, S., Callison, Coy, Chen, L., Fritzsche, A., & Zillmann, D. (2005). Children's sex-stereotyped self-socialization through selective exposure to entertainment: Cross-cultural experiments in Germany, China, and the United States. *Journal of Communication, 55*, 122–138.

Knobloch, S., Patzig, G., Mende, A-M., & Hastall, M. (2004). Effects of discourse structure in narratives on suspense, curiosity, and enjoyment while reading news and novels. *Communication Research, 31*, 259–287.

Knobloch-Westerwick, S. (2007). Gender differences in selective media use for mood management and mood adjustment. *Journal of Broadcasting & Electronic Media, 51*, 73–92.

Knobloch-Westerwick, S., & Alter, S. (2006). Mood adjustment to social situations through mass media use: HOW men ruminate and women dissipate angry moods. *Human Communication Research 32*, 58–73.

Knobloch-Westerwick, S., David, P., Eastin, M. S., Tamborini, R., & Greenwood, D. (2009). Sports spectators' suspense: Affect and uncertainty in sports entertainment. *Journal of Communication, 59*, 750–767.

Knobloch-Westerwick, S., & Hastall, M. R. (2006). Social comparisons with news personae: Selective exposure to news portrayals of same-sex and same-age characters. *Communication Research, 33*, 262–285.

Knobloch-Westerwick, S., Hastall, M. R., & Rossmann, M. (2009). Coping or escaping? Effects of life dissatisfaction on selective exposure. *Communication Research, 36*, 207–228.

Knobloch-Westerwick, S., & Meng, J. (2009). Looking the other way: Selective exposure to attitude-consistent and counterattitudinal political information. *Communication Research, 36*, 426–448.

Kolter, P. (1988). *Marketing management* (6th ed.) Englewood Cliffs, NJ: Prentice Hall.

Konijn, E. A., & Hoorn, J. F. (2005). Some like it bad: Testing a model for perceiving and experiencing fictional characters. *Media Psychology, 7*, 107–144.

Koolstra, C. M., & Van der Voort, T. H. A. (1996). Longitudinal effects of television on children's leisure-time reading: A test of three explanatory models. *Human Communication Research, 23*, 4–35.

Koriat, A., Melkman, R., Averill, J. R., & Lazarus, R. S. (1972). The self-control of emotional reactions to a stressful film. *Journal of Personality, 40*, 601–619.

Kraus, R. (2009). Thou shall not take the name of thy god in vain: Washington offices' use of religious language to shape public and political agendas. *Journal of Media & Religion, 8,* 115–137.

Krcmar, M. (1996). Family communication patterns, discourse behavior, and child television viewing. *Human Communication Research, 23* (2), 251–277.

Krcmar, M. (1998). The contribution of family communication patterns to children's interpretations of television violence. *Journal of Broadcasting & Electronic Media, 42,* 250–264.

Krcmar, M., & Cantor, J. (1997). The role of television advisories and ratings in parent-child discussion of television viewing choices. *Journal of Broadcasting & Electronic Media, 41,* 393–411.

Krcmar, M., & Cooke, M. C. (2001). Children's moral reasoning and their perceptions of television violence. *Journal of Communication, 51,* 300–316.

Krcmar, M., & Greene, K. (1999). Predicting exposure to and uses of television violence. *Journal of Communication, 49,* 24–45.

Krcmar, M., & Greene, K. (2000). Connections between violent television exposure and adolescent risk taking, *Media Psychology, 2,* 195–217.

Krcmar, M., & Kean, L. G. (2005). Uses and gratifications of media violence: Personality correlates of viewing and liking violent genres. *Media Psychology, 7,* 399–420.

Krcmar; M., & Lachlan, K. (2009). Aggressive outcomes and videogame play: The role of length of play and the mechanisms at work. *Media Psychology, 12,* 249–267.

Krcmar, M., & Vieira, E. T. Jr. (2005). Imitating life, imitating television: The effects of family and television models on children's moral reasoning. *Communication Research, 32,* 267–294.

Krotz, F., & Eastman, S. T. (1999). Orientations toward television outside the home. *Journal of Communication, 49,* 5–27.

Kruglanski, A. W., & Stroebe, W. (2005). The influence of beliefs and goals on attitudes: Issues of structure, function, and dynamics. In D. Albarracin, B. T. Johnson, & M. P. Zanna (Eds.), *The handbook of attitudes* (pp. 323–368). Mahwah, NJ: Erlbaum.

Ku, G., Kaid, L. L., & Pfau, M. (2003). The impact of web site campaigning on traditional news media and public information processing. *Journalism & Mass Communication Quarterly, 80,* 528–547.

Kwak, H., Zinkhan, G. M., & Dominick, J. R. (2002). The moderating role of gender and compulsive buying tendencies in the cultivation effects of TV shows and TV advertising: A cross cultural study between the United States and South Korea. *Media Psychology, 4,* 77–111.

Lachlan, K. A., & Tamborini, R. (2008). The effect of perpetrator motive and dispositional attributes on enjoyment of television violence and attitudes toward victims. *Journal of Broadcasting & Electronic Media, 52,* 136–152.

Lacy, S., & Riffe, D. (1994). The impact of competition and group ownership on radio news. *Journalism & Mass Communication Quarterly, 71,* 583–593.

Lambe, J. L., & McLeod, D. M. (2005). Understanding third-person perception processes: Predicting perceived impact on self and others for multiple expressive contexts. *Journal of Communication, 55,* 277–291.

Lang, A. (1990). Involuntary attention and physiological arousal evoked by structural features and emotional content in TV commercials. *Communication Research, 17,* 275–299.

Lang, A. (Ed.). (1994a). *Measuring psychological responses to media.* Hillsdale, NJ: Erlbaum.

Lang, A. (1994b). What can the heart tell us about thinking? In A. Lang (Ed.), *Measuring psychological responses to media* (pp. 99–111). Hillsdale, NJ: Erlbaum.

Lang, A. (1995). Defining audio/video redundancy from a limited-capacity information processing perspective. *Communication Research, 22,* 86–115.

Lang, A. (2000). The limited capacity model of mediated message processing. *Journal of Communication, 50,* 46–70.

Lang, A., Bolls, P., Potter, R. F., & Kawahara, K. (1999). The effects of production pacing and arousing content on the information processing of television messages. *Journal of Broadcasting & Electronic Media, 43,* 451–475.

Lang, A., Dhillon, K., & Dong, Q. (1995). The effects of emotional arousal and valence on television viewers' cognitive capacity and memory. *Journal of Broadcasting & Electronic Media, 39,* 313–327.

Lang, A., Newhagen, J., & Reeves, B. (1996). Negative video as structure: Emotion, attention, capacity, and memory. *Journal of Broadcasting & Electronic Media, 40,* 460–477.

Lang, A., Schwartz, N., Chung, Y., & Lee, S. (2004). Processing substance abuse messages: Production pacing, arousing content, and age. *Journal of Broadcasting & Electronic Media, 48,* 61–88.

Lang, A., Shin, M., Bradley, S. D., Wang, Z., Lee, S., & Potter, D. (2005). Wait! Don't turn that dial! More excitement to come! The effects of story length and production pacing in local television news on channel changing behavior and information processing in a free choice environment. *Journal of Broadcasting & Electronic Media, 49,* 3-22.

Lang, A., & Yegiyan, N. S. (2008). Understanding the interactive effects of emotional appeal and claim strength in health messages. *Journal of Broadcasting & Electronic Media, 52,* 432-447.

Lang, A., Zhou, S. Schwartz, N., Bolls, P. D., & Potter, R. F. (2000). The effects of edits on arousal, attention and memory for television messages: When an edit is an edit can an edit be too much? *Journal of Broadcasting & Electronic Media, 44,* 94-109.

Lang, G. E., & Lang, A. (1981). Watergate: An exploration of the agenda-building process. In G. C. Wilhoit & H. DeBock (Eds.), *Mass communication review yearbook 2* (pp. 447-468). Newbury Park, CA: Sage.

Lang, G. E., & Lang, K. (1983). *The battle for public opinion.* New York: Columbia University Press.

Lang, G. E., & Lang, A. (1991). *Obscenity, censorship and public opinion in the NEA controversy.* Paper presented at the meeting of American Association for Public Opinion Research.

Langer, E. J., & Piper, A. (1988). Television from a mindful/mindless perspective. In S. Oskamp (Ed.), *Television as a social issue* (pp. 247-260). Newbury Park, CA: Sage.

LaRose, R., & Eastin, M. S. (2002). Is on-line buying out of control? Electronic commerce and consumer self-regulation. *Journal of Broadcasting and Electronic Media, 45* (4), 549-564.

LaRose, R., & Eastin, M. S. (2004). A social cognitive theory of Internet uses and gratifications: Toward a new model of media attendance. *Journal of Broadcasting & Electronic Media, 48,* 358-377.

LaRose, R., Lin, C. A., & Eastin, M. S. (2003). Unregulated Internet usage: Addiction, habit, or deficient self-regulation? *Media Psychology, 5,* 225-253.

Lasch, C. (1978). *The culture of narcissism.* New York: Norton.

Lasswell, H. D. (1948). The structure and function of communication in society. In L. Bryson (Ed.), *The communication of ideas* (pp. 37-51). New York: Harper.

Lasswell, H. W. (1927). *Propaganda techniques in the World War.* New York: Peter Smith.

L.A. Times publisher errs, apologizes. (1999, October 31). *Tallahassee Democrat,* p. 5B.

Lazarsfeld, P. F. (1948). Communication research and the social psychologist. In W. Dennis (Ed.), *Current trends in social psychology* (pp. 218-273). Pittsburgh: University of Pittsburgh Press.

Lazarsfeld, P. F., Berelson, B., & Gaudet, H. (1944). *The people's choice: How the voter makes up his mind in a presidential campaign.* New York: Duell, Sloan & Pearce.

Lazarus, R. S., & Alfert, E. (1964). The short-circuiting of threat by experimentally altering cognitive appraisal. *Journal of Abnormal and Social Psychology, 69,* 195-205.

Lazarus, R. S., Opton, E. M., Nomikos, M. S., & Rankin, N. O. (1965). The principle of short-circuiting of threat: Further evidence. *Journal of Personality, 33,* 622-635.

Lazarus, R. S., Speisman, J. C., Mordkoff, A. M., & Davidson, L. A. (1962). A laboratory study of psychological stress produced by a motion picture film. *Psychological Monographs: General & Applied, 76*(34), Whole No. 553.

LeDoux, J. (1996). *The emotional brain: The mysterious underpinnings of emotional life.* New York: Simon & Schuster.

Lee, B., & Tamborini, R. (2005). Third-person effect and internet pornography: The influence of collectivism and internet self-efficacy, *Journal of Communication, 55,* 292-310.

Lee, K-M., & Nass, C. (2005). Social-psychological origins of feelings of presence: Creating social presence with machine-generated voices. *Media Psychology, 7,* 31-45.

Lee, S., & Barnes, J. H. Jr. (1990). Using color preferences in magazine advertising. *Journal of Advertising Research, 29*(6), 25-30.

Lee, S., & Lang, A. (2009). Discrete emotion and motivation: Relative activation in the appetitive and aversive motivational systems as a function of anger, sadness, fear, and joy during televised information campaigns. *Media Psychology, 12,* 148-170.

Lee, T-T. (2005). The liberal media myth revisited: An examination of factors influencing perceptions of media bias. *Journal of Broadcasting & Electronic Media, 49,* 43-64.

Lemmens, J. S., Valkenburg, P. M., & Peter, J. (2009). Development and validation of a game addiction scale for adolescents. *Media Psychology, 12,* 77-95.

Leone, R., Peek, W. C., & Bissell, K. L. (2006). Reality television and third-person perception. *Journal of Broadcasting & Electronic Media, 50,* 253-269.

Lerner, D. (1958). *The passing of traditional society: Modernizing the Middle East.* Glencoe, IL: Free Press.

Levin, D. T., & Simons, D. J. (2000). Perceiving stability in a changing world: Combining shots and integrating views in motion pictures and the real world. *Media Psychology, 2*, 357–380.

Levy, S. (2007, August 27). Facebook grows up. *Newsweek*, pp. 40–46.

Lewis, C. (2000, September/October). Media money. *Columbia Journalism Review*, 20–27.

Li, X. (2008). Third-person effect, optimistic bias, and sufficiency resource in Internet use. *Journal of Communication, 58*, 568–587.

Liebert, R. M., & Baron, R. A. (1972). Short-term effects of television aggression on children's aggressive behavior. In J. P. Murray, E. A. Rubinstein, & G. A. Comstock (Eds.), *Television and social behavior: Reports and papers, Volume 2: Television and social learning*. Washington, DC: U.S. Government Printing Office.

Liebert, R. M., & Baron, R. A. (1973). Some immediate effects of televised violence on children's behavior. *Developmental Psychology, 6*, 469–475.

Liebert, R. M., Neale, J. M., & Davidson, E. A. (1973). *The early window: Effects of television on children and youth*. Elmsford, NY: Pergamon.

Liebert, R. M., & Schwartzberg, N. S. (1977). Effects of mass media. *Annual Review of Psychology, 28*, 141–173.

Liebert, R. M., & Sprafkin, J. (1988). *The early window: Effects of television on children and youth* (3rd ed.). New York: Pergamon.

Lim, S., & Reeves, B. (2009). Being in the game: Effects of avatar choice and point of view on psychophysiological responses during play. *Media Psychology, 12*, 348–370.

Lin, C. A. (1995). Network prime-time programming strategies in the 1980s. *Journal of Broadcasting & Electronic Media, 39*, 482–495.

Lind, R. A., & Rockler, N. (2001). Competing ethos: Reliance on profit versus social responsibility by laypeople planning a television newscast. *Journal of Broadcasting & Electronic Media, 45*, 118–134.

Lind, R. A., & Salo, C. (2002). The framing of feminists and feminism in news and public affairs programs in U.S. electronic media. *Journal of Communication, 52*(1), 211–228.

Lippmann, W. (1922). *Public opinion*. New York: Macmillan.

Lo, V-H., & Wei, R. (2002). Third-person effect, gender, and pornography on the Internet. *Journal of Broadcasting & Electronic Media, 46*, 13–33.

Lo, V-H., & Wei, R. (2005). Exposure to Internet pornography and Taiwanese adolescents' sexual attitudes and behavior. *Journal of Broadcasting & Electronic Media, 49*, 221–237.

Lombard, M. (1995). Direct responses to people on the screen: Television and personal space. *Communication Research, 22*, 288–324.

Lombard, M., Reich, R. D., Grabe, M. E., Bracken, C. C., & Ditton, T. B. (2000). Presence and television: The role of screen size. *Human Communication Research, 26*, 75–98.

Lovaas, O. I. (1961). Effect of exposure to symbolic aggression on aggressive behavior. *Child Development, 32*, 37–44.

Lowrey, T. M. (2006). The relation between script complexity and commercial memorability. *Journal of Advertising, 35*(3), 7–15.

Lowrey, W., & Kim, K. S. (2009). Online news media and advanced learning: A test of cognitive flexibility theory. *Journal of Broadcasting & Electronic Media, 53*, 547–566.

Lowry, D. T., Ching, T., Nio, J., & Leitner, D. W. (2003). Setting the public fear agenda: A longitudinal analysis of network TV crime reporting, public perceptions of crime, and FBI crime statistics. *Journal of Communication, 53*, 61–73.

Lowry, D. T., & Shidler, J. A. (1995).The sound bites, the biters, and the bitten: An analysis of network TV news bias in campaign '92. *Journalism & Mass Communication Quarterly, 72*, 147–157.

Lucas, C. J., & Schmitz, C. D. (1988). Communication media and current events knowledge among college students. *Higher Education Amsterdam, 17*(2), 139–149.

Lucas, K., & Sherry, J. L. (2004). Sex differences in video game play: A communication-based explanation. *Communication Research, 31*, 499–523.

Lyman, P., & Varian, H. R. (2003, October 27). *How much information?* Retrieved July 10, 2006, from http://www.sims.berkeley.edu/

Maccoby, E. E. (1954). Why do children watch TV? *Public Opinion Quarterly, 18*, 239–244.

Maccoby, E. E. (1964). Effects of the mass media. In M. L. Hoffman & L. W. Hoffman (Eds.), *Review of child development research* (pp. 323–348). New York: Russell Sage Foundation.

Magee, R. G., & Kalyanaraman, S. (2009). Effects of worldview and mortality salience in persuasion processes. *Media Psychology, 12*, 171—194.

Makovsky, D. (1999, May 24). Getting into the ring: Wealthy American and other foreigners played a quiet role in Israel's election. *U.S. News & World Report*, p. 43.

Malamuth, N. M. (1984). Aggression against women: Cultural and individual causes. In N. M. Malamuth

& E. Donnerstein (Eds.), *Pornography and sexual aggression*. Orlando, FL: Academic Press.

Malamuth, N. M., & Check, J.V.P. (1980). Penile tumescence and perceptual responses to rape as a function of victim's perceived reactions. *Journal of Applied Social Psychology, 10,* 528–547.

Mander, J. (1978). *Four arguments for the elimination of television*. New York: William Morrow.

Mansfield, E. (1970). *Microeconomics: Theory and applications* (2nd ed.). New York: Norton.

Marcuse, H. (1964). *One-dimensional man: Studies in the ideology of advanced industrial society.* Boston: Beacon Press.

Mares, M-L., (1996). The role of source confusions in television's cultivation of social reality judgments. *Human Communication Research, 23,* 278–297.

Mares,M-L., & Acosta, E. E. (2008). Be kind to three-legged dogs: Children's literal interpretations of TV's moral lessons. *Media Psychology, 11,* 377–399.

Mares, M-L., & Cantor, J. (1992). Elderly viewers' responses to televised portrayals of old age: Empathy and mood management versus social comparison, *Communication Research, 19,* 459–478.

Mares, M-L., Oliver. M. B., & Cantor, J. (2008). Age differences in adults' emotional motivations for exposure to films. *Media Psychology, 11,* 488–511.

Mares, M-L., & Woodard, E. H. (2001). Prosocial effects on children's social interactions. In D. G. Singer & J. L. Singer (Eds.), *Handbook of children and the media* (pp. 183–205). Thousand Oaks, CA: Sage.

Mares, M-L., & Woodard, E. (2005). Positive effects of television on children's social interactions: A meta-analysis. *Media Psychology, 7,* 301–322.

Mares, M-L., & Woodard, E. H. IV. (2006). In search of the older audience: Adult age differences in television viewing. *Journal of Broadcasting & Electronic Media, 50,* 595–614.

Marsh, K. L., & Wallace, H. M. (2005). The influence of attitudes on beliefs: Formation and change. In D. Albarracin, B. T. Johnson, & M. P. Zanna (Eds.). *The handbook of attitudes* (pp. 369–395). Mahwah, NJ: Erlbaum.

Mastin, T. (2000). Media use and civic participation in the African-American population: Exploring participation among professionals and nonprofessionals. *Journalism & Mass Communication Quarterly, 77,* 115–127.

Mastro, D., Lapinski, M. K., Kopacz, M. A., & Behm-Morawitz, E. (2009). The influence of exposure to depictions of race and crime in TV news on viewer's social judgments. *Journal of Broadcasting & Electronic Media, 53,* 615–635.

Mastro, D. E., Tamborini, R., & Hullett, C. R. (2005). Linking media to prototype activation and subsequent celebrity attraction: An application of self-categorization theory. *Communication Research, 32,* 323–349.

Matei, S., & Ball-Rokeach, S. (2003). The Internet in the communication of infrastructure of urban residential communities: Macro- or mesolinkage? *Journal of Communication, 53,* 642–657.

Matthes, J., Morrison, K. R., & Schemer, C. (2010). A spiral of silence for some: Attitude certainty and the expression of political minority opinions. *Communication Research, 37,* 774–800.

Maurer, M., & Reinemann, C. (2006). Learning versus knowing: Effects of misinformation in televised debates. *Communication Research, 33,* 489–506.

Mayer, J. D., & Cornfield, M. (2008). The Internet and the future of media politics. In M. J. Rozell & J. D. Mayer (Eds.), *Media power, media politics* (2nd ed., pp. 319–337). New York: Rowman & Littlefield.

McCombs, M. E., & Shaw, D. L. (1972). The agenda setting function of the press. *Public Opinion Quarterly, 36,* 176–187.

McCombs, M. E., & Shaw, D. L. (1993). The evolution of agenda setting theory: 25 years in the marketplace of ideas. *Journal of Communication, 43*(2), 58–66.

McGuire, W. J. (1969). The nature of attitudes and attitude change. In G. Lindzey & E. Aronson (Eds.), *The handbook of social psychology, Vol. 3 The individual in a social context* (pp. 136–314). Reading, MA: Addison-Wesley.

McGuire, W. J. (1985). Attitudes and attitude change. In G. Lindzey & E. Aronson (Eds.), *Handbook of social psychology, Vol. 2* (pp. 233–246). New York: Random House.

McGuire, W. J. (1990). Dynamic operations of thought systems. *American Psychologist, 45,* 504–512.

McIlwraith, R. D. (1998). "I'm addicted to television": The personality, imagination, and TV watching patterns of self-identified TV addicts. *Journal of Broadcasting & Electronic Media, 42,* 371–386.

McIntosh, W. D., Schwegler, A. F., & Terry-Murray, R. M. (2000). Threat and television viewing in the United States, 1960–1990. *Media Psychology, 2,* 35–46.

McLeod, D. M. (1995). Communicating deviance: The effects of television news coverage of social protest. *Journal of Broadcasting and Electronic Media, 39,* 4–19.

McLeod, D. M., & Detenber, B. H. (1999). Framing effects of television news coverage of social protest, *Journal of Communication, 49,* 3–23.

McLeod, D. M., Detenber, B. H., & Eveland, W. P. Jr. (2001). Behind the third-person effect: Differentiating perceptual processes for self and others. *Journal of Communication, 51,* 678–695.

McLeod, J. M., & Becker, L. B. (1974). Testing the validity of gratification measures through political effects analysis. In J. G. Blumler & E. Katz (Eds.), *The uses of mass communications: Current perspectives on gratifications research* (pp. 137–164). Beverly Hills, CA: Sage.

McLeod, J. M., Sotirovic, M., Voakes, P. S., Guod, Z, & Huang, K-Y. (1998). A model of public support for First Amendment rights. *Communication Law & Policy, 3,* 479–514.

McLeod, J. M., Ward, L. S., & Tancill, K. (1965). Alienation and uses of mass media. *Public Opinion Quarterly, 29,* 583–594.

McLuhan, M. (1962). *The Gutenberg galaxy: The making of typographic man.* Toronto: University of Toronto Press.

McLuhan, M. (1964). *Understanding media.* London: Routledge & Kegan Paul.

McLuhan, M., & Fiore, Q. (1967). *The medium is the message: An inventory of effects.* New York: Bantam.

McManus, J. H. (1994). *Market-driven journalism: Let the citizen beware?* Thousand Oaks, CA: Sage.

McPhee, W. N. (1963). *Formal theories of mass behavior.* New York: Free Press.

McQuail, D. (1987). *Mass communication theory: An introduction* (2nd ed.). London: Sage.

McQuail, D., & Windahl, S. (1981). *Communication models for the study of mass communications.* London: Longman.

McQuail, D., & Windahl, S. (1993). *Communication models for the study of mass communication* (2nd ed.). London: Longman.

McQuarrie, E. F., & Phillips, B. J. (2005). Indirect persuasion in advertising: How consumers process metaphors presented in pictures and words. *Journal of Advertising, 34*(2), 7–20.

Mead, G. H. (1934). *Mind, self and society.* Chicago: University of Chicago Press.

Media and eating disorders. (n.d.). Retrieved August 26, 2007, from http://www.raderprograms.com/media.aspx

Medrich, E. A., Roizen, J. A., Rubin, V., & Buckley, S. (1982). *The serious business of growing up: A study of children's lives outside school.* Berkeley: University of California Press.

Meffert, M. F., Chung, S., Joiner, A. J., Waks, L., & Garst, J. (2006). The effects of negativity and motivated information processing during a political campaign. *Journal of Communication, 56,* 27–51.

Mehta, A., & Davis, C. M. (1990, August). *Celebrity advertising: Perception, persuasion and processing.* Paper presented to the Association for Education in Journalism and Mass Communication, Minneapolis.

Meijer, M-M., & Kleinnijenhuis, J. (2006). Issue news and corporate reputation: Applying the theories of agenda setting and issue ownership in the field of business communication. *Journal of Communication, 56,* 543–559.

Meirick, P. C. (2004). Topic-relevant reference groups and dimensions of distance: Political advertising and first- and third-person effects. *Communication Research, 31,* 234–255.

Meirick, P. C. (2005). Rethinking the target corollary: The effects of social distance, perceived exposure, and perceived predispositions on first-person and third-person perceptions. *Communication Research, 32,* 822–844.

Meirick, P. C. (2008). Targeted audiences in anti-drug ads: Message cues, perceived exposure, perceived effects, and support for funding. *Media Psychology, 11,* 283–309.

Melican, D. B., & Dixon, T. L. (2008). News on the Net: Credibility, selective exposure, and racial prejudice. *Communication Research, 35,* 151–168.

Mendelsohn, H. (1966). *Mass entertainment.* New Haven, CT: College & University Press.

Mendelson, A. (2001). Effects of novelty in news photographs on attention and memory. *Media Psychology, 3,* 119-157.

Mendelson, A. L., & Thorson, E. (2004). How verbalizers process the newspaper environment. *Journal of Communication, 54,* 474–491.

Merton, R. K. (1949). *Social theory and social structure.* Glencoe, IL: Free Press.

Messner, S. F. (1986). Television violence and violent crime: An aggregate analysis. *Social Problems, 33*(3), 218–235.

Metallinos, N. (1996). *Television aesthetics: Perceptual, cognitive, and compositional bases.* Mahwah, NJ: Erlbaum.

Metzger, M. J. (2000). When no news is good news: Inferring closure for news issues. *Journalism & Mass Communication Quarterly, 77,* 760–787.

Metzger, M. J., Flanagin, A. J., & Medders, R. B. (2010). Social and heuristic approaches to credibility evaluation online. *Journal of Communication, 60,* 413–439.

Meyrowitz, J. (1985). *No sense of place.* New York: Oxford University Press.

Meyrowitz, J., & Maguire, J. (1993). Media, place and multiculturalism. *Society, 30*(5), 41–48.

Miller, N. E., & Dollard, J. (1941). *Social learning and imitation*. New Haven, CT: Yale University Press.

Mills, C. W. (1957). *The power elite*. New York: Oxford University Press.

Mills, C. W. (1959). *The sociological imagination*. New York: Oxford University Press.

Miron, D., Bryant, J., & Zillmann, D. (2001). Creating vigilance for better learning from television. In D. G. Singer & J. L. Singer (Eds.), *Handbook of children and the media* (pp. 153–181). Thousand Oaks, CA: Sage.

Mollison, T. A. (1998). Television broadcasting leads Romania's march toward an open, democratic society. *Journal of Broadcasting & Electronic Media, 42*, 128–141.

Moorman, M., Neijens, P. C., & Smit, E. G. (2007). The effects of program involvement on commercial exposure and recall in a naturalistic setting. *Journal of Advertising, 36*, 121–137.

Morgan, M., & Gross, L. (1982). Television and educational achievement and aspirations. In D. Pearl, L. Bouthilet, & J. Lazar (Eds.), *Television and behavior: Ten years of scientific progress and implications for the eighties* (pp. 78–90). Washington, DC: Government Printing Office.

Morgan, S. E., Movius, L., & Cody, M. J. (2009). The power of narratives: The effect of entertainment television organ donation storylines on the attitudes, knowledge, and behaviors of donors and nondonors. *Journal of Communication, 59*, 135–151.

Morgan, S. E., Palmgren, Stephenson, M. T., Hoyle, R. H., & Lorch, E. P. (2003). Associations between message features and subjective evaluations of the sensation value of antidrug public service announcements. *Journal of Communication, 53*, 512–526.

Moriarty, C. M., & Harrison, K. (2008). Television exposure and disordered eating among children: A longitudinal panel study. *Journal of Communication, 58*, 361–381.

Morley, D. (1980). *The "nationwide" audience: Structure and decoding*. London: BFI.

Morris, C. (1946). *Signs, language, and behavior*. New York: Braziller.

Moy, P., Domke, D., & Stamm, K. (2001). The spiral of silence and public opinion on affirmative action. *Journalism & Mass Communication Quarterly, 78*, 7–25.

Moy, P., McCluskey, M. R., McCoy, K., & Spratt, M. A. (2004). Political correlates of local news media use. *Journal of Communication, 54*, 532–546.

Moy, P., Pfau, M., & Kahlor, L. (1999). Media use and public confidence in democratic institutions. *Journal of Broadcasting & Electronic Media, 43*, 137–158.

Moy, P., & Scheufele, D. A. (2000). Media effects on political and social trust. *Journalism & Mass Communication Quarterly, 77*, 744–759.

Moy, P., Torres, M., Tanaka, K., & McCluskey, M. R. (2005). Knowledge or trust? Investigating linkages between media reliance and participation. *Communication Research, 32*, 59–96.

Moyer-Gusé, E., & Nabi, R. L. (2010). Explaining the effects of narrative in an entertainment television program: Overcoming resistance to persuasion. *Human Communication Research, 36*, 26–52.

Mulholland, T. (1973). Objective EEG methods for studying covert shifts of visual attention. In F. G. McGuigan & R. A. Schoonauer (Eds.), *The psychophysiology of thinking* (pp. 109–151). New York: Academic Press.

Mullin, C., Imrich, D. J., & Linz, D. (1995). The impact of acquaintance rape stories and case-specific pretrial publicity on juror decision making. *Communication Research, 23*, 100–135.

Mullin, C. R., & Linz, D. (1995). Desensitization and resensitization to violence against women: Effects of exposure to sexually violent films on judgments of domestic violence victims. *Journal of Personality & Social Psychology, 69*, 449–459.

Mumford, L. (1970). *The myth of the machine*. New York: Harcourt, Brace & World.

Murdock, G. (1990). Redrawing the map of the communication industries. In M. Ferguson (Ed.), *Public communication* (pp. 1–15). London: Sage.

Nabi, R. L. (1999). A cognitive-functional model for the effects of discrete negative emotions on information processing, attitude change, and recall. *Communication Theory, 9*, 292–320.

Nabi, R. L. (2003). "Feeling" resistance: Exploring the role of emotionally evocative visuals in inducing inoculation. *Media Psychology, 5*, 199–223.

Nabi, R. L., & Clark, S. (2008). Exploring the limits of social cognitive theory: Why negatively reinforced behaviors on TV may be modeled anyway. *Journal of Communication, 58*, 407–427.

Nabi, R. L., Finnerty, K., Domschke, T., & Hull, S. (2006). Does misery love company? Exploring the therapeutic effects of TV viewing on regretted experiences. *Journal of Communication, 56*, 689–706.

Nabi, R. L., & Hendriks, A. (2003). The persuasive effect of host and audience reaction shots in television talk shows. *Journal of Communication, 53*, 527–543.

Nabi, R. L., & Krcmar, M. (2004). Conceptualizing media enjoyment as attitude: Implications for mass media effects research. *Communication Theory, 14*, 288–310.

Nabi, R. L., & Riddle, K. (2008). Personality traits, television viewing, and the cultivation effect. *Journal of Broadcasting & Electronic Media, 52*, 327–348.

Nabi, R. L. & Sullivan, J. L. (2001). Does television relate to engagement in protective behavior and crime? A cultivation analysis from a theory of reasoned action perspective. *Communication Research, 28*, 802–825.

Nan, X. (2008). The influence of liking for a public service announcement on issue attitude. *Communication Research, 35*, 503–528.

Naples, M. J. (1981). *Effective frequency: The relationship between frequency and advertising effectiveness*. New York: Association of National Advertisers.

Napoli, P. M. (1999). The marketplace of ideas metaphor in communications regulation. *Journal of Communication, 49*(4), 151–169.

Neely, S. M., & Schumann, D. W. (2004). Using animated spokes-characters in advertising to young children: Does increasing attention to advertising necessarily lead to product preference? *Journal of Advertising, 33*(3), 7–23.

Neuman, W. R. (1991). *The future of the mass audience*. New York: Cambridge University Press.

Newcomb, T. (1953). An approach to the study of communicative acts. *Psychological Review, 60*, 393–404.

Newhagen, J. E. (1994). Self efficacy and call-in political television show use. *Communication Research, 21*, 366–379.

Newhagen, J. E. (1998). TV news images that induce anger, fear, and disgust: Effects on approach-avoidance and memory. *Journal of Broadcasting & Electronic Media, 42*, 265–276.

Niederdeppe, J., Davis, K. C., Farrelly, M. C., & Yarsevich, J. (2007). Stylistic features, need for sensation, and confirmed recall of national smoking prevention advertisements. *Journal of Communication, 57*, 272–292.

Nisbet, M. C., Scheufele, D. A., Shanahan, J. Moy, P., Brossard, D., & Lewenstein, B. V. (2002). Knowledge, reservations, or promise? A media effects model for public perceptions of science and technology. *Communication Research, 29*, 584–608.

Noam, E. (2009). *Media ownership and concentration in America*. New York: Oxford University Press.

Noelle-Neumann, E. (1974). The spiral of silence: A theory of public opinion. *Journal of Communication, 24*, 24–51.

Noelle-Neumann, E. (1984). *The spiral of silence: Public opinion--our social skin*. Chicago: University of Chicago Press.

Noelle-Neumann, E. (1991). The theory of public opinion: The concept of spiral of silence. In J. Anderson (Ed.), *Communication yearbook 14* (pp. 256–287). Newbury Park, CA: Sage.

Nomikos, M., Opton, E., Averill, J., & Lazarus, R. (1968). Surprise versus suspense in the production of stress reaction. *Journal of Personality & Social Psychology, 8*, 204–208.

Nowak, K. L., Hamilton, M. A., & Hammond, C. C. (2009). The effect of image features on judgments of homophily, credibility, and intention to use as avatars in future interactions. *Media Psychology, 12*, 50–76.

Ogles, R. M., & Hoffner, C. (1987). Film violence and perceptions of crime: The cultivation effect. In M. L. McLaughlin (Ed.), *Communication yearbook 10* (pp. 384–394). Thousand Oaks, CA: Sage.

Ohman, A. ((1979). The orienting response, attention, and learning: An information processing perspective. In H. D. Kimmel, E. H. van Olst, & J. F. Orlebeke (Eds.), *The orienting reflex in humans* (pp. 443–471). Hillsdale, NJ: Erlbaum.

O'Keefe, D. J., & Jensen, J. D. (2009). The relative persuasiveness of gain-framed and loss-framed messages for encouraging disease detection behaviors: A meta-analytic review. *Journal of Communication, 59*, 296–316.

Oliver, M. B. (1999). Caucasian viewers' memory of Black and White criminal suspects in the news. *Journal of Communication, 49*, 46–60.

Oliver, M. B. (2008). Tender affective states as predictors of entertainment preference. *Journal of Communication, 58*, 40–61.

Oliver, M. B., & Bartsch, A. (2010). Appreciation as audience response: Exploring entertainment gratifications beyond hedonism. *Human Communication Research, 36*, 53–81.

Oliver, M. B., & Fonash, D. (2002). Race and crime in the news: White's identification and misidentification of violent and nonviolent criminal suspects. *Media Psychology, 4*, 137–156.

Oliver, M. B., Jackson, R. L. II, Moses, N. N., & Dangerfield, C. L. (2004). The face of crime: Viewers' memory of race-related facial features of individuals pictured in the news. *Journal of Communication, 54*, 88–104.

Oliver, M. B., Weaver, J. B. III, & Sargent, S. L. (2000). An examination of factors related to sex differences in enjoyment of sad films. *Journal of Broadcasting & Electronic Media, 44*, 282–300.

Oliver, M. B., Yang, H., Ramasubramanian, S., Kim, J., & Lee, S. (2008). Exploring implications of perceived media reinforcement on third-person perceptions. *Communication Research, 35,* 745–769.

Olson, J. M., & Stone, J. (2005). The influence of behavior on attitudes. In D. Albarracin, B. T. Johnson, & M. P. Zanna (Eds.), *The handbook of attitudes* (pp. 223–271). Mahwah, NJ: Erlbaum.

Osborn, D. K., & Endsley, R. C. (1971). Emotional reactions of young children to TV violence. *Child Development, 42,* 321–331.

Ostman, R. E., & Parker, J. L. (1987). Impact of education, age, newspapers, and television on environmental knowledge, concerns and behaviors. *Journal of Environmental Education, 19*(1), 3–9.

Packard, V. (1957). *The hidden persuaders.* New York: David McKay.

Paek, H-J., Pan, Z., Sun, Y., Abisaid, J., & Houden, D. (2005). The third-person perception as social judgment: An exploration of social distance and uncertainty in perceived effects of political attack ads. *Communication Research, 32,* 143–170.

Page, B. I., & Shapiro, R. Y. (1992). *The rational public: Fifty years of trends in American's policy preferences.* Chicago: University of Chicago Press.

Page, D., & O'Neal, E. (1977). "Weapons effect" without demand characteristics. *Psychological Reports, 41,* 29–30.

Paik, H., & Comstock, G. (1994). The effects of television violence on antisocial behavior: A meta-analysis. *Communication Research, 21,* 516–546.

Palmgren, P., & Rayburn, J. D. (1982). Gratifications sought and media exposures: An expectancy value model. *Communication Research, 9,* 561–580.

Palmgren, P., & Rayburn, J. D. (1985). An expectancy-value approach to media gratifications. In K. E. Rosengren (Ed.), *Media gratification research* (pp. 61–72). Beverly Hills, CA: Sage.

Pan, Z., & Kosicki, G. M. (1996). Assessing news media influences on the formation of Whites' racial policy preferences. *Communication Research, 23,* 147–178.

Papacharissi, Z., & Mendelson, A. L. (2007). An exploratory study of reality appeal: Uses and gratifications of reality TV shows. *Journal of Broadcasting & Electronic Media, 51,* 355–370.

Park, C. W., & Young, S. M. (1986). Consumer response to television commercials: The impact of involvement and background music on brand attitude formation. *Journal of Marketing Research, 23,* 11–24.

Park, E., & Kosicki, G. M. (1995). Presidential support during the Iran-Contra affair: People's reasoning process and media influence. *Communication Research, 22,* 207–236.

Park, S-Y. (2005). The influence of presumed media influence on women's desire to be thin. *Communication Research, 32,* 594–614.

Parks, M. R., & Floyd, K. (1996). Making friends in cyberspace. *Journal of Communication, 46*(1), 80–97.

Pasek, J., Kenski, K., Romer, D., & Jamieson, K. H. (2006). America's youth and community engagement: How use of mass media is related to civic activity and political awareness in 14- to 22-year-olds. *Communication Research, 33,* 115–135.

Pashler, H. E. (1998). *The psychology of attention.* Cambridge, MA: MIT Press.

Patterson, T. (1980). *The mass media election: How Americans choose their president.* New York: Praeger.

Patterson, T. (1993). *Out of order.* New York: Knopf.

Paul, B., & Linz, D. G. (2008). The effects of exposure to virtual child pornography on viewer cognitions and attitudes toward deviant sexual behavior. *Communication Research, 35,* 3–38.

Paul, B., Salwen, M. B., & Dupagne, M. (2000). The third-person effect: A meta-analysis of the perceptual hypothesis. *Mass Communication & Society, 3,* 57–85.

Peiser, W., & Peter, J. (2000). Third-person perception of television-viewing behavior. *Journal of Communication, 50,* 25–45.

Peiser, W., & Peter, J. (2001). Explaining individual differences in third-person perception: A limits/possibilities perspective. *Communication Research, 28,* 156–180.

Peña, J., Hancock, J. T., & Merola, N. A. (2009). The priming effects of avatars in virtual settings. *Communication Research, 36,* 838–856.

Peri, Y. (1999). The media and collective memory of Yitzhak Rabin's remembrance. *Journal of Communication, 49*(3), 106–124.

Perkins, K. (1996, November 27). Statistics blur image of American family. *Santa Barbara News-Press,* pp. A1, A2.

Perloff, R. M. (2002). The third-person effect. In J. Bryant & D. Zillmann (Eds.), *Media effects: Advances in theory and research* (2nd ed., pp. 489–506). Mahwah, NJ: Erlbaum.

Perry, D. K. (1990). News reading, knowledge about, and attitudes toward foreign countries. *Journalism Quarterly, 67,* 353–358.

Perry, S. D., & Gonzenbach, W. J. (1997). Effects of news exemplification extended: Considerations of controversiality and perceived future opinion. *Journal of Broadcasting & Electronic Media, 41,* 229–244.

Peter, J., & Valkenburg, P. M. (2006). Adolescents' exposure to sexually explicit online material and recreational attitudes toward sex. *Journal of Communication, 56,* 639–660.

Peter, J., & Valkenburg, P. M. (2008a). Adolescents' exposure to sexually explicit internet material and sexual preoccupancy: A three-wave panel study. *Media Psychology, 11,* 207–234.

Peter, J., & Valkenburg, P. M. (2008b). Adolescents' exposure to sexually explicit internet material, sexual uncertainty, and attitudes toward uncommitted sexual exploration: Is there a link? *Communication Research, 35,* 579–601.

Peter, J., & Valkenburg, P. M. (2009a). Adolescents' exposure to sexually explicit internet material and sexual satisfaction: A longitudinal study. *Human Communication Research, 35,* 171–194.

Peter, J., & Valkenburg, P. M. (2009b). Adolescents' exposure to sexually explicit internet material and notions of women as sex objects: Assessing causality and underlying processes. *Journal of Communication, 59,* 407–433.

Peterson, E. M., & Raney, A. A. (2008). Reconceptualizing and reexamining suspense as a predictor of mediated sports enjoyment. *Journal of Broadcasting & Electronic Media, 52,* 544–562.

Petrevu, S. (2004). Communicating with the sexes: Male and female responses to print advertisements. *Journal of Advertising, 33*(3), 51–62.

Petty, R. E., & Cacioppo, J. T. (1981). *Attitudes and persuasion: Classic and contemporary approaches.* Dubuque, IA: W. C. Brown.

Petty, R. E., & Cacioppo, J. T. (1986). *Communication and persuasion: Central and peripheral routes to attitude change.* New York: Springer-Verlag.

Petty, R. E., Priester, J. R., & Brinol, P. (2002). Mass media attitude change: Implications of the elaboration likelihood model of persuasion. In J. Bryant & D. Zillmann (Eds.), *Media effects: Advances in theory and research* (2nd ed., pp. 155–198). Mahwah, NJ: Erlbaum.

Pfau, M., Compton, J., Parker, K. A., Wittenberg, E. M., An, C., Ferguson, M., et al. (2004). The traditional explanation for resistance versus attitude accessibility: Do they trigger distinct or overlapping processes of resistance? *Human Communication Research, 30,* 329–360.

Pfau, M., Haigh, M. M., Shannon, T., Tones, T., Mercurio, D., Williams, R., et al. (2008). The influence of television news depictions of the images of war on viewers. *Journal of Broadcasting & Electronic Media, 52,* 303–322.

Pfau, M., Holbert, R. L., Zubric, S. J., Pasha, N. H., & Lin, W-K. (2000). Role and influence of communication modality in the process of resistance to persuasion. *Media Psychology, 2,* 1–33.

Pfau, M., Mullen, L. J., Deidrich, T., & Garrow, K. (1995). Television viewing and public perceptions of attorneys. *Human Communication Research, 21,* 307–330.

Pfau, M., Szabo, A. Anderson, J., Morrill, J., Zubric, J., & Wan, H-H. (2001). The role and impact of affect in the process of resistance to persuasion. *Human Communication Research, 27,* 216–252.

Phillips. D. P. (1983). The impact of mass media violence on U.S. homicides. *American Sociological Review, 48,* 560–568.

Phillips, D. P., & Hensley, J. E. (1984). When violence is rewarded or punished: The impact of mass media stories on homicide. *Journal of Communication, 34,* 101–116.

Phillips, L. E. (2010, December 28). *Trends in consumers' time spent with media.* Retrieved January 5, 2011, from http://www.emarketer.com/

Picard, R. (1989). *Media economics.* Newbury Park, CA: Sage.

Picard, R. G., Winter, J. P., McCombs, M., & Lacy, S. (Eds.). (1988). *Press concentration and monopoly: New perspectives on newspaper ownership and operation.* Norwood, NJ: Ablex.

Pifer, L. K. (1991, November). *Scientific literacy and political participation.* Paper presented at the annual conference of the Midwest Association of Public Opinion Research, Chicago.

Pinkleton, B. E. (1998). Effects of print comparative political advertising on political decision-making and participation. *Journal of Communication, 48*(4), 24–36.

Pinkleton, B. E., Austin, E. W., & Fortman, K. K. J. (1998). Relationships of media use and political disaffection to political efficacy and voting behavior. *Journal of Broadcasting & Electronic Media, 42,* 34–49.

Pipher, M. (1996). *The shelter of each other.* New York: Putnam.

Plack, C. J. (2005). Auditory perception. In K. Lamberts & R. L. Goldstone (Eds.), *Handbook of cognition* (pp. 71–104). London: Sage.

Pool, M. M., Koolstra, C. M., & Van der Voort, T. H. A. (2003). The impact of background radio and television on high school students' homework performance. *Journal of Communication, 53,* 74–87.

Postman, N. (1985). *Amusing ourselves to death.* New York: Penguin.

Potter, R. F. (2000). The effects of voice changes on orienting and immediate cognitive overload in radio listeners. *Media Psychology, 2,* 147–177.

Potter, R. F. (2009). Double the units: How increasing the number of advertisements while keeping the overall duration of commercial breaks constant affects radio listeners. *Journal of Broadcasting & Electronic Media, 53,* 584–598.

Potter, W. J. (1988). Perceived reality in television effects research. *Journal of Broadcasting & Electronic Media, 32,* 23–41.

Potter, W. J. (1991). Examining cultivation from a psychological perspective: Component subprocesses. *Communication Research, 18,* 77–102.

Potter, W. J. (1994). A methodological critique of cultivation research. *Journalism Monographs.*

Potter, W. J. (2011). *Media literacy* (5th ed.). Thousand Oaks, CA: Sage.

Potter, W. J., Cooper, R., & Dupagne, M. (1993). The three paradigms of mass media research in mainstream journals. *Communication Theory, 3,* 317–335.

Potter, W. J., Pashupati, K., Pekurny, R. B., Hoffman, E., & Davis, K. (2002). Perceptions of television: A schema explanation. *Media Psychology, 4,* 27-50.

Potter, W. J., & Riddle, K. (2006, November). *A content analysis of the mass media effects literature.* Paper presented at the annual convention of the National Communication Association, San Antonio.

Potter, W. J., & Riddle K. (2007). A content analysis of the media effects literature. *Journalism & Mass Communication Quarterly, 84,* 90–104.

Potter, W. J., & Tomasello, T. K. (2003). Building upon the experimental design in media violence research: The importance of including receiver interpretations. *Journal of Communication, 53,* 315–329.

Price, V., & Czilli, E. J. (1996). Modeling patterns of news recognition and recall. *Journal of Communication, 46,* 55–78.

Price, V., & Tewksbury, D. (1997). New values and public opinion: A theoretical account of media priming and framing. In G. A. Barnett & F. J. Boster (Eds.), *Progress in communication sciences: Advances in persuasion* (Vol. 13, pp. 173–212). Greenwich, CT: Ablex.

Price, V., Tewksbury, D., & Huang, L-N. (1998). Third-person effects on publication of a Holocaust-denial advertisement. *Journal of Communication, 48*(2), 3–26.

Prior, M. (2009). The immensely inflated news audience: Assessing bias in self-reported news exposure. *Public Opinion Quarterly, 73,* 130–143.

Protess, D. L., Cook, F. L., Doppelt, J. C., Ettema, J. S., Gordon, M. T., Leff, D. R., & Miller, P. (1991). *The journalism of outrage: Investigative reporting and agenda building in America.* New York: Guilford.

Pulaski, M. A. S. (1980). *Understanding Piaget: An introduction to children's cognitive development* (Rev. and exp. ed.). New York: Harper & Row.

Putnam, R. D. (2000). *Bowling alone: The collapse and revival of American community.* New York: Simon & Schuster.

Quick, B. L. (2009). The effects of viewing *Grey's Anatomy* on perceptions of doctors and patient satisfaction. *Journal of Broadcasting & Electronic Media, 53,* 38–55.

Radway, D. J. (1984). *Reading the romance.* Chapel Hill: University of North Carolina Press.

Rains, S. A. (2008). Health at high speed: Broadband Internet access, health communication, and the digital divide. *Communication Research, 35,* 283–297.

Rakow, L. F. (1992). *Gender on the line: Women, the telephone, and community life.* Urbana: University of Illinois Press.

Raney, A. A. (2004). Expanding disposition theory: Reconsidering character liking, moral evaluations, and enjoyment. *Communication Theory, 14,* 348–369.

Raney, A. A. (2005). Punishing media criminals and moral judgment: The impact on enjoyment. *Media Psychology, 7,* 145–163.

Raney, A. A., & Bryant, J. (2002). Moral judgment and crime drama: An integrated theory of enjoyment. *Journal of Communication, 52,* 402–415.

Ravaja, N. (2004a). Contributions of psychophysiology to media research: Review and recommendations. *Media Psychology, 6,* 193–235.

Ravaja, N. (2004b). Effects of image motion on a small screen on emotion, attention, and memory: Moving-face versus static-face newscaster. *Journal of Broadcasting & Electronic Media, 48,* 108–133.

Ravaja, N. (2009). The psychophysiology of digital gaming: The effect of a non-co-located opponent. *Media Psychology, 12,* 268–294.

Reagan, J. (1996). The "repertoire" of information sources. *Journal of Broadcasting & Electronic Media, 40,* 112–121.

Reeves, B., Newhagen, J., Maibach, E., Basil, M., & Kurz, K. (1991). Negative and positive television messages. *American Behavioral Scientist, 34*(6), 679–694.

Reeves, B., Thorson, E., Rothschild, M., McDonald, D., Hirsch, J., & Goldstein, R. (1985). Attention to television: Intrastimulus effects of movement and score changes on alpha variation over time. *International Journal of Neuroscience, 25,* 241–255.

Reid, S. A., & Hogg, M. A. (2005). A self-categorization explanation for the third-person effect. *Human Communication Research, 31,* 129–161.

Reiss, S., & Wiltz, J. (2004). Why people watch reality TV. *Media Psychology, 6*, 363–378.

Reith, M. (1999). Viewing of crime drama and authoritarian aggression: An investigation of the relationship between crime viewing, fear, and aggression. *Journal of Broadcasting & Electronic Media, 43*, 211–221.

Renner, R., & Lynch, G. P. (2008). A little knowledge is a dangerous thing: What we know about the role of the media in state politics. In M. J. Rozell & J. D. Mayer (Eds.), *Media power, media politics* (2nd ed., pp. 137–155). New York: Rowman & Littlefield.

Ressmeyer, T. J., & Wallen, D. J. (1991, November). *Where do people go to learn about science? Informal science education in Europe and the United States*. Paper presented at the annual conference of the Midwest Association for Public Opinion Research, Chicago.

Rhee, J. W. (1997). Strategy and issue frames in election campaign coverage: A social cognitive account of framing effects. *Journal of Communication, 47*(3), 26–48.

Richardson, J. D. (2005). Switching social identities: The influence of editorial framing on reader attitudes toward affirmative action and African Americans. *Communication Research, 32*, 503–528.

Rice, R. E. (1994). Examining constructs in reading comprehension using two presentation modes: Paper vs. computer. *Journal of Educational Computing Research, 11*, 153–178.

Rice, R. E., & Atkin, C. (1989). *Public communication campaigns* (2nd ed.). Newbury Park, CA: Sage.

Richardson, J. D. (2005). Switching social identities: The influence of editorial framing on reader attitudes toward affirmative action and African Americans. *Communication Research, 32*, 503–529.

Riddle, K. Eyal, K., Mahood, C., & Potter, W. J. (2006). Judging the degree of violence in media portrayals: A cross-genre comparison. *Journal of Broadcasting & Electronic Media, 50*, 270–286.

Riffe, D., & Freitag, A. (1997). A content analysis of content analyses: Twenty-five years of *Journalism Quarterly*. *Journalism & Mass Communication Quarterly, 74*, 873–882.

Riggs, K. E. (1996). Television use in a retirement community. *Journal of Communication, 46*(1), 144–156.

Riley, J. W., & Riley, M. W. (1959). Mass communication and the social system. In R. K. Merton et al (Eds.) *Sociology today*. New York: Basic Books.

Rimal, R. N., & Real, K. (2003). Perceived risk and efficacy beliefs as motivators of change: Use of the risk perception attitude (RPA) framework to understand health behaviors. *Human Communication Research, 29*, 370–399.

Roberts, D. F., & Maccoby, N. (1985). Effects of mass communication. In G. Lindzey & E. Aronson (Eds.), *Handbook of social psychology* (3rd ed., Vol. 2, pp. 539–599). New York: Random House.

Roberts, M., Wanta, W., & Dzwo, T-H. (2002). Agenda setting and issue salience online. *Communication Research, 29*, 452–465.

Robinson, J. P., & Davis, D. K. (1990). Television news and the informed public: An information-processing approach. *Journal of Communication, 40*(3), 106–119.

Robinson, M. J. (1976). Public affairs television and the growth of political malaise: The case of 'The selling of the Pentagon.' *American Political Science Review, 70*, 409–432.

Rodgers, S., & Thorson, E. (2003). A socialization perspective on male and female reporting. *Journal of Communication, 53*, 658–675.

Roe, K., & Minnebo, J. (2007). Antecedents of adolescents' motives for television use. *Journal of Broadcasting & Electronic Media, 51*, 305–315.

Rogers, E. M. (1962). *Diffusion of innovations*. New York: Free Press.

Rogers, E. M. (1983). *Diffusion of innovations* (3rd ed.). New York: Free Press.

Rogers, E. M. (1993). Looking back, looking forward: A century of communication research. In P. Gaunt (Ed.), *Beyond agendas: New directions in communication research* (pp. 19–40). New Haven, CT: Greenwood.

Rogers, E. M. (1995). *Diffusion of innovations* (4th ed.). New York: Free Press.

Rogers, E. M. (2000). Reflections on news event diffusion research. *Journalism & Mass Communication Quarterly, 77*, 561–576.

Rogers, E. M., & Shoemaker, F. (1971). *Communication of innovations: A cross-cultural approach*. New York: Free Press.

Romer, D., Jamieson, K. H., & Aday, S. (2003). Television news and the cultivation of fear of crime. *Journal of Communication, 53*, 88–104.

Romer, D., Jamieson, P. E., & Jamieson, K. H. (2006). Are news reports of suicide contagious? A stringent test in six U. S. cities. *Journal of Communication, 56*, 253–270.

Rosekrans, M. A., & Hartup, W. W. (1967). Imitative influences of consistent and inconsistent response consequences to a model on aggressive behavior in children. *Journal of Personality & Social Psychology, 7*, 429–434.

Rosengren, K. E. (1974). Uses and gratifications: A paradigm outlined. In J. G. Blumler & E. Katz (Eds.), *The uses of mass communications: Current perspectives of gratifications research* (pp. 269–286). Beverly Hills, CA: Sage.

Rosengren, K. E., Johnsson-Smaragdi, U., & Sonesson, I. (1994). For better and for worse: Effects studies and beyond. In K. E. Rosengren (Ed.), *Media effects and beyond: Culture socializations, and lifestyles* (pp. 133–149). London: Routledge.

Rosengren, K. E., Wenner, L. A., & Palmgreen, P. (Eds.) (1985). *Media gratifications research: Current perspectives.* Beverly Hills, CA: Sage.

Rosengren, K. E., & Windahl, S. (1989). *Media matter.* Norwood, NJ: Ablex.

Rosenstein, A. W., & Grant, A. E. (1997). Reconceptualizing the role of habit: A new model of television audience activity. *Journal of Broadcasting & Electronic Media, 41,* 324–344.

Roskos-Ewoldsen, D. R., Roskos-Ewoldsen, B., & Carpentier, F. R. D. (2002). Media priming: A synthesis. In J. Bryant & D. Zillmann (Eds.), *Media effects: Advances in theory and research* (2nd ed., pp. 97–120). Mahwah, NJ: Erlbaum.

Rossler, P., & Brosius, H-B. (2001). Do talk shows cultivate adolescents' views of the world? A prolonged-exposure experiment. *Journal of Communication, 51,* 143–163.

Rothenbuhler, E. W. (1993). Argument for a Durkheimian theory of the communicative. *Journal of Communication, 43,* 158–163.

Rozell, M. J., & Semiatin, R. J. (2008). Congress and the news media. In M. J. Rozell & J. D. Mayer (Eds.), *Media power, media politics* (2nd ed., pp. 43–62). New York: Rowman & Littlefield.

Rubin, A. M. (2002). The uses-and-gratifications perspective of media effects. In J. Bryant & D. Zillmann (Eds.), *Media effects: Advances in theory and research* (2nd ed., pp. 525–548). Mahwah, NJ: Erlbaum.

Rubin, A. M., & Perse, E. M. (1987). Audience activity and television news gratifications. *Communication Research, 14,* 58–84.

Rubin, A. M., Perse, E. M., & Powell, E. (1990). Loneliness, parasocial interaction and local TV news viewing. *Communication Research, 14,* 246–268.

Rubin, A. M., & Windahl, S. (1986). The uses and dependency model of mass communication. *Critical Studies in Mass Communication, 3,* 184–199.

Rucinski, D. (2004). Community boundedness, personal relevance, and the knowledge gap. *Communication Research, 31,* 472–495.

Russell, C. A., & Stern, B. B. (2006). Consumers, characters, and products: A balance model of sitcom product placement effects. *Journal of Advertising, 35,* 7–21.

Russomanno, J. A., & Everett, S. E. (1995). Candidate sound bites: Too much concern over length? *Journal of Broadcasting & Electronic Media, 39,* 408–415.

Ryan, J., & Peterson, R. A. (1982). The product image: The fate of creativity in country music songwriting. In J. S. Ettema & D. Charles Whitney (Eds.) *Individuals in mass media organizations: Creativity and constraint* (pp. 11-32). Beverly Hills, CA: Sage.

Sallott, L. M. (2002). What the public thinks about public relations: An impression management experiment. *Journalism & Mass Communication Quarterly, 79,* 150–171.

Salwen, M. B., & Driscoll, P. D. (1997). Consequences of third-person perception in support of press restrictions in the O. J. Simpson trial. *Journal of Communication, 47*(2), 60–78.

Salwen, M. B., & Dupagne, M. (2001). Third-person perception of television violence: The role of self-perceived knowledge. *Media Psychology, 3,* 211–230.

Salwen, M. B., & Dupagne, M. (2003). News of Y2K and experiencing Y2K: Exploring the relationship between the third-person effect and optimistic bias. *Media Psychology, 5,* 57–82.

Samuelson, R. J. (2005, July 25). The world is still round. *Newsweek,* p. 49.

Samuelson, R. J. (2006, October 30). The next capitalism. *Newsweek,* p. 45.

Sander, I. (1995 MAY). *How violent is TV-violence? An empirical investigation of factors influencing viewers' perceptions of TV-violence.* Paper presented at the annual conference of the International Communication Association, Albuquerque, NM.

Sandman, P. M. (1994). Mass media and environmental risk: Seven principles. *Risk.* Retrieved August 26, 2007, from http://www.fplc.edu/RISK/

Sapolsky, B. S., & Zillmann, D. (1978). Experience and empathy: Affective reactions to witnessing childbirth. *Journal of Social Psychology, 105,* 131–144.

Schachter, S., & Singer, J. (1962). Cognitive, social, and physiological determinants of emotional state. *Psychological Review, 69,* 379–399.

Schaefer, H. H., & Colgan, A. H. (1977). The effect of pornography on penile tumescence as a function of reinforcement and novelty. *Behavior Therapy, 8,* 938–946.

Schaefer, R. J., & Martinez, T. J. (2009). Trends in network news editing strategies from 1969 through 2005. *Journal of Broadcasting & Electronic Media, 53,* 347–364.

Scharrer, E. (2001). Mens, muscles, and machismo: The relationship between television violence exposure and aggression and hostility in the presence of hypermasculinity. *Media Psychology, 3,* 159–188.

Scharrer, E. (2002). Third-person perception and television violence: The role of out-group stereotyping in perceptions of susceptibility to effects. *Communication Research, 29,* 681–704.

Scheufele, B., Haas, A., & Brosius, H.-B. (2011). Mirror or molder? A study of media coverage, stock prices, and trading volumes in Germany. *Journal of Communication, 61,* 48–70.

Scheufele, D. A. (1999). Framing as a theory of media effects. *Journal of Communication, 49,* 103–122.

Scheufele, D. A. (2002). Differential gains from mass media and their implications for participatory behavior. *Communication Research, 29* (1), 45–64.

Scheufele, D. A., Shanahan, J., & Kim, S. (2002). Who cares about the issues? Media influences on issue awareness, issue stance, and issue involvement. *Journalism & Mass Communication Quarterly, 79* (2), 427–444.

Scheufele, D. A., Shanahan, J., & Lee, E. (2001). Real talk: Manipulating the dependent variable in spiral of silence research. *Communication Research, 28* (3), 304–324.

Schiller, H. (1979). Transnational media and national development. In K. Nordenstreng & H. Schiller (Eds.), *National sovereignty and international communication* (pp. 21–32). Norwood, NJ: Ablex.

Schiller, H. I. (1969). *Mass communication and American empire.* New York: Kelley.

Schimel, J., Greenberg, J., Pyszczynski, T., O'Mahen, H., & Arndt, J. (2000). Running from the shadow: Psychological distancing from others to deny characteristics people fear in themselves. *Journal of Personality & Social Psychology, 78,* 446–462.

Schimmack, U., & Crites, S. L., Jr. (2005). The structure of affect. In D. Albarracin, B. T. Johnson, & M. P. Zanna (Eds.). *The handbook of attitudes* (pp. 397–435). Mahwah, NJ: Erlbaum.

Schmitt, K. L., Woolf, K. D., & Anderson, D. R. (2003). Viewing the viewers: Viewing behaviors by children and adults during television programs and commercials. *Journal of Communication, 53,* 265–281.

Schmitt, K. M., Gunther, A. C., & Liebhart, J. L. (2004). Why partisans see mass media as biased. *Communication Research, 31,* 623–641.

Schneider, E. F., Lang, A., Shin, M., & Bradley, S. D. (2004). Death with a story: How story impacts emotional, motivational, and physiological responses to first-person shooter video games. *Human Communication Research, 30,* 361–375.

Schramm, W. (1954). *The processes and effects of mass communication.* Urbana: University of Illinois Press.

Schramm, W. (1969). Aging and mass communication. In M. W. Riley, J. W. Riley, & M. E. Johnson (Eds.), *Aging and society: Vol. 2. Aging and the professions* (pp. 352–375). New York: Russell Sage Foundation.

Schudson, M. (1998). *The good citizen: A history of American civic life.* Cambridge, MA: Harvard University Press.

Schudson, M. (2003). *The sociology of news.* New York: Norton.

Schultze, Q. (1991). *Televangelism and American culture: The business of popular religion.* Grand Rapids, MI: Baker.

Schwartz, B. (2004). *The paradox of choice: Why more is less.* New York: HarperCollins.

Schwarz, N., & Bohner, G. (2001). The construction of attitudes. In A. Tesser & N. Schwarz (Eds.), *Blackwell handbook of social psychology: Intraindividual processes* (pp. 436–457). Oxford, UK: Blackwell.

Scott, D. W. (2003). Mormon "family values" versus television: An analysis of the discourse of Mormon couples regarding television and popular media culture. *Critical Studies in Media Communication, 20,* 317–333.

Segovia, K. Y., & Bailenson, J. N. (2009). Virtually true: Children's acquisition of false memories in virtual reality. *Media Psychology, 12,* 371–393.

Segrin, C., & Nabi, R. L. (2002). Does television viewing cultivate unrealistic expectations about marriage? *Journal of Communication, 52,* 247–263.

Shah, D., Cho, J., Eveland, W. P. Jr., & Kwak, N. (2005). Information and expression in a digital age: Modeling internet effects on civic participation. *Communication Research, 32,* 531–565.

Shah, D. V., Kwak, N., Schmierbach, M., & Zubric, J. (2004). The interplay of news frames on cognitive complexity. *Human Communication Research, 30,* 102–120.

Shah, D. V., McLeod, J. M., & Yoon, S-H. (2001). Communication, context, and community: An exploration of print, broadcast, and Internet influences. *Communication Research, 28,* 464–506.

Shanahan, J., Morgan, M., & Stenbjerre, M. (1997). Green or brown? Television and the cultivation of environmental concern. *Journal of Broadcasting & Electronic Media, 41,* 305–323.

Shannon, C., & Weaver, W. (1949). *The mathematical theory of communication.* Urbana, IL: University of Illinois Press.

Shapiro, M. A., & Chock, T. M. (2003). Psychological processes in perceiving reality. *Media Psychology, 5*, 163–198.

Shapiro, M. A., & Chock, T. M. (2004). Media dependency and perceived reality of fiction and news. *Journal of Broadcasting & Electronic Media, 48*, 675–695.

Shapiro, M. A., & Fox, J. R. (2002). The role of typical and atypical events in story memory. *Human Communication Research, 28*, 109–135.

Shapiro, S., & Krishnan, H. S. (2001). Memory-based measures for assessing advertising effects: A comparison of explicit and implicit memory effects. *Journal of Advertising, 30*(3), 1–13.

Sheafer, T. (2007). How to evaluate it: The role of story-evaluative tone in agenda setting and priming. *Journal of Communication, 57*, 21–39.

Shehata, A. (2010). Unemployment on the agenda: A panel study of agenda-setting effects during the 2006 Swedish national election campaign. *Journal of Communication, 60*, 182–203.

Shen, F. (2004). Chronic accessibility and individual cognitions: Examining the effects of message frames in political advertisements. *Journal of Communication, 54*, 123–137.

Shen, F. (2009). An economic theory of political communication effects: How the economy conditions political learning. *Communication Theory, 19*, 374–396.

Sherman, S. (1995). Determinants of repeat viewing to prime-time public television programming. *Journal of Broadcasting & Electronic Media, 39*, 472–481.

Shermer, M. (2002). *Why people believe weird things: Pseudoscience, superstition, and other confusions of our time* (2nd ed.). New York: Henry Holt and Company.

Sherry, J. L. (2001). The effects of violent video games on aggression: A meta-analysis. *Human Communication Research, 27*, 409–431.

Sherry, J. L. (2004). Flow and media enjoyment. *Communication Theory, 14*, 328–347.

Shoemaker, P. J., & Reese, S. D. (1991). Mediating the message: *Theories of influences on mass media content*. White Plains, NY: Longman.

Shoemaker, P. J., & Reese, S. D. (1996). *Mediating the message: Theories of influences on mass media content* (2nd ed.). White Plains, NY: Longman.

Shrum, L. J. (1995). Assessing the social influence of television: A social cognition perspective on cultivation effects. *Communication Research, 22*, 402–429.

Shrum, L. J. (2001). Processing strategy moderates the cultivation effect. *Human Communications Research, 27*, 94–120.

Shrum, L. J. (2002). Media consumption and perceptions of social reality: Effects and underlying processes. In J. Bryant & D. Zillmann (Eds.), *Media effects: Advances in theory and research* (2nd ed., pp. 69–95). Mahwah, NJ: Erlbaum.

Sicilia, M., Ruiz, S., & Munuera, J. L. (2005). Effects of interactivity in a web site: The moderating effect of need for cognition. *Journal of Advertising, 34*(3), 31–45.

Siebert, T. (2006, September 7). Marketing to college students: Go Web! *Media Daily News*. Retrieved October 30, 2006, from http://publications.mediapost.com/

Sigal, L. V. (1973). *Reporters and officials: The organization and politics of newsmaking*. Lexington, MA: D. C. Heath & Company.

Simon, A. F. (1997). Television news and international earthquake relief. *Journal of Communication, 47*(3), 82–93.

Simon, A. F., & Jerit, J. (2007). Toward a theory relating political discourse, media, and public opinion. *Journal of Communication, 57*, 254–271.

Simons, R. F., Detenber, B. H., Cuthbert, B. N., Schwartz, D. D., & Reiss, J. E. (2003). Attention to television: Alpha power and its relationship to image motion and emotional content. *Media Psychology, 5*, 283–301.

Simonson, P. (1999). Mediated sources of public confidence: Lazarsfeld and Merton revisited. *Journal of Communication, 49*, 109–122.

Sinclair, J. (2004). Globalization, supranational institutions, and media. In J. D. H. Downing, D. McQuail, P. Schlesinger, & E. Wartella (Eds.), *The Sage handbook of media studies* (pp. 65–82). Thousand Oaks, CA: Sage.

Singer, B. D. (1970). Mass media and communications processes in the Detroit riots of 1967. *Public Opinion Quarterly, 34*, 236–245.

Singer, E., & Endreny, P. J. (1994). Reporting risk: How the mass media portray accidents, diseases, disasters and other hazards. *Risk*. Retrieved August 26, 2007, from http://www.fplc.edu/RISK/

Singer, J. L. (1980). The power and limitations of television: A cognitive-affective analysis. In P. H. Tannenbaum (Ed.), *The entertainment functions of television* (pp. 31–65). Hillsdale, NJ: Erlbaum.

Sintchak, G., & Geer, J. (1975). A vaginal plethysymograph system. *Psychophysiology, 12*, 113–115.

Skinner, B. F. (1974). *About behaviorism*. New York: Knopf.

Slater, M. D. (2003). Alienation, aggression, and sensation seeking as predictors of adolescent use of violent film, computer, and website content. *Journal of Communication, 53,* 105–121.

Slater, M. D., Goodall, E. E., & Hayes, A. F. (2009). Self-reported news attention does assess differential processing of media content: An experiment on risk perceptions utilizing a random sample of U.S. local crime and accident news. *Journal of Communication, 59,* 117–134.

Slater, M. D., Hayes, A. F., Reineke, J. B., Long, M., & Bettinghaus, E. P. (2009). Newspaper coverage of cancer prevention: Multilevel evidence for knowledge-gap effects. *Journal of Communication, 59,* 514–533.

Slater, M. D., Henry, K. L., Swaim, R. C., & Cardador, J. M. (2004). Vulnerable teens, vulnerable times: How sensation seeking, alienation, and victimization moderate the violent media content-aggressiveness relation. *Communication Research, 31,* 642–668.

Slater, M. D., & Rouner, D. (1996). Value-affirmative and value-protective processing of alcohol education messages that include statistical evidence or anecdotes. *Communication Research, 23,* 210–235.

Slater, M. D., & Rouner, M. (2002). Entertainment education and elaboration likelihood: Understanding the presence of narrative persuasion. *Communication Theory, 12* (2), 173–199.

Slater, M. D., Rouner, D., & Long, M. (2006). Television dramas and support for controversial public policies: Effects and mechanism. *Journal of Communication, 56,* 235–252.

Smith, M. E., & Gevins, A. (2004). Attention and brain activity while watching television: Components of viewer engagement. *Media Psychology, 6,* 285–305.

Smith, R. E., & Swinyard, W. R. (1982). Information response models: An integrated approach. *Journal of Marketing, 46,* 81–93.

Smith, R. E., & Swinyard, W. R. (1988). Cognitive response to advertising and trial: Belief strength, belief confidence and product curiosity. *Journal of Advertising, 17*(3), 3–14.

Smith, S. L., & Wilson, B. J. (2002). Children's comprehension of and fear reactions to television news. *Media Psychology, 4,* 1–26.

Snelson, J. S. (1993). The ideological immune system. *Skeptic, 1*(4), 44–45.

Solomon, D. S. (1989). A social marketing perspective on communication campaigns. In R. E. Rice & C. K. Atkin (Eds.), *Public communication campaigns* (2nd ed., pp. 87–104). Newbury Park, CA: Sage.

Sopory, P., & Dillard, J. P. (2002). The persuasive effects of metaphor: A meta-analysis. *Human Communication Research, 28,* 382–419.

Sotirovic, M. (2001). Effects of media use on complexity and extremity of attitudes toward the death penalty and prisoners' rehabilitation. *Media Psychology, 3,* 1–24.

Sparks, G. G. (1986). Developmental differences in children's reports of fear induced by the mass media. *Child Study Journal, 16,* 55–66.

Sparks, G. G., Nelson, C. L., & Campbell, R. G. (1997). The relationship between exposure to televised messages about paranormal phenomena and paranormal beliefs. *Journal of Broadcasting & Electronic Media, 41,* 345–359.

Sparks, G. G., Pellechia, M., & Irvine, C. (1999). The repressive coping style and fright reactions to mass media. *Communication Research, 26,* 176–192.

Sparks, G. G., Sparks, C. W., & Gray, K. (1995). Media impact on fright reactions and belief in UFOs: The potential role of mental imagery. *Communication Research, 22,* 3–23.

Speisman, J. C., Lazarus, R. S., Mordkoff, A., & Davison, L. (1964). Experimental reduction of stress based on ego-defense theory. *Journal of Abnormal & Social Psychology, 68,* 367–380.

Spilerman, S. (1976). Structural characteristics of cities and the and severity of racial disorders. *American Sociological Review, 41,* 771–793.

Stein, A. H., & Friedrich, L. K. (1975). Television content and young children's behavior. In J. P. Murray, E. A. Rubinstein, & G. A. Comstock (Eds.), *Television and social behavior, Vol. 2, Television and social learning.* Washington, DC: U.S. Government Printing Office.

Steiner, P. O. (1952). Program patterns and preferences, and the workability of competition in radio broadcasting. *Quarterly Journal of Economics, 66,* 194–223.

Stephenson, W. (1967). *Play theory of mass communication.* Chicago: University of Chicago Press.

Stephenson, M. T. (2003). Examining adolescents' responses to antimarijuana PSAs. *Human Communication Research, 29,* 343–369.

Stout, P. A., & Leckenby, J. D. (1986). Measuring emotional response to advertising. *Journal of Advertising, 15*(4), 35–42.

Stuckey, M. E., & Curry, K. E. (2008). Presidential elections and the media. In M. J. Rozell & J. D. Mayer (Eds.), *Media power, media politics* (2nd ed., pp. 175–198). New York: Rowman & Littlefield.

Sturgis, P., Roberts, C., & Allum, N. (2005). A different take on the deliberative poll. *Public Opinion Quarterly, 69,* 30–65.

Suckfill, M. (2000). Film analysis and psychophysiology: Effects of moments of impact and protagonists. *Media Psychology, 2,* 269–301.

Sujan, M. (1985). Consumer knowledge: Effects on evaluation strategies mediating consumer judgments. *Journal of Consumer Research, 12*(1), 31–46.

Sun, Y., Shen, L., & Pan, Z. (2008). On the behavioral component of the third-person effect. *Communication Research, 35,* 257–278.

Sundar, S. S., Narayan, S., Obregon, R., & Uppal, C. (1998). Does web advertising work? Memory for print vs. online media. *Journalism & Mass Communication Quarterly, 75,* 822–835.

Sundar, S. S., & Nass, C. (2001). Conceptualizing sources in online news. *Journal of Communication, 51* (1), 52–72.

Sundar, S. S., & Wagner, C. B. (2002). The world wide wait: Exploring physiological and behavioral effects of download speed. *Media Psychology, 4,* 173–206.

Surbeck, E. (1975). Young children's emotional reactions to T.V. violence: The effects of children's perceptions of reality. *Dissertation Abstracts International, 35,* 5139–A.

Sutherland, M., & Galloway, J. (1981). Role of advertising: Persuasion or agenda setting? *Journal of Advertising Research, 21*(5), 215–229.

Tal-Or, N., Boninger, D. S., Poran, A., & Gleicher, F. (2004). Counterfactual thinking as a mechanism in narrative persuasion. *Human Communication Research, 30,* 301–328.

Tal-Or, N., Tsfati, Y., & Gunther, A. C. (2009). The influence of presumed media influence: Origins of the third-person perception. In R. L. Nabi & M. B. Oliver (Eds.), *Media processes and effects* (pp. 99–112). Los Angeles, CA: Sage.

Tamborini, R., Eastin, M. S., Skalski, P., Lachlan, K., Fediuk, T. A., & Brady, R. (2004). Violent virtual video games and hostile thoughts. *Journal of Broadcasting & Electronic Media, 48,* 335–357.

Tan, A. S. (1981). *Mass communication theories and research.* New York: Grid Pub.

Tan, A. S. (1982). Television use and social stereotypes. *Journalism Quarterly, 59,* 119–122.

Tan, E. S-H. (2008). Entertainment is emotion: The functional architecture of the entertainment experience. *Media Psychology, 11,* 28—51.

Tannenbaum, P., & Gaer, E. P. (1965). Mood changes as a function of stress of protagonist and degree of identification in film-viewing situation. *Journal of Personality & Social Psychology, 2,* 612–616.

Tannenbaum, P. H., & Zillmann, D. (1975). Emotional arousal in the facilitation of aggression through communication. In L. Berkowitz (Ed.), *Advances in experimental social psychology* (Vol. 8, pp. 149–192). New York: Academic Press.

Tewksbury, D. (2003). What do Americans really want to know? Tracking the behavior of news readers on the Internet. *Journal of Communication, 53,* 694–710.

Tewksbury, D. (2005). The seeds of audience fragmentation: Specialization in the use of online news sites. *Journal of Broadcasting & Electronic Media, 49,* 332–348.

Tewksbury, D., Jones, J., Peske, M. W., Raymond, A., & Vig, W. (2000). The interaction of news and advocacy frames: Manipulating audience perceptions of a local public policy issue. *Journalism & Mass Communication Quarterly, 77,* 804–829.

Tewksbury, D., Moy, P., & Weis, D. S. (2004). Preparations for Y2K: Revisiting the behavioral components of the third-person effect. *Journal of Communication, 54,* 138–155.

Thomas, M. H. (1982). Physiological arousal, exposure to a relatively lengthy aggressive film, and aggressive behavior. *Journal of Research in Personality, 16,* 72–81.

Thomas, M. H., & Drabman, R. S. (1978). Effects of television violence on expectations of other's aggression. *Personality & Social Psychology Bulletin, 4,* 73–76.

Thomas, M. H., Horton, R. W., Lippincott, E. C., & Drabman, R. S. (1977). Desensitization to portrayals of real-life aggression as a function of exposure to television violence. *Journal of Personality & Social Psychology, 35,* 450–458.

Thompson, C. J., Locander, W. B., & Pollio, H. R. (1989). Putting consumer experience back into consumer research: The philosophy and method of existential-phenomenology. *Journal of Consumer Research, 16*(2), 133–146.

Thomsen, S. R., McCoy, J. K., Gustafson, R. L., & Williams, M. (2002). Motivations for reading beauty and fashion magazines and anorexic risk in college-age women. *Media Psychology, 4,* 113–135.

Tichenor, P., Donohue, G. A., & Olien, C. N. (1970). Mass media flow and differential growth of knowledge. *Public Opinion Quarterly, 34,* 159–170.

Tidhar, C. E., & Lemish, D. (2003). The making of television: Young viewers' developing perceptions. *Journal of Broadcasting & Electronic Media, 47,* 375–394.

Tsfati, Y. (2003). Does audience skepticism of the media matter in agenda setting? *Journal of Broadcasting & Electronic Media, 47,* 157–176.

Tsfati, Y., & Cappella, J. N. (2005). Why do people watch news they do not trust? The need for cognition as a moderator in the association between news media scepticism and exposure. *Media Psychology, 7,* 251–271.

Tsfati, Y., & Cohen, J. (2003). On the effect of the 'third-person effect': Perceived influence of media coverage and residential mobility intentions. *Journal of Communication, 53,* 711–727.

Tuchman, G. (1978). *Making news: A study in the construction of reality.* New York: Free Press.

Tuggle, C. A., & Huffman, S. (2001). Live reporting in television news: Breaking news or black holes? *Journal of Broadcasting & Electronic Media, 45,* 335–344.

Turner, V. (1977). Process, system, and symbol: A new anthropological synthesis. *Daedalus, Summer,* 61–80.

Turow, J. (1984). *Media industries: The production of news and entertainment.* New York: Longman.

Tversky, A., & Kahneman, D. (1973). Availability: A heuristic for judging frequency and probability. *Cognitive Psychology, 4,* 207–232.

U.S. Bureau of the Census. (2000). *Statistical abstract of the United States: 1999.* Washington, DC: Department of Commerce.

U.S. Census Bureau (2011a). Table 588: Employment status of persons 18 and older. *The 2011 Statistical Abstract.* Washington, DC: Department of Commerce.

U.S. Census Bureau (2011b). Table 75: Self described religious identification of the adult population. *The 2011 Statistical Abstract.* Washington, DC: Department of Commerce.

U.S. divorce statistics. (2002). Retrieved July 19, 2004, from http://divorcemagazine.com/statistics/

Valentino, N. A., Buhr, T. A., & Beckmann, M. N. (2001). When the frame is the game: Revisiting the impact of "strategic" campaign coverage on citizens' information retention. *Journalism & Mass Communication Quarterly, 78,* 93–112.

Valentino, N. A., Hutchings, V. L., & Williams, D. (2004). The impact of political advertising on knowledge, Internet information seeking, and candidate preference. *Journal of Communication, 54,* 337–354.

Valkenburg, P. M., & Beentjes, J. W. J. (1997). Children's creative imagination in response to radio and television stories. *Journal of Communication, 47* (2), 21–38.

Valkenburg, P. M., & Janssen, S. C. (1999). What do children value in entertainment programs? A cross-cultural investigation. *Journal of Communication, 49,* 3–21.

Valkenburg, P. M., & Van der Voort, T.H.A. (1995). The influence of television on children's daydreaming styles: A one-year panel study. *Communication Research, 22,* 267–287.

Valkenburg, P. M., & Vroone, M. (2004). Developmental changes in infants' and toddlers' attention to television entertainment. *Communication Research, 31,* 288–311.

Vandewater, E. A., Lee, J. H., & Shim, M-S. (2005). Family conflict and violent electronic media use in school-aged children. *Media Psychology, 7,* 73–86.

van der Molen, J. H. W., & Klijn, M. E. (2004). Recall of television versus print news: Retesting the semantic overlap hypothesis. *Journal of Broadcasting & Electronic Media, 48,* 89–107.

van der Molen, J. H. W., & Van der Voort, T H.A. (2000). The impact of television, print, and audio on children's recall of the news: A study of three alternative explanations for the dual-coding hypothesis. *Human Communication Research, 26,* 3–26.

Van der Voort, T.H.A. (1986). *Television violence: A child's-eye view.* Amsterdam: North-Holland.

van Dijk, J. (2004). Digital media. In J. D. H. Downing, D. McQuail, P. Schlesinger, & E. Wartella (Eds.), *The SAGE handbook of media studies* (pp. 145–163). Thousand Oaks, CA: Sage.

van Evra, J. P. (1997). *Television and child development* (2nd ed.). Mahwah, NJ: Erlbaum.

van Zoonen, L. (1994). *Feminist media studies.* London: Sage.

Varan, D. (1998). The cultural erosion metaphor and the transcultural impact of media systems. *Journal of Communication, 48*(2), 58–85.

Vettehen, P. H., Nuijten, K., & Peeters, A. (2008). Explaining effects of sensationalism on liking of television news stories: The role of emotional arousal. *Communication Research, 35,* 319–338.

Vinson, C. D. (2008). Political parties and the media. In M. J. Rozell & J. D. Mayer (Eds.), *Media power, media politics* (2nd ed., pp. 159–173) New York: Rowman & Littlefield.

Vincent, R. C., & Basil, M. D. (1997). College students' news gratifications, media use, and current events knowledge. *Journal of Broadcasting & Electronic Media, 41,* 380–392.

von Feilitzen, C. (1975). Findings of Scandinavian research on child and television in the process of socialization. *Fernsehen und Bildung, 9,* 54–84.

Vorderer, P., Klimmt, C., & Ritterfeld, U. (2004). Enjoyment: At the heart of media entertainment. *Communication Theory, 14,* 388–408.

Vorderer, P., & Knobloch, S. (2000). Conflict and suspense in drama. In D. Zillmann & P. Vorderer (Eds.), *Media entertainment: The psychology of its appeal* (pp. 59–72). Mahwah, NJ: Erlbaum.

Vorderer, P., Knobloch, S., & Schramm, H. (2001). Does entertainment suffer from interactivity? The impact of watching an interactive TV movie on viewers' experience of entertainment. *Media Psychology, 3*, 343–363.

Waisbord, S. (2004). Media and the reinvention of the nation. In J. D. H. Downing, D. McQuail, P. Schlesinger, & E. Wartella (Eds.). *The SAGE handbook of media studies* (pp. 375–392). Thousand Oaks, CA: Sage.

Walker, J. (1980). Changes in EEG rhythms during television viewing. *Perceptual & Motor Skills, 51*, 255–261.

Wang, M. C. (1988, May 4). Commentary. *Education Week, 36*, 28.

Ward, L. M., & Rivadenrya, R. (1999). Contributions of entertainment television to adolescent's sexual attitudes and expectations: The role of viewing amount versus viewer involvement. *Journal of Sex Research, 36*, 237–249.

Ward, M. (2009). Dark preachers: The impact of radio consolidation on independent religious syndicators. *Journal of Media & Religion, 8*, 79—96.

Watanabe, T. (1999, July 27). The crisis facing the Good Book. *Los Angeles Times*, p. A1.

Weaver, D., & Wilhoit, C. G. (1986). *The American journalist in the 1990s: US news people at the end of an era*. Mahwah, NJ: Erlbaum.

Weaver, A. J., & Wilson, B. J. (2009). The role of graphic and sanitized violence in the enjoyment of television dramas. *Human Communication Research, 35*, 442–463.

Weber, R., Tamborini, R., Lee, H. E., & Stipp, H. (2008). Soap opera exposure and enjoyment: A longitudinal test of disposition theory. *Media Psychology, 11*, 462–487.

Weber, R., Tamborini, R., Westcott-Baker, A., & Kantor, B. (2009). Theorizing flow and media enjoyment as cognitive synchronization of attentional and reward networks. *Communication Theory, 19*, 397–422.

Webster, J. G., & Phalen, P. F. (1997). *The mass audience: Rediscovering the dominant model*. Mahwah, NJ: Erlbaum.

Wegener, D. T., & Carlston, D. E. (2005). Cognitive processes in attitude formation and change. In D. Albarracin, B. T. Johnson, & M. P. Zanna (Eds.), *The handbook of attitudes* (pp. 493–542). Mahwah, NJ: Erlbaum.

Wei, R., Lo, V-H., & Lu, H-Y. (2007). Reconsidering the relationship between the third-person perception and optimistic bias. *Communication Research, 34*, 665–685.

Weiss, A. J., & Wilson, B. J. (1998). Children's cognitive and emotional responses to the portrayal of negative emotions in family-formatted situation comedies. *Human Communication Research, 24*, 584–609.

Westley, B. H., & MacLean, M. (1957). A conceptual model for mass communication research. *Journalism Quarterly, 34*, 31–38.

Whipple, T. W., & Courtney, A. E. (1980). How to portray women in TV commercials. *Journal of Advertising Research, 20*(2), 53–59.

White, D. M. (1950). The gatekeepers: A case study in the selection of news. *Journalism Quarterly, 27*, 383–390.

Whitman, D. (1996, December 16). I'm OK, you're not. *U.S. News & World Report*, pp. 24–30.

Wiener, P. O. (Ed.). (1958). *Charles S. Peirce: Selected writings*. New York: Dover.

Wicks, R. (1992). Improvement over time in recall of media information: An exploratory study. *Journal of Broadcasting & Electronic Media, 36*, 287–302.

Wilcox, G. B., Murphy, J. H., & Sheldon, P. S. (1985). Effects of attractiveness of the endorser on the performance of testimonial ads. *Journalism Quarterly, 62*, 515–532.

Wilkins, K. G. (2000). The role of media in public disengagement from political life. *Journal of Broadcasting & Electronic Media, 44*, 569–580.

Will, G. F. (1996, April 15). Civic speech gets rationed. *Newsweek*, p. 78.

Williams, D. (2006a). Groups and goblins: The social and civic impact of an online game. *Journal of Broadcasting & Electronic Media 50*, 651–670.

Williams, D. (2006b). Virtual cultivation: Online worlds, offline perceptions. *Journal of Communication, 56*, 69–87.

Williams, R. (1961). *Culture and society*. Harmondsworth, UK: Penguin.

Winn, M. (1977). *The plug-in drug*. New York: Viking.

Wise, K., Bolls, P., Myers, J., & Sternadori, M. (2009). When words collide online: How writing style and video intensity affect cognitive processing of online news. *Journal of Broadcasting & Electronic Media, 53*, 532–546.

Wise, K., Bolls, P. D., & Schaefer, S. R. (2008). Choosing and reading online news: How available choice affects cognitive processing. *Journal of Broadcasting & Electronic Media, 52*, 69–85.

Wood, W., Wong, F. Y., & Chachere, J. G. (1991). Effects of media violence on viewers' aggression in unconstrained social interaction. *Psychological Bulletin, 109*, 371–383.

Woodward, K. L. (1990, December 17). A time to seek. *Newsweek*, pp. 50–56.

WorldWideWebSize.com. (2011, Jan. 5). *The size of the World Wide Web*. Retrieved January 5, 2011 from http://www.worldwidewebsize.com/

Wright, C. R. (1949). *Mass communication: A sociological perspective*. New York: Random House.
Wright, C. R. (1960). Functional analysis and mass communication. *Public Opinion Quarterly, 24*, 605–620.
Wright, J. C., & Huston, A. C. (1995). *Effects of educational TV viewing of lower income preschoolers on academic skills, school readiness, and school adjustment one to three years later: A report to the Children's Television Workshop*. Lawrence: University of Kansas, Center for Research on the Influences of Television on Children.
Wu, B. T. W., Crocker, K. E., & Rogers, M. (1989). Humor and comparatives in ads for high- and low-involvement products. *Journalism Quarterly, 66*, 653–661.
Wyer, R. S., & Srull, T. K. (1989). *Memory and cognition in its social context*. Hillsdale, NJ: Erlbaum.
Wyer, R. S. Jr., & Albarracin, D. (2005). Belief formation, organization, and change: Cognitive and motivational influences. In D. Albarracin, B. T. Johnson, & M. P. Zanna (Eds.), *The handbook of attitudes* (pp. 273–322). Mahwah, NJ: Erlbaum.
Yan, M. Z., & Park, Y. J. (2009). Duopoly ownership and local informational programming on broadcast television: Before-after comparisons. *Journal of Broadcasting & Electronic Media, 53*, 383–399.
Yang, M., Roskos-Ewoldsen, D. R., Dinu, L., & Arpan, L. M. (2006). The effectiveness of "in-game" advertising: Comparing college students' explicit and implicit memory for brand names. *Journal of Advertising, 35*(4), 143–152.
Yanich, D. (2010). Does ownership matter? Localism, content, and the Federal Communications Commission. *Journal of Media Economics, 23*, 51–67.
Yanovitzky, I. (2002). Effects of news coverage on policy attention and actions: A closer look into the media-policy connection. *Communication Research, 29*, 422–451.
Yaros, R. A. (2006). Is it the medium or the message? Structuring complex news to enhance engagement and situational understanding by nonexperts. *Communication Research, 33*, 285–310.
Yee, N., & Bailenson, J. N. (2009). The difference between being and seeing: The relative contribution of self-perception and priming to behavioral changes via digital self-representation. *Media Psychology, 12*, 195–209.
Yegiyan, N. S., & Grabe, M. E. (2007). An experimental investigation of source confusion in televised messages: News versus advertisements. *Human Communication Research, 33*, 379–395.

Young, D. G. (2004). Late-night comedy in election 2000: Its influence on candidate trait ratings and the moderating effects of political knowledge and partisanship. *Journal of Broadcasting & Electronic Media, 48*, 1–22.
Young. D. G. (2008). The privileged role of the late-night joke: Exploring humor's role in disrupting argument scrutiny. *Media Psychology, 11*, 119–142.
Yuan, E. J., & Webster, J. G. (2006). Channel repertoires: Using peoplemeter data in Beijing. *Journal of Broadcasting & Electronic Media, 50*, 524–536.
Zajonc, R. (1980). Feeling and thinking: Preferences need no inferences. *American Psychologist, 35*, 151–175.
Zhang, Y. B., & Harwood, J. (2002). Television viewing and perceptions of traditional Chinese values among Chinese college students. *Journal of Broadcasting & Electronic Media, 46*, 245–264.
Zhang, Y., Miller, L. E., & Harrison, K. (2008). The relationship between exposure to sexual music videos and young adults' sexual attitudes. *Journal of Broadcasting & Electronic Media, 52*, 368–386.
Zhao, X. (2009). Media use and global warming perceptions: A snapshot of the reinforcing spirals. *Communication Research, 36*, 698–723.
Zhou, S. (2004). Effects of visual intensity and audiovisual redundancy in bad news. *Media Psychology, 6*, 237–256.
Zhou, S. (2005). Effects of arousing visuals and redundancy on cognitive assessment of television news. *Journal of Broadcasting & Electronic Media, 49*, 23–42.
Zillmann, D. (1971). Excitation transfer in communication-mediate aggressive behavior. *Journal of Experimental Social Psychology, 7*, 419–434.
Zillman, D. (1978). Attribution and misattribution of excitatory reactions. In J. H. Harvey, W. Ickes, & Kidd, R. F. (Eds.), *New directions in attribution research* (pp. 335–368). New York: Wiley.
Zillmann, D. (1980). Anatomy of suspense. In P. H. Tannenbaum (Ed.), *The entertainment functions of television* (pp. 133–163). Hillsdale, NJ: Erlbaum.
Zillmann, D. (1982). Television viewing and arousal. In D. Pearl, Bouthilet, & J. Lazar (Eds.), *Television and behavior: Ten years of scientific progress and implications for the eighties: Vol. 2 Technical reviews* (pp. 53-67). Washington, DC: Government Printing Office.
Zillmann, D. (1983). Transfer of excitation in emotional behavior. In J. T. Cacioppo & R. E. Petty (Eds.), *Social psychophysiology: A sourcebook* (pp. 215–242). New York: Guilford.

Zillmann, D. (1988). Mood management through communication choices. *American Behavioral Scientist, 31*, 327–340.

Zillmann, D. (1991a). The logic of suspense and mystery. In J. Bryant & D. Zillmann (Eds.), *Responding to the screen: Reception and reaction processes* (pp. 281–303). Hillsdale, NJ: Erlbaum.

Zillmann, D. (1991b). Television viewing and physiological arousal. In J. Bryant & D. Zillmann (Eds.), *Responding to the screen: Reception and reaction processes* (pp. 103–133). Hillsdale, NJ: Erlbaum.

Zillmann, D. (1996). The psychology of suspense in dramatic exposition. In P. Vorderer, H. J. Wulff, & M. Friedrichsen (Eds.), *Suspense: Conceptualizations, theoretical analyses, and empirical explorations* (pp. 199–232). Mahwah, NJ: Erlbaum.

Zillmann, D. (1999). Exemplification theory: Judging the whole by some of its parts. *Media Psychology, 1*, 69–94.

Zillmann, D. (2002). Exemplification theory of media influence. In J. Bryant & D. Zillmann (Eds.), *Media effects: Advances in theory and research* (2nd ed., pp. 19–41). Mahwah, NJ: Erlbaum.

Zillmann, D., & Brosius, H-B. (2000). *Exemplification in communication: The influence of case reports on the perception of issues*. Mahwah: NJ: Erlbaum.

Zillmann, D., & Bryant, J. (1994). Entertainment as media effect. In J. Bryant & D. Zillmann (Eds.), *Media effects: Advances in theory and research* (pp. 437–461). Hillsdale, NJ: Erlbaum.

Zillmann, D., Bryant, J., Comisky, P. W., & Medoff, N. J. (1981). Excitation and hedonic valence in the effect of erotica on motivated intermale violence. *European Journal of Social Psychology, 11*, 233–352.

Zillmann, D., Callison, C., & Gibson, R. (2009). Quantitative media literacy: Individual differences in dealing with numbers in the news. *Media Psychology, 12*, 394–416.

Zillmann, D., & Cantor, J. R. (1976). A disposition theory of humour and mirth. In A. J. Chapman & H. C. Foot (Eds.), *Humour and laughter: Theory, research and applications* (pp. 93–115). London: Wiley.

Zillmann, D., & Cantor, J. B. (1977). Affective responses to the emotions of a protagonist. *Journal of Experimental Social Psychology, 13*, 155–165.

Zillmann, D., Chen, L., Knobloch, S., & Callison, C. (2004). Effects of lead framing on selective exposure to Internet news reports. *Communication Research, 31*, 58–81.

Zillmann, D., & Cantor, J. R. (1972). Directionality of transitory dominance as a communication variable affecting humor appreciation. *Journal of Personality & Social Psychology, 24*, 191–198.

Zillmann, D., & Sapolsky, B. S. (1977). What mediates the effect of mild erotica on annoyance and hostile behavior in males? *Journal of Personality & Social Psychology, 35*, 587–596.

Zillmann, D., Taylor, K., & Lewis, K. (1998). News as nonfiction theater: How dispositions toward the public cast of characters affect reactions. *Journal of Broadcasting & Electronic Media, 42*, 153–169.

Zillmann, D., & Weaver, J. B. (1997). Psychoticism in the effect of prolonged exposure to gratuitous media violence on the acceptance of violence as a preferred means of conflict resolution. *Personality & Individual Differences, 22*, 613–627.

Zubayr, C. (1999). The loyal viewer? Patterns of repeat viewing in Germany. *Journal of Broadcasting & Electronic Media, 43*, 346–363.

Zwarun, L., Linz, D., Metzger, M., & Kunkel, D. (2006). Effects of showing risk in beer commercials to young drinkers. *Journal of Broadcasting & Electronic Media, 50*, 52–77.

索引

(索引页码均为英文原著页码，即本书边码)

Accessibility principle 可访问性原则,133
Access to media 接触媒体,293–294
Acquiring function 习得功能,27,43,47–48,113–121
Action consequences 行为结果,60
Aday, S. 阿达伊,248
Addiction 上瘾,231–233
Adolescents 青少年
    beliefs about sexual norms 关于性规范的信仰,151,155,188
    body image 身体形象,156
    message processing ability 信息处理能力,120
    sexually explicit Internet material exposure 色情互联网内容曝光,159,183–184,208
    smoking behavior 吸烟行为,155,229
    television viewing 电视观看,207,228
Adversary role 敌对角色,295
Advertised products 广告产品,120,248
Advertising 广告
    attitudes triggering by 触发的态度,179–180
    behavior triggered by 触发的行为,222–223,225
    claim acceptance 要求接受,176
    effect on children 对儿童的效果,186–187
    emotional responses to 对……的情绪反应,201
    framing 框架,131
    globalization of ……的全球化,267
    messages 信息,61
    political 政治的,262
    programming by 编程,11
    reinforcement 加强,36,135
    in triggering attention 触发关注,124
Affect 情感
    acquiring 习得,195,196
    altering 改变,197
    definition 定义,42,193–195
    public 公众,249
    reinforcement 加强,197
    triggering 触发,196,197–198,199–204
    See also Emotions 又见：情绪

African Americans 非裔美国人,125,151,285
Age difference 年龄差异
    advertising effects 广告效果,176
    children's attention to television 儿童对电视的注意力,124
    negative emotion seeking 消极情绪的寻求,201
    news credibility ratings 新闻可信度评分,182
    as research variable 作为研究变量,305–306
Agenda setting 议程设置,74–75,153–154,246,265
Aggregates 集群,46,237–238
Aggressive behavior 攻击性行为,221–222,224–225,226,303
Albarran A. 阿尔巴朗,266
Alexander B.C. 亚历山大,275
Algorithms 算法,26–30,57
Allport G.W. 奥尔波特,169
Alpha waves α波,102–103,104
Altering 改变,43–44,48,106,128–133
Altheide D.L. 奥尔赛德,294
Altschull J.H. 奥尔舒,291
American media exposure 美国媒介曝光,6
America's Most Wanted 美国最想要的,161
Antisocial behavior 反社会行为,155,221,252–253
Apprehension 理解,204
Arousal 唤醒,59–60,95–98,104,106,200–201
Arousal jag 唤醒缺口,98,100,104–105
Assimilation effect 同化效应,157–158
Associative networks 关联网络,124
Attention 关注,20–21
Attentional inertia 注意惯性,232
Attentional state 关注状态,21,29
Attention deficit disorder (ADD) 注意力缺陷障碍,101
Attention triggering 关注触发,121–127
Attitudes 态度
    acquiring 习得,172–176
    altering 改变,182–187
    audience characteristics and 受众特征与……,181

beliefs vs. 信仰与……对抗,169–170
dating 约会,188
definition 定义,42,169–170
demographic factors 人口因素,176,181
existing 存在,181,182,188
flexibility/stability of ……的灵活性/稳定性, 171
media 媒介,178,179,188
of self vs. others 与他人之间的关系,171
political issues 政治问题,173,188,189
real world 现实世界,178–180
reinforcing 加强,187–190
research 研究,169
sexual 性的,183–184,186,188
thinking skills and 思维能力及……,181
triggering 触发,177–182
Attraction to media 对媒介的吸引力,133–134,136
Attribute variables 属性变量,304–305
Aubrey,J.S. 奥布里,185
Audience factors 受众因素
altering effect 改变效果,131,132
attention triggering 关注触发,121,123,124
attitude acquisition 态度习得,175,176
attitude alteration 态度改变,185,186
attitude triggering 态度触发,180
belief influence 信仰影响,162,163
desensitization 脱敏,209
emotional triggering 情绪触发,200,202
fear triggering 恐惧触发,205,207
information acquisition 信息习得,118,119
meaning construction 意义构建,127
media use behavior 媒介使用行为,224,225–226,234
Audience size 受众规模,308,310
Automaticity 自动性,10
Automatic processing 自动处理,10–11
Automatic reactions 自动反应,91,95
Automatic state 自动状态,21–22,29
Automatic survival mechanisms 自动生存机制,92
Autonomy generation 自主权一代,285
Azocar, C. L. 阿索卡尔,151

Baek, Y. M. 拜克,115
Bagdikian, B. 巴格迪克安,290–291
Bandura, A. 班杜拉,79
Bartels, B. L. 巴特尔斯,248
Baseline 基线,53,55,62,63,319–320
Baseline factors 基准因素,205,209
Baumgartner, J. C. 鲍姆加特纳,115
Beaudoin, C. E. 博杜安,251

Becker, J. U. 贝克尔,252
Beentjes, J. W. J. 宾太思,132
Behavior 行为
acquisition of 习得,218
actual vs. self-reported 实际的与自我报告的,217–218
aggressive 攻击性的,221–222,224–225,226,303
altering 改变,226–330
antisocial 反社会的,155,252–253
definition 定义,42,217
exposure 曝光,219
factual 事实的,218
harmful 有害的,227,229
imitative 模仿的,220,221–222
Internet 互联网,226,227
message-suggested 建议的,220
over time 长期,226
political 政治的,226
positive 积极的,222
prosocial 亲社会的,222,229,252–253
public 公共,249–253
reinforcement 加强,230,330–335
sexual 性的,227
television viewing 电视观看,227,228
triggering 触发,219–226
video game 电子游戏,228
Behavioral effects 行为效果,47
Belief effects 信仰效果,47
Beliefs 信仰
acquiring 习得,143–145
altering 改变,147–158
attitudes vs. 态度与……, 169–170
definition 定义,41–42
descriptive 描述性的,142
induction and 诱导和……,141–142
inferential 推论性的,142–143
about media 有关媒介的,143,145–146,151,157–158
media influence on 媒介对……的影响,148,160–164
about oneself 对自己的,155–157
sexual norms 性规范,151,155
smoking 吸烟,155
social norms 社会规范,150,154–155
nature of ……的本质,141–143
public 公共,246–248
real world 现实世界,143,145,146,148–149
reinforcing 加强,152,158–160
triggering 触发,145–147

verification of ……的验证,142
about what is important 关于什么是重要事物,150, 152–154
Bergen, L. 伯根,123
Berger, P. L. 伯杰,204
Berkowitz, D. 伯科威茨,294
Berkowitz, L. 伯科威茨,77
Beta waves β波,102–103
Bias 偏见,157–158
Bible 《圣经》,274
Bleakley, A. 布利克利,229
Blevins, J. 布莱文斯,291–292
Body image 身体形象,130,156–157,174,185,222,229
Book reading 读书,232
Books 图书,6,8,218,274
Botta, R. A. 博塔,156
Bowling Alone (Putnam) 《独自打保龄》（帕特南）,251
Bracken, C. D. 布拉肯,116
Brain 大脑
　arousal 唤醒,96
　computer metaphor 计算机比喻,89–90
　growth 成长,101
　left/right 左脑/右脑,101
　physiological vs. cognitive view 生理与认知观点,89–91
　processing 处理,19,100–102,100–103
　stimulation 刺激,101
Brain/mind distinction 大脑/思维差异,89–90
Brain waves 脑电波,102–103
Brands 品牌,176,181
Braun-LaTour K.A. 布朗-拉图尔,135
Brewer P.R. 布鲁尔,118
British cultural studies 英国文化研究,288
Brosius H. B. 布罗修斯,265–266
Brown, J. D. 布朗,291–292
Buijzen M. 布埃岑,186–187

Cacioppo, J. T. 卡乔波,79
Calibration of media effects 媒介效果校准,306
Campaign spending 竞选开销,262
Campaign staffs 竞选人员,261–262
Campbell, H. J. 坎贝尔,103
Cantor, J. 坎托,123,185,206
Cao, X. 曹,118
Capitalism 资本主义,286,288
Cappella, J. N. 卡佩拉,229–330
Carlston, D. E. 卡尔斯顿,321
Carpentier, F. R. D. 卡彭铁尔,76

Centerwall, B. S. 森特瓦尔,253
Central route of information processing 信息处理的中央路径,20
Cerebral cortex 大脑皮层,90
Chang C. 常,182
Channel switching 频道切换,290
Chan-Olmsted, S. M. 陈-奥尔姆斯特德,290
Chan Y.Y. 陈,253
Characters 性格
　affective relationships with 与……的情感关系,203
　identification with 认同,61,97,207,211
　parasocial relationships with 与……的超社会关系,203
　triggering effect of ……的触发效果,123
Chia, S. C. 嘉,155
Children 儿童
　aggressive behavior 攻击性行为,36
　advertising effect on ……的广告效果,186–187
　attention 注意力,101–102,104,123
　cognitive development 认知发展,305–306
　skills and abilities 技能和能力,26,120
　exposure to media violence 曝光于媒介暴力,226
　identity development 身份发展,131
　learning disabilities 学习障碍,102
　message processing 信息处理,120
　role models 榜样,221
　subplot understanding 次要情节理解,132
　television content preferences 电视内容偏好,124
Children's television 儿童电视,95,102,104
Chock, T. M. 肖克,146
Cho, H. 周,186
Chory-Assad, R. M. 科瑞-阿萨德,203,222
Cicchirillo, V. 奇基里洛,222
Civic participation 公民参与,220,222,225,229,243, 251–252
Cocooning 防护层,228
Coders 编码员,303,304
Cognitive capacity theory 认知能力理论,77
Cognitive disengagement 认知脱离,125
Cognitive effects 认知效果,109
Cognitive media effect 认知媒介效果,41,47
Cognitive processing 认知处理,125,129–133
Cognitive reinforcement 认知加强,133–134
Cohen, J. 科恩,163,203,246
Colbert Report, *The* 《科尔伯特报告》,115
Collective consciousness 集体意识,247
Comedy Central 喜剧中心,264
Comedy programs 喜剧节目,115

Commercials 商业广告,96,117,152,222–223。See also Advertising 参见：广告
Competency 能力,25,26
Competition 竞争,291,293
Complete Idiot's Guide to the Bible《傻瓜圣经指南》,274
Comstock, G. A. 科姆斯托克,275
Concentration of media ownership 媒体所有权集中,290–294
Confetti generation 五彩纸屑一代,285
Congress 国会,265
Conscious acquisition 有意识习得,27
Consequences of actions 行为结果,60
Construction process 构建过程,28
Consumer culture 消费文化,266
Cooper, R. 库珀,228
Cops《执法先锋》,161
Cornfield, M. 康菲尔德,264
Cortical arousal 皮层唤醒,60
Crime dramas 犯罪剧,188,201
Crime news 犯罪新闻,152
Crime rates 犯罪率,161,253
Criminal justice system 刑事司法系统,161,171
Cross-cultural studies 跨文化研究,121,124
Crouch, J. 克劳奇,265
Cue theory 提示理论,77
Cultivation effect 涵化效果,53–54,73–74,148,160–161,246–247,304
Cultural erosion 文化侵蚀,283–284
Cultural homogenization 文化同质化,267
Cultural imperialism 文化帝国主义,267,288
Cultural studies 文化研究,288
Culture 文化,282,286
Curry, K. E. 科里,259,261

Dating 约会,185,188
David, P. 戴维,163
Davison, W.P. 戴维森,74
Daydreaming 白日梦,124,125
Daytime talk shows 白天脱口秀,186,248
Dean, H. 迪安,259–260
Demographic factors 人口因素,58–59,
 in attitude acquisition 态度得得的,176
 in learning 学习过程中的,121
 in attention triggering attention 注意触发关注的,124
 in meaning construction 意义构建的,127
 See also Audience factors 参见：受众因素

Desensitization 脱敏,208–209
Devotional Bible for Dads《父辈祷祝圣经》,274
Diffusion of innovation theory 创新扩散理论,80–81,244
Direction of fluctuation 波动方向,55
Dirty Harry《肮脏的哈里》,62
Disinhibition 抑制解除,61–62,155
Dissemination 传播,295
Divorce 离婚,268
Dixon, T. L. 狄克逊,151
Donnelly, W. J. 唐纳利,285
Douglas, W. 道格拉斯,268
Downing, K. M. 唐宁,293
Drench hypothesis 浸水假设,164
Drinking 饮酒,151–152
Drip-drip-drip perspective "滴—滴—滴"的观点,164
Duration of fluctuation 波动持续时间,55
Durkheim, É. 涂尔干,285
Dutch society 荷兰社会,271

Early adopters 早期采用者,244
Eastman, S. T. 伊斯门,123,124
Eating disorders 食欲不振,222,229
Economic system 经济体制,258,266
E-democracy 电子民主,264
Education 教育,109–110
Educational television 教育电视,102
Edy, J. A. 埃迪,181
Eggermont, S. 艾格蒙特,185,228
Ego involvement 自我参与度,127
Elaboration likelihood model 拟合可能性模型,79–80
Elasticity 弹性,55,62
Election campaigns 竞选活动。See Political campaigns 参见：政治运动
Electrodermal activity 皮电活动,96
Electromyography 肌电图,96
Electronic recording 电子记录,303,304
Emons, P. 埃蒙斯,271
Emotional appeals 情绪呼吁,117
Emotional appropriateness 情绪适应性,181
Emotional Intelligence (Goleman)《情商》（戈尔曼）,195
Emotional involvement 情感投入,120
Emotional IQ 情商,195
Emotions 情绪
 altering 改变,208–209
 of children 儿童的,198–199
 definition 定义,193–194

of fictional characters 虚构人物的,195
    habituation of ……的习惯,212–213
    learning about 有关……的学习,198
    and media violence 和媒介暴力,211
    negative 负面的,201,211
    triggering 触发,199–204,205–207
Endangered Minds: Why Children Don't Think and What We Can Do About It (Healy) 《濒危心灵：为什么孩子不思考——我们可以做什么》（希利）,102,129
Enjoyment 享受,201–202
Entertainment education 娱乐教育,110–111
Environmental factors in learning 学习中的环境因素,121
Environmental issues 环境问题,154,163–164
Erotic material 色情内容,98
Ethnic differences 种族差异,121
Excitation transfer 激发转移,98
Exemplars 示例,126
Exposure behavior 曝光行为,219–220
Exposure environment factors 曝光环境因素,59
Exposure patterns 曝光模式,325
Exposure states 曝光状态,21–23,29
Eyal, K. 艾尔,184,203

Facebook 脸书,231,232–233,310
Facial electromyography 面部肌电图,96
Factors of influence 影响因素,56–61
Factual behavioral processes 事实行为过程,218
Families 家庭,182,258,268–270
Faulty memory 错误的记忆,161
Fear 恐惧,205–207,132
Federal Communication Commission (FCC) 联邦通信委员会,291
Feelings 感觉,193–195。See also Emotions 参见：情绪
Females 女性。See Gender differences 参见：性别差异
Feminist theory 女性主义理论,78–79,287–288
Ferguson, D. A. 弗格森,217,302
Fictional characters 虚构人物。See Characters 参见：人物
Fictional stories 虚构故事,112,161,170,172
Fight/flight reflex 斗/逃反射,91,93,96–98
Filtering 过滤,24,29
First person perspective 第一人称视角,61
Fishbein, M. 菲什拜因,229–330
Flow state 流动状态,126,203
Floyd, K. 弗洛伊德,226
Fluctuation 波动,55,205,209
Fluctuation pattern effect 波动模式效果,63
Fore, W. F. 福尔,271–272,275
Fragmentation 分裂,283,284–286
Framing 框架,77–78,130–131,181,201
Friends 《老友记》, 146–147,162,203
Front-loading 前置装载,259
Fujioka, Y. 藤冈,121
Fu, K. W. 付,253
Functionalism 功能主义,283

Galbraith, J. K. 加尔布雷思,266
Gate keepers 把关者,244
Gearhart, S. 吉尔哈特,252
Gender 性别,78–79,305
Gender differences 性别差异
    attitude acquisition 态度习得,176,181
    emotional reactions 情绪反应,204
    journalism career 新闻事业,294–295
    mood management 心情管理,210–211
    story preference 故事偏好,124
    third person effect 第三人称效应,164
    triggering 触发,124
    video game use 电子游戏使用,228
Generalized brain arousal 广义脑唤醒,96
Genetically modified organisms (GMOs) 转基因,157
Genre 类别,57–58
Gerbner, G. 格伯纳,73–74,246–247
Global culture 全球文化,283–284
Globalization 全球化,267–268
Glynn, C. J. 格林,186
Goals 目标,322–323
Goethals, G. 戈瑟尔斯,272
Goidel, R. K. 哥德尔,161
Goleman, D. 戈尔曼,195
Gorham, B. W. 戈勒姆,125
Grabe, M. E. 格拉贝,121,182–183
Graphics 图形,117
Gray, K. 格雷,161
Greenberg, B. S. 格林伯格,164
Green, M. C. 格林,126
Grimes, T. 格兰姆斯,123
Gunther, A. C. 冈特,155,157,229

Haas, A. 哈斯,265–266
Habituation 习惯,98–100,207
Hale 黑尔,132
Hall, S. 霍尔,288
Ha, L. S. 哈,290

Handbook of Attitudes (Wegener & Carlston)《态度手册》(韦格纳和卡尔斯顿),321
Hardy, B. W. 哈迪,245
Harris, R. J. 哈里斯,201
Harrison, K. 哈里森,185
Harrison, W. H. 哈里森,261
Hartup, W. W. 哈特普,221
Health communication 健康传播,229
Healy, J. 希利,102,129
Hedonic contingency model 享乐应急模式,208
Heuristic processing 启发式处理,182,161
High-definition television 高清电视,200–201
Hindman, D. B. 辛德曼,285
Hoffman, L. H. 霍夫曼,229
Hoffner, C. A. 霍夫纳,211
Hogg, M. A. 霍格,162
Holland 荷兰,271
Hollander, B. A. 霍兰德,118
Hoorn, J. F. 霍恩,203
Hoover, S. M. 胡佛,273,275
Horse-race political coverage 比赛政治报道,259,263,264
Horsfield, P. 霍斯菲尔德,270
Horvath, C. W. 霍瓦特,231
Horror movies 恐怖电影,145–146,202,211
Hostile media effect 敌对媒体效应,157–158
Hostility 敌对性,204
Hullett, C. R. 赫利特,207–208
Human mind 人脑,17–18,76,89,100
Huntemann, N. 洪特曼,131
Hwang, H. 黄,181

Ideological immune system 意识形态免疫系统,158
Imitative behavior 模仿行为,220,221–222
Implicit learning 隐式学习,27
Inaccurate information 不准确信息,248
Incidental learning 偶发学习,27
Individual level MET 个体层面媒介效果模板,81,320
Induction 归纳,112–113,141–142,160–161
Industrial Revolution 工业革命,308–309
Infants 婴儿,124。See also Children 参见：儿童
Influence factors 影响因素,56–61
Information acquisition 信息习得,113–121
Information flow 信息流,243
Information processing route 信息处理路径,79
Information-processing tasks 信息处理任务,23–26,30
Information production 信息生产,7–8
Information saturation 信息饱和度,5–6

Information technologies 信息技术,281–282
Information types 信息类型,109
Innis, H. A. 英尼斯,281–282
Institutions 机构,173,257,258
Instruction 指示,109–110
Integration 集成,283,285–286
Intensity 强度,170
Interactive technology 互动技术,282
Interactive websites 交互式网站,132,187
Internet behavior 互联网行为,227
Internet news sites 互联网新闻站点,245
Internet pornography 互联网色情,164。See also Sexually explicit Internet material 参见：色情内容
Internet relationships 互联网关系,226
Interpretation 释义,125,295
Inverted pyramid news stories 倒金字塔新闻故事,125
iPhone iPhone,310
Irrational strategy 非理性策略,28
Isolation 孤立,250

James, W. 詹姆斯,194
Jamieson, K. H. 贾米森,251–252,263
Janowitz, M. 贾诺维茨,309
Jensen, J. D. 詹森,163–164
Jerit, J. 杰里特,181
Jhally, S. 杰利,231
Johnston, C. D. 约翰斯顿,248
Johnston, D. D. 约翰斯顿,202
Journalism 新闻,289,290,291,294–295
Judgement criteria 判断标准,173
Juvenile justice system 青少年犯罪的司法制度,161

Kamhawi, R. 卡姆哈维,82–83,121
Kang, S. 康,252
Kenski, K. 肯斯基,251–252
Kerry, J. F. 克里,260
Kiousis, S. 昆西,153–154
Klijn 克利金,117
Knobloch-Westerwick 克诺布洛赫-维斯特维克,188,211
Knowledge gap theory 知识鸿沟理论,244–245
Knowledge structures 知识结构,128–129
reinforcing 加强,135–137
Konijn, M. E. 康宁,203
Kraus, R. 克劳斯,275
Krcmar, M. 克莱默,123,182
Kunkel, D. 孔克尔,151–152,184

Lacy, S. 莱西,292

Lambe, J. L. 拉姆,162
Lang, A. 兰,77,96,228
Late-night talk shows 深夜脱口秀,264
LaTour, M. S. 拉图尔,135
Law & Order 《法律与秩序》,62
Lazarsfeld, P. 拉扎斯菲尔德,243
Learning 学习,104,113–121,111。See also Acquiring information 参见：习得信息
Learning disabilities 学习障碍,101–102
Lee, S. 李,163
Left brain 左脑,101
Leone, R. 莱昂内,164
Levy, S. 利维,231
Liberal media bias 自由主义媒体偏见,157
Liebhart, R. M. 利布哈尔特,157
Likert scales 李克特量表,312
Limbic system 边缘系统,60,90,95
Linz, D. 林茨,151–152
Lippmann, W. 李普曼,245,246
Liu, K. 刘,163
Logical induction 逻辑归纳,160–161
Lombard, M. 隆巴德,116
Long-term media exposure 长期媒介曝光,231
Los Angeles Times Magazine《洛杉矶时报》,293
Lo, V. H. 洛,152,164,180
Lowrey, T. M. 劳里,117
Lowry, D. T. 劳里,263
Lucas,K. 卢卡斯,228
Lu, H. Y. 卢,152
Lyman, P. 莱曼,8

Macro-level media effects 宏观层面媒介效果,237–238, 257,320
Macro-level Media Effects Template 宏观层面媒介效果模板,320
Magazines 杂志,130
Magnitude of fluctuation 波动量级,55
Maguire, J. 马圭尔,284
Mainstreaming 主流化,247
Males 男性。See Gender differences 参见：性别差异
Maltese, J. A. 马尔特塞,265
Manifestation level 表现基准,55–56
Manifest effects 表现效果,63
Mares, M. L. 马雷斯,201
Market model 市场模型,295
Marketplace of ideas 思想市场,291
Married with Children《带孩子结婚》,268
Martinez, T. J. 马丁内斯,290

Marxism 马克思主义,286–287
Marx, K. 马克思,286–287
Mass communication 大众传播,306,309
Mass media definition 大众传媒定义,306–312
Mass society 大众社会,308–309
Maurer, M. 毛雷尔,114
Mayer, J. D. 迈耶,264
McCombs, M. E. 麦库姆斯,74,153–154,246
McGovern, G. 麦戈文,262
McLeod, D. M. 麦克劳德,162
McLuhan, M. 麦克卢汉,281–282
McManus, J. H. 麦克马纳斯,295
McQuarrie, E. F. 麦格里,181
Mead,G. H. 米德,80
Meaning construction 意义构建,24,25–26,126
Meaning matching 意义搭配,24,25,26,29,125
Media consumption amounts 媒介消耗量,6–7
Media access 媒介接触,293–294
Media addiction 媒介成瘾,231–233
Media as tools 媒介即工具,323–324
Media attraction 媒介吸引力,133–134,136
Media bias 媒介偏见,157–158
Media conglomerates 媒介集团,267–268
Media consultants 媒介顾问,262
Media credibility 媒介可信度,188
Media effects 媒介效果
    change 变化,36
    definition 定义,35–38,318
    direct and indirect 直接和间接,37–38
    duration 持续,36
    Focus 焦点,xvi,5
    individual-level 个体层面,41–42
    Intention 意图,36
    level 水平,37
    list 清单,38–40
    macro level 宏观层面,46–48
    managing 管理,322–325
    Manifestation 表现,38
    organizing 组织,38–48
    primary 初始,321
    research literature 研究文献,xv–xvi,12
    types 种类,47
    timing 时机,36
    valence 价向,36
Media effects literature 媒介效果文献,xv–xvi,301–306,320–321
Media effects research problems 媒介效果研究问题,134,136,301–306

Media Effects Template (MET) 媒介效果模板,44–46,48–49,81,320
Media effects theories 媒介效果理论
    large number of 大量的,68–72,81–82
    most prevalent 最流行的,73–81
    problems with ……的问题,81–83,320
Media enjoyment 媒介享受,201–202
Media exposure 媒介曝光,19–23,30,325
Media fragmentation 媒介分裂,265
Media influence 媒介影响,11–12,42–43,47–48,63,318–319
Media literacy training 媒介素养培训,186–187
Media logic 媒体逻辑,294
Media message factors 媒介信息因素,57
Media message saturation 媒介信息饱和,5–6
Media ownership 媒体所有权,289,290–294
Media research shortcomings 媒介研究的缺点,134,136,301–306,311–312
Media skepticis 媒介怀疑论者,154
Media vehicles 媒介工具,7
Media violence 媒介暴力
    attitude triggering by 被……触发的态度,179
    attraction to ……的吸引力,224
    behavior triggered by ……触发的行为,226,229
    children's exposure to 儿童曝光于……,228
    children's judgements of 儿童对……的判断,182
    crime rate linked to 犯罪率与……相关,253
    desensitization to 对……脱敏,208–209
    emotion triggered by 由……触发的情绪,197,199,206,211
    enjoyment of 享受……,201–202
    meaning triggered by 被……触发的意义,125
    reward vs. punishment for ……的奖惩,62
Medium differences 媒介差异,116–117,118
Meffert, M. F. 梅弗特,186
Meirick, P. C. 梅里克,152,162,181
Memorization 记忆,111–112
Memory 记忆
    accessing 获取,25
    alteration of ……的改变,132
    in attitude altering ……的态度改变,183
    in brain arousal ……的脑唤醒,96
    brand 记忆,135
    collective 集体,245
    commiting to 专注,43,111–112,117
    exemplars and 示例和……,126
    faulty 错误的,161
    long/short term 长期/短期,20
    triggering recall from 触发召回,120,122,124–125
Mendelson, A. 门德尔松,225–226
Meng, J. 孟,188
Mental processes 心理活动,135–136。See also Brain processing 参见：大脑活动
Mental representation 精神表现,77
Message factors 信息因素
    altering effect 改变效果,130–131
    attention triggering 关注触发,121–123
    attitude acquisition 态度习得,174–175
    attitude altering 态度改变,186
    attitude triggering 态度触发,180–181,185
    behavior reinforcement 行为加强,234
    behavior triggering 行为触发,223–224
    desensitization 脱敏,209
    emotion triggering 情绪触发,200–201
    fear triggering 恐惧触发,205
    information acquisition 信息习得,118
    meaning construction 意义构建,126,127
    media influence on beliefs 媒介对信仰的影响,162,163
Message filtering 信息过滤。See Filtering 参见：过滤
Message-suggested behavior 建议行为,220
Metzger, M. J. 梅茨格,151–152
Mexican Americans 墨西哥裔美国人,121
Meyrowitz, J. 梅罗维茨,284
M Generation M一代,7
Miller, N. E. 米勒,79
Mind 意识,17–18,76,89–90,100
Mindlessness 无意识,135
Mind, Self, and Society (Mead) 《精神,自我和社会》（米德）,80
Minnebo, J. 明尼伯,207
Mondale, W. 蒙代尔,262
Monitoring media exposure 监控媒介曝光,324
Monitoring of environment 环境监控,103–104
Moods 心情
    definition 定义,193,195
    managing 管理,204–205,207–209,209–211
    positive 正面的,207–208
    triggering 触发,201
Moral judgements 道德判断,201,202
Moral reasoning 道德推理,182
Morgan, S. E. 摩根,131
Morris, C. 莫里斯,115
Moy, P. 莫伊,226
Multitasking 多任务处理,129
Mumford, L. 芒福德,270

Murdock, G. 默多克, 291
Music videos MV, 184
Myser, M. 米瑟尔, 163

Narcoticization 麻醉, 104
National identity 民族认同, 245
National Organization for Women 国家妇女组织, 265
Natural disasters 自然灾害, 252–253
Negative emotions 负面情绪, 201, 211
Negative video 负面视频, 117
Neurophysiological processes 神经生理过程, 92
News editing 新闻编辑, 290–291
News effects 新闻效果, 245
News messages 新闻信息, 61
Newspapers 报纸, 154, 260–261, 292, 293
News stories 新闻故事
    attitude triggering by ……触发的态度, 179–180
    framing of 构建……, 77–78
    learning from 向……学习, 120
    length 长度, 228
    mood triggering by 被……触发的心情, 201
    pacing 节奏, 228
New technologies 新技术, 281–282, 288, 289–290
Newton, G. D. 牛顿, 123
Nielsen data 尼尔森数据, 302, 303
Nixon, R. 尼克松, 262
Noam, E. 诺姆, 291, 292
Noelle-Neumann, E. 内勒–诺伊曼, 249
Nominating conventions 提名会议, 259

Objectivity 客观性, 295
Observables 可观察量, 56
Oliver, M. B. 奥利弗, 132, 201
Online news 在线新闻, 118
Online video games 在线电子游戏。See Video games 参见: 电子游戏
Opinion leaders 意见领袖, 244
Optimistic bias 乐观偏见, 152
Organizing information 组织信息, 125
Orienting reflex 定向反射, 92, 93–95, 100
Orienting Reflex 定向反射, 103
Orienting response 定向反应, 60

Paek, H. J. 派克, 163
Palmgreen, P. 帕尔姆格林, 75
Papacharissi, Z. 帕帕查里西, 225–226
Parallel thinking 平行思维, 129–130
Paranormal activity 超自然话题, 151

Parasocial relationships 超社会关系, 203
Park, C. W. 帕克, 130, 290
Parks, M. R. 帕克斯, 226
Partial birth abortion controversy 有关堕胎的争议, 181
Partisan groups 党派团体, 158
Pasek, 帕塞克, 251–252
Pashler, H. 帕施勒, 20
Passivity 被动, 104
Patterns 模式, 125
Patterns of influence/Media influence patterns 影响模式/媒介影响模式, 53–57
Peale, N. V. 皮尔, 274
Perceptual exposure 感知曝光, 19
Perceptual processes 感知过程, 92
Peripheral processing 外围处理, 176
Peripheral route 外围路线, 20
Peripheral route of information processin 信息处理的外围路线, 79
Perloff, R. M. 佩洛夫, 163
Personal standards 个人标准, 170–171
Peter, J. 彼得, 158–159, 183–184, 208
Petty, R. E. 佩蒂, 79
Phalen, P. F. 弗伦, 307
Phillips, L. E. 菲利普斯, 181
Physical attractiveness 身体吸引力, 185
Physical exposure 物理曝光, 19
Physiological approach 生理方法, 90
Physiological arousal 生理唤醒, 207
Physiological drives 生理驱动, 130
Physiological effects 生理效果, 42, 47, 89, 98–103, 302
Physiological processes 生理过程, 90–92
Pinkleton, B. E. 平克尔顿, 185
Pipher, M. 皮弗, 269
Pixels 像素, 20
Pleasure 愉悦感, 103–104
Point of view 观点, 61
Political action committees 政治行动委员会, 264–265
Political advertising 政治广告, 262
Political awareness 政治意识, 252。See also Civic participation 参见: 公民参与
Political behavior 政治行为, 226
Political campaigns 政治运动, 118, 257, 259–264
Political candidates 政治候选人, 114–115, 185–186, 243–244, 257
Political discussion 政治讨论, 185–186, 223
Political issues 政治问题, 173, 188, 189
Political messages 政治信息, 182–183

Political participation 政治参与,220,222,225。See also Civic participation 参见：公民参与
Political parties 政党,261
Political stories 政治故事,156
Political system 政治体制,258
Political websites 政治网站,223
Polls 民意调查,262,264
Pop-up ads 弹出广告,95
Pornography 色情,155,159–160,180,185,223–224
Positive Thinking Bible (Peale)《正面思考圣经》（皮尔）,274
Potter, R. F. 波特,82,123
Prefrontal cortex 前额叶皮层,104
Presidency 总统职位,265
Presidential campaigns 总统竞选活动,114–115,154,243–244,246,257,259–264
Presidential debates 总统辩论,181,188
Presidential primary ads 总统竞选宣传广告,162–163
Press Effect, The (Jamieson & Waldman)《新闻效果》（贾米森和瓦尔德曼）,263
Primary elections 初选,259–260
Primary media effects 初始媒介效果,321–322
Priming effect 启动效应,263
Priming theory 铺垫理论,76–77
Print media 印刷媒介,116,118
Prizefights 大奖争夺,253
Process effects 过程效果,63
Production techniques 生产技术,181
Program promos 节目促销,123,224
Projection 投射,161
Prosocial behavior 亲社会行为,222,229,252–253
Psychological exposure 心理曝光,20
Psychology of Attention, The (Pashler)《关注心理学》（帕施勒）,20
Public affect 公众情感,243,249
Public behavior 公众行为,243,249–253
Public beliefs 公众信仰,242,246,246–248,247–248
Public information campaigns 公共信息活动,241,245
Public knowledge 公众知识,241–245,242
Public opinion 舆论,46,237,242,248–249
Public Opinion (Lippmann)《舆论》（李普曼）,246
Public relations 公共关系,248
Public service announcements 公共服务公告,161–162,245
Putnam, R. 帕特南,251

Quasi-automatic reactions 准自动反应,91–92

Race 种族,125,132,201,248
Racial difference 种族差异
    civic participation 公民参与,251
    television show preference 电视节目喜好,285
Racial groups 种族群体,201
Radio 收音机,6,261,272,274,292,309
Radio stations 广播电台,292
Rape 强奸,155,176
Ratings 收视率,290
Rational strategy 理性策略,28
Rational thinking 理性思考,204
Ravaja, N. 拉瓦哈,117,302
Reactions to media messages 对媒介信息的反应,324–325
Reading 阅读,101,126。See also Books 参见：书
Reagan, R. 里根,262
Reality television 真人秀,224,225–226
Real world 现实世界
    attitudes about 关于……的态度,120
    beliefs 信仰,143,145,146,148–149
Redundancy 冗余,117,126,127,131
Reese, S. D. 里斯,238
Reid, L. N. 里德,162
Reinemann, C. 莱曼,114
Reinforcement 加强,44,55
    advertising 广告,36,135
    affect 情感,197
    of attitudes 态度的,187–190
    of attraction 吸引力的,133–137
    baseline 基线,62,63
    behavior 行为,230,330–335
    belief 信仰,152,158–160
    cognitive 认知的,133–134
    knowledge structure 知识结构,135–137
    mental process 心理活动,135–136
    physiological 生理的,106
    standards 标准,187
Reinforcement pattern effect 加强模式效果,63
Reiss, S. 里斯,226
Religion 宗教,258,270–275
Religious media 宗教媒介,273–275
Repeated measures 重复测量,304
Repetition 重复,60–61,131
Research literature 研究文献,xv–xvi,301–306
Research shortcomings 研究缺点,134,136,301–306, 311–312
Richardson, J. D. 理查森,201

Riddle, K. 里德尔,68,82
Riffe, D. 里夫,292
Right brain 右脑,101
Rituals 仪式,272
Rodgers, E. M. 罗杰斯,294–295
Roe, K. 罗伊,207
Rogers, E. 罗杰斯,80,243
Role models 榜样,221
Roman Empire 罗马帝国,281
Romantic relationships 恋爱关系,157
Romer, D. 罗默,251–252
Rosekrans, M. A. 罗斯克拉斯,221
Rosengren, K.E. 罗森格伦,75,234
Roskos-Ewoldsen, D.R. 罗斯科斯–埃沃尔森,76
Rozell, M. J. 罗泽尔,265
Rucinski, D. 鲁钦斯基,245

Salience 显著性,123
Saturation of information 信息饱和,5–6
Scary movies 恐怖电影,145–146,202,211
Schachter, S. 沙克特,194
Schaefer, R. J. 谢弗,290
Scheepers, P. 舍佩斯,271
Schema theory 图式理论,80
Scheufele, B. 舍费尔,245,265–266
Schramm, W. 施拉姆,75
Schudson, M. 舒德森,252
Scott, D. W. 斯科特,201
Second-level agenda setting 二级议程设置,74–75,246
Selective exposure 选择性曝光,188
Selective presentation of information 选择性地提供信息,115
Self image 自我形象,155–157。See also Body image 参见：身体形象
Self-reflexive state 自省状态,23,30
Self-reporting 自我报告,301–303
Semiatin, R. 塞米廷,265
Sensory input 知觉输入,19
Sequential thinking 顺序思维,129–130
Sexual activity 性行为,188,229
Sexual arousal 性唤起,96,98
Sexual attitudes 性态度,180,183–184,188
Sexual attraction 性吸引力,93
Sexual content 色情内容,201,229
Sexually explicit Internet material (SEIM) 色情互联网内容,159–160,186,188
Sexual mechanisms 性机制,92
Sexual norms 性规范,151,155

Shah, D. 沙阿,223
Shapiro, M. A. 夏皮罗,146
Shaw, D. L. 肖,74,246
Shermer, M. 舍默,248
Sherry, J. L. 谢里,228
Shidler, J. A. 希德勒,263
Shoemaker, F. 休梅克,238
Shopping 购物,11,220
Shortcut strategy 快捷策略,28
Shrum, L. J. 施勒姆,132–133
Simon, A. F. 西蒙,181,252–253
Sinclair J. 辛克莱,266–267
Singer, J. L. 辛格,100,102,104,194
Skepticism 怀疑主义,154
Skill 技巧,26
Sleeper effect 睡眠者效应,182–183
Slope 坡度,55
Smoking 吸烟,155,229
Snelson, J. S. 斯内尔森,158
Snow, R. P. 斯诺,294
Social behavior 社会行为,219
Social engagement 社会交往,250,252
Social issues 社会问题,173。See also Civic participation 参见：公民参与
Socialization 社会化,171,289,294–295
Social learning 社会学习,79,109–110
Social norms 社会规范,150,154–155,171
Social psychology 社会心理学,169
Society 社会,281–283
Sound bites 原声摘要,263
Soviet Union (former) 苏联,283–284
Sparks, G. C. 斯帕克斯,161
Spiral of silence theory 沉默螺旋理论,75,154,249–250
Sports fans 体育迷,228
Standards 标准,170–174,183,185,187
Staples Center 斯台普斯中心,293
States 状态,59
Statistical significance 统计学意义,306
Stock market 股票市场,266–267
Story formulas 故事公式,126
Stuckey, M. E. 斯塔基,259,261
Subconscious learning 潜意识学习,135
Subliminal messages 阈下意识信息,20
Suicides 自杀,253
Surveys 调查,312
Suspense 悬念,60
Symbols 符号,77,80

Talk shows 脱口秀,186,246,248
Tamborini, R. 坦博里尼,163,204,222
Tang, T. 唐,228
Telecommunications Act 《电讯法案》,271
Telephone 电话,310
Television 电视
 acquiring information from 从……中习得信息,116–117
 altering cognitive processing 改变认知处理,129
 changing political campaigns 改变政治活动,261
 as cultural storyteller 作为有文化的讲故事者,273
 emotional paradox of ……的情绪悖论,202
 programming hours 节目时间,6
 viewing 观看。See Television viewing 参见：电视观看
Television addiction 电视成瘾,231
Television advertising 电视广告。See Advertising 参见：广告
Television characters 电视角色。See Characters 参见：角色
Television commercials 电视广告,96,117,118,120,152,222–223。See also Advertising 参见：广告
Television Families: Is Something Wrong in Suburbia? (Douglas) 《电视家庭：郊区居民有什么不对吗？》（道格拉斯）,268
Television news 电视新闻
 changes 变化,290
 information interpretation 信息解读,132
 oversimplification 过于简化,132
 perceived credibility 可信度,181–182
 redundancy 冗余,126
Television ratings 电视收视率,123–124
Television screen 电视屏幕,20
Television size 电视尺寸,200
Television stations 电视台,290
Television viewing 电视观看
 addiction to 上瘾,231–232
 altering 改变,227,228
 brain activity during ……期间的大脑活动,101,102–103
 changes in 变化,228
 channel switching 频道切换,290
 crime rate linked to ……与犯罪率,253
 factors affecting 影响……的因素,233–234
 promoting mindlessness 使人健忘,135
 self-reporting of ……的自我报告,303
 and world beliefs ……和世界信仰,148,151
TerKeurst, J. V. 特库斯特,294

Tewksbury, D. 图克斯伯里,245
Theories 理论。See Media effects theories 参见：媒介效果理论
Thinness 变瘦,130,156,229
Third-person effect 第三人称效应,74,152,161–164
Thomson, T. L. 汤姆森,229
Thorson, E. 索尔森,294–295
Time spent with media 花费在媒介上的时间,134
Tonic attention 紧张注意,60
TouchPoint Bible 《接触点圣经》,274
Trained coders 受过训练的编码员,303,304
Traits 特质,59
Transmission channels 传播渠道,309–310
Transportation 运输,22–23,29,126,203
Triggering 触发
 advertising 广告,124,179–180,222–223,225
 affect 情感,196,197–198,199–204
 attention 关注,121–127,124
 attitude 态度,177–182
 behavior 行为,219–226
 beliefs 信仰,145–147
 by characters 按角色,123
 definition 定义,43,48
 demographic factors of ……的人口统计学因素,124,127
 emotion 情绪,199–204,205–207
 gender differences 性别差异,124
 meaning construction 含义构建,127
 media violence 媒介暴力,125,179,197,199,206,226,229
 moods 心情,201
 news story 新闻故事,179–180,201
 physiological 生理的,92–93,106
Tsfati, Y. 茨法蒂,154,163
24-hour news cycle 24小时滚动播报新闻,265
Two-step flow theory 两级传播理论,243

Uncertainty reduction 不确定性减少,163
Unintentional learning 非故意学习,27
Untrained coders 未经训练的编码员,303,304
Usefulness 有用性,170
Uses and gratifications theory 使用和满足理论,75,134

Valence 价向,36,170
Valkenburg, P. M. 瓦尔肯堡,124,132,158–159,183–184,186–187,208
Values 价值观
 definition 定义,151
 aggregate 集群,238

common 普世的,275,283
consumer culture 消费文化,266
religious 宗教的,269,271,273,275
van der Molen, J. H. W. 范德莫伦,117
Van der Voort, T. H. A. 范德沃特,124,306
Vandewater, E. A. 范德沃特,228
van Zoonen, L. 范佐农,78
Varian, H. R. 瓦里安,8
Verification 验证,170
Vertical integration 垂直一体化,290,293
Video games 电子游戏,7,124,129,148,203,227,228
Vieira, E. T. 维埃拉,182
Vigilance 警惕性,104
Violence 暴力。See Media violence 参见：媒介暴力
Violent video games 暴力电子游戏,203,204,222
Virtual communities 虚拟社区,282

Waldman, P. 瓦尔德曼,263
Ward, L. S. 沃德,272,274
War of the Worlds《世界大战》,309
Weaver, A. J. 韦弗,201–202
Weaver, D. 韦弗,82–83,295
Web pages 网页,6
Web page ads 网页广告,95
Webster, D. 韦伯斯特,261
Webster, J. G. 韦伯斯特,307
Wegener, D. T. 韦格纳,321
Wei, R. 魏,152,164,180

Welles, O. 韦尔斯,309
Wester, F. 韦斯特,271
White Americans 美国白人,121
White House press corps 白宫新闻社,265
Why People Believe Weird Things (Shermer) 《为什么人们相信奇怪的事情》(舍默),248
Wiegand, K. 威甘德,285
Wilhoit, G. C. 威尔霍伊特,295
Will, G. 威尔,263
Williams, D. 威廉斯,228
Williams, R. 威廉斯,288
Williams, T. M. 威廉斯,148
Wilson, B. J. 威尔逊,201–202
Wiltz, J. 威尔兹,226
Wojcieszak, M. E. 沃伊切泽克,115
Women 女人。See Gender differences 参见：性别差异
Wright, C. R. 赖特,283

Yanen, A. 亚农,203
Yanich, D. 亚尼奇,292
Yan, M. Z. 颜,290
Yegiyan, N. S. 叶吉扬,182–183
Yip, P. S.F. 叶,253

Zhang, Y. 张,184
Zhou, S. 周,126
Zillmann, D. 齐耳曼,98,126,202
Zwarun, L. 茨瓦伦,151–152